МИФЫ БЕЗ ГРИФА

Юрий МУХИН

ЛУННАЯ АФЕРА США

Москва
Издатель Быстров
2006

ББК 39.6
М 92

Оформление художника *П. Волкова*

Мухин Ю. И.
М 92 Лунная афера США. — М.: Издатель Быстров, 2006. — 432 с.: ил.

ISBN 5-9764-0011-6

В книге приводятся «доказательства», которыми империя зла — США пытается одурачить мировое сообщество, уверяя, что американские космонавты якобы высаживались на Луну в 1969—1972 гг. Правящий режим империи зла разворовал деньги, выделенные американскими налогоплательщиками для полетов на Луну, а сцену «высадки на Луну» снял на Земле режиссер Стенли Кубрик.

Показано, что эта афера не могла бы быть осуществлена, если бы не помощь ЦК КПСС и некоторых подлых представителей советской науки.

ББК 39.6

ISBN 5-9764-0011-6

Предисловие

Суть дела

Наверное, в России нет ни одного более-менее взрослого человека, не связанного с самыми высшими эшелонами управления страной, который бы не был уверен, что до прихода к власти в СССР Горбачева Советский Союз вел ожесточенную пропагандистскую войну с США. А эта война предполагала, что в СССР тысячи человек отслеживают все события в США, и если в числе этих событий попадается более-менее отрицательное, то все средства массовой информации СССР раздувают этот американский недостаток, заставляя говорить о нем если не весь мир, то, по крайней мере, весь Варшавский блок. А как же иначе, если шла «холодная война»? До достаточно недавнего времени так полагал и я.

Но оказалось, что до развала СССР Соединенные Штаты Америки имели в своей истории несколько глубочайших провалов, которые могли бы стать козырными тузами пропаганды в «холодной войне», но руководство СССР сделало все, чтобы эти американские провалы скрыть от мировой общественности и от народа Советского Союза. Фактически дело обстоит так, что и Брежнев, и Андропов фактически сделали все, чтобы проиграть в «холодной войне», чтобы приблизить уничтожение СССР. В это можно поверить? Нет, нельзя. Это можно только понять, и эта книга имеет целью разобраться с одним таким совместным действием пропаганды США и СССР против СССР.

Пусть каждый из вас проведет свой эксперимент: расспросите знакомых, знают ли они о том, что американские астронавты никогда не высаживались на Луну, а все американские «лунные съемки» – это туфта, снятая Голливудом? Думаю, что из 20 опрошенных не менее 19 посмотрят на вас как на придурка: мы, русские люди, потомки великого народа СССР, глубоко уверены, что американцы на Луне были! А как же иначе?! Ведь если бы их там не было, то и советская пропаганда, и советские ученые уже давно бы нам об этом сообщили! Не скрою, что еще несколько лет назад и я был в этом уверен.

В результате бывшие советские люди в этом вопросе сегодня наименее информированная часть мира – подавляющая часть населения СССР не только верит в полеты американцев на Луну, но даже не знает, что начиная с первого их «полета» те умные люди планеты, которые интересовались этим вопросом, ни минуты не сомневались, что это грязная американская афера и на самом деле никаких американских астронавтов на Луне и близко не было. Уже почти 40 лет во всем мире ни одна более-менее свободная передача об освоении космоса не обходится без обсуждения этого вопроса.

Например. Корреспондент ИТАР–ТАСС О. Артюшкин передает из Германии о том, как там отмечался юбилей американских полетов на Луну.

«Немецкий астронавт Ульрих Вальтер убежден в несостоятельности утверждений о том, что полеты американских астронавтов на Луну были мистификацией. Об этом он заявил в передаче германского телеканала «Вокс», продемонстрировавшего двухчасовой фильм, посвященный лунной программе «Аполлон».

Тем не менее представленная в передаче «Вокс» позиция сторонников теории «лунного заговора» НАСА весьма убедительна, о чем свидетельствует тот факт, что в него верит каждый пятый американец. Бывший инженер-ракетчик Билл Кейзинг вспоминает об огромных сложностях, с которыми столкнулись разработчики космической техники при реализации программы «Аполлон». Всего за несколько месяцев до полета космического корабля первый человек, ступивший на поверхность Луны, Нил Армстронг, проводил тренировки с прототипом лунного модуля, который на высоте 100 метров вышел из-под контроля и рухнул на Землю. Астронавт катапультировался в самую последнюю минуту. Остается загадкой, как за оставшееся время можно было «научить летать» лунный модуль.

По словам Кейзинга, НАСА была полна решимости не уступать Советскому Союзу пальму первенства в освоении космического пространства, даже если для этого пришлось бы пойти на подлог. С точки зрения Кейзинга, старт ракеты «Сатурн-5» с космическим кораблем «Аполлон-11» действительно состоялся 16 июля 1969 г. Однако в течение восьми суток корабль с астронавтами Майклом Коллинзом, Нилом Армстронгом и Эдвином Олдрином находился на околоземной орбите, а затем совершил посадку в Тихом океане. А 20 июля, убежден он, под видом прямого репортажа о посадке лунного модуля НАСА распространило фальшивку, снятую на Земле. Кейзинг считает, что для съемок был выбран военный полигон в пустыне штата Невада. На снимках, сделанных в различное время советскими разведывательными спутниками, можно отчетливо видеть огромные ангары, а также испещренный кратерами большой участок «лунной поверхности». Именно там, утверждают сторонники «теории заговора», и состоялись все «лунные экспедиции». Доказательства же представило само НАСА: анализ сделанных снимков и видеозаписей вызывает многочисленные вопросы, на которые специалисты до сих пор не могут найти ответ. К примеру, почему на Луне, не имеющей атмосферы, начинает развеваться американский флаг? Или почему тени от астронавтов и находящихся на поверхности камней отбрасываются в разные стороны, что свидетельствует о нескольких источниках света. Наконец, почему ракетный двигатель лунного модуля не оставил кратера на поверхности Луны? Перечень вопросов можно продолжить.

Возможности обмана не исключают и некоторые американские астронавты. Так, Брайн О`Лири заявил, что не может дать 100-процентной гарантии, что Нил Армстронг и Эдвин Олдрин действительно побывали на Луне. Тем не менее Ульрих Вальтер считает аргументы сторонников «лунного заговора» лишенными веских доказательств. В конце концов, заявил он, в распоряжении ученых находится более 300 кг лунного грунта, содержащего элементы, не имеющиеся на Земле»[1].

Заметим, между прочим, низкий культурный уровень немецкого космонавта. Кстати, в Военно-воздушной академии им. Жуковского ходит шутка, что, дескать, технический уровень современных самолетов возрос настолько, что в их конструкции осталась единственная деревянная деталь – голова летчика. И Ульрих Вальтер пытался доказать, что единственной деревянной деталью в том космическом полете, в котором он участвовал, была его голова. Посудите сами, какой же культурный уровень нужно иметь, чтобы считать, что в лунном грунте могут быть элементы, не имеющиеся на Земле?

Но в этом сообщении интересна статистика по США – в Америке уже 20% населения понимает, что «высадка американцев на Луну» – это афера. Ученые, занимающиеся умственным развитием людей, считают, что 15% населения любой страны можно отнести к людям с повышенным умственным развитием, 15% – с пониженным и 70% населения – это обычные люди с обычным уровнем умственного развития. Получается, что даже в США понимают, что полеты «Аполлонов» – это афера, не только умные люди, которым любой пропаганде трудно «повесить лапшу на уши», но начал это понимать и обычный обыватель. А в России мало кто знает, что такой вопрос вообще существует. Не странно ли?

А вот пишет читатель А. Архипов, которого судьба занесла на постоянное место жительства в США.

«В вашей «Дуэли» читал статьи про аферы американцев с полетами на Луну. Рассказывал про это своему сыну, ученику 6-го класса. Показывал снимки. Сын также обратил внимание на «нестыковки» со звездами, флагом, следами на лунном грунте.

И вдруг в конце января по 32-му каналу в 20:00 часов по нью-йоркскому времени начинается передача, которую можно перевести как «Были ли мы на Луне?». Участвует несколько ученых. И говорят, что на Луну они не летали! Что даже и сейчас нельзя высаживаться на Луну по причине несовершенства скафандров. Говорили про радиацию, про съемки в Голливуде. И в конце передачи удивлялись тому, отчего русские в то время не изобличили американцев во лжи.

В мае на уроке Science (примерно как Природоведение) учительница миссис Metz говорила ученикам про полеты на Луну. Сын, который уже к тому времени сумел убедить сво-

его приятеля по классу в лживости «лунной программы», поднял руку и спросил, почему на снимках нет звезд, почему колышется флаг и почему такие четкие следы при отсутствии атмосферы. Реакция была такой: «Shut up!!!» (За-аткнись!!!). По словам сына, учительница от гнева покраснела. Большая часть учеников улыбалась. Интересно, что учительница далее продолжила свой рассказ, хотя ученики слушали ее уже с недоверием.

Вообще, в американских школах все освоение космоса вертится вокруг «высадки на Луну». Ни слова о наших первых спутниках, о наших космонавтах, впервые в мире полетевших в космос. О том, что дают знать американскому школьнику, я думаю, что в «Дуэли» писали. Кстати, президент Буш нынешней весной призвал школы к тому, чтобы американские школьники научились писать к 13 годам.

В заключение поясню, что живу с сыном под г. Чикаго и, бывая в России, всегда покупаю «Дуэль», являющуюся лучшей газетой вообще, а не только среди оппозиционной прессы»[2].

Напомню тому, кто этого не знает, что на совместном заседании обеих палат Конгресса США президент Б. Клинтон 4 февраля 1997 г. сообщил Америке: *«...мы выдвинули инициативу под девизом «Америка читает», чтобы создать армию добровольных репетиторов, готовых обеспечить, чтобы каждый ребенок умел читать к моменту окончания третьего класса»*[3], – т. е. к 9–10 годам. Теперь, как видим, Америка под руководством Буша делает следующий смелый шаг – к 13 годам научиться писать.

У нас читать и писать учатся в первом классе, тем не менее почему у нас в школах о сомнениях в лунных высадках американцев ничего не знают не только ученики, но и учителя?

Вот, на мой взгляд, дикий пример. Мне не так давно случилось беседовать с выдающимся советским инженером Г.В. Костиным. Он является конструктором целого ряда двигателей к нашим космическим и боевым ракетам, а накануне развала СССР работал директором завода, строившего эти двигатели, т. е. он человек, в космических делах далеко не посторонний. И когда я в разговоре случайно упомянул о том, что «высадка американцев на Луну» является аферой, он глубоко и искренне изумился. Оказывается, в СССР даже его, человека, который по положению обязан был бы знать все о космических делах, никто не информировал, что даже в США в лунную аферу верят далеко не лучшие умы нации. Костин даже не знал, что такая проблема вообще существует... Как же тогда об этой афере могли догадаться мы – люди, не связанные с космическими проблемами?

Поэтому я не виню ни себя, ни тем более вас – откуда мы могли догадаться об этом, если я первую фотографию «с Луны» увидел только после начала перестройки. Мы в СССР как могли добросовестно делали порученное каждому из нас дело и, естественно, полагали, что и полчища наших ученых и пропагандистов тоже делают его добросовестно. Поэтому, даже став главным редактором «Дуэли», я долго не обращал внимания на письма и статьи читателей о лунной афере американцев. Полагал, что это патриоты в бессильной злобе к США руководствуются принципом «каши маслом не испортишь» в своей борьбе с «империей добра». Но божьи жернова мелют медленно, но верно – пришло время и мне задуматься над этим вопросом.

И в связи с тем, как я дошел до жизни такой, у меня были некоторые колебания по принципам изложения материала в данной книге. «По науке» я должен был бы отдельно рассмотреть составные элементы американской аферы, то есть:

– рассмотреть технические возможности высадки и работы человека на Луне;

– подлинность кино- и фотодокументов, демонстрируемых НАСА, их соответствие лунным реалиям;

– соответствие тех камней, которые иногда демонстрируют американцы как образцы лунного грунта, тому, что мы знаем о лунном грунте.

Но сам я убеждался в лунной афере не так – я спорил со своими оппонентами, порою ошибаясь и сам в каких-то деталях. Поэтому я решил провести вас своим путем – дать в книге все основные дискуссии о полетах на Луну в той последовательности, в которой они велись мною в «Дуэли», добавив к ним заочные дискуссии с теми защитниками НАСА, кто побоялся послать свои материалы в «Дуэль». При этом, правда, будут повторы доводов, что, наверное, даже неплохо, и будут видны мои собственные ошибки – ну что же, значит, я не буду выглядеть умнее, чем на самом деле.

Напомню тем, кто этого не знает, что маленькие числа в конце некоторых фраз отсылают вас в конец книги к тем источникам, из которых взят данный факт; курсивом (наклонным шрифтом) даются цитаты, а свой текст и тексты моих оппонентов я далее начну предварять фамилиями тех, кому тексты принадлежат.

Общие сведения об американской лунной легенде (По сборнику «Космическая техника» под редакцией К. Гэтланда и советской энциклопедии «Космонавтика»)

В послании конгрессу 25 мая 1961 г. президент Дж. Кеннеди заявил: *«Я верю, что наша нация может взять на себя обязательство достичь поставленной цели – высадить человека на поверхности Луны и благополучно вернуть его на Землю в этом десятилетии»*. Эта декларация привела к оживлению медленно развертывающихся исследований космоса в США и активизации поддержки этих работ со стороны общественности и конгресса.

Спустя три недели после своего послания конгрессу президент Кеннеди призвал к ускорению работ для осуществления Соединенными Штатами задачи – первыми высадить человека на Луну. Эта программа была названа «программой «Аполлон», и под нее было выделено 50 миллиардов долларов. Заметим, что с самого начала американцы и не ставили себе целью получение каких-либо новых знаний о Луне, главное для них было высадить на Луну американца первыми. А цель (в данном случае – объявить миру, что они первые), как известно еще от Игнатия Лойолы, оправдывает средства.

Тем не менее, в соответствии с программой «Аполлон» в период 1969–1972 гг. согласно мифу к Луне было направлено девять экспедиций. Шесть из них закончились «высадкой двенадцати астронавтов на поверхности Луны» на территории, якобы от Океана Бурь на западе до хребта Тавр на востоке. Задачи двух первых экспедиций ограничивались полетами по селеноцентрическим орбитам, а «высадка астронавтов» на поверхность Луны в одной из экспедиций была отменена якобы из-за взрыва кислородного бачка для топливных элементов и системы обеспечения, происшедшего через двое суток после старта с Земли. Поврежденный космический корабль «Аполлон-13» совершил облет Луны и благополучно вернулся на Землю.

Первое место посадки было выбрано якобы в Море Спокойствия. Нейл Армстронг (командир корабля) и полковник Эдвин Олдрин (пилот лунной кабины) совершили здесь посадку в лунной кабине «Орел» 20 июля 1969 г. в 20 ч. 17 мин. 43 с. по Гринвичу и передали на Землю: «Хьюстон, говорит База Спокойствия, «Орел» сел». Армстронг опустил к рыхлому грунту трап и сказал: *«Это небольшой шаг для человека, но огромный скачок для человечества»*.

Вот ради этой фразы американцы аферу и затеяли, и, надо сказать, к этой фразе претензий нет – эффектная. По легенде, первые американские «астронавты на Луне» якобы сделали много фотоснимков лунного ландшафта, включая скалы и равнину, собрали 22 кг образцов лунного грунта и камней, которые после возвращения на Землю должны были быть изучены в Лаборатории исследования Луны в Хьюстоне. Выйдя первым из лунной кабины и последним войдя в нее, Армстронг провел на Луне 2 ч. 31 мин., всего на Луне они находились 21 час 36 мин.

Следующий полет «Аполлона-12» состоялся 14–24 ноября 1969 г., «на Луну» спускались летчики ВМФ США Чарльз Конрад и Алан Бин. Конрад и Бин якобы доставили 33,9 кг образцов «Лунного грунта». На Луне находились 31 час 31 минуту, из которых на поверхности Луны – 7 часов 45 минут.

Мирового олуха нужно было держать в напряжении, и по законам драматического искусства полет корабля с № 13 удачным быть не мог. Тревожные ожидания олухов оправдались: 11 апреля 1970 г. стартовал «Аполлон-13», направлявшийся для посадки в район кратера Фра Мауро. Через двое суток после старта в двигательном отсеке основного блока якобы произошел взрыв кислородного бачка для топливных элементов и системы жизнеобеспечения. Центр управления полетом в Хьюстоне приказал экипажу отменить посадку и, совершив облет Луны, возвращаться на Землю. Если бы в лунной кабине «Аполлона-13» не имелся резерв кислорода, члены экипажа Джеймс Ловелл, Джон Суиджерт и Фред Хейс из-за недостатка кислорода могли бы задохнуться. Скорректировав траекторию с помощью двигателя посадочной ступени корабля, астронавты совершили облет Луны и устремились к Земле. Используя лунную кабину в качестве «спасательной лодки», они сумели 17 апреля после расстыковки с ней перейти в спускаемый аппарат и благополучно приводниться. Happy end!

С 31 января по 9 февраля 1971 г. проходила экспедиция корабля «Аполлон-14». Астронавты Алан Шепард и капитан Эдгар Митчелл «посадили» свою лунную кабину в районе кратера Фра Мауро, провели на поверхности Луны около 9 ч. и собрали 44,5 кг образцов лунных пород. Всего на Луне они были 33 часа 30 минут.

С помощью телевизионных камер для телезрителей Земли проводился репортаж с места посадки лунной кабины. Можно было наблюдать, как Шепард вынул три мяча для игры в гольф и с помощью какого-то инструмента с длинной ручкой в качестве клюшки для гольфа выполнил три удара. Телезрители балдели от невиданных американских достижений.

Легенда совершенствовалась – что же это за ковбой без автомобиля? И в экспедиции на корабле «Аполлон-15» на «Луну доставили» небольшой четырехколесный автомобиль с электрическим двигателем – «луномобиль».

Местом посадки «Аполлона-15» был выбран район борозды Гадлея в предгорьях Апеннин. За время экспедиции, проходившей с 26 июля по 7 августа 1971 г., экипаж корабля получил множество данных как на лунной поверхности, так и с селеноцентрической орбиты. На луноходе Скотт и Ирвин исследовали склоны гор в течение 18 ч. 36 мин. и собрали 78,6 кг образцов горных пород и грунта. На Луне были 66 часов 54 мин.

Получив образцы «лунных пород» из «морей», специалисты НАСА выбрали местом «посадки» корабля «Аполлон-16» (16–27 апреля 1972 г.) плоскогорье в районе кратера Декарт – материковую часть поверхности, имевшую по наблюдениям с Земли более светлую окраску, где, как полагали, состав грунта и пород должен быть совсем иным, чем в более «темных» низинах. Джон Янг и Чарльз Дюк благополучно «совершили посадку» в лунной кабине, а капитан-лейтенант ВМФ Томас Маттингли остался на селеноцентрической орбите в основном блоке. Янг и Дюк провели на поверхности Луны (вне лунной кабины) 20 ч. 14 мин. и собрали 95,2 кг образцов. За три выхода они проехали на луноходе около 27 км. Американский размах! На Луне были 71 час 14 мин.

И наконец, последняя экспедиция «на Луну» – Юджин Сернан и Харрисон Шмитт, члены экипажа корабля «Аполлон-17» (7–19 декабря 1972 г.). Они провели на поверхности Луны 22 ч. 5 мин., выполнили ряд экспериментов и собрали 110 кг образцов лунного грунта и породы. На автомобиле они проехали 35 км, а всего находились на Луне 74 часа 59 мин.

Итак, по американской лунной легенде, американские астронавты пробыли на Луне почти 300 часов, из них на поверхности Луны – 81 час, и доставили оттуда 384,2 кг лунного грунта.

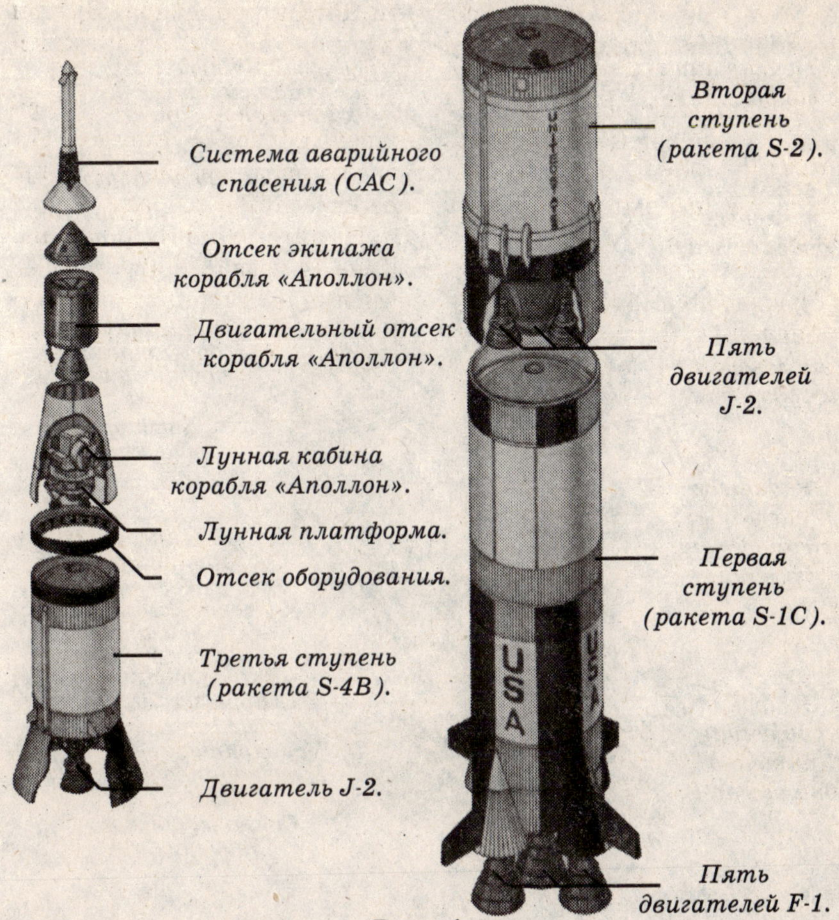

Рис. 1

Ракета-носитель «Сатурн-5»

Длина ракеты-носителя «Сатурн-5» вместе с КК «Аполлон» и САС 110,6 м. Стартовая масса 2913 т. Связка из пяти двигателей F-1 первой ступени развивает тягу 3470 тс. Время работы двигателей первой ступени около 2,5 мин, они выводят КК «Аполлон» на высоту 62 км, сообщая ему скорость 9850 км/ч. Связка из пяти двигателей J-2 второй ступени работает около 6,5 мин, поднимая КК на высоту 185 км. Двигатель третьей ступени выводит корабль на околоземную орбиту высотой 190 км. Через некоторое время двигатель третьей ступени включается повторно, чтобы перевести корабль «Аполлон» на траекторию полета к Луне.

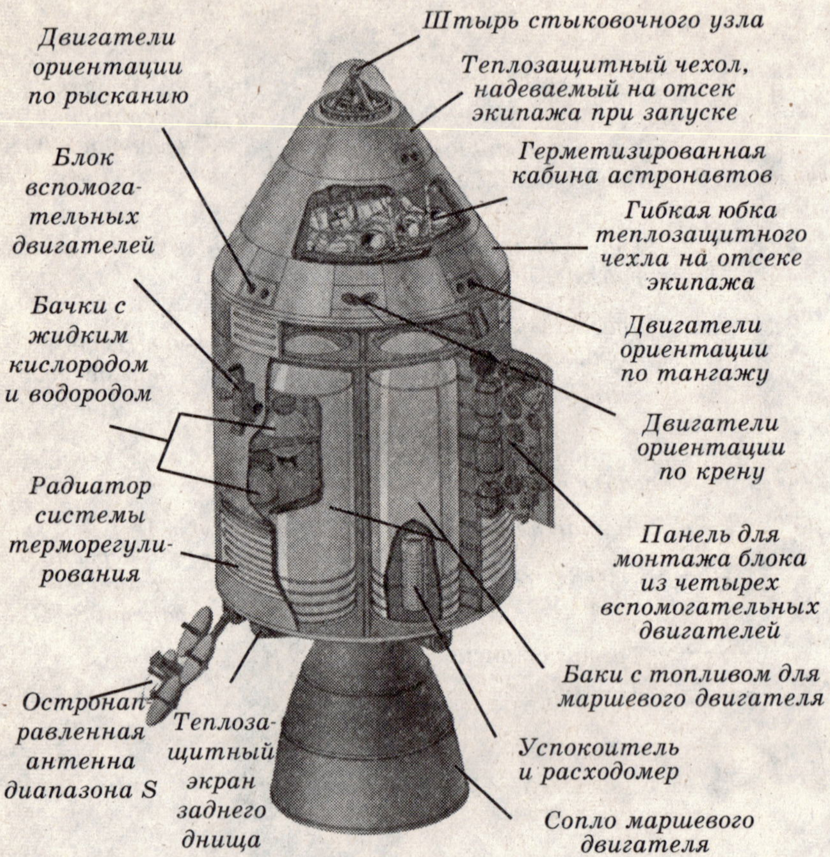

Рис. 2

Основной блок КК «Аполлон»

Состоит из отсека экипажа и двигательного отсека. В первом размещаются астронавты, во втором находятся источники электроэнергии, система терморегулирования и двигательная установка. Длина отсека экипажа (без головного обтекателя) 3,2 м. Макс. диаметр 3,9 м. Двенадцать двигателей системы ориентации. Топливо — монометилгидразин и четырехокись азота. Полезный объем 59,4 м^3. Масса вместе с астронавтами 5937 кг. Длина двигательного отсека 7,4 м. Макс. диаметр 3,9 м. Тяга маршевого двигателя 9300 кгс. Топливо — аэрозин-50 и четырехокись азота.

Масса КК «Аполлон» изменялась от экспедиции к экспедиции.

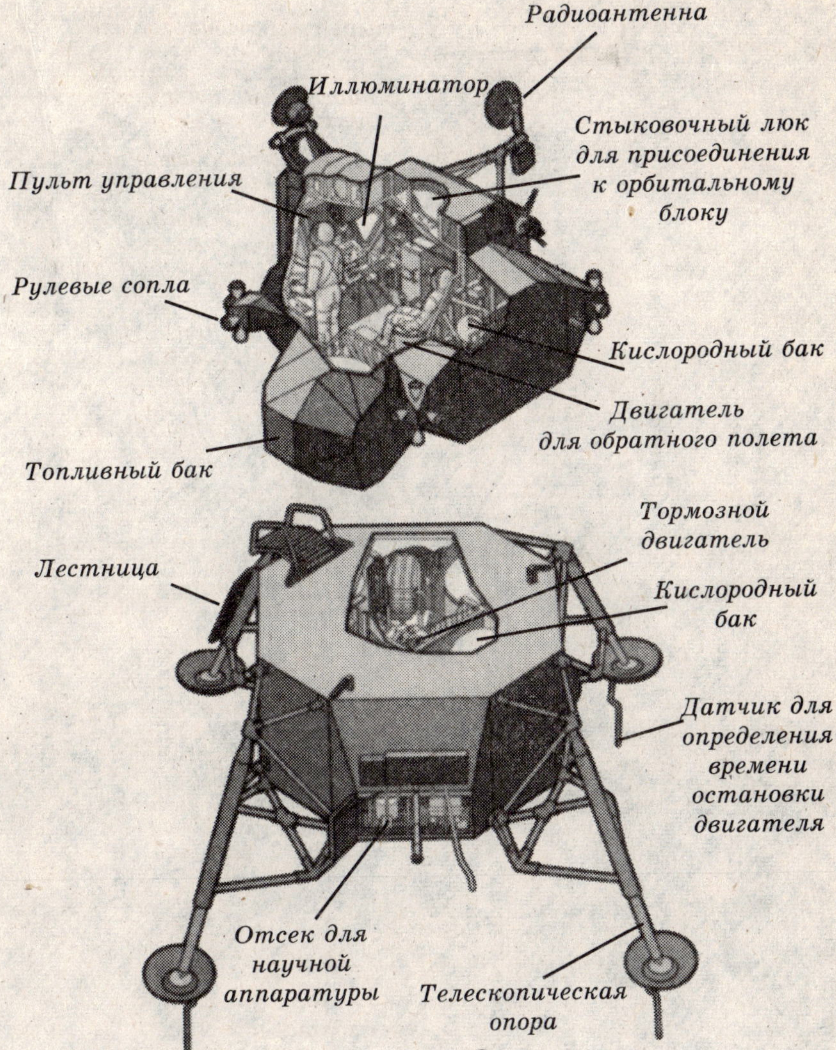

Рис. 3

Лунный модуль

Высота 6,98 м. Ширина по диагонали между посадочными опорами 9,4 м. Свободный объем 4,5 м^3. Стартовая масса лунной кабины: космических кораблей «Аполлон-11» – 15 060 кг, «Аполлон-17» – 16 440 кг. Отсек для размещения астронавтов имел цилиндрическую форму диаметром 2,35 м и высотой 1,07 м.

Рис. 4
Луномобиль

Аппарат приводится в движение электромоторами; для облегчения веса он изготовлен из алюминиевого сплава. Обода его колес сплетены из проволоки с цинковым покрытием. В сложенном виде луноход размещен в посадочной ступени лунной кабины. Занимаемый им объем не превышает 0,85 м^3.
Длина 3,1 м. Ширина колен 1,82 м. Максимальная скорость около 14 км/ч.
Энергопитание: две серебряно-цинковые батареи напряжением 36 В. Двигатель: четыре электромотора постоянного тока мощностью 180 Вт каждый. Вес на Земле 210 кг. Вес на Луне 35 кгс.

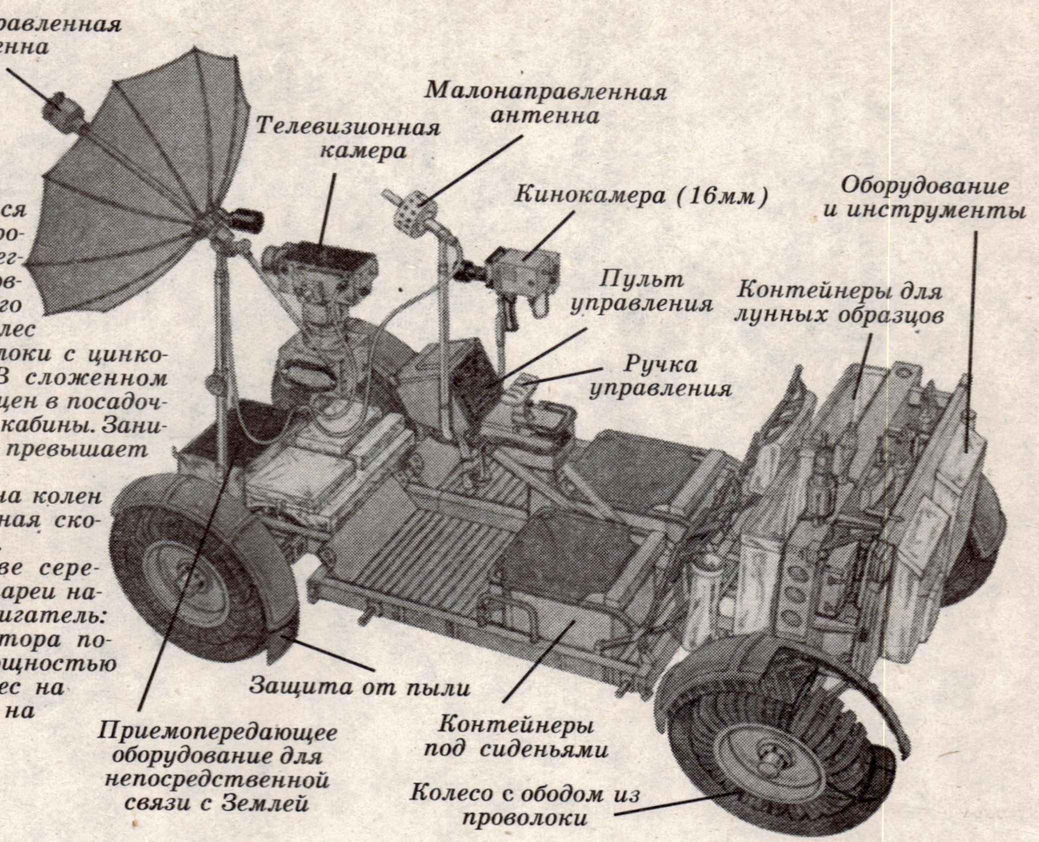

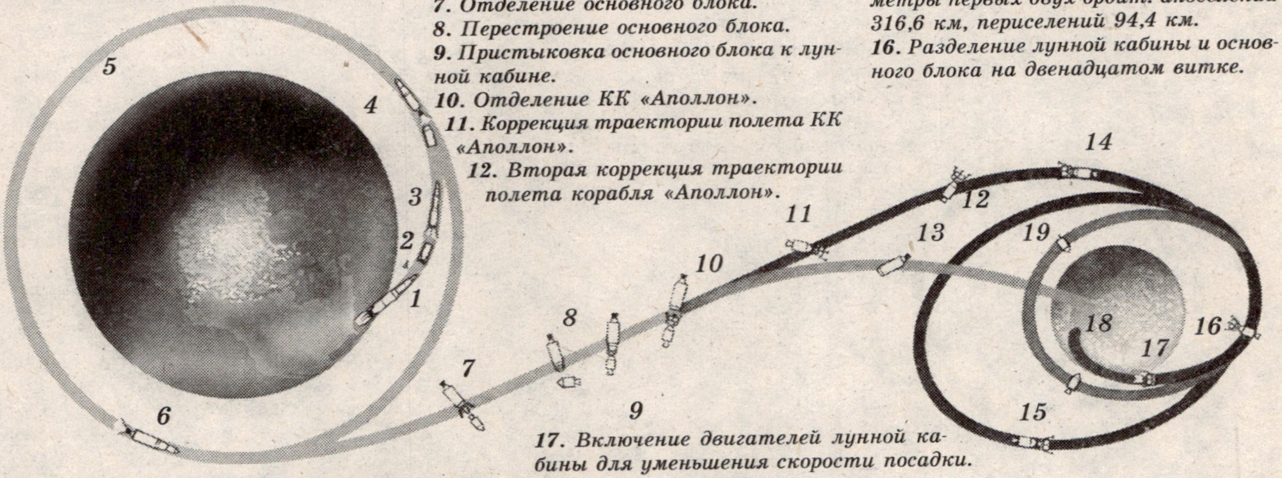

1. *Старт ракеты-носителя «Сатурн-5» с КК «Аполлон».*
2. *Отделение САС.*
3. *Отделение ступени I (ракеты S-1C), включение двигателя ступени П.*
4. *Отделение ступени II (ракеты S-2), включение двигателя ступени III (ракеты S-4B), которая выводит КК «Аполлон» на низкую околоземную орбиту,*
5. *Промежуточная околоземная орбита.*
6. *Вывод корабля «Аполлон» на траекторию полета к Луне (повторное включение двигателя ступени III).*
7. *Отделение основного блока.*
8. *Перестроение основного блока.*
9. *Пристыковка основного блока к лунной кабине.*
10. *Отделение КК «Аполлон».*
11. *Коррекция траектории полета КК «Аполлон».*
12. *Вторая коррекция траектории полета корабля «Аполлон».*
13. *Ступень III (ракета S-4B) переводится на траекторию прямого попадания на поверхность Луны.*
14. *Последняя коррекция траектории.*
15. *Построение лунной орбиты. Параметры первых двух орбит: апоселений 316,6 км, периселений 94,4 км.*
16. *Разделение лунной кабины и основного блока на двенадцатом витке.*
17. *Включение двигателей лунной кабины для уменьшения скорости посадки.*
18. *Прилунение кабины.*
19. *Обращение на окололунной орбите основного блока КК «Аполлон».*

Рис. 5

Схема полета космического корабля «Аполлон-17» на Луну

1. Старт взлетной ступени лунной кабины.
2. Сближение взлетной ступени с основным блоком.
3. Стыковка взлетной ступени с основным блоком.
4. Отделение взлетной ступени.
5. Взлетная ступень на пути к поверхности Луны.
6. Отделение автоматического спутника на селеноцентрической орбите.
7. Переход на траекторию полета к Земле.
8. Коррекция траектории.
9. Вторая коррекция траектории (в случае необходимости).

10. Последняя коррекция после разделения отсека экипажа и двигательного отсека.
11. Ориентация отсека экипажа при возвращении на Землю.
12. Спускаемый аппарат на высоте 122 км.
13. Пропадание сигнала при входе в атмосферу.
14. Приводнение.

Рис. 6

Схема возвращения на Землю

Глава 1.
НАЧАЛО ЗНАКОМСТВА С АФЕРОЙ

МУХИН Ю.И. К середине 1999 года меня «достали» мои читатели сообщениями об американской лунной афере, кроме этого, я уже ознакомился с неким минимумом фактического материала по этой теме и счел себя достаточно готовым, чтобы «ввязаться в драку» — начать со своими читателями дискуссию о том, были ли американцы на Луне. И я опубликовал статью «Афера № 2», имея в виду, что по своим масштабам американская лунная афера достойна занимать второе место в списке наиболее выдающихся мировых афер XX века.

Мне уже достаточно

Сначала отвлекусь. Когда вышла моя книжка «Катынский детектив», где я проанализировал фальсификацию Военной прокуратурой дела о расстреле польских офицеров в Катынском лесу, я стал «широко известен в узких кругах». Как-то меня познакомили с полковником КГБ, которому рекомендовали как человека, самостоятельно проведшего это следствие. Оцените ситуацию: он «профессионал», а я в его глазах — хренов любитель из тех, которые лезут ко всем со своими следствиями, ничего в них не понимая. Разговорились. Я начал описывать предысторию этого дела, но он с раздражением меня прервал: «Это убийство! На месте убийства должны остаться пули и гильзы. Чьи они? Если наши, значит, убили мы, если

Рис. 7
Фото «следа Армстронга на Луне»

немецкие — немцы! О чем тут много говорить?» (Оказалось, что активно участвовавший в этой клевете на СССР председатель КГБ Крючков скрывал от своего ведомства даже такие элементарные подробности катынского дела.) Я сообщил, что пули, гильзы и шпагат, которым были связаны руки расстрелянных, — немецкие. У полковника вытянулось лицо...

В данном случае я хочу сказать, что доказательств клеветы может быть тысячи, но профессионалу порой достаточно одного (как полковнику — происхождение пуль), все остальное на фоне этого доказательства становится неинтересным.

Я металлург, а это грязное производство, переваливающее в год миллионы тонн горных материалов, имеющих зачастую такие размеры, как и те, что составляют лунный грунт на фотографиях НАСА. Я 25 лет ходил по таким материалам, я с ними работал, их свойства изучал. Поэтому мне хватает только изображения следов подошв «на Луне». Не буду сейчас рассказывать вам про свойства сыпучих материалов, углы естественного откоса и т. д. Просто не может быть, чтобы вы никогда в жизни не были на песчаном пляже. Вспомните, какие следы оставляет подошва на мокром песке у линии прибоя (четкие, рельефные — как на фото «с Луны») и выше — на сухом песке (ложбинка с осыпавшимися краями). Как бы вы ни вдавливали рифленую подошву ботинка в сухой песок (любой материал), но, как только вы ее поднимите, все вертикальные стенки отпечатка подошвы немедленно опадут, образовав с горизонтом угол примерно в 40°.

Отпечатки ноги «на Луне», без всяких сомнений, сделаны во влажном грунте, следовательно — не на Луне. А поскольку все «лунные» фото НАСА усеяны такими следами, то все эти фото также сделаны не на Луне. И лично мне уже никаких других доказательств не надо.

Могу пояснить и почему американцы в съемочном павильоне смачивали грунт. Не знаю почему, но они завезли очень пылеватый (очень мелкий) материал. Через 5 минут движений по такому материалу все астронавты были бы уже по пояс в пылевом облаке.

Доказательством того, что все отпечатки подошв сделаны на Земле, является и их глубина, но я пока этого вопроса касаться не буду, может быть, читатели сами прикинут, какой глубины они должны были бы быть, если на Луне 100-килограммовый мужик давит на грунт как 16-кг ребенок.

Эта афера с «высадкой на Луну» такова, что, чем больше о ней думаешь, тем больше удивляешься — точь-в-точь, как в деле со смертью Ельцина в 1996 году. Я остановлюсь еще на паре моментов, которые обычно не рассматриваются.

Научный итог

Почему-то все молчат, что от результатов этих «высадок на Луну» до сих пор нулевой познавательный результат. Весь результат — только фильмы и фотографии.

Из чего состоит кора Луны? Из окислов, сульфатов, сульфидов или хлоридов? А может, из золота или иридия? Это ведь очень важно и интересно. Если из окислов, как Земля, то в принципе там можно получать металлы и кислород, была бы энергия. Можно строить станции – не чета околоземным орбитальным. 30 лет прошло, а это никого не волнует.

К примеру. Возьмем «Энциклопедический словарь» (у меня он 1987 г.). В нем сказано, что кора Земли состоит из базальтов, гранитов и продуктов их разрушения — осадочных пород[4]. Перечислены химические соединения, из которых состоят базальты и граниты. А в статье «Луна», почти через 20 лет после «высадки» по этому поводу написано: «*... Поверхность Л. в осн. гориста, покрыта многочисл. кратерами ударного (метеоритного) происхождения. Лунный грунт — реголит. Температура поверхности...*»[5] и т. д. Читаем статью *«Реголит»: «... по-*

верхностный грунт Луны: состоит из разнозернистого обломочно-пылевого материала, сформированного в результате дробления, перемешивания и спекания лунных пород при падении метеоритов. Насыщен инертными газами. Мощность Р. от долей М до десятков М»[6].

Как видите, описан внешний вид некоего *«грунта»*, но ни полслова ни о его минералогическом, ни о химическом составах.

Вот книга «Человек и вселенная», изданная Комитетом по географии и картографии Министерства экологии и природных ресурсов РФ в 1994 г. В ней по этому поводу говорится: *«Постоянная бомбардировка Луны метеоритами является причиной того, что вся поверхность на несколько метров глубины покрыта слоем раздробленного вещества, которое в последующем спекается и образует как бы слежавшуюся губчатую массу. Этот тонкий верхний слой лунной поверхности называют реголитом. Вот почему огромные колебания температуры от дня к ночи на поверхности Луны (на экваторе от +130 до −170) затухают, и на глубине всего в один метр температура на Луне постоянна»*[7].

И о Луне все. Я, человек, 25 лет занимавшийся дроблением и спеканием материалов, из этого текста ничего понять не могу. Понятия *«спекшийся»* и *«слежавшийся»* описывают совершенно разные процессы. На Луне «грунт» все же какой: *«спекшийся»* или *«слежавшийся»*? Никаким спеканием *«губчатую массу»* получить нельзя, ее получают только плавлением. Для спекания неорганических материалов нужны специальные условия (давление или тесный контакт спекаемых материалов) и температура не менее 80–1000°. За счет каких температур спекся грунт на Луне, если там и на экваторе днем всего +130° — меньше, чем нужно для отгонки гидратированной влаги? Почему в тексте указана температура на поверхности, а на глубине всего в один метр просто сказано, что она *«постоянна»*? А какая? Опять наука «не в курсе дела»?

Более того, навязчивые утверждения приведенных текстов, что на Луне грунт *«спекшийся»* не соответствуют виду грунта на американских фото «с Луны». На спекшемся (как и слежавшемся) грунте следы не остаются даже в условиях Земли. Наверное, многие из вас видели красный строительный кирпич. Так вот — это образец спекшегося грунта, поскольку этот кирпич получен спеканием прессованной глины.

Так чем же 300 часов занимались на Луне астронавты? Каких проб 400 кг они оттуда привезли?

Поскольку советские лунные автоматы пробу грунта взяли, то его химический и минералогический состав где-то имеется, но вопрос — почему он не присутствует в общедоступной и энциклопедической литературе? Американские астронавты обязаны были брать не пробы «грунта», а пробы коренных пород Луны, выходы которых (скалы) видны на фотографиях. Но, как видите, вопрос о том, из чего состоит тело Луны, ее кора, в указанной литературе до сих пор даже не обсуждается.

Это еще повод задать вопрос, «а был ли мальчик», вернее мальчики, на Луне? Поскольку сегодня у нас знания о Луне точно такие же, как и до эпопеи «высадки» на нее американцев.

К этому вопросу примыкает и вопрос, а почему после этих «высадок» прекращены все исследования Луны, как у нас, так и в США? Почему в США никак не используется ракета «Сатурн», которая могла якобы выводить на околоземную орбиту чуть ли не 150 тонн груза? Почему не строятся на Луне лунные станции?

Американцы уже начали хвастаться, что в 2014 г. высадятся на Марсе. Если действительно на Марсе, а не в Голливуде, то почему они не тренируются в этих высадках на Луне?

Говорят, что американцы прекратили исследования Луны, так как они дорого стоят. Тут два вопроса, рассмотрим их.

10 полетов к Луне в течение 5 лет стоили 25 млрд. долларов 30 лет назад. С тех пор резко усовершенствовались технологии и уже по этой причине сегодня это стоило бы вдвое дешевле даже с учетом подешевевшего доллара. Вспомните, к примеру, как упали в цене с тех пор компьютеры. В этих 25 млрд. минимум половину стоили научно-исследовательские и опытно-конструкторские работы. Если повторять программы одни к одному, то за них уже платить не требуется.

Но положим, что стоимость высадок на Луну осталась бы прежней — 5 млрд. долл. в год. Сравните ее с федеральным бюджетом (расходами правительства) США — 1446 млрд. долл. в 1992 г. Для такого бюджета 5 млрд. (0,3%) — это мизер, зато какой был бы авторитет в мире — это не Сербию и Ирак бомбить! Но американцы на это не идут. Почему?

Второе. А что сегодня они делают в области космических исследований? Они повторяют подвиг Ю. Гагарина — взлетят, покружат вокруг Земли и спустятся. И тратят на это деньги уже 30 лет. Новых знаний об окружающем нас мире — ноль! Выводить спутники на орбиту в сотни раз дешевле ракетой без управления ее человеком. Дошло до того, что американцы стали возить в космос туристов и учительниц, чтобы последние с орбиты вели уроки в школах США. Ну чем не шедевр идиотизма? Тратить на подобное деньги после того, как объявили всему миру, что могут высаживаться на Луну?!

Фотографии

А теперь я хотел бы вместе с вами рассмотреть несколько картинок из юбилейного номера австрийского журнала «Format»[8]. Сначала мое внимание на стр. 108–109 привлекло фото лунного автомобиля (рис. 8) — я никогда раньше не видел его. (Заранее прошу прощения, если при перепечатках фотографий упадет их качество.)

Первое, что меня удивило, — это мощные колеса (вспомните тоненькие колесики на спицах у советского лунохода). Кому они нужны — для экипажа, который должен был двигаться по бездорожью Луны в общей сумме несколько часов со скоростью телеги с лошадью?

Но главное, в спускаемом на Луну аппарате каждый грамм веса и каждый кубический сантиметр объема дороже таких же единиц золота. Зачем занимать этот вес и объем конструкциями, которые и даром не требуются на Луне? Посмотрите на эти изящные крылья над колесами с резиновыми брызговичками. Они-то на Луне зачем?

Второе. Смотрите, как мощно выполнена вся конструкция: колеса без спиц — сплошные, мощный швеллер на раме; толстые трубы даже на сиденьях. (Вспомните тоненькие трубочки на вашей дачной мебели, а ведь они из простой низкопрочной стали, а здесь-то, по идее, должен применяться исключительно высокопрочный титан.) Конструктора ни в малейшей мере не заботила борьба за каждый грамм веса этой тележки.

Такое впечатление, что парня, который ее смастерил, оторвали для этого дела от конструирования танка «Абрамс» и при этом забыли сообщить, где эта «шайтан-арба» должна ездить и кого возить. (Космонавт, к примеру, сидит на краешке сиденья, так как сесть нормально ему не дает обязательный на Луне ранец за спиной.)

Давайте подсчитаем, на какой вес должна была быть рассчитана эта машина, если бы ее действительно создавали для Луны? Предположим, что космонавт во всем снаряжении весит на Земле 150 кг. Два космонавта — 300 кг. Батареи энергоснабжения, двигатели — пусть еще 120 кг. Итого — 420 кг. На Луне все это вместе будет весить 70 кг.

Рис. 8
Фото части «Лунаровера»

Помнится, что я на свой велосипед «Урал» стоимостью 52 руб., выполненный из простой стали, приделал два дополнительных багажника на уровне оси заднего колеса и без проблем перевозил с дачи, кроме себя, еще и три мешка картошки. Т. е. если бы на Луне мне на багажник моего «Урала» прикрепили всю эту машину с двумя космонавтами, то я бы по *«спекшемуся грунту»* отвез их куда угодно.

Я это пишу к тому, что если бы эта машина действительно предназначалась для работы на Луне, то она бы имела вид двух, параллельно скрепленных спортивных велосипедов, а так как строиться эта машина должна исключительно из титана, то весить на Земле она обязана меньше, чем один спортивный велосипед. И всякого конструктора, который бы предложил конструкцию хоть на 100 г тяжелей, допустим, с крыльями над

Рис. 9

Фото панорамы со светильниками экспедиции «Аполлона-17»

В рамке дан вид светильника

колесами, руководитель полета на Луну убил бы прямо на пороге своей конторы. И правильно бы сделал, так как каждый грамм в полете на Луну столь дорог, что стенки лунного модуля были бы, к примеру, выполнены чуть ли не из фольги, которую «пальцем можно проткнуть».

Но машину для поездок на Луне нельзя эксплуатировать на Земле — под действием земного веса она развалится. Поэтому и сварганили американцы для съемок в павильоне этакого монстра, способного возить на съемках земные грузы, но выглядящего смешно в применении к условиям Луны.

Хотя среди фотографий лунной эпопеи в подборке журнала «Format» фото «Лунного ровера» не самые смешные.

НАСА рассекретило панорамные «снимки Луны», которые составлялись из нескольких, сделанных из одной точки фотографий. При монтаже у специалистов НАСА голова болела только о том, как поточнее соединить несколько снимков вместе, и они совершенно не обращали внимания на то, что на части используемых фотографий видны не только «лунный пейзаж», но и детали киносъемочного павильона, где он снимался. Вот это действительно смешно. Мы перепечатываем две такие фотографии, данные на панорамном вкладыше журнала.

Посмотрите на «панораму Луны» на рис. 9. Внизу видны следы в мокром грунте. (Кстати, его нужно было смачивать и потому, что в пыли были бы видны лучи осветительных прожекторов.) В центре слева направо три камня, «Луна ровер» и астронавт. Сначала посмотрите, как освещены эти три камня, которые мы пометили цифрами в кружках. Первый (самый дальний), второй, стоящие возле них машина и астронавт освещены слева и отбрасывают тень вправо. А камень № 3 освещен справа, и тень дает влево. Солнце так не освещает, так могут осветить только прожектора.

И действительно, прожектора, освещающие дальний пейзаж, тоже попали в кадр. Три из них видны в верхнем левом углу. Один из них, который обозначен нами стрелкой, мы попробовали насколько можно увеличить и дать отдельно в правом углу. Как видите, это действительно светильник, а не дефект пленки. А подпись на фото гласит: *«Лунная лаборатория: южнее так называемой скалы Сплит астронавт Юджин Сернан измерил силу притяжения Луны»*.

Но еще смешнее панорама, от которой мы даем только часть (рис.10). Здесь, как видите, хорошо видны не только два светильника за спиной астронавта, но и свечение воздуха вокруг них. (Плохо, сукины дети, грунт в павильоне поливали.) Подпись под всей панорамой: *«Аполлон-16: две фотографии, выполненные астронавтом Чарльзом Дюком, которые при совмещении позволили дать широкую лунную панораму»*.

Битва холодной войны

А где же были наши специалисты (и где они сегодня) в области космических исследований и технологий? И почему ЦК КПСС покрывал эту авантюру? Ведь если бы советская про-

Рис. 10

Фото экспедиции «Аполлона-16»

Видно свечение воздуха вверху за спиной «астронавта»

грамма исследования Луны продолжалась, то афера все равно вскрылась бы, как она все равно вскроется в будущем, когда человек действительно посетит Луну.

Статья в «Format» имеет заголовок: «Через 30 лет: миссия на Луну», и подзаголовок — «Орел прилунился». Это короткое сообщение из космоса зафиксировало победу США в величайшей битве холодной войны».

Почему ни правительство СССР, ни «научная общественность» даже не попыталось разоблачить эту «победу»?

Я думаю, что дело, вероятнее всего, развивалось так. Американцы действительно создали мощную ракету, способную донести до Луны большой вес, но этого очень мало. Требовалось решить на практике и тысячи других, сопутствовавших высадке вопросов: стыковки и перестыковки, строго вертикальной посадки, управления аппаратами и т. д. и т. п.

А они уже в начале программы объявили, что их цель — сесть на Луну. Да еще и сроки назначили. (СССР ведь всегда и все держал в тайне, пока все не закончится.) Проходили сроки, кончались деньги, были построены ракеты. «За базар надо было отвечать». А экспедиция с высадкой на Луну, что всем участникам было очевидно, ничем, кроме смерти астронавтов, закончиться не могла. Но лететь надо было, ведь уже на весь мир растрезвонили. Что делать?

Думаю, решение было таково: лететь к Луне, переходить на окололунную орбиту, но астронавтов в спускаемый аппарат не сажать — прилунять его и поднимать с Луны в автоматическом режиме до тех пор, пока все приемы не будут отработаны, все ошибки учтены и исправлены, а вся техника за эти три года усовершенствована. При таком плане оставалась вероятность, что при третьем-пятом полетах НАСА все отработает и в последние вылеты американцы действительно смогут кого-то высадить на Луну, хоть на час. Тогда фотографии, киносъемки и пробы грунта удачных экспедиций и стали бы основными, при действительной победе можно было бы даже и признаться в обмане с предыдущими экспедициями — победителей не судят.

А пока шли тренировочные экспедиции к Луне, на Земле показывались снятые заранее «высадки на Луну». Между прочим, все отмечали, что тогда в прессу материалов поступало очень мало, в случае действительной высадки они наверняка все были бы уничтожены и заменены реальными съемками с Луны. Но не получилось, и последняя экспедиция («Аполлона-17»), в которой был и представленный на фото астронавт Ю. Сернан, тоже не смогла высадить человека на Луну.

Этим можно объяснить глухое молчание тех тысяч человек — работников НАСА, — кто знал об этой афере. Они все сначала были уверены в успехе, полагали, что афера — это временно, а потом, когда все закончилось ничем, они остались просто аферистами. Признаться в этом стыдно, да наверняка и без-опасно. Что они скажут Америке? Что, дескать, мы вас обманывали, так как были придурками и все время думали, что у нас высадка человека все же получится? На мой взгляд, американские астронавты и так герои только за то, что летали к Луне, но сегодня они по своей вине стали просто мошенниками. И как им в этом признаться?

Это же так, как у нас сегодня с умершим Ельциным. Сначала депутаты действительно ничего не замечали, а потом двойники под этой молчаливой защитой депутатов натворили столько, что кричать поздно, — депутаты теперь и сами в этом виноваты по уши.

Таким было начало спора. Первым на него прореагировал наш читатель и автор Сергей Иванович Иншаков. Сначала мы спорили устно, а потом я предложил ему ответить мне в газете, что он и сделал достаточно обстоятельно.

Про Луну и про Аферу-2

ИНШАКОВ С.И. В «Дуэли»№ 35 опубликована статья главного редактора Ю.И. Мухина «Афера № 2». Статья спорная, поэтому ряд ее положений требует детального рассмотрения.

Первый раздел под заголовком «Мне уже достаточно». В нем бывший металлург утверждает, что ему достаточно одного снимка американского следа на Луне, чтобы авторитетно заявить, что это след на влажном грунте. Но есть телевизионные кадры с наших луноходов, в частности тот, что приведен в энциклопедии «Космонавтика» (под ред. В. П. Глушко, М., 1985, тираж 75 тыс.). Там на вклейке XVI, между стр. 80 и 81, приведена вертикальная панорама лунной поверхности по правому борту первого лунохода, переданная в начале второго лунного дня телевизионной системой. (Луноход-1 работал на поверхности Луны с 17.11.70 по 04.10.71). На этом изображении отчетливо виден след нашего самоходного аппарата на поверхности Луны. Он тоже по влажной поверхности шел?

Раздел «Научный итог». Здесь, на основе более чем скудных данных о лунном грунте, почерпнутых из «Энциклопедического словаря» образца 1987 г. и книги издания демократического времени «Человек и вселенная» (1994 г.), Юрий Игнатьевич делает вывод о том, что собственно данных просто нет. После выхода этой статьи я подарил главному редактору большой том результатов исследований лунного грунта («Лунный грунт из моря Изобилия», издательство «Наука», 1973 г., тираж 20 тыс.*), добытого нашими аппаратами «Луна-16» (12.09.–24.09.70 г.) и «Луна-20» (14.02.–25.02.72 г.). Примечательно то, что почти во всех статьях производится сравнение наших данных с американскими. Естественно, 100% совпадения нет, так как грунт брался в разных точках лунной поверхности. Достоверность грунта, привезенного американцами, не оспаривается. Как наши, так и американские образцы явно внеземного происхождения, это доказывается, к примеру, большим количеством треков от космических лучей, оставленных в прозрачных кристаллах полевого шпата. Так что согласиться с утверждением главного редактора, что *«...сегодня у нас знания о Луне точно такие же, как и до высадки на нее американцев»*, никак нельзя. Это только у халтурных составителей энциклопедического словаря такие знания.

Затем Юрий Игнатьевич начинает экономически оценивать рентабельность освоения Космоса. Ну что тут возразить — разве что то, что, несмотря на громадную потребность в подводных исследованиях (и их прикладное значение) второго батискафа, подобного «Триесту», созданному Жаком Пикаром в конце 50-х годов, до сих пор нет. А Пикар в 1960 году совершил на нем погружение на дно Марианской впадины на глубину 10919 м. И с того времени на этих глубинах никто не бывал. По-видимому, спонсоры этих научных программ — подводных и космических — теперь находят другое применение своим средствам.

Раздел «Фотографии». Юрий Игнатьевич считает, что американский лунный автомобиль «Ровер» сделан излишне прочно. Утверждение более чем смелое, ведь на снимках сечений силовых элементов автомобиля нет. Кстати, на приведенном в газете снимке (рис. 8) космонавт сидит вполне нормально, не на «краешке». Данные по «Рове-

---

* Тут Сергей Иванович, судя по всему, плохо рассмотрел число.

ру» приведены в уже упоминаемой энциклопедии «Космонавтика» на стр. 227: «*...масса нагруженного аппарата 725 кг, в т. ч. собственно «Ровер» – 211, космонавты с ранцевыми системами жизнеобеспечения – 364, и т. д., ...рама аппарата и кресла космонавтов трубчатой конструкции из алюминиевого сплава, сиденья, спинки и пылезащитные крылья из нейлона, ...подвеска колес торсионная, все колеса ведущие, ободья сплетены из проволоки диаметром 0,84 мм с цинковым покрытием, ...извлечение аппарата, установка его на грунт и приведение в рабочее положение обеспечиваются одним космонавтом*». На двух приведенных в газете фотографиях с космонавтами главный редактор опять трактует блики внутри объектива, возникающие при съемке навстречу источнику света, как «прожектора». Потом Юрий Игнатьевич однозначно трактует положения теней от камней, хотя эти положения сильно зависят от рельефа поверхности и поэтому неоднозначны.

В этой статье уже не поднимается вопрос о звездах на небе. Этот вопрос поднимает А. Катасонов в небольшой заметке, напечатанной рядом. Я уже писал, что из-за различной яркости невозможно запечатлеть одновременно и высококачественно поверхность Луны и звездное небо. Прямым доказательством этого служит космическая фотография Земли, сделанная советским аппаратом «Зонд-7» в 1969 году. Этот снимок приведен в уже упоминавшейся энциклопедии «Космонавтика» на вклейке VI, стр. 48–49. Земля есть. Звезд — нет.

В дискуссии о полетах американских астронавтов на Луну неоднократно подвергался критическому анализу ряд фотоснимков и фильм, снятый во время высадки. Я уже несколько раз анализировал представленные снимки, материал отправлял в редакцию. Общий итог: все, что было представлено в «Дуэли», снято не в павильоне, а скорее всего на Луне. Недавно представилась возможность просмотреть фильм, выпущенный к 20-летию первой высадки на Луну. Художественный уровень его рассчитан на американского обывателя (или на обитателя обезьяньего питомника, был когда-то такой в городе Сухуми). Много чисто голливудских эффектов, процесс отстрела кабелей от стартующей ракеты показан с разных точек съемки несколько раз, да еще замедленно. Некоторое подозрение вызывает картина разделения ступеней (появляется на 13-й минуте фильма). Похоже, они взяты из художественного фильма, т. к. не могу себе представить, какая техническая необходимость была в организации этих съемок. На 23-й минуте фильма два раза показана надпись на бумаге «Аполлон-8», но этот космический корабль облетал Луну, а не высаживал экспедицию. Первая высадка была осуществлена «Аполлоном-11». Похоже, фильм склеен из различных эпизодов разных экспедиций. На 51-й минуте представлены кадры водружения американского флага на Луне. Действительно, в момент установки его нижняя кромка колеблется, трясется она и некоторое время после установки, потом успокаивается. Не вижу здесь никаких признаков «лунного ветра». Это всего лишь собственные колебания упругой системы флагшток — флаг. Кстати, на 18-й минуте фильма, при демонстрации выхода астронавта в космос ряд гибких элементов в кадре тоже «трепещет», но никто же не объясняет это наличием «космического ветра» на земной орбите. На 50-й минуте астронавт повторяет на поверхности Луны опыт Галилея: показывает, что молоток и перо падают с одинаковым ускорением при отсутствии воздуха. Их падение происходит примерно 2 секунды с высоты около метра с небольшим, что не дает ожидаемой величины ускорения свободного падения на Луне (одну шестую земного ускорения), но я полагаю, что точность измерения пути и времени начала и окончания движения крайне мала. Этим и объясняется расхождение с ожидаемым значением ускорения. Самое удручающее действие оказывает на зрителя текст, сопровождающий фильм (насколько перевод соответствует оригиналу, судить крайне трудно, т. к. перевод почти полностью его забивает). Остается впечатление, что как сами астронавты, так и работники Хьюстонского центра управления полета являются дебилами, что, конечно же, не соответствует действительности, ведь есть прямые доказательства реальности лунных экспедиций: доставленный на Землю лунный грунт и установленный на Луне уголковый отражатель, позволивший, наряду с нашим уголковым отражателем (на луноходе), длительное время проводить лазерную локацию Луны.

Таким образом, я считаю, что утверждения Ю. И. Мухина о том, что американцы не были на Луне, сделанные им на основе анализа следов на поверхности, научного итога экспедиций, конструкции лунного автомобиля и положения теней на снимках, малоубедительны. Были там американцы.

Длинная дорога

МУХИН Ю.И. Читатели из Киева прислали мне упомянутый Сергеем Ивановичем американский фильм студии Island World «Для всего человечества» («For all manking»), режиссера Эл Рейнерта (Al Reinert), выпущенный в 1989 г. к 20-лет-

Рис. 11
Фото следов лунохода и «астронавтов»

Сравните следы, оставляемые Э. Олдрином и «Луной-16». Следы Олдрина четкие, они «блестят», а след колес «Луны-16» осыпавшийся, нечеткий

нему юбилею «высадки на Луну первых людей» – американских астронавтов Н. Армстронга и Э. Олдрина. Его смотрел мой оппонент, но у меня фильм вызывает гораздо больше вопросов.

К примеру, почему советский зритель с ним не знаком? Почему этот и очередные юбилейные фильмы никогда не показывали по нашему телевидению? Допустим, в СССР его не показывали по идеологическим соображениям, но ведь уже при Горбачеве мы распахнули двери для пропаганды старшего бледнолицего брата. Почему агитпроп США никогда не настаивал, чтобы его главное достижение – высадка на Луну – пропагандировалось в захватываемой стране?

Несколько общих цифр. Этот якобы документальный фильм о первых людях на Луне идет 75 минут. Примерно через полчаса вы обязательно начнете ругаться: когда же наконец будет Луна? Дело в том, что посадка на Луну и все остальное о пребывании астронавтов на Луне (всех, не только Армстронга и Олдрина) занимают в фильме всего около 25 минут, причем съемки на Луне около 20,5 минуты, а собственно астронавты там – менее 19 минут. Согласитесь, что это немного, если считать, что по легенде астронавты всех экспедиций провели на Луне около 100 часов.

Вы спросите: а что же показывают в фильме первые 50 минут? Да что угодно!

Как астронавты одеваются перед стартом, как их осматривают, как они идут, как их поднимают на корабль, как стартуют, как они любуются из космоса видом Канарских островов, как переодеваются, как едят, как бреются электробритвой, как перебрасываются предметами, подвешенными в невесомости, как спят, снова как едят, снова как бреются, правда, теперь уже безопасной бритвой. Как слушают музыку аудиоплеера, какая это музыка, что сказали музыканты, когда ее записывали и т. д. и т. п. Поскольку спешить некуда, то показывают, как астронавты в шутку снимают видеофильм о себе, как рисуют к нему заставки, эти заставки (4 или 5), разумеется, обязательно показываются зрителям. Как астронавты ведут из космоса шуточный телерепортаж о новостях спорта, передаются счета в матчах баскетбольной лиги. И т. д. и т. п. Причем все это с искрометным американским юмором. Например, весело шутят, показывая, как астронавты оправляются (подробно объясняется, что пакеты с экскрементами надо плотно закрывать крышками, а не то экскременты облепят всю кабину). Когда один идет оправляться, остальные, корча рожи, надевают кислородные маски, давая зрителям понять, что сильно воняет. Смешно. В общем, в бездне космоса бездна юмора. Американского.

Чтобы зрители не сильно скучали, устраивается авария: *«утечка жидкого кислорода в отсеке обслуживания, где хранится кислород для дыхания экипажа»*. Показывается, как этот жидкий кислород хлещет фонтаном. В ЦУПе почему-то разглядывают что-то похожее на аккумуляторную батарею и дают бодрую команду: *«Попробуйте планы № 4 и № 3»*. По этой команде астронавт хватает рулончик скотча и что-то быстро им заклеивает, блестяще спасая жизнь экипажа.

Не лишены зрители и оригинальных видов, но сначала еще раз несколько слов об устройстве космического корабля «Аполлон» (рис. 2). Он выводится на орбиту Земли двумя ступенями ракеты «Сатурн», третья ступень разгоняет его к Луне. Сам «Аполлон» состоит из основного блока, в котором находится кабина экипажа и двигатель. В этой кабине астронавты летят к Луне и возвращаются на Землю. Двигатель основного блока тормозит «Аполлон» у Луны и разгоняет его для возвращения на Землю. К двигателям основного блока пристыкована лунная кабина, в которой два астронавта спускаются на Луну и возвращаются на основной блок. К лунной кабине со стороны ее двигателя пристыкована посадочная платформа, двигатель которой сажает платформу и лунную кабину на поверхность Луны. (С этой платформы затем стартует лунная кабина.)

Отсек экипажа невелик: это конус с диаметром у основания 3,9 м и высотой 3,2 м. Нижняя, самая широкая часть конуса заполнена запасами и оборудованием, в верхней – кресла для трех членов экипажа, в вершине конуса люк для перехода в лунную кабину. Никаких шлюзов нет.

Тем не менее через 2 часа после старта с космодрома, когда «Аполлон» с третьей ступенью «Сатурна» должен был быть еще на орбите Земли, кто-то из экипажа Армстронга решил срочно погулять по космосу: открыл люк и вышел наружу. Внутри отсека экипажа было достаточно телекамер, но в это время они не снимали, и это немудрено: ведь из «Аполлона» в открытый люк должен быть спущен кислород, и два оставшихся члена экипажа должны были бы тоже надеть скафандры. Тот астронавт, что вышел в открытый космос, сделал это исключительно для того, чтобы повисеть в безвоздушном пространстве и сказать: *«Аллилуйя, Хьюстон»*. Вскоре Хьюстон потребовал от него вернуться в отсек, так как через несколько минут начинался разгон «Аполлона» к Луне. Кстати, было явственно видно отсутствие третьей ступени «Сатурна».

Мой оппонент С. Иншаков заговорил об упругих колебаниях, но надо не только знать эти умные слова, но и образно представлять, что это такое. Возьмите что-то упругое, к примеру линейку, зажмите один ее конец, оттяните и отпустите свободный. Это упругие колебания в чистом виде. Их особенность, как и любых колебаний, в том, что колеблющаяся часть системы все время отклоняется от нулевого положения — того, в котором колебания затухнут.

Так вот, в фильме нет и намека на эти самые «упругие колебания». Флаг сдувается ветром в одну сторону от нулевого положения, в одну сторону сдувается и ленточка, тянущаяся за «выходящим в космос» астронавтом. Она его все время охватывает только с одной стороны и трепещет на сквозняке. Т. е. и «выход в космос» — это тоже голливудская подделка. Кстати, при этом «выходе» видны кучевые облака так близко, как они видны с самолета, а не с космической станции. Давая эту подделку, американцы показывают, что для фильма о полете на Луну у них катастрофически не хватает материала.

В фильме надоедливо маячит центр управления полетом (ЦУП). Поскольку в нем нечего показывать – пульты и люди за ними, то бедный режиссер из шкуры лез, чтобы разнообразить картинку: показывал и как в ЦУПе переживают, и как радуются, и как смеются бесконечным шуткам астронавтов, и как зевают, и как пьют кофе, как едят, как курят. Брюки и ботинки руководителя полета показываются в фильме аж три раза, и то, что брюки коротковаты, а ботинки ярко начищены, должны запомнить все. Таким приемом худо-бедно, но режиссер натянул кадры ЦУПа на 9 минут общего времени фильма.

Как бы то ни было, но, в конце концов, с шутками-прибаутками, музыкой и песнями астронавты наконец, подлетели к Луне.

Наши технически подкованные читатели утверждали, что американцы не могли высадиться на Луне в силу того, что у них не было опыта стыковки космических аппаратов. Действительно. По легенде, на пути к Луне астронавты обязаны были отстыковать от третьей ступени «Сатурна» основной блок «Аполлона», развернуть его на 180° и снова пристыковаться к лунной кабине так, чтобы верхний люк основного блока совместился с верхним люком лунной кабины, иначе Армстронгу и Олдрину невозможно было в нее перейти.

Так вот **об этой сложнейшей операции в фильме не сказано ни слова!** Нет кадров прощания остающегося в основном блоке астронавта с переходящими в лунную кабину, нет кадров их возвращения. А ведь это не сцена отправления малой и большой нужды астронавтами и не сцена их бритья, это должны были быть мощнейшие по драматизму кадры. Но **их нет ни для одной лунной экспедиции!** Более того, после подлета к Луне камеры отсека экипажа больше не включались, и нет ни одного кадра с его интерьером. Основной блок все время показывался снаружи. Если я прав и американцы сбрасывали на Луну лунные кабины без астронавтов, то так и должно быть, ведь в отсеке экипажа находились все три астронавта, и показывать его было нельзя, как нельзя было в то время снять сцены не имевших места прощаний и встреч без реальной невесомости.

На Луне

Ну да ладно. И вот они наконец садятся. Телекамера, расположенная где-то снаружи, снимает посадку на Луну. Примерно в нескольких метрах от поверхности, что видно по тени на поверхности Луны, перед объективом мелькает что-то вроде струй газа от двигателя, и затем камера вздрагивает от толчка посадки. Ни камешка, ни песка, ни пылинки не вылетело из-под двигателя, лунной платформы тягой в безвоздушном пространстве 4530 кГс. Но когда в конце фильма показан старт с Луны лунной кабины какого-то следующего «Аполлона», стартующего со своей металлической платформы, то от струи двигателя тягой 1590 кГс полетели вверх с огромной скоростью камни, на глаз не менее чем в 20–50 кг. Сказать нечего – кино! Голливуд. К последней серии догадались, что струя двигателя как-то должна действовать на грунт.

Пара слов о том, что люди, уверенные в том, что американцы были на Луне, считают попавшие в многочисленные фотографии осветительные прожектора съемочного павильона бликами на объективе. Прожектора попали и в кадры этого фильма, и они хорошо отличимы от бликов. (При повороте камеры блики меняют форму и следуют за камерой, а прожектора остаются неподвижными.)

Самыми трогательными, конечно, являются кадры установки американского флага. «На Луне» один астронавт вбил в грунт колышек, другой насадил на него флагшток. По легенде, флаг был из жесткой ткани на проволочном каркасе, т. е. флагшток имел вид буквы «Г». Так что у полотнища флага был всего один свободный угол, и этот угол показал, что он действительно свободен. Он так весело развевался на ветру «безвоздушного» пространства «Луны», что астронавт вынужден был его одернуть. Угол обвис. Но, как только астронавт отошел, флаг снова весело затрепетал. (Наверное, какой-то чертов негр все время открывал и закрывал ворота в съемочном павильоне, создавая сквозняк.)

Еще один психологически очень интересный эпизод. Астронавты, как О. Бендер справки, предъявили миру доказательство, что они действительно в безвоздушном пространстве Луны. Один астронавт взял в одну руку молоток, в другую — птичье перышко (!), поднял их на высоту плеч и одновременно отпустил. Молоток и перышко упали на грунт одновременно. Съемка была телевизионная, издалека и отвратительного качества, так что понять, что именно было в руках астронавта, невозможно. Но нам, во-первых, важен не этот дешевый фокус, а то, что американские дети лейтенанта Шмидта планировали это на Земле с целью доказательства своего пребывания на Луне, вернее, с целью доказательства своего нахождения в безвоздушном пространстве, для чего и «везли астронавты с собою перышко». Если они действительно были на Луне, то зачем это нужно? Во-вторых, в Голливуде не хватило ума понять, что они провели физический эксперимент, по которому можно рассчитать ускорение свободного падения, а по его значению понять, на Луне это происходит или нет. Думаю, что если бы они это поняли, то сунули бы перышко в зад тому, кто фокус придумал. Но об этом ниже.

Все «лунные» кадры откровенно игровые: астронавты играют свое пребывание на Луне, и это бросается в глаза. К примеру, эпизод: между телекамерой и двумя астронавтами примерно 20 м песчаной поверхности. Метрах в 2-х от камеры вертикально торчит камень сантиметров 10 в диаметре и 20 – высотой. Никаких других более-менее крупных камней больше нигде нет. По идее, телекамеру должны были установить сами астронавты и, отходя от нее, обязаны были споткнуться об этот камень. Начался эпизод. Астронавт издалека движется обратно к камере и радостно восклицает: *«Смотри какой камень!»* И в центре кадра начинает его поднимать. Т.е. это «лунный» вариант анекдота про рояль в кустах.

В этих съемках «на Луне» нет ни единого документального, естественного эпизода. Вот астронавт демонстрирует полезную деятельность – забивает в грунт небольшой штырь. От штыря не идут провода, нет никаких приборов – голый металлический штырь. Забил, спрятал молоток в карман, повернулся и побежал, распевая какую-то песенку. А зачем он его вез на Луну и зачем забивал?

Лунные эпизоды с астронавтами явно прокручиваются в замедленном темпе с тем, чтобы создать видимость передвижения астронавтов, «как на Луне». При беге и прыжках астронавты медленно отрываются от поверхности и медленно опускаются. Несколько минут фильма они нарочно падают, чтобы показать, что падение медленное. Если учесть, какой риск составляет действительное и очень осторожное пребывание на Луне, то поведение астронавтов с их баловством и падениями явно говорит о том, что если они и ЦУП не полностью идиоты, то это не Луна.

Вернемся к бегу. Если отвлечься от замедленной съемки, то видно, что астронавтам в скафандрах очень тяжело. А ведь они на Луне, где вес в шесть раз меньше, чем на земле, при том, что сила мускулатуры остается той же. Скажем, астронавт Олдрин в скафандре (около 11 кГс) и с ранцем жизнеобеспечения (45 кГс) весит на Земле 161 кГс, а на Луне – 27 кГс. Давайте вспомним школу и немного посчитаем.

Бег на Луне

При ходьбе и беге нога отрывает нас от земли и подбрасывает вверх на некую высоту h. Энергия этого броска равна нашему весу, умноженному на эту высоту. На Луне наш вес будет в 6 раз меньше, следовательно, при том же привычном мускульном усилии нога подбросит нас на высоту h в 6 раз выше, чем на Земле.

С высоты h нас возвращает на землю сила ее притяжения за время t, рассчитываемое по формуле

$$t = \sqrt{2h/g},$$

где: g – ускорение свободного падения, равное на Земле 9,8 м/сек^2, а на Луне 1,6 м/сек^2? На землю мы опустимся за время

$$\sqrt{2h/9{,}8} = 0{,}319\sqrt{2h}.$$

Предположим, что Олдрин на Земле, дома, в одних трусах при ходьбе без напряжения подбрасывает свое тело на 0,1 м над землей, тогда в воздухе он будет находиться

$$0{,}319\sqrt{2\times 0{,}1} = 0{,}14\ \text{сек}.$$

На Луне в скафандре и с ранцем жизнеобеспечения он имеет массу в 1,5 раза больше, чем на Земле, следовательно, и высота его подъема над поверхностью Луны будет не в 6, а в 6 : 1,5 = 4 раза больше, чем в одних трусах на Земле. С этой высоты он опустится на поверхность за время

$$t = \sqrt{2\times 4\times 0{,}1/1{,}6} = 0{,}71\ \text{сек}.$$

Сила мускулов ноги придает энергию и горизонтальной составляющей ходьбы или бега, эта энергия равна половине произведения массы на квадрат скорости. При тех же затратах мускульной энергии увеличение массы одетого в скафандр Олдрина в 1,5 раза вызовет уменьшение скорости движения его над поверхностью Луны в $\sqrt{1{,}5} = 1{,}22$ раза (сопротивлением воздуха пренебрегаем) по сравнению с Олдрином в трусах на Земле.

(Мне кажется сомнительным, чтобы на глаз было заметно такое уменьшение скорости, боюсь, что я на глаз не смогу определить, идет человек со скоростью 5 км/час или 4,1 км/час, едет ли автомобиль со скоростью 10 км/час или 8 км/час).

Предположим, что на Земле Олдрин в одних трусах делает над поверхностью за рассчитанные нами 0,14 сек. шаг длиной в 0,9 м. На Луне в скафандре его скорость уменьшится в 1,22 раза, но время до опускания на поверхность возрастет в 0,71 : 0,14 = 5,1 раза, следовательно, ширина шага Олдрина увеличится в 5,1 : 1,22 = 4,2 раза, или до 0,9 х 4,2 = 3,8 м. Скафандр затрудняет движение, и, положим, по этой причине его шаг уменьшится на 0,5 м на Земле. На Луне он тоже уменьшится на это расстояние и составит 3,8 − 0,5 = 3,3 м.

Следовательно, на Луне в скафандре скорость шага движения астронавтов над поверхностью должна быть чуть медленнее, чем на Земле, но высота подъема при каждом шаге должна быть **в 4 раза выше**, чем на Земле, и ширина шага **в 4 раза шире**.

В фильме астронавты бегают и прыгают, но высота их прыжков и ширина их шагов **значительно меньше**, чем на

Земле. Это немудрено, ведь когда их снимали в Голливуде, на них все же была хотя бы имитация скафандра и ранца жизнеобеспечения, они были изрядно нагружены, и им было тяжело. И воспроизведение съемок в замедленном темпе эту тяжесть не может скрыть. Астронавты очень тяжело гупают ногами при беге, из-под их ног вылетают килограммы песка, они еле поднимают ноги, носки все время гребут по поверхности. Но медленно...

Такой эпизод. Олдрин с шутками и прибаутками спрыгивает с последней ступеньки лунного модуля на «Луну». Высота около 0,8 м, он руками придерживается за лестницу. Поскольку его вес в скафандре 27 кг, т. е. в четыре раза легче, чем в одних трусах на Земле, то для его тренированных мускулов этот прыжок равносилен спрыгиванию на Земле с высоты 0,2 м, т.е. с одной ступеньки. Пусть каждый из вас спрыгнет с такой высоты, даже не придерживаясь ни за что руками, и посмотрит на свое состояние. Олдрин при прыжке со ступеньки медленно опустился на поверхность, затем у него начали сгибаться колени, и он согнулся в пояснице, т. е. он так тяжело ударился при «прилунении», что его тренированные мускулы не удержали тело в скафандре в вертикальном положении.

Давление на грунт

Немного предисловия к следующему расчету. Мой оппонент принес мне толстенную книгу «Лунный грунт из моря Изобилия», Наука, М., 1974 г. с тем, чтобы я сам прочитал и убедился, что лунный грунт, доставленный советской автоматической станцией «Луна-16», соответствует грунту, взятому астронавтами. Да, в книге так написано. Но как это установлено? Наши ученые сообщали американцам результаты исследований лунного грунта, а американцы сообщали нам, что и у них такой. Из 400 кг американского «лунного грунта» для исследования в СССР не было послано ни грамма и, как мне кажется, до сих пор.

По поводу следов подошв астронавтов «на Луне» интересны такие данные из этой книги. Исследователи пишут, что лунный грунт *«легко формуется и сминается в отдельные рыхлые комки. На его поверхности четко отпечатываются следы внешних воздействий – прикосновений инструмента. Грунт легко держит вертикальную стенку...»*[9] Из этого формально следует, что протекторы обуви астронавтов, обжимая грунт сверху и с боков, могли оставить четкий след. (Хотя мне трудно понять, как исследователи могли оценить формуемость грунта, имея в своем распоряжении образец объемом менее стопки). Но исследователи и пишут, что грунт *«...при свободном насыпании имеет угол естественного откоса в 45°»*[10] (и дают фото). Т. е. грунт без прессования не *«держит стенку»*. Если мы на пляже насыплем мокрый песок в стакан, а затем перевернем стакан и снимем его, то песок сохранит внутреннюю форму стакана, он будет держать стенку и без прессования, при свободном насыпании. А если мы насыплем в стакан сухой песок и перевернем его, то песок растечется, образуя конус с углом естественного откоса, т. е. он стенку не держит.

Отсюда следует, что след протектора подошв американских астронавтов должен быть четким только в центре, а по краям обуви, где грунт не прессуется, он должен осыпаться с углом 45°. Такой след — с осыпавшимися краями — и оставлял на Луне наш луноход. На американских фото грунт держит стенку на отпечатках следов и в центре их, и с краев. Т. е. это не лунный грунт, это мокрый песок.

Далее из этой книги можно узнать сжимаемость лунного грунта. Но сначала подсчитаем. Есть знаменитый снимок Олдрина в профиль во весь рост. Вряд ли его рост меньше 190 см с учетом подошв и его шлема. По отношению к его росту длина его обуви примерно 40 см. Из фото отдельных следов астронавтов видно, что ширина следа почти равна половине его длины, т. е. площадь подошвы около 800 см^2, для учета скруглений подошвы уменьшим эту величину на четверть – до 600 см^2. След имеет 10 поперечных протекторов, и с учетом примерно равных по размеру впадин эти протекторы имеют 2 см в ширину и в высоту. Площадь поверхности протекторов оценим в половину общей площади подошвы, т. е. в 300 см^2. Вес Олдрина на Луне хорошо известен – 27 кг. Отсюда давление на грунт только протекторами составляет менее 0,1 кГс/см^2.

Из диаграммы 7 в упомянутой книге[11] следует, что при таком давлении лунный грунт сожмется (осядет) менее чем на 5 мм. Т.е. в реальный лунный грунт на Луне не могли бы погрузиться полностью даже протекторы подошвы астронавта. А ведь на всех фото отпечатки подошв впечатаны так, что боковые поверхности обуви образуют вертикальные стенки даже выше подошвы! Если бы эти следы действительно были на Луне, то мы бы видели не полностью следы обуви астронавтов, а лишь неглубокие полоски протекторов. Нет, это не Луна, это давят на мокрый песок все 161 кГс земного веса Олдрина!

Ускорение свободного падения

Теперь вернемся к эксперименту с падением молотка и «перышка». Американцам в этом фокусе было важно, чтобы молоток и «перышко» упали одновременно, но до них не дошло, что важно еще и время, за которое они упадут. Сбрасывал их астронавт с высоты не менее чем 1,4 м. Среднее по нескольким замерам время падения дало результат 0,83 сек. (Кстати, как металлург, поясню своему оппоненту, что в технических экспериментах время замеряется секундомером, а не на глаз и не по ходикам с кукушкой.) Отсюда, по формуле $a = 2h/t^2$ легко считается ускорение свободного падения. Оно составило $2 \times 1{,}4 / 0{,}83^2$ = 4,1 м/сек^2. А на Луне эта величина должна составлять 1,6 м/сек^2, значит, это не Луна! Доэкспериментировались, умники?!

В фильме есть еще эпизод. Бежит астронавт, а на плече у него полный мешок с образцами. Один камень сваливается на бегу и падает на землю за 0,63 сек. Даже если астронавт очень сильно сгибал колени при беге, то высота, с которой упал камень, не могла быть меньше 1,3 м. По вышеприведенной формуле это дает величину ускорения свободного падения 6,6 м/сек^2. Результат еще хуже!

Передо мной стоял вопрос – не является ли эта разница моей ошибкой в замере времени? Я сделал семь замеров времени падения камня и получил (сек.): 0,65; 0,62; 0,61; 0,65; 0,71; 0,55; 0,61. В среднем – 0,63, не будем считать среднеквадратичное отклонение, поскольку даже максимальная ошибка в обе стороны оказалась равной 0,08 сек. Если бы это было на Луне, то время падения камня составило бы

$$\sqrt{2 \times 1{,}3 / 1{,}6} = 1{,}27 \text{ сек.}$$

Разница между 1,27 и 0,63 намного больше, чем допускаемая мною ошибка в 0,08 сек. Значит, это не ошибка и, следовательно, не Луна!

Еще был показан старт лунной кабины со своей платформы с Луны. Во-первых, у стартующей кабины не было видно пламени работающего двигателя. Тем не менее из-под платформы очень быстро вылетело несколько десятков камней. У одного камня была верхняя нулевая точка, после которой он начал снижаться, пока не ушел за пределы экрана. Ориентируясь на размеры кабины, я примерно оценил, что, пока камень был виден, он снизился метров на 10. Но время падения определить не удалось. Я не смог на секундомере нажимать кнопку с нужной скоростью: минимум, что я смог выжать из секундомера и себя, – 0,25 сек. Но скорость падения камня была еще больше, он скрывался раньше, чем успевал пискнуть секундомер под моим пальцем. Поэтому положим, что камень снижался на 10 м именно за эти 0,25 сек. Тогда ускорение свободного падения равно 2 х 10 / $0{,}25^2$ = 320 м/сек^2. Это, согласитесь, несколько больше, чем 1,6 м/сек^2 на Луне и 9,8 м/сек^2 на Земле. Не Солнце ли это было?

Думаю, тут вот в чем дело. Лунную кабину «при старте» поднимали вверх лебедкой, а трос лебедки нельзя закрепить так, чтобы он точно проходил через центр тяжести, да и саму лебедку трудно выставить строго по центру тяжести, и если поднять кабину быстро, дернуть ее, то она начнет раскачиваться (болтаться). Приходилось тянуть медленно, а потом пленку прокручивать очень быстро. В результате камни, которые одновременно вышибным зарядом поднимались вверх, приобрели неимоверную скорость.

Я думаю, что уже ответил на вопрос в начале статьи — почему американцы не требуют от российского ТВ показывать эти фильмы о своей «самой выдающейся в XX веке победе». Мы, поколение, получившее советское образование, еще не вымерли, нас еще полностью не сменили те, кто выбрал «Пепси» и безопасный секс. Ну как нам показывать эдакий идиотизм? И, глядя на эту американскую пропагандистскую подделку о высадке на Луну, приходится констатировать: нет, ребята, вас там не стояло!

Психологическая война

Когда пытаешься разобраться в каком-то вопросе, то своих противников читать гораздо интереснее, поскольку благодаря им узнаешь о своих ошибках и, следовательно, можешь их исправить. Так, благодаря С.И. Иншакову я узнал, что и шины на «лунном автомобиле» были не пневматическими и сам он был сделан из алюминиевого сплава, и многое другое, благодаря чему можешь вникнуть в исследуемый вопрос гораздо глубже и он становится гораздо интереснее. Когда некто пытается только доказать свою правоту и это для него главное, то тогда да, тогда противнику затыкают рот и пытаются извратить его мысли. Меня же интересовала правда в вопросе полета американцев на Луну, и я своих противников печатал полностью.

Но это не значит, что я дискутировал только в окружении своих противников, думаю, что моих сторонников было не меньше. Сейчас для примера я дам слово одному из них – Е.А. Викторову, — разъясняющему в своей статье «Психологическая война», что термин «холодная война» требует замены на более точный. Его статью я даю с сокращением.

Е.А. ВИКТОРОВ. С удовольствием прочитал в «Дуэли» № 36 за 1999 г. статью Ю. Мухина «Афера № 2», да и другие статьи на тему о фальшивом прилунении американских пройдох. Хотя, что этому удивляться, в последнее время я просмотрел немало американских фильмов и везде обнаруживал подобный примитив при изображении реального мира. Видимо, он вполне в Штатах проходит, так как соответствует уровню интеллектуального развития публики. Ну разве не примитивна, например, трактовка восстания Спартака в одноименном американском фильме, получившем «Оскара»? Но это я уже отвлекаюсь. Раньше я как-то историю с прилунением американцев принимал с величайшей горестью: «Как же так?» У меня и мысли не было о подлоге. Ведь я ориентировался на авторитет советской космической науки, которая для меня была объектом поклонения. А наука версию о прилунении и не оспаривала.

В снимки же я не всматривался. Мне неприятно было их видеть. А тут в третьем уже номере «Дуэли» как бальзам на душу. И не потому, что я беспредельно верю газете, как когда-то великим своим соотечественникам. Просто эта информация подняла у меня целый пласт жизненного опыта, который позволяет мне самому судить об этой афере.

Еще в мои студенческие годы, когда в космос только начинали летать наши ракеты, я с восторгом принимал эти известия. Однако восторгались не все. Были и такие, кто говорил, что лучше бы наделали побольше котлет. А ведь тогда мы уже и не голодали. И «таких» я пытался яростно образумить. Да куда там! По учебе они были отличниками, и вразумить их не было никакой возможности. Потом они, наверное, с восторгом приняли перестройку. Но пусть их бог судит.

Я же придерживался интуитивного чувства, что тот, кто первый познает неизведанное, у того и будет больше котлет. И не только. Кем стала Испания после открытия и освоения неизведанных далей? Великой державой. То же самое — Англия и Франция. А уж пророчество М.В. Ломоносова, что могущество России будет прирастать Сибирью, — банальная истина.

Если такой результат давало расширение географических границ человечеству и отдельно взятым народам, то что уж говорить о космосе? Ясно ведь, как солнце на небе, что страна, первой освоившая космос, станет очередной супердержавой с вытекающим из этого моральным и материальным благополучием как всего народа, так и отдельных любителей большого количества котлет.

Думаю, что в Штатах, рвущихся к мировому господству, это отлично понимают. Вот только близок локоть, а не укусишь! Да если бы у них была возможность попасть на Луну, там давно бы уже сидели 38 снайперов и целились бы в ненавистных красно-коричневых и лично в Ю. Мухина.

Но не могут.

Поэтому «зелен виноград» — дорого, видите ли, стоят экспедиции на Луну.

Но это, так сказать, общие основания. Ведь фальсификация якобы технических достижений – довольно распространенное на «цивилизованном» Западе явление. Настолько распространенное (часть природы бизнеса), что появилась необходимость в разработке специальной методики по распознаванию таких фальсификаций.

Не знаю как на Западе, а в нашей стране эта методика разработана была еще в начале 70-х годов при патентных исследованиях. Для более широких целей, т. е. для выбора технической политики в ВИНИТИ, известному по выпуску реферативных журналов, была разработана методика, основанная на закономерности «событие — документ». Она давала возможность определять не только фальшивые, но и просто неперспективные направления в развитии технического прогресса.

Слышал я, что на одной из выставок на ВДНХ СССР этой методикой заинтересовался тогдашний Главный Конструктор космической техники. Почему тогда в этой отрасли прохлопали лунную аферу, я не понимаю. Пропал интерес к такой методике или не смогли ее освоить?

Вот читаю в «Савраске» за 31 июля 1999 г. статью Ю.П. Григорьева, вице-президента Российского национального комитета содействия программе ООН по окружающей среде, доктора технических наук, профессора (так он сам подписался под статьей) «Звездные атаки на Мир». Профессор довольно красочно описывает, как американцы обоср...сь с созданием и запуском своей орбитальной станции «Фридом». А далее, как попугай, пересказывает придуманную американцами историю о высадке на Луну аж двух своих астронавтов. Да как же, господин профессор, они смогли выполнить более сложную работу, не справившись с на несколько порядков более простой задачей? Тем более спустя много лет, когда и техника продвинулась далеко вперед?

По упомянутой методике это невозможно, так как в реальном мире разрабатываемый объект движется по этапам: идея — лабораторная модель — опытно-промышленная модель — рабочие чертежи — промышленный объект. Промышленный объект, построенный без предыдущих моделей, просто взрывается, падает на Луну или обратно на Землю вместе с астронавтами. А он почему-то «полетел».

Не буду отвлекать внимание на описание методики. Образно говоря, она копирует действия охотника-следопыта. Если он увидел следы, значит, определит, какой зверь прошел, когда, куда. По помятой траве, клочьям шерсти, другим фрагментам определит, что зверь делал и т. д. Только в мире науки и техники действия и события оставляют следы в виде документов определенного вида. Возникла идея, догадка — оформляется патент. Идея разработана конструкторски — могут появиться сведения о чертежах и т. д. А вот если чего-то не появилось, а разговоров много, то это уже признак блефа. Ю. Мухин, вероятно, и не знает этой методики, а суть ухватил сразу: результат полетов для науки — нулевой.

Конечно, засекречивание может затруднить такое расследование, но ненадолго, а уже столько времени прошло!

Не думаю, что для американцев афера с Луной — большая сенсация. Сужу об этом по американскому фильму «Козерог - 1», о котором почему-то никто не упомянул. Этот фильм я первый раз видел, кажется, в 1987 г., и совсем недавно он шел по какой-то TV программе. Он мне очень понравился, и я все время о нем рассказываю тем, кто его не видел. А понравился он мне своими героями, начисто лишенными генов холуйства и холопства, столь густо рассеянных в россиянцах.

По поводу этого фильма и аферы с лунной экспедицией у меня возникло еще одно предположение. Не может ли быть так, что импичмент Никсону был реализован не за «Уотергейтское дело», а именно за провал лунной посадки и неоправданный риск с аферой прилунения. Подумаешь, подслушивали там какие-то телефоны. Это же такая мелочь, такая дурь. Вон Клинтон такое вытворял в служебном кабинете, а импичмент не удался. А может, и Клинтону импичмент хотели вжечь вовсе не за Монику, а за поддержку двойника Ельцина? Тоже афера еще та, да после успеха с первой, видимо, осмелели и раздумали. Не зря же Клинтон как-то заходился в хохоте, стоя рядом с кем-то, похожим на Ельцина. Весь мир это видел, а объяснения этому нет.

Что же касается самого надувательства, то вряд ли американцы будут переживать, если афера подтвердится. Думаю, они давно нас держат за индейцев, и тот же Ю.П. Григорьев для них не профессор и доктор технических наук, а какой-нибудь простодушный Косолапый Медведь, надуть которого — только доблесть и легко удается, потому что низкопоклонство перед Западом, особенно у обученных медведей, прямо в крови.

И так ли все просто с ликвидацией «Бурана»? Не поступил ли прямой приказ из Вашингтона Горбачеву, чтобы ликвидировал этот проект немедленно? Его развитие закончилось бы неизбежной высадкой на Луне русских варваров, и мало того, что они оказались бы там первыми, да еще и выяснилось бы, что никаких американцев «там и не стояло». Жаль, что по таким эпизодам у нас не способны сразу вычислить предателя, а не дожидаться, когда все рухнет.

Но есть у меня замечание и к статье Ю. Мухина, и к связанному с ней обсуждением проблемы затопления орбитальной космической станции «Мир». У Ю. Мухина в статье есть раздел «Битва холодной войны». И именно к использованию термина «Холодная война» у меня есть претензия. У американцев что ни шаг, то блеф или афера. Вот и термин «Холодная война» они подкинули, чтобы замаскировать на самом деле ведущуюся и до сих пор многим неизвестную «ПСИХОЛОГИЧЕСКУЮ ВОЙНУ». Между тем подмена понятий не так уж безобидна, она меняет представление об объекте обсуждения и сама является оружием в этой войне.

С другой стороны, использование термина определяет и уровень понимания обсуждаемой ситуации тем, кто его использует. Но это относится к тем, кто делает это искренне, а не скрывает свои действительные мысли. Меня Горбачев недолго обманывал. Такие слова говорил, что я сначала подумал: вот, наконец, пришел грамотный руководитель, — а потом понял, что он просто попугай.

Жду, когда редактор газеты для думающих сам поймет разницу между словами «холодная» и «психологическая» война и скрывающуюся за ней сущность без посторонних нравоучений. Что же касается лунной аферы, то это был один из эпизодов именно психологической войны, который еще не кончился, но вступил в завершающую фазу.

Наполеон, который считается мастером ведения психологической войны, а не только гениальным полководцем войны в обычном понимании, сказал о войне так: «Война — это противоборство не столько оружия, сколько Духа». В наше время противоборство Духа стало главным, а оружием уже только добивают.

Вот теперь и надо с этой точки зрения оценивать лунную аферу как ниспровержение советского Духа на этом участке фронта, а затопление станции «Мир» — как составную часть этой операции, а не как отдельные события. Если раньше я говорил о ней как о знамени, то теперь я сравню ее затопление как сдачу, например, Сталинграда или Ленинграда, в лучшем случае как сдачу Севастополя, который мы вернули, выбив оттуда врага.

Кстати, Суворов побеждал не только безошибочными расчетами, но силой Духа, что особенно наглядно видно при переходе через Альпы.

Но вернемся к замене ценностей. Наполеон не смог победить Россию, потому что не смог навязать русскому народу свои ценности, хотя старался. Гитлер пошел дальше Наполеона в психологической войне и даже кое в чем преуспел. Результат: массовые сдачи в плен советских солдат в начале войны, создание националистических армий, даже РОА. Но тоже проиграл — теперь большевикам, которые и к власти-то пришли главным образом благодаря умению вести психологическую войну. Гитлер вел психологическую обработку, опираясь на ложь, а большевики — на правду. Даже по немецкой пословице выходит: у лжи короткие ноги.

Ю.И. МУХИН. Думаю, что отвлечений от темы достаточно и вновь даю слово своим оппонентам в «Дуэли».

О лунных экспедициях

С.И. ИНШАКОВ. Последний номер «Дуэли» за 1999 г. и первый за 2000 г. содержали материал об американских лунных экспедициях. Материал неоднозначный, на мой взгляд, он нуждается в комментариях.

В № 52 (декабрь 1999) помещена статья Е. А. Викторова «Психологическая война». Значительная часть этой статьи посвящена полету американцев на Луну. Именно эту часть я и буду рассматривать.

Подход к данному вопросу у автора весьма эмоциональный, т. к. он придерживается *«интуитивного чувства, что тот, кто первый познает неизведанное, тот и имеет больше котлет»*. Котлеты здесь упомянуты Викторовым в качестве признака материального благополучия. Один раздел он так и назвал — «О котлетах». В нем автор пишет, что наша наука никогда не оспаривала истинность американских лунных экспедиций, потому что к этому времени (к 1969 году) *«удалось устранить Главного Конструктора, и не для этого ли?»*. Оставлю эту гипотезу на совести автора. Интересующимся вопросами истории космонавтики могу порекомендовать воспоминания академика Б. Е. Чертока, соратника С. П. Королева. Их с 1995 года вышло уже 4 тома, все они имеют одно общее название, как и первый том — «Ракеты и люди», другие тома имеют свои подзаголовки. (Б. Е. Черток, т. 1, «Ракеты и люди», М., 1995; т. 2, «Фили — Подлипки — «Тюратам», М., 1997; т. 3, «Горячие дни холодной войны», М., 1997; т. 4, «Лунная гонка», М., 1999). Книги написаны очень субъективно, пристрастно, но весьма познавательно. Это взгляд самого очевидца и создателя. Б. Е. Чертоку в настоящее время уже 87 лет.

Вернусь к статье Викторова. В разделе «Фальсификаторы» он сообщает, что у нас в СССР в начале 70-х годов была разработана методика по распознаванию фальсификаций, которая *«давала возможность определять не только фальшивые, но и просто неперспективные направления в развитии технического прогресса»*. Помоему, если эта методика и работала, то не слишком хорошо, мягко говоря. Во времена Советского Союза (когда были попытки возглавить технический прогресс) это было заметно. По поводу результатов космических полетов для науки я уже писал. Далее автор пересказывает художественный фильм «Козерог», а затем, ссылаясь на радиостанцию «Маяк», хоронит последнего американского астронавта, побывавшего на Луне. К чести редакции, она высказывает некоторые сомнения в этом категоричном утверждении.

Статью Викторова предваряет фотография с редакционной подписью. Опять типичные блики внутри многолинзового объектива главный редактор объявляет изображениями прожекторов. Поясняю: в многолинзовом объективе блик может появиться в любом месте. И еще: яркость прожектора значительно выше яркости поверхности, которую он освещает. Поэтому получить изображения прожектора и освещаемой им поверхности примерно одной яркости весьма затруднительно, требуется дополнительная обработка негатива. В данном случае, если уж нужно скрыть «прожектор», его проще полностью убрать при этой дополнительной обработке, чем оставлять в виде эллиптических пятен. Какую пыль разглядел главный редактор под лунным модулем, мне неизвестно. Тем более что реальный режим работы двигателя при посадке совсем не обязательно повторяет режим работы двигателя в фантастических фильмах. (Кстати, вот уже лет 30 тягу двигателя измеряют в ньютонах.)

В № 1 (январь 2000) опубликован мой поединок с главным редактором по поводу лунных экспедиций. Эмоциональные реакции Юрия Игнатьевича (*«почему советский зритель не знаком с фильмом о полете на Луну?»*) я комментировать не буду. Большую часть статьи главного редактора занимает пересказ фильма, вышедшего к 20-летию высадки на Луну. Я уже писал, что фильм рассчитан на интеллект средней обезьяны (в чем со мной солидарен и главный редактор) и склеен из различных эпизодов, но ряд кадров явно космического происхождения: в частности, выход в открытый космос и включение маршевого двигателя на земной орбите — струя из двигателя как раз такая, какой и должна быть при истечении в вакуум (сильно недорасширенная), видна ее структура в виде скачков уплотнения.

Про колебания хочу заметить следующее. Как известно, они происходят около положения равновесия, однако далеко не всегда это положение совпадает с геометрической осью симметрии, тем более в случае колебания ткани. Затем главный редактор долго рассчитывает ускорения свободного падения различных камней. Все это хорошо, конечно, но для начала следует получить по предлагаемой методике ускорение свободного падения для земных условий (т. е. получить ожидаемые 9,8 м/с или что там получится) и затем уже применять ее (методику) при анализе фильма. Этим будет продемонстрирована точность применяемой методики в целом. Юрий Игнатьевич идет другим путем — демонстрирует точность измерения времени падения. Точность прямого измерения, конечно, важна (я имею в виду время падения, хотя и несколько удивлен значением, полученным Юрием Игнатьевичем, — впрочем, никто не верит в теорию, кроме теоретика, но все верят в эксперимент, кроме экспериментатора. По своей основной работе я экспериментатор.) Так вот здесь нужна оценка точности косвенного измерения. Именно его главный редактор и не приводит. Поясняю: здесь косвенным измерением является ускорение свободного падения. Где нужно разглядеть перышко, падающее одновременно с молотком на поверхность, там съемка, по мнению главного редактора, отвратительного качества, а с какой точностью он при этом качестве съемки определяет моменты начала движения падающих предметов, он не сообщает.

И последнее про фильм. Если вдруг потребуется укрепить трос лебедки так, чтобы при быстром подъеме кабина не раскачивалась, а американцы этого не умеют, то пусть в следующий раз обращаются к нам, в ЦАГИ. У нас это получится. И если у них опять не хватит проволоки, чтобы продеть в нижнюю кромку флага, то так и быть, поможем.

Сама статья в «Поединок» Юрием Игнатьевичем написана небрежно, обычно он менее эмоционален и более тщателен. В качестве доказательства того, что наш луноход иногда проходил и по сыпучему грунту, я привел телевизионный кадр, опубликованный в энциклопедии «Космонавтика», М., 1985. Главный редактор, поместив его рядом с фотоснимком Э. Олдрина на Луне, объявляет, что это след колес «Луны-16». Но, Юрий Игнатьевич, «Луна-16» лишь взяла грунт и доставила его на Землю, она не ездила по поверхности, луноход доставлялся другой «Луной». И главное по поводу снимков: нельзя сравнивать четкость телевизионного изображения и четкость фотоснимка, разрешающая способность фотоснимка значительно выше. И даже по этому телевизионному изображению мне не видно того, что увидел главный редактор на краях следа лунохода — ну нет там осыпавшегося грунта под углом 45°. Внешний край следа довольно острый, а внутренняя его часть полностью соответствует рельефу колеса.

Но фильм — это косвенное доказательство успеха экспедиции. Прямое — это доставленный грунт и уголковые лазерные отражатели, установленные на Луне. При предыдущем обращении к теме Юрий Игнатьевич вообще подвергал сомнению факт доставки американцами лунного грунта на Землю, факт соответствия американских образцов грунта и советских, доказываемый в книге «Лунный грунт из моря Изобилия», он отвергает, равно как и сам факт обмена этими образцами, о чем сообщалось в прессе в середине 70-х годов, как я помню из своих студенческих впечатлений. И вот что интересно: в книге «Катынский детектив», написанной Юрием Игнатьевичем, судмедэксперты дорожат своей профессиональной репутацией, а специалистам в области космических исследований главный редактор отказывает в этом качестве. Американцы первыми опубликовали данные по лунному грунту, помимо специализированных научных журналов эти данные должны быть в научно-популярном журнале «Sientific American» в начале 70-х годов. У нас анализом переданного американского лунного грунта занимались, в частности, в ФИАНе (Физический институт Академии наук). Мне известен конкретный сотрудник этого института, Николай Николаевич Мельник, проводивший спектрометрические исследования этих образцов в середине 70-х годов. В ответ на факт доставки лунного грунта американцами иной раз доводилось слышать такой ответ: доставили, но без высадки на поверхность, то есть подлетели к Луне, сбросили уголковые отражатели и отправили туда же что-то, подобное нашей «Луне-16», которая и собрала образцы. Но подобная техническая задача очень сложна, и вести одновременно две программы — «Аполлон» и беспилотную, даже США не смогли. Эта задача была решена только нами, как и полностью автоматизированный полет «Бурана».

По поводу высадки американцев на Луну

Г.С. ХРОМОВ, президент Астрономо-геодезического общества России. Отнюдь не желая огорчить или разочаровать кого-нибудь из читателей «Дуэли», вынужден констатировать: американские астронавты на Луну все же высаживались. Тому есть неоспоримые, на мой взгляд, свидетельства, на которые почему-то не обращают внимания (или просто не знают?) приверженцы противоположной точки зрения.

Американские астронавты впервые установили на лунной поверхности уголковые отражатели лазерного сигнала. С тех пор отраженный от них фотонный сигнал неоднократно регистрировался в сеансах лазерной локации Луны на обсерваториях разных стран, включая СССР. Результаты измерений мгновенной дальности (а их точность сейчас превышает первые дециметры) служили для уточнения вращения Земли и динамики системы «Земля–Луна». Делалось все это на широкой международной основе в обстановке полной открытости, с непременными обсуждениями сопоставимости и воспроизводимости измерений. Позднее аналогичные приборы были доставлены на Луну в советских экспериментах с луноходами и используются для тех же целей наряду с американскими. Положения отражателей на лунном диске соответствуют объявленным координатам мест прилунения. Поясню, что «земной» лазерный сигнал, отраженный лунной поверхностью, оказывается на много порядков величины слабее того, что можно было бы зарегистрировать; отсюда — необходимость использования ретрорефлекторов в виде упомянутых уголковых отражателей.

Другое свидетельство, о котором мне хотелось бы сказать, — косвенное и даже несколько курьезное; упоминаю о нем потому, что оно некогда коснулось меня лично. Американские астронавты и обеспечивавший их персонал наземного центра управления окрестили именами своих родственников несколько небольших кратеров в окрестностях места высадки. Это — мелкие образования, не различимые ни в какие телескопы и заметные только на крупномасштабных топографических планах. Подобная «самостийность», однако, вошла в вопиющее противоречие с принятой к тому времени международной практикой присвоения названий новооткрываемым деталям поверхностей Луны и планет только от имени специально созданной для того комиссии Международного астрономического союза. Возник некий вялотекущий скандал, о существовании которого американские астронавты и ракетчики не желали и слышать, настаивая на своем праве первооткрывателей.

Летом 1977 г. в Вашингтоне, на очередном заседании упомянутой комиссии, мне, как представителю АН СССР, пришлось участвовать в его улаживании. Я согласился с последствиями самодеятельности американцев — с тем, чтобы протяженные кратерные цепочки на обратной стороне Луны получили названия первых советских ракето-строительных организаций — ГИРД и ГДЛ. Это тоже было против правил, не предусматривавших использования аббревиатур, но ветераны отечественного ракетостроения настаивали, в свою очередь не желая считаться с какими-то там международными установлениями. Компромисс показался мне приемлемым; принятое решение с тех пор, кажется, никто не отменял, а мой отчет нетрудно отыскать в академических архивах...

Ну и последнее. Проект «Аполлон» был прекрасно документирован — в том числе кинофотосъемками всех его фаз, включая эволюции и стыковки и расстыковки на окололунной орбите. Компьютерной графики тогда не существовало, и подделать все это было бы технически невозможно. Киноленты широко демонстрировались специалистам. Они, как и прочие фотографические документы, придирчиво изучались сотнями разнообразных специалистов из разных стран, включая СССР. Привезенные американцами образцы лунного грунта экспонировались, исследовались в лабораториях, а позднее — обменивались на образцы, доставленные советским автоматическим зондом. В СССР уже действовали радиометрические средства контроля космического пространства; американские полеты отслеживались и, скорее всего, даже расшифровывалась телеметрия.

Американцев необязательно любить. Вот и я пишу эти строки без особого энтузиазма. Но что было — то было. Газете «Дуэль», которую я считаю серьезной газетой для серьезного читателя, наверное, не стоило бы злоупотреблять тем, что можно было бы назвать научно-техническим шапкозакидательством. Последнее, как известно, еще никому не приносило пользы...

Фактический материал

А. ГАНЗЕЕВ. В дискуссии о высадке американцев на Луну участвуют читатели вашей газеты разной степени информированности. И вот после очередного упоминания об отсутствии результатов экспедиций (предновогодний номер) я решил, что пора уточнить это важное обстоятельство. Начиная примерно с 1970 г. в Хьюстоне (Техасе) проходят ежегодные научные конференции по лунным материалам, доставленным экспедициями Аполло. Организует их Институт Луны и планет (кажется, это в системе НАСА), и проходят они под эгидой авторитетного международного журнала «Геохимика эт Космохимика Акта» с ежегодными публикациями этих материалов — тома докладов конференций есть в нескольких научных библиотеках Москвы.

Это гигантский фактический материал, поскольку в первые годы (это сразу чувствуется) в Хьюстоне не жалели денег на аналитику, да еще в таких объемах, что остается только позавидовать. Почему это не фальсификация? Потому что среди исследователей много достойнейших геохимиков с международным авторитетом, потому что американцы обменивались каменным материалом с нашими геохимиками из института им. Вернадского, и главное — потому что результаты не высосаны из пальца.

Занимаясь характеристиками одной из разновидностей древнейших пород Земли и сравнивая ее свойства с подобными лунными образцами, я переворошил кучу материалов по Луне, изданных за эти годы, и могу утверждать, что материалов («результатов») предостаточно, маловато научных обобщений. Надо сказать, что научному сообществу присуще своеобразное чувство ревности и недоверия к **новым** результатам, достоверность которых тотчас же проверяется множеством разнообразных способов. И это как-то пока защищает науку от умышленных фальсификаций. А проблема существует и стоит сегодня достаточно остро. Собственно, случаев недавних фальсификаций немного.

Индийский палеонтолог похищал во время визитов к коллегам в Европу древние окаменелости, потом придумывал им труднодоступные места обнаружения уже на территории Индии — и в таком качестве публиковал описания. Второй несколько скандальный случай широко обсуждался в литературе. Некий автор опубликовал в социологическом журнале обширную статью — полную абракадабру, абсолютно лишенную смысла, но вполне наукообразную, а потом во всем признался. Последний случай всех встревожил, потому что рукопись «статьи» успешно прошла обычный во всех редакциях контроль двух независимых рецензентов.

Еще можно упомянуть казусы с холодным термоядом на платиновых электродах и «открытие» размножающихся бактерий в водной среде при температуре, превышающей 100°, но оба эти случая свидетельствуют скорее о поспешности и нескромности, нежели о злом умысле. Хотя, повторюсь, проблема объявлена очень важной, вплоть до создания в некоторых странах (Франции, США) специальных контрольных административных подразделений. Особенно тревожна обстановка в области микробиологии и медицины.

Итак, не берусь судить обо всех деталях лунных экспедиций Аполло, но обильный каменный материал исследован самыми совершенными методами* и составляет один из главнейших результатов данных экспедиций. После показа известного документального фильма по ТВ в общем не приходится сомневаться, что фото- и киносъемки на Луне подправлены и приукрашены в павильоне — но это так похоже на американцев, для которых видимость много важнее сущности.

Специалисты?

Ю.И. МУХИН. Меня все больше и больше озадачивает ЦАГИ. Вот Сергей Иванович Иншаков удивляется, почему я не верю ему и другим как *«специалистам в области космических исследований»*. Поясню.

Во-первых. Техническая и научная сложность тех вопросов, что мы разбирали, доступна выпускнику средней школы. Не знаю, как Вы, Сергей Иванович, но я такую школу закончил. И мне не нужны специалисты для того, чтобы ре-

* Не могу не упомянуть просто великолепную сводку по горным породам «Континентов Луны» в журнале «Journal Geophys. Res». 1999, v. 104, № 3, автор Y.W . Shervais.

шать задачки за 8-й класс. Тем более специалисты, которые в упор ничего не видят: ни девственную пыль под «лунным модулем»; ни то, что колесо лунохода состоит из трех ободьев шириной примерно в 40 мм, т. е. втрое большей, чем протекторы на подошвах астронавтов; ни корпусов прожекторов на фотографиях. Но зато знают, что оси симметрии бывают не геометрические и что в многолинзовом объективе изображение на фото может разделиться.

Во-вторых. Я никогда не бахвалился, что я экспериментатор, но я, главный редактор общеполитической газеты, провожу, замеряю и обсчитываю физические эксперименты, а Вы, *«специалист ЦАГИ», «экспериментатор»*, не способны выполнить простейшего эксперимента по определению ускорения свободного падения на земле, в связи с чем снова поручаете сделать его мне. Спасибо! Американцы в ЦАГИ никогда за помощью не обратятся, поскольку это их поговорка: «Кто умеет — делает, кто не умеет, тот учит, как надо делать».

Так вот, Сергей Иванович, мне надоела высокомерная немощность ЦАГИ. Следующая Ваша статья в «Дуэли» будет посвящена следующему.

Вес лунной кабины и посадочного модуля космического комплекса «Аполлон» с топливом по легенде был *«16,44 т, после посадки — 14,70 т. Высота над поверхностью Луны в начале посадки — 900 м. При спуске корабля до высоты 150 м тяга двигателя уменьшается до 1270 кГс, вертикальная скорость движения лунной кабины 8,2 м/с. При посадке кабины скорость ее движения уменьшается от 8,2 до 0,91 м/с. Вертикальная скорость перед посадкой около 1,06 м/с. Посадочная ступень лунной кабины... имела двигатель, тягу которого можно было регулировать в пределах 475–4535 кГс. На всех опорах (кроме одной) смонтированы щупы длиной 1,7 м, регистрирующие контакт с поверхностью Луны и подающие команду на выключение двигателя»*[12]. Это те данные, что дали американцы. На мой взгляд, их больше, чем достаточно. (Данные о механических свойствах грунта Луны возьмите у своего знакомого Н.И. Мельника.)

Поменяемся местами. Вы, экспериментатор, рассчитаете нам, какой объем лунного грунта должны выбрасывать двигатели из-под американских лунных кабин во время посадки. А я, главный редактор, буду Вас проверять и учить, как такие расчеты надо делать. Посмотрим, на что ЦАГИ способно. А потом я Вам дам многочисленные фото лунных кабин «на Луне» и лупу, чтобы Вы лучше видели, и Вы сами найдете, под какой из этих кабин есть воронка от выноса грунта рассчитанного Вами объема. Работайте, специалисты!

(Забегая вперед, скажу, что расчета из ЦАГИ я так и не получил, но зато С.И. Иншаков на меня сильно обиделся.)

Теперь по поводу косвенных и прямых доказательств. Поясню таким примером, чтобы это и в ЦАГИ было понятно. Вот, скажем, Иванова и Иванов спят вместе. Это прямое доказательство их брака или косвенное? Косвенное, поскольку спать они могут и друг с другом и с другими лицами, но в браке не состоять. А что является прямым доказательством их брака? Правильно, Сергей Иванович, «Свидетельство о браке», потому что не в каждой кровати его найдешь.

СССР тоже доставил на Луну уголковый отражатель и пробы грунта взял, но не бахвалится, что его космонавты были на Луне. Так что это абсолютно косвенные доказательства. А прямые доказательства пребывания американских астронавтов на Луне — это подлинные кино- и фотосъемки. Их где попало не сделаешь. И эти доказательства у американцев пока сплошь тупо фальшивые. Так что, Сергей Иванович, американцев на Луне «не стояло».

Теперь по поводу сомнений товарищей Хромова и Ганзеева. Ваши письма вызывают симпатию к вам — вы полностью подтверждаете русскую поговорку: «Честный вору поверит, а вот честному — никогда!» Вы верите, значит, вы сами честные ученые. Но с перестройкой мы близко начали знакомиться с американцами, мы видим их отношение к подписанным ими договорам, к ООН, бомбежке Сербии и т. д. Неужели за 15 лет не стало ясно, что это за моральная мразь? Есть ведь и другая поговорка: «Если тебя обманули впервые — виноват тот, кто обманул, во второй раз — виноват ты!»

Кроме высказанных вами сомнений, бытуют еще и такие. Дескать, в НАСА работают десятки тысяч человек и невозможно удержать такую аферу в тайне при таком количестве длинных языков. На самом деле это не так.

Если моя гипотеза верна, то все старты и полеты выполнялись почти по программе. Единственно — на орбите Луны находились все трое астронавтов, а на Луну опускалась лунная кабина в автоматическом режиме, в автоматическом режиме она и стартовала, если посадка была удачной. Следовательно, полностью в курсе дела могли быть только те, кто принимал радиосигналы непосредственно с поверхности Луны (заменял их заранее снятым репортажем и вел управление механизмами лунной кабины), и те, кто перед монтажом выбрасывал из лунной кабины системы жизнеобеспечения и заменял их манипуляторами для расстановки в месте посадки приборов и отбора проб грунта у кабины. Нельзя исключить, что несколько опытов у них могло быть удачными и они доставили на Землю сколько-то лунного грунта.

Но поскольку брались эти пробы в отсутствие людей — неосмысленно, точно так же, как их брали советские автоматические станции, — то научный результат от исследования этих проб не должен был сильно отличаться от нуля.

Вот геолог т. Ганзеев пишет, что всяких научных конференций (с вечерними выпивками в лучших ресторанах) и прочих лекций американцы провели очень много. И сам же пишет — *«маловато научных обобщений»*. А что обобщать, т. Ганзеев? Две-три точечные пробы из самых неинтересных и малоинформативных точек Луны — с ровных площадок? Анализировать эти пробы можно хоть сто лет любыми новыми способами анализа, но ведь все равно эти анализы ничего о Луне не скажут, поскольку на поверхности Луны, как и на Земле, может находиться черт знает что, не относящееся ни к коре, ни к строению планеты.

Странно, что у вас, ученых, это не вызывает ни малейших подозрений. Вот, к примеру, даже токарь (правда, хороший) из Ленинграда А.А. Александров вполне осмысленно удивляется: *«В добавление к рассказанному в «Дуэли» я хочу поведать вот о чем: коль экспедиция была задумана, то, наверно, не для того, чтобы по Луне скакать и прыгать, выставлять флажок и прочей заниматься чепухой. Существуют куда более серьезные обоснования для подобных посещений: взятие грунта, первичное исследование на нахождение полезных ископаемых»*.

Действительно, любые исследования Луны нужны, чтобы туда в конце концов можно было послать людей надолго. Следовательно, надо будет вести постройки и прежде всего из местных материалов. В первую очередь из металлов с простой (малоэнергоемкой) технологией получения — самородных (медь, железо, золото, серебро и т. д.) и из металлов богатых руд — окисных или сульфидных. Но главное — для получения металлов очень важно найти на Луне углерод.

А ведь нет ни малейшего намека на то, что американцы на Луне делали хотя бы мельчайшие попытки геологоразведочных работ! СССР с помощью тогда несовершенных автоматических станций никакую геологоразведку провести не мог, но они-то с людьми и автомобилями почему не пытались ее сделать? Почему не взяли пробы грунта, коренных пород и рудных залежей осмысленно?

Вот читатель Сергей Буривой ерничает: «*Юрий Игнатьевич! Сколько места в газете, сколько виртуальных шпаг сломано, мнения, аргументы, металлурги, формулы... Даже мне, козлу лохатому, у которого XXI век уже наступил и которому глубоко наср...ть на умных больно, яйцеголовых, и то понятно: ДА БЫЛИ ОНИ НА ЛУНЕ! Были! Вам видно? Черное на белом —* ***Были!*** *Еще раз повторить?.. А вот пленки, снимки, фотоматериалы ... пропали! Ну, как леммингам признаться, у них же национальная гордость. Они ж самые лучшие...*

Не вышел, засветился, хреном накрылся фотоматериал экспедиции.

Они и сняли подделку на «фабрике грез». А там ведь тоже простых нет, одни умные. Вот и настрогали материала. Шоу маст гоу он! Андерстенд или нет? Деньги уплачены налогоплательщиком-то. А уж что выросло, то выросло...»

При этом Сергей, видимо, и не догадывается, насколько он прав, употребляя слова «*хреном накрылись*» по отношению к результатам «лунных экспедиций» американцев.

Дело в том, что с помощью своего лунного грунта американцы опередили СССР только в единственном вопросе — в доказательстве существования паранормальных явлений.

Специалист в этом деле А. Карташкин в книге «Полтергейст» (М., «Сантакс-Пресс», 1997) об этом сообщает:

«Александр Кузовкин написал статью «Некоторые аспекты проявления феномена НЛО и полтергейста».

...В ней рассказывается (со ссылкой на газету «Московская правда» от 6 октября 1979 года) о совершенно невероятном случае. Вспомним, что к тому времени американские астронавты уже побывали на Луне и привезли на Землю образцы лунного грунта. Разумеется, этот грунт был тотчас же помещен в специальное изощренно зашифрованное хранилище. Достаточно сказать, что спроектировать и выстроить это хранилище стоило 2,2 миллиона долларов.

Безусловно, что помещение с лунным грунтом охранялось с особой пристрастностью. Тем более поразительно, что ***значительное количество образцов лунного грунта вскоре... бесследно исчезло*»**. (Выделено мною — **Ю.М.)**

А вы, товарищ Ганзеев, удивляетесь, что *«маловато научных обобщений»*. А как их сделаешь, если самые ценные пробы у несчастных американцев Барабашка украл? Вот вы, товарищи Ганзеев и Хромов, честные ученые. Как вам этот американский Барабашка нравится? Никакого патриотизма! А вот к чему привели его проделки. Е. Девятьяров сообщил в статье «Грунт с Луны по доступным ценам?», что:

Все более отчетливыми становятся для предпринимателей выгоды, которые можно извлечь из космической деятельности. Одним из самых очевидных назревших, но не развитых направлений коммерциализации использования космического пространства является добыча полезных ископаемых в космосе и их доставка на Землю. В нашем журнале уже неоднократно сообщалось о новаторских начинаниях компании «SpaceDev», и вот теперь появилось сообщение и о другой компании, заинтересованной в коммерческом использовании результатов космических исследований. Вслед за тем, как американский КА «Lunar Prospector» отправился картировать месторождения полезных ископаемых на Луне, нью-йоркская компания «Applied Space Resources, Inc.» (ASRI) объявила о своих планах по проекту возвращения образцов лунного грунта.

Компания ASRI намерена сосредоточить свои усилия на разработке проектов добычи полезных ископаемых в околоземном космическом пространстве. Кроме Луны, благоприятными объектами для проведения таких работ являются 416 астероидов, регулярно сближающихся с Землей. Некоторых из них было бы легче достичь, чем Луны. На астероидах, в силу особенностей процессов, сформировавших их, вблизи поверхности можно встретить даже такие редкие для Земли металлы, как платина.

Для первого проекта ASRI разработала довольно скромную программу работ. Автоматическая станция должна будет прилуниться на территории Моря Спокойствия, собрать образцы грунта и почвы и доставить их неповрежденными на Землю. На Луне аппарат оставит научные приборы, которые будут передавать собранную информацию на Землю.

Вице-президент ASRI Бет Эллиотт отметила, что стоимость проекта составляет менее 1 млн. долларов. Это совершенно ничтожная сумма, если учесть, что современный рынок образцов лунного грунта крайне невелик и характеризуется сверхвысокими ценами на них. Например, образец, представляющий из себя лунную пыль, осевшую на скафандр астронавта Дэвида Скотта (миссия «Apollo-15»), был продан в 1993 г. за 42500 долларов (!), несмотря на федеральный запрет держать в частной собственности материалы, добытые во время американских пилотируемых лунных экспедиций. Следующая продажа лунного грунта состоялась на аукционе в Сотби. Это был образец, привезенный автоматической станцией «Луна». Весивший менее одного карата (0,2 г), он был продан за запредельную сумму в 442 тыс. долларов, т. е. 2200 долларов/мг.

ASRI рассчитывает предложить научным организациям и частным лицам через созданные каналы распространения около 10 граммов лунного грунта по розничной цене, сравнимой с ценами на драгоценные камни (но все же на порядки меньшей, чем аукционная).

Запуск КА в рамках этого проекта запланирован на сентябрь 2000 г., что связано с желанием приурочить его к 30-й годовщине первого случая автоматической доставки лунных образцов на Землю. Запущенная 12 сентября 1970 г. советская автоматическая станция «Луна-16» успешно справилась с таким заданием[13].

Давайте вдумаемся в это сообщение. Сегодня цена за лунный грунт — 2,2 млрд. долларов за килограмм. Положим, если бы американцы начали распродавать грунт, который они якобы, «привезли» с Луны, цена бы упала в 10 раз — до 220 млн. за кг. Продай они 100 кг из «привезенных» 400 и окупили бы всю экспедицию. Но грунт от советских лунных экспедиций на рынке есть (за три экспедиции СССР доставил на Землю 0,33 кг), а из 400 кг американского грунта — ни миллиграмма! Более того, как видите, в США, где можно в частном владении держать хоть атомную бомбу, лунный грунт иметь запрещено! С чего бы это? Не потому ли этот запрет, что без него начнут требовать распродажи грунта, а распродавать нечего?

В 1982 г., через 10 лет после полного окончания лунной программы, вышла в свет прекрасно иллюстрированная книга

«Space Technology» («Космическая техника») коллектива американских, советских и других авторов, которую я уже цитировал. Главу «Человек на Луне» написал американец Р. Льюис.

Раздел из этой главы «Некоторые итоги» я дам полностью, чтобы никто не думал, что я скрыл какие-либо из выдающихся американских достижений. Но обращаю внимание, что в данной главе должны быть только те знания о Луне, что получены благодаря пребыванию человека на этом спутнике Земли, а не общее ля-ля. Поэтому оцените, что именно Р. Льюис вписал в этот раздел, чтобы он получился длиннее трех строк.

Итак: *«Экспедиция на корабле «Аполлон-17» была последней экспедицией на Луну. За время шести посещений Луны было собрано 384,2 кг образцов породы и грунта. В процессе выполнения программы исследований был сделан ряд открытий, но наиболее важными являются следующие два. Во-первых, было установлено, что Луна стерильна, на ней не обнаружено никаких форм жизни. После полета корабля «Аполлон-14» ранее введенный трехнедельный карантин для экипажа был отменен»*[14].

Удивительное открытие! В «Малой советской энциклопедии» за 1931 г. (ничего более раннего не нашел) утверждается: *«Луна лишена атмосферы и воды, а следовательно, и жизни»*. Для этого «важного» открытия нужно было на Луну людей посылать?! И главное, а что именно астронавты сделали, чтобы это открытие сделать? Карантин прошли, подопытными мышами работали?

«Во-вторых, было установлено, что Луна, подобно Земле, прошла через ряд периодов внутреннего разогрева. Она имеет поверхностный слой — кору, достаточно толстую по сравнению с радиусом Луны, мантию и ядро, состоящее, по мнению некоторых исследователей, из сульфида железа»[15].

А что именно сделали для этого вывода астронавты? Ведь в их пробах грунта (как и в советских) сера отсутствует начисто! Как американцы определили, что ядро состоит из сульфида железа?

Далее.

«Хотя химический состав Луны и Земли достаточно близок, они существенно различаются в других отношениях, что подтверждает точку зрения ученых, отрицающих предположение, что Луна отделилась от Земли в процессе образования планет.

Вывод о том, что никакие формы жизни никогда не существовали на Луне, подтверждается полным отсутствием здесь воды, во всяком случае, на лунной поверхности или вблизи нее»[16].

Во-первых. Тогда из чего состоит Луна, если ее плотность почти вдвое ниже, чем плотность Земли, хотя на Земле воды полно?

Во-вторых. В этой книге американцы (это их национальная особенность, похвальная, надо сказать) дают массу разных числовых данных обо всем. Но вот Р. Льюис несколько раньше написал, описывая, что делала на Луне каждая из экспедиций: *«Недалеко от места посадки Янг и Дюк установили на треноге камеру для проведения астрономических наблюдений в ультрафиолетовом диапазоне, с помощью бура извлекли образцы лунной породы из глубоких скважин, попытались установить аппаратуру для измерения тепловых потоков из недр Луны (но, к сожалению, аппаратура вышла из строя), разместили активные и пассивные сейсмографы.*

...Эксперимент по измерению тепловых потоков был успешно проведен в долине у кратера Литтров в районе хребта Тавр, где произвели посадку Юджин Сернан и Харрисон Шмитт»[17].

Вопрос — почему не указана глубина пробуренной американцами скважины и температура в ней? Ведь вот коллеги товарища Хромова из Комитета по геодезии и картографии в 1994 г. выпустили книгу «Человек и вселенная» с главой о Луне. В ней, как я уже писал, есть такие строки: *«Даже на глубине в один метр температура на Луне постоянна»*. И все. А какая именно? Вы, товарищ Хромов, уверены, что американцы были на Луне и бурили там глубокие скважины неизвестной глубины и мерили тепловые потоки, а это делается термометрами. Так почему же ваши коллеги до сих пор не знают температуру Луны в метре от поверхности?

В-третьих. Дотошный Р. Льюис, казалось, бы дал картинки не только всех приборов, установленных на Луне, но и картинки всех инструментов астронавтов: *«1. Шестнадцатимиллиметровая кинокамера на штативе; 2. Магазин с 35 мешочками; 3. Совок; 4. Молоток; 5. Гномон; 6. Плотномер; 7. Захват; 8. Цветная карта и маршрут движения»*[18]. Но нет картинки и ни малейшей попытки описать буровой станок — был ли он ручным или механическим, чем осуществлялось давление на бур и т. д.

Может быть, американцы до сих еще пор не разработали его конструкцию?

Но продолжим «научные итоги».

«Анализ найденного членами экипажа корабля «Аполлон-17» образца стекла оранжевого цвета позволил предположить, что вода могла существовать либо в виде льда или инея под поверхностью, либо в связанном виде в гидратированных минералах»[19].

Апеллирую к геологу Ганзееву. Это как по куску оранжевого стекла можно определить, что вода на Луне существовала? (Если только это не осколки бутылки из-под пива.)

Много слов и мало фактов

Далее.

«Изучение крупных образцов породы и мелких частиц лунного грунта (пыли) показало, что возраст Луны совпадает с возрастом Земли и составляет около 4500 млн. лет. Вопрос о том, образовалась ли Луна в расплавленном или холодном состоянии, остается открытым. Однако большинство ученых придерживаются мнения, что в истории Луны были различные периоды, обусловленные тем, что в первые 1500 млн. лет она была в расплавленном состоянии. На поверхности Луны отчетливо видны следы бомбардировки астероидами и метеоритами, наиболее интенсивной 3900 млн. лет назад. Были обнаружены следы эрозии под действием солнечного ветра, хотя многие ученые отрицали возможность существования такого явления»[20].

Что значит *«исследование крупных образцов породы»*? Почему не пишется об исследованиях образцов **коренных** пород Луны, ведь выходы коренных пород на поверхность видны на «фотографиях с Луны».

И раз уж заговорили о кратерах, то вернемся к вопросу т. Хромова по поводу того, что Армстронг самовольно дал названия таким мелким кратерам, что их и в телескоп не видно. Гавриил Сергеевич, они летали над поверхностью Луны на высоте всего в 3 км (высота отделения лунной кабины от орбитального блока). Ведь с трех километров не то что кратер, человека разглядишь невооруженным глазом.

Но продолжим итоги.

«Вопрос о происхождении Луны, который, как надеялись ученые, можно будет решить после проведения лунных экспедиций, остался нерешенным. Ученые-теоретики и экспериментаторы, принимавшие участие в проведении научно-исследовательской лунной программы «Аполлон», придерживаются двух теорий. Согласно одной из них, Луна образовалась в глубинных областях Солнечной системы, а затем попала в поле тяготения Земли, В другой теории утверждается, что Луна образовалась в непосредственной близости от Земли, возможно, из двойной планетной системы. Химический анализ образцов лунного грунта, проведенный при запусках космических кораблей «Сервейер» и «Аполлон», не подтвердил гипотезу Джорджа Дарвина (1845–1912 гг.) о том, что Луна является обломком Земли.

Любая теория происхождения Луны должна объяснить различие в плотностях этих двух небесных тел. Средняя плотность Луны 3,36 г/см^3, а Земли 5,5 г/см^3. Несмотря на то, что горные породы на Луне и Земле состоят из одних и тех же химических элементов, их относительное содержание существенно различается. Если сравнивать типичные земные образцы с лунными, то видно, что в последних содержится больше кальция, алюминия и титана. В лунных образцах также чаще встречаются металлы с высокой точкой плавления, такие, как гафний и цирконий. А вот относительное содержание металлов с низкой точкой плавления, таких, как натрий и калий, в лунных породах ниже, чем в земных»[21].

Повторимся, если Земля и Луна состоят из одних и тех же горных пород, то почему плотность Луны почти в два раза ниже? При чем тут гафний, кому он нужен? Где углерод, один из самых распространенных элементов во Вселенной? Где железо, где медь, где золото, в конце концов?

Поясню. Просто в той единичной пробе, что американцы, возможно, добыли с Луны, как и в наших пробах, этих элементов просто не было, а осмотреть выходы горных пород на поверхность, стенки кратеров и взять от них пробы некому было. Не было на Луне еще ни одного человека!

Вот и идет болтовня о титане и алюминии, калии и натрии, хотя и на Земле можно найти тысячи мест с грунтом такого же химического состава.

И опять о том же, что уже было в начале раздела:

«Эти данные позволили ряду ученых прийти к выводу о том, что Луна образовалась в более высокотемпературных условиях, чем Земля. Этим можно объяснить отсутствие воды и других летучих веществ в образцах лунной породы.

Высокое содержание алюминия и титана в лунной породе дало основание некоторым разработчикам космических программ предложить использовать Луну в качестве источника этих ценных металлов. Но по общему единодушному мнению специалистов, ни о каком промышленном использовании этих металлов в обозримом будущем не может быть и речи, пока здесь не будет найдена вода в любом виде. Кстати, высказывается предположение, что вода может быть обнаружена в приполярных областях Луны. Перспективы создания рудников на Луне рассматриваются в ст. 18»[22].

Ну и кому нужны эти пустые домыслы и общие рассуждения, не имеющие ни малейшего отношения к тем знаниям, что мог бы действительно привезти с Луны человек, если бы он там действительно побывал. Остаток текста не прерываю комментарием, поскольку все данные для нижеприведенных выводов высосаны из пальца и, надо думать, не имели отношения даже к полету на Луну автоматических станций.

«Каждая из проведенных по программе «Аполлон» лунных экспедиций внесла свой вклад в изучение эволюции Луны. Во многих отношениях этот процесс напоминает эволюцию Земли и других подобных ей планет.

По ограниченным данным сейсмической разведки, кора ближней к нам части Луны имеет толщину 60–65 км. На удаленной от нас части Луны кора может быть несколько толще — около 150 км. Под корой до глубины около 1000 км расположена мантия, еще глубже — ядро.

Верхняя мантия толщиной около 200 км состоит из силикатов, богатых железом. Ниже находятся скальные породы, имеющие состав, напоминающий состав каменных метеоритов (хондритов). Возможно, что нижняя часть мантии находится в расплавленном состоянии. Жидкая часть мантии подвержена приливо-отливным явлениям, связанным с притяжением Земли. Эти явления вызывают зарегистрированные слабые толчки внутри Луны. Сейсмическая разведка также показала, что ядро Луны находится в расплавленном состоянии.

Общее мнение, сложившееся в результате проведения ряда научных конференций, на которых обсуждались результаты лунных экспедиций по программе «Аполлон», сводится к тому, что Луна образовалась в высокотемпературной области Солнечной системы. При этом летучие элементы находились в газообразном состоянии, чем и объясняется их отсутствие в составе лунных пород.

Формирование Луны происходило в течение первых 500 млн. лет с момента ее зарождения, и в это время ее поверхность подвергалась интенсивной бомбардировке. Под ударами крупных астероидов возникли бассейны «лунных морей». Часть лунной коры и верхней мантии, нагретая выделившимся при распаде радиоактивных элементов теплом, расплавилась, и лава вытекла в эти бассейны, образовав базальтовое основание «лунных морей». Оно со временем покрылось слоем размельченных горных пород и пылью слагающих поверхностную почву Луны, так называемый реголит. С геологической точки зрения Луна считается сформировавшимся небесным телом; тектонические процессы в недрах, которые все еще продолжаются на Земле, здесь закончились миллионы лет назад.

После завершения полета корабля «Аполлон-17» исследованием образцов лунного грунта и анализом показаний научной аппаратуры занимались 125 научных групп и коллективов из различных стран земного шара. По состоянию на 1979 г. около 12% доставленных с поверхности Луны образцов были передано в лаборатории, которые не входят в состав НАСА.

В период проведения регулярных полетов кораблей «Аполлон» некоторые ученые полагали, что для решения некоторых вопросов происхождения и эволюции Луны необходимо провести полное геологическое исследование ее поверхности. Объем таких исследований, по оценкам, должен быть аналогичным объему исследований, проведенных в Антарктике во время Международного геофизического года (1957–1958 гг.) и сразу после его окончания. При обычном темпе проведения таких исследований на изучение поверхности Луны потребуется около ста лет.

В настоящее время в Соединенных Штатах не планируется продолжение исследований Луны с помощью пилоти-

руемых космических аппаратов; предполагается осуществлять запуск лишь автоматических исследовательских аппаратов»[23].

Вот вам и все американские научные достижения — сколько знали о Луне до «полета американских астронавтов на Луну», столько знаем и сегодня. Ни одна цифра, ни один вывод не подтверждены ни цифрой, ни фактом, полученными от полетов астронавтов.

К примеру, спустя 30 лет американцы начали посылать на Луну автоматические станции, чтобы все же выяснить то, что якобы уже «открыли» их астронавты.

П. Кириллов сообщает об этом в статье «На Луне фонтанировал горячий гейзер»:

Восемнадцать месяцев работал на лунной орбите американский космический аппарат «Лунар Проспектор». 31 июля минувшего года у него кончилось топливо, и специалисты ждут падение аппарата на поверхность Луны.

На протяжении всей своей миссии этот аппарат весом 295 кг и размером чуть больше домашней стиральной машины постоянно озадачивал ученых удивительными открытиями. Впервые в начале 1998 г. «Лунар Проспектор» ошеломил научную общественность обнаружением в затененных районах у лунных полюсов огромного количества льда!

При вращении вокруг нашего естественного спутника аппарат испытывал незначительные изменения своей скорости. Расчеты по этим показателям выявили наличие у Луны ядра. В предположении о том, что оно, как и на Земле, в основном состоит из железа, специалисты рассчитали его размеры. По их мнению, радиус лунного ядра должен составлять от 220 до 450 км (радиус Луны равен 1738 км).

Магнометры «Лунара Проспектора» зафиксировали слабое магнитное поле у нашего естественного спутника. Поэтому полю уточнили размеры ядра. Радиус его оказался равным 300–425 км. При таких размерах масса ядра должна составлять около 2% от массы Луны. Подчеркнем, что на ядро Земли с радиусом около 3400 км приходится целая треть массы планеты.

Исследователи определяли размеры лунного ядра двумя способами. По известному эффекту Допплера, согласно которому изменяется частота радиосигналов при движении источника к Земле или от Земли, определялась скорость аппарата и сравнивалась с его скоростью при облете Луны. По вариациям орбитальной скорости удалось, как сказано выше, рассчитать размеры лунного ядра. Второй способ заключался в составлении карты лунного гравитационного поля и расчете момента инерции Луны.

Малое количество железа в лунном ядре свидетельствует о том, что Луна была рождена в условиях дефицита этого элемента. Согласно предположениям астрономов, около 4,5 млрд. лет назад какое-то космическое тело в 2–3 раза массивнее Марса врезалось в Землю и исторгло из нее огромное количество вещества. Часть его сконцентрировалась в сфере, превратившейся со временем в Луну. Полагают, что в момент столкновения основная часть железа в теле Земли погрузилась к ее центру. Поэтому вещество Луны и содержит весьма малое его количество.

На последнем этапе исследований «Лунар Проспектор» изменил свою 100-километровую круговую орбиту на эллиптическую, при которой периодически приближался на расстояние всего лишь 7-ми километров от поверхности Луны. В эти периоды, дабы избежать падения, приходилось периодически включать двигатели аппарата.

Ныне, очевидно, топливо на нем закончилось, и ученые ждут падения. Полагают, что, когда аппарат столкнется с Луной (астрономы постараются, чтобы это падение произошло в зоне предполагаемого наличия льда), поднявшийся шлейф может быть проанализирован оптическими средствами, включая космический телескоп «Хаббл». Обнаружение водяных паров в шлейфе с несомненностью докажет наличие на Луне льда.

Однако имеются факты, свидетельствующие о возможности существования на Луне воды в свободном состоянии. В свое время произвело сенсацию сообщение о том, что 7 марта 1971 г. на Луне в районе оконечности Океана Бурь в течение четырнадцати (!) часов действовал горячий гейзер! Пары воды распространились на площади около 260 кв. км. По убеждению геологов С.М. Григорьева и М.Т. Емцева, сообщивших о горячем гейзере, на Луне нельзя исключить условия, сохраняющие воду в свободном состоянии. «С этой точки зрения, — пишут они в своей книге «Скульпторы лика земного» (М., «Мысль», 1977, стр. 141), — ***представляет интерес***

случай, произошедший на посадочном модуле корабля «Аполлон-15». При выходе на поверхность Луны астронавты более шести часов исследовали берега рва Хэдли. За это время в разгерметизированной кабине на пол вылилось более двухсот литров воды. По рекомендации с Земли астронавты вычерпали воду пакетами из-под пищи. Удивительно, но в полнейшем вакууме и космическом холоде вода не испарилась и даже не замерзла!»[24]

Итак, доблестные американские астронавты «выяснили», что ядро Луны имеет радиус 1738–1000=738 *км.* А автоматическая станция выяснила, что он равен 300–425 *км,* в два раза меньше!

Доблестные астронавты «выяснили», что ядро Луны состоит из сульфида железа. А «Луна Проспер» выяснила, что железа в ядре мало.

Так чем отличаются итоги высадки американцев на Луну от пустой болтовни?

А что касается «Байки из склепа» про 200 *л* воды, которая не испарилась в безвоздушном пространстве раскаленной кабины и которую астронавты вычерпали пакетами, то делайте с нею сами что хотите: хотите — смейтесь, хотите — плачьте.

Чем больше я читаю сообщений о доблестных победах американцев в лунной эпопее, тем явственнее представляю себе ту наглую рожу, которая хихикает надо мной в полной уверенности в моем идиотизме — в том, что при любом бреде о Луне я буду блеять: «А американцы там были!»

По традиции обычные люди считают вас, ученых, умными людьми. Однако, похоже, что американцы считают советских ученых тупыми олухами.

Правда, в помощь американским жуликам действовало и ЦК КПСС, руководивший страной. Поскольку невозможно объяснить, почему критика, которая началась вестись в США сразу же после первых «высадок на Луну», не доходила до нас даже в плане антибуржуазной пропаганды? Почему СССР сразу же прекратил исследовать Луну даже автоматическими станциями? Ведь их можно было развивать, у того же лунохода масса направлений для совершенствования.

Но все это в прошлом. Сегодня информацию о полетах американцев к Луне можно получить. И то, что советские ученые продолжают молчать, позволяет всему советскому народу (сказать «эсэнговскому» язык не поворачивается) сделать вполне обоснованный вывод — **советские ученые действительно тупые олухи.**

Дело не в том, что надо немедленно кричать, что американцев не было на Луне. Полезно даже, чтобы часть ученых защищали НАСА, как это делает С.И. Иншаков. Но факты фальсификации настолько многочисленны и вопиющи, что долг любого умного человека **принять меры для их проверки.**

Неважно, какой вы специальности и имеете ли отношение к космосу. Над нами посмеялись не как над специалистами, а как над тупыми кретинами. Пусть вы историк или искусствовед, но разве профессия мешает вам понять, что в безвоздушном пространстве Луны американский флаг не может развеваться на ветру? Это ведь уже не специальность, это уже врожденный кретинизм.

Поэтому призываю всех умных ученых, в каких бы институтах они ни работали, обратиться в свои ученые советы с этими подозрениями и через ученые советы в Академию наук с требованием провести экспертизу всех материалов НАСА о якобы имевшей место высадке американских астронавтов на Луну.

Я бы это сделал так. Поручил бы отвечать за эту экспертизу одному из московских институтов, дав задание организовать в павильоне ВДНХ «Космос» демонстрацию всех подозрительных материалов НАСА. Обязал бы все институты, вне зависимости от их ученой специализации, прислать на выставку своих представителей и оценить представленные материалы. Пусть весь научный мир выскажет свое мнение. Пригласить ученых из других стран. Это будет комплексная экспертиза.

После чего устроить международную конференцию, пригласив для объяснений представителей НАСА.

Мы не реагировали раньше, поскольку эта тема была фактически закрыта, но молчать сегодня — это не только предавать свой народ и науку, но это и подтверждать свою даже не профессиональную, а просто умственную несостоятельность.

Так обращался я к ученым в марте 2000 года. Надо ли сообщать о том, что этот призыв остался втуне? Такие наши ученые – они будут на белое говорить «черное» лишь бы ими было довольно начальство, а сами они имели умный вид.

Глава 2.
Разъяснения «профессионалов»

Гордый вид

Ю.И. МУХИН. В вопросе американской лунной аферы, пожалуй, самым большим доказательством блефа является, так сказать, вопиющее молчание профессионалов – тех, кто на подобные вопросы обязан отвечать. Понятно, что американцам заткнули рот деньгами и подписками о неразглашении гостайны, но наши-то за какие деньги молчат?

Вот, к примеру, уже 30 лет здравомыслящие люди указывают НАСА, что ему, при съемках в Голливуде фильма о «высадке на Луну», нужно было под посадочными аппаратами «Аполлонов» сделать в грунте воронки от работы двигателя. Не может реактивный аппарат сесть на реактивную струю так, чтобы эта струя не оставила следа в рыхлом грунте. В свое время у нас на заводе для очистки путей от снежных заносов на железнодорожную платформу устанавливался списанный реактивный двигатель от истребителя. На сопло двигателя ставилась щелевая насадка, направленная под малым углом, почти касательно к рельсам – так, что ось реактивной струи пересекалась с рельсами метрах в 10 от сопла двигателя. Двигатель включался, тепловоз толкал платформу на заносы, а реактивная струя сдувала с рельсов снег. При работе этого агрегата с обеих сторон пути метрах в 100 сбоку и в метрах 200 впереди, обязаны были идти двое рабочих и отгонять от путей прохожих и зевак. Поскольку реактивная струя не только сметала безобидный снег, но и подхватывала смерзшийся балласт – камни размером с кулак, на которые укладываются рельсы. Эти камни с большой скоростью неслись вдоль пути и были способны нанести тяжелую травму любому, кто под них попадет. Не знаю, если бы я этого не видел, то и тогда вряд ли бы поверил в девственность грунта под посадочными ступенями «Аполлонов», а уж с позиций своего опыта, мне разговоры о том, что реактивная струя «Аполлонов» и не должна была вынести из-под них грунт, противны до омерзения своей тупостью.

Но ведь в СССР были свои полеты на Луну, мы сажали там свои аппараты, и пусть они имели массу раз в десять меньше, чем по легенде масса «Аполлонов», но они тоже сажались на реактивную струю. И эта струя и из-под них должна была выносить грунт и выбивать в нем воронку. И у нас должно быть достаточно много специалистов, которые думали об этом, учитывали и рассчитывали. Они почему молчат, почему не объяснят, как должно быть? Более того, «Луна-17» и «Луна-21» на Луне спустили с посадочных ступеней луноходы с телекамерами, которые делали и обзорные съемки. Наверняка снята и поверхность Луны под двигателями этих аппаратов. Почему же наши специалисты не покажут их нам и не скажут: «Вот, смотрите – под «Луной-17» и «Луной-21» тоже девственная поверхность грунта». Это было бы невероятно, но заставило бы засомневаться.

Однако «наука» тупо молчит, делая вид, что не хочет ронять свое достоинство и вступать в споры с малокомпетентными дураками. Этот вид очень впечатляет обывателя, который в каждом профессоре видит гения, а в кандидате наук – умного человека. Обыватель ведь не знает, что в науке – на государственной халяве – сосредоточено столько тупой серости, по сравнению с которой и казарма выглядит академией. Ведь подавляющая масса «науки» чрезвычайно тщеславна и не упускает случая поболтать о чем угодно: от озоновых дыр до дыр в бюджете. А тут она гордо помалкивает, и тот, кто знает, что собой представляет эта «наука», не может не понимать, что «науке» нечего сказать в опровержение доказательств лунной аферы. И «науке» ничего не остается, как делать гордый вид, исходя из здравой мысли – больше будешь молчать, скорее за умного сойдешь.

Ответственный редактор энциклопедии «Космонавтика»

В связи с изложенным в предыдущем разделе, у меня проблемы с тем, чтобы дать вам мнение «науки» – я высказываний наших специалистов по лунной афере американцев практически не встречал. Поэтому вынужден дать всего две статьи, начав со статьи ответственного редактора* советской энциклопедии «Космонавтика» Германа Назарова в журнале «Чудеса и приключения»[25]. Журнал дал к этой статье следующее предисловие:

«Американский изобретатель Рене и отечественные специалисты С. Алексеенко и Н. Дорожкин (ЧиП, 1997, № 1; 2001, № 1 и 2002, № 4) сомневаются в том, что американцы действительно высаживались на поверхность Луны в 1969–1972 годах. В обоснование своих сомнений они приводят ряд нелепостей и нестыковок, обнаруженных ими в официальных материалах NASA, посвященных программе «Аполлон». Вкратце эти нестыковки сводятся к следующему.

1. Когда астронавты устанавливали на Луне американский флаг, он колыхался как будто на ветру, чего в безвоздушном пространстве Луны быть не может.

2. Когда астронавты разъезжали на своем «Ровере» по Луне, частицы грунта из-под его колес отлетали на метр-полтора, хотя, по расчетам, на Луне они должны были отлетать на 5–6 метров.

3. Один из авторов заметил на фотографии спускаемого аппарата после приводнения торчащую пластиковую антенну, которая должна была сгореть при вхождении аппарата в атмосферу.

4. Он же при изучении официальных фотографий NASA обнаружил два загадочных снимка. На одном получается, что астронавт перепрыгивает собственную тень, а на другом – луноход заслонил собой крестообразную метку на объективе, то есть как бы въехал в фотоаппарат между объективом и фотопленкой!

---

* В редакционной коллегии энциклопедии его должность – ответственный секретарь.

5. Летавшие к Луне корабли «Аполлон» лишены мощной радиационной защиты, без которой длительные полеты в космос на значительные расстояния от Земли губительны для человеческой жизни из-за переоблучения.

6. Струя раскаленных газов ракетного двигателя при посадке должна была пробить под посадочным модулем воронку или углубление в рыхлом лунном грунте. Однако на официальных фотографиях NASA такого углубления не видно.

7. По мнению авторов, в надутых скафандрах, изображенных на официальных фотографиях, работать и ходить в лунной пустоте невозможно.

8. Ни на одном лунном снимке не видно звезд, хотя еще Гагарин указывал, что звезды в космосе кажутся огромными и не мигают.

9. Критиков удивляет, что ходьба и прыжки астронавтов на Луне ничем не отличаются от ходьбы и прыжков на Земле, воспроизводимых в замедленной съемке.

10. Рене считает необъяснимым чрезмерно высокий процент гибели американских летчиков, готовившихся к полетам, от несчастных случаев на Земле. А Алексеенко даже полагает, что погибшие нарушили тайну величайшей в истории мистификации.

11. Дорожкин обратил внимание на то, что астронавты, находясь на поверхности Луны, не сделали ни одной фотографии Земли, которая там в 4 раза больше и в 6 раз ярче, чем Луна для землян. И еще: угол положения Солнца над горизонтом на фотографиях NASA колеблется от 25° до 60°, в то время как, по расчетам, он должен был быть от 4° до 15°.

12. Алексеенко обратил внимание на ноги астронавтов, как бы замазанных лунной грязью, и на необычайно четкий след, оставленный на лунном грунте подошвой ботинка. При отсутствии воды на Луне, считает Алексеенко, ни то, ни другое невозможно.

Эти и некоторые другие нестыковки убеждают наших авторов: американцы на Луне не высаживались, а все пропагандистские материалы о программе «Аполлон» были сфабрикованы в земных условиях на кино- и фотостудиях!

Против такого вывода энергично выступил Герман Назаров, который в 1970-х годах был ответственным редактором энциклопедии «Космонавтика» (1985). Его статью мы и предлагаем ныне вниманию наших читателей».

Г. НАЗАРОВ. Если сегодня, спустя более тридцати лет, подвергаются сомнению полет и высадка человека на Луне, то с таким же и даже большим основанием можно отрицать полеты советских спутников, и полеты станций к Марсу, Венере, Юпитеру и Сатурну, и полет Гагарина. Сами советские запуски в отличие от американских были сильно засекречены, их никто не видел, за исключением узкого круга специалистов. Но разве это основание, чтобы говорить: «Мало ли что нам показывают из космоса? Это все фальшивки!»

А как же реальные люди, создавшие эти уникальные образцы техники? Что, их тоже не было? Что, они просто так разработали и построили ракету «Сатурн» для доставки экспедиции на Луну? Достаточно привести лишь некоторые ее характеристики, чтобы понять: никто не стал бы весь этот огород городить, чтобы, в конце концов, показывать картинки из фотоателье! В самом деле, длина «Сатурна» была 110,4 метра, диаметр –10,1 метра. Стартовая масса – до 3 тысяч тонн, сухая масса ракеты – 180 тонн. Максимальный полезный груз при выводе на траекторию полета к Луне – 47 тонн. Для сравнения возьмем наш самый мощный носитель «Протон». Его длина – 44,3 метра, масса полезного груза при полете к Луне – 5,7 тонны. Была у нас и ракета такой же мощности, как «Сатурн», но после четвертого неудачного запуска в 1969 году советская программа запуска человека на Луну была закрыта.

Авторы, подвергающие сомнению подлинность лунных фотографий, не опровергают того, что американские конструкторы создали уникальные технические средства для достижения лунной поверхности. А если это так, то всякие сомнения и споры бессмысленны.

Ю.И. МУХИН. Интересна логика Назарова, пусть читатели меня простят, но она напоминает мне анекдот. Дама хочет сделать покупку, игнорируя остальных покупателей. Мужчина предлагает ей встать в очередь. Дама реагирует примерно так, как Назаров: «Что вы хотите этим сказать – что я нахалка? А если я нахалка, то значит – хамка, а если хамка, то значит – сука, а если сука... Граждане! Будьте свидетелями – он меня бл...ю обозвал!!»

При чем тут к американской афере полет Гагарина и полеты к Марсу и Венере, включая и американские? Ну и что, что фон Браун создал им ракету-носитель, способную доставить к Луне 47 тонн? По легенде, американские астронавты только летели к Луне на «Сатурне» и само по себе наличие чего-то еще не означает того события, для которого это «что-то» создавалось. Честные глаза бывают и у отъявленных мошенников.

Странная ситуация с обсуждением этой аферы: «дилетанты» пытаются найти научные и технические доводы, а «профессионалы науки» пытаются доказать пребывание американцев на Луне с помощью логики, для принятия которой нужно отсутствие не только знаний, но и мозгов. И Герман Назаров не исключение, как вы увидите дальше, практически все «профессионалы» пытаются надавить читателю «на психику».

Но верну Назарову слово.

Г. НАЗАРОВ. А теперь рассмотрим, насколько серьезны доводы этих авторов.

1. Американцы хорошо знают, что на Луне нет ветра. И чтобы весь мир видел американский флаг развернутым, а не висячим, его сделали из плотной фольги складывающимся. Одной стороной он прикреплялся к флагштоку, а другой – к рейке, прикрепленной перпендикулярно к флагштоку. При поднятой верхней планке флаг всегда будет находиться в развернутом виде, а не висеть, как тряпка. Авторам же показалось, что флаг реет на ветру.

Ю.И. МУХИН. Исходя из этого текста становится ясно, что Назаров и не представляет, о чем идет речь, но, как и полагается «серьезному ученому», охотно объясняет то, чего не понимает. Все, кто пишут о развевающемся флаге, безусловно знают, что он был закреплен на консольном стержне, как занавеска на окне, но все пишут о видеосъемках установки этого флага экипажем «Аполлон-11». После закрепления древка флага в грунте съемочного павильона, единственный свободный угол этого флага стал трепетать на сквозняке, и именно на сквозняке, поскольку в его движениях не было никакой ритмичности, присущей упругим колебаниям, и тот угол флага не имел оси колебаний, что тоже обязательно для упругих колебаний. То есть угол сначала отклонялся в одну сторону, затем обвис и начал отклоняться в другую, как края сохнущей на веревке простыни.

В упомянутом мною фильме к 20-летию начала американской аферы видеокадры установки флага «на Луне», американский астронавт Олдрин комментировал так: *«Флаг – это картина роскошная! Прекрасные кадры: серое поле, белые скафандры и звездно-полосатый флаг. Шаг номер один сделан! Пускай будет здесь – на этой огромной скале. Я был горд за страну гораздо больше, чем за себя...»* И эту «роскошную картину» с развевающимся на ветру флагом американцев угораздило показать в их «прямом репортаже с Луны» на весь мир. И теперь отказаться от него они не могут. Поэтому они поступили просто – интеллектуальную работу по объяснению того, почему флаг на Луне развевается на ветру, они оставили придуркам, а из фильма, посвященного 25-летию полета на Луну, они этот «роскошный» эпизод просто убрали, чтобы не смешить умных людей.

Ответственный редактор энциклопедии «Космонавтика» сообщает нам, что флаг был сделан из «плотной фольги», и те, кто знают, что фольга – это лист металла толщиной менее 0,1 мм, могут несколько удивиться. Но удивляться нечему – мы же имеем дело с «серьезными учеными», а в их кругу выражение «флаг из плотной фольги» звучит достаточно умно. В любом случае мы имеем уже второй вариант материала, из которого был сделан американский флаг, а вернее – флаги.

Дело в том, что на фотографиях и видеокадрах эпизода об «Аполло-11» присутствуют два американских флага, хотя, по легенде, был установлен только один. Давайте рассмотрим фотографии рисунка № 12. Первые восемь фотографий – это кадры видеосъемки, которая производилась видеокамерой, установленной где-то на «лунной кабине», и передавалась на Землю как прямой репортаж «с Луны».

Фото **«а»** (начало, 00,00 секунд). «Олдрин» вставляет флаг во вбитую в землю павильона трубку, а «Армстронг» прыгает по направлению к видеокамере.

Фото «б» (через 12,80 секунды). У «лунной кабины» «Армстронг» берет в руки кинокамеру, чтобы снимать «Олдрина» у флага.

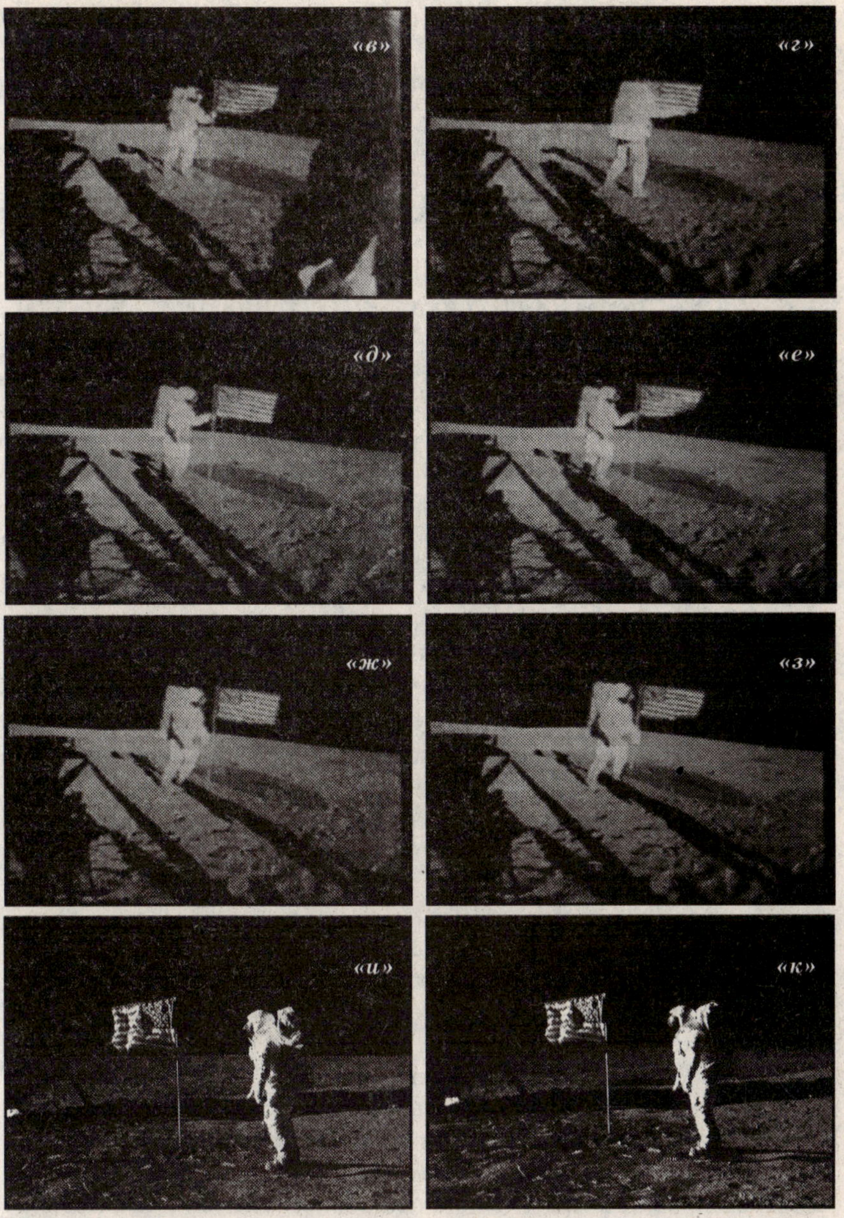

Рис. 12

Фото «**в**» (через 14,48 секунды). «Олдрин» начинает позировать, но свободный угол флага развевается на сквозняке, причем хорошо видно, что порывы ветерка направлены в сторону видеокамеры.

Фото «**г**» (через 18,00 секунд). «Олдрин» пытается одернуть и зафиксировать угол флага в нижнем положении.

Фото «**д**» (через 26,96 секунды). У него вроде получилось – флаг висит спокойно.

Фото «**е**» (через 27,68 секунды). Снова развевается!

Фото «**ж**» (через 38,80 секунды) «Олдрин» отпускает флагшток и направляется на смену «Армстронгу». Угол флага висит спокойно.

Фото «**з**» (39,12). Снова сквозняк! Угол флага снова отклоняется, и по-прежнему ветерок дует в сторону видеокамеры.

А на фото «**и**» и «**к**» показаны результаты съемки кинокамерой. Сравнение кадров видео- и кинокамеры показывает, что на видеокамерах древко флага ниже, чем на кинокадрах; на видеокадрах полотнище флага без складок и разглаженное, а на кинокадрах оно имеет бо́льшую вертикальную складку; и, наконец, на видеокадрах полотнище флага расположено поперек тени от «лунной кабины», а на кинокадрах – вдоль.

А это означает, что Стенли Кубрик снимал много дублей установки американского флага «на Луне», а впоследствии запамятовал, что видеокамерой и кинокамерой он снимал разные флаги и из разных положении. Причем это еще не вся туфта с флагом, которую нам пытаются всучить американцы, но об остальном в последующей главе.

Верну слово Назарову.

Г. НАЗАРОВ. 2. Луноход «Ровер» представлял собой четырехколесный электрический самоходный экипаж. Диаметр каждого колеса 0,81 и ширина 0,23 м. Максимальная проектная скорость – 13 км/час. Под колесами лунохода грунт слегка уплотнялся и местами выпучивался в стороны. Возникали местные сдвиги, образовывались трещины и комья. Комья под колесами рассыпались на мелкие зерна. Астронавты передвигались по Луне в среднем со скоростью 7–8 км/час. При такой скорости и таких размерах колес грунт не мог отбрасываться на пять–шесть метров. Даже в земных условиях автомобиль с меньшим диаметром колес, двигаясь с такой скоростью, поднимает пыль, но камней не отбрасывает.

Ю.И. МУХИН. И судя по этим словам, Назаров снова не понимает, о чем идет речь. Когда, по легенде, американцы доставили на Луну лунный автомобиль, то использовали его исключительно для того, чтобы лихо кататься по съемочному павильону – делали круги, наскакивали на камни, резко тормозили, т. е. делали все, чтобы показать зевакам, насколько хороша у Америки техника и насколько веселые и крутые они ребята. В момент пробуксовки их автомобиля из-под колес выбрасывался грунт, но вид его и дальность отброса от колес были точь-в-точь такими, как если бы на Земле на мокром пляже пробуксовывал автомобиль таких размеров и гоняющий с такой скоростью. На глаз (зная диаметр колеса) можно определить, что слипшийся песок подбрасывался где-то на метр и падал в метре от места выноса. Даже не обращая внимания на то, что пыль, как ей и полагается при наличии атмосферы, долго оседала, небольшой, чисто земной отброс грунта от колес «лунного автомобиля», видимо, и не понравился тем, кого Назаров поучает.

Я понимаю, что дело это безнадежное, но мой долг все же попробовать растолковать «серьезному ученому», что тут к чему.

При пробуксовке протекторы покрышки захватывают частицы почвы и бросают их под углом к поверхности со скоростью V. Эта скорость раскладывается на две составляющие: на скорость Vв, с которой частица поднимается вертикально вверх, и скорость Vг, с которой частица летит горизонтально. Обе эти скорости на Земле гасит сопротивление воздуха, а скорость Vв, кроме этого, гасит и сила притяжения к планете. Падение скорости и уменьшение расстояния полета частицы из-за сопротивления воздуха, считать не будем, а просто учтем, что какие бы результаты по расстоянию мы ни получили, но на Луне расстояние, на которое отлетит от колеса частица, будет еще больше из-за отсутствия там атмосферы.

Скорость V, с которой частица вылетает из-под колеса, зависит от скорости, с которой поверхность покрышки проскальзывает относительно почвы. Скорость эта будет тем больше, чем легче автомобиль, а на Луне он будет легче в 6 раз. Но мы и эту разницу рассчитывать не будем, а загнем второй палец и заметим, что какое бы расчетное расстояние полета частицы мы не получили, но на самом деле на Луне оно будет еще больше из-за более высокой скорости вылета частиц из-под колеса.

Вот теперь рассчитаем время, которое вылетевшая из-под колеса частица будет находиться в воздухе. Вертикально вверх на Земле и на Луне она будет лететь до тех пор, пока вертикальная составляющая ее кинетической энергии полностью не перейдет в ее потенциальную энергию. Кинетическая энергия равна половине произведения массы частицы на квадрат ее скорости, и нам в данном случае ее численное значение не требуется. Нам важно, что на Земле на похожих автомобилях ее хватает, чтобы поднять частицу на 1 м. С этой высоты потенциальная энергия частицы, равная произведению веса частицы на высоту ее над почвой, начнет разгонять частицу к почве. На Земле с высоты в 1 м частица упадет на почву через время, равное квадратному корню из удвоенной высоты, деленной на ускорение свободного падения (9,8 м/сек^2). Это будет примерно 0,45 секунды. Но так как на Луне вес этой частицы в шесть раз меньше, чем на Земле, то ее кинетическая энергия полностью перейдет в потенциальную только тогда, когда частица поднимется на высоту в шесть раз больше, чем на Земле, то есть на 6 м. С этой высоты при ускорении свободного падения Луны 1,6 м/сек^2 частица будет падать примерно 2,75 секунды. То есть время нахождения частицы в горизонтальном полете увеличивается более чем в 6 раз. Таким образом, если частица равной массы и скорости вылета из-под колеса и вылетающая оттуда под одним и тем же углом пролетает на Земле 1 метр, то на Луне она пролетит минимум в шесть раз дальше, а фактически еще дальше из-за отсутствия атмосферы и большей скорости вылета. И это не я говорю, это говорят законы физики, а то, что ныне «серьезным ученым» мозги иметь не обязательно, эти законы не отменяет.

Видите ли, на эти изделия американской фото-киноиндустрии смотрели люди с очень разным жизненным опытом. Кто-то больше общался с автомобилями, кто-то с материей, кто-то с оптикой и т. д. И в первую очередь люди замечают несуразности с позиций своего опыта. Мне один достаточно удачливый бизнесмен сказал примерно следующее: «Я полный баран в физике и технике и не могу сказать, что там, на Луне, с этих позиций правильно, а что – нет. Но я знаю, как ведут себя люди, в том числе и американцы, в условиях риска. Экспедиция на Луну была настолько опасна, что астронавты должны были бы только осторожно высунуться, схватить пару камешков – и обратно на Землю! А они бегают, прыгают, кувыркаются, песни поют! Да за какого идиота меня эти американцы принимают?!»

Так и с «лунным» автомобилем. Ведь есть же масса людей, которые очень много ездили на автомобилях по очень разным грунтам, знают, как он буксует, как от скорости вращения колеса зависит вынос грунта из-под него. И когда они видят, что у этого автомобиля все вращается, как на Земле, и выброс щебня из-под колес, как на Земле, то, естественно, и у них появляется чувство, что их принимают за идиотов.

Ведь для того, чтобы и на Луне из-под колес грунт выбрасывался на такие же высоту и расстояние, как и на Земле, нужно, чтобы при той же скорости качения автомобиля по поверхности колеса у него вращались в шесть раз медленнее, чем на Земле. А как это себе представить?

Я дал эти сентенции потому, что в дальнейшем Назаров дает разъяснения по вопросам, которые мне неинтересны, и я порой не понимаю, зачем их мусолить ввиду совершенно явственных доводов в пользу того, что американская лунная одиссея – это афера. Таким образом, пункты 4, 5 и 6 его статьи я оставляю без комментариев, тем более что они еще будут и будут мусолиться отечественными защитниками американского блефа.

Итак, Назаров поясняет.

Г. НАЗАРОВ. 3. Американские специалисты не дураки. Они знают, что при входе в атмосферу Земли внешняя оболочка космического корабля нагревается до очень высокой температуры, поэтому никаких выступающих конструкций, в том числе и пластиковых антенн, на спускаемом аппарате вообще нет. Не знаю, что мог разглядеть Рене на снимке приводнившегося аппарата.

4. Астронавт, перепрыгивающий свою тень, – это нелепость. Действия астронавтов на Луне были спланированы на Земле, и прыжки через собственную тень не предусматривались. Тени от астронавтов и от их ног есть на всех снимках. Что за фотографию показывал Рене, в которой луноход заслонил крестик на объективе, неизвестно. Могу смело утверждать: на всех опубликованных фотографиях астронавтов с луноходом крестики есть. Видимо, Рене подводит лупа, через которую он не может разглядеть крестики на фотоснимках.

5. Радиационная безопасность в орбитальном полете при «спокойном» Солнце достигается тогда, когда орбиты космических ко-

раблей находятся ниже внутреннего радиационного пояса и наклонены к плоскости экватора на 65°. Многомесячные полеты космонавтов по таким орбитам показали полную безопасность полетов. Во время же космического полета по трассе Земля-Луна и обратно продолжительностью пятнадцать суток доза излучения за весь полет составляет примерно 3 бэра (бэр – биологический эквивалент рентгена). При пересечении радиационных поясов Земли со второй космической скоростью (20–30 минут полета) доза суммарной радиации не превышает 3,5 бэра. А вокруг Луны радиационных поясов нет. Такие вещи надо знать, прежде чем садиться писать статьи.

6. О том, что струя ракетного двигателя при посадке космического аппарата на Луну делает углубление, показали еще «Сервейоры». В процессе посадки струя двигателя лунной кабины касалась поверхности грунта, поднимала облака пыли и отбрасывала крупные обломки на значительное расстояние. На снимках, сделанных космонавтами с поверхности Луны, и при взлете с Луны воронка видна. Это у Рене опять что-то со зрением.

Ю.И. МУХИН. Остается восхититься зрением Германа Назарова, но для полноты счастья не хватает мелочи – надо бы ему сослаться хотя бы на одну фотографию «с Луны», где бы эта воронка под «Аполлонами» была видна. Далее нам еще будут показывать нечто смешное, но американцы, пока спохватились, успели опубликовать массу фотографий «с Луны», на которых отчетливо видно, что под спускаемыми аппаратами отсутствуют какие-либо следы работы посадочного двигателя.

Охотно верю Назарову, что под «Сервейерами» ракетная струя делала углубление, но тогда недоумение с «Аполлонами» еще больше возрастает: «Сервейры» весили всего около тонны, и при мягкой посадке их двигатели выбили под ними воронки в грунте и «отбрасывали крупные обломки на значительное расстояние», а «Аполлоны» весили от 15 до 16,5 тонны, почему же под ними ничего нет?

Г. НАЗАРОВ. 7. Космический скафандр при полете космонавтов на Луну состоит из нескольких оболочек, каждая из которых несет определенную защитную функцию. В лунном скафандре их шесть, включая белье с водяным охлаждением. Поэтому Алексеенко показалось, что скафандры надуты воздухом. На самом деле никакого наддува в скафандрах нет. Он охлаждается водой. Общий запас воды, циркулирующей в системе теплоотвода, 5,7 литра, а не 1 литр, как утверждает Рене.

8. Рене не увидел звезд в лунном небе. У меня к нему вопрос: «А разве в небе Земли, освещенной Солнцем, звезды видны?»

Ю.И. МУХИН. Поразительный ответ! На Земле звезды не видны, так как их свет теряется на фоне светящейся атмосферы, но ведь на Луне атмосферы нет. Чувствуется, что Назаров не любитель, а профессионал – элементарнейших вещей не знает.

Г. НАЗАРОВ. 9. Олдрин испробовал различные способы перемещения по Луне, в частности так называемые прыжки кенгуру с прижатыми друг к другу ногами. При этом он с трудом сохранял равновесие, чтобы не упасть вперед. Самым целесообразным способом была признана обычная ходьба.

10. В рассуждениях о гибели 11 астронавтов читателю непонятно: погибли ли они в 1967 году еще до полетов «Аполлонов» или после них? Так вот: из 11 погибших 10 только готовились к космическим полетам и еще не летали. Семь человек погибли в результате аварий реактивных самолетов при учебно-тренировочных полетах, один – в автомобильной катастрофе и трое – при наземных испытаниях космического корабля «Аполлон». И погибли они не в 1967 году, а в разное время. Рассуждения Алексеенко о том, что астронавтов, летавших на Луну, убрали насильно, потому что много знали, выглядят примитивно. Если уж кому-то хотелось убрать астронавтов, то это нужно было сделать сразу после игры в высадку на Луну, а не спустя много лет. А как быть с первыми лунопроходцами Армстронгом и Олдрином, которые до сих пор живут и здравствуют? Армстронг до недавнего времени преподавал в университете в Цинциннати. Олдрин после полета работал начальником школы летчиков-испытателей. С 1972 года в отставке.

11. В ракетной технике есть так называемые окна – благоприятные периоды для запуска космических кораблей. Они определяются множеством факторов: потребным расходом топлива, необходимостью запуска в светлое время суток, а также требованием, чтобы угол возвышения Солнца над лунным горизонтом во время посадки на Луну составлял 5–10°. При таком угле Солнце светит астронавтам в спину, не ослепляя их. Тени от элементов лунного рельефа достаточно длинные, что облегчает оценку их истинных размеров и формы. Солнечный нагрев еще не очень интенсивен, и система терморегулирования скафандров эффективно справляется с тепловыми потоками. За сут-

ки угол возвышения Солнца изменяется всего на 13°, поэтому утверждать, что угол Солнца над горизонтом Луны колеблется от 25 до 60 градусов – полный абсурд. То, что астронавты, находясь на поверхности Луны, не видели Землю, объясняется просто. Вследствие вращения небесной сферы все изображения светил описывают в пространстве параллельные экватору окружности, названные суточными параллелями. В зависимости от расположения суточных параллелей относительно горизонта светило можно видеть и не видеть. Находясь на Луне во время восхода Солнца, астронавты не могли видеть Землю. Точно так же, как на Земле при восходящем Солнце мы не видим Луну. Как только астронавты стартовали с Луны и вышли на селеноцентрическую орбиту, они увидели Землю.

Ю.И. МУХИН. Пункты 9 и 10 оставлю без комментариев, а обсуждение 11-го начну с конца – с того, что Назаров, как водится, не соображает, о чем говорит. Должен его огорчить: американцы уже нашлепали фотографий «с Луны» с Землей на небосводе, так что Назарову его рассуждения с Луной, невидимой по утрам, нужно срочно забыть, а то санитары приедут.

Страшно становится от того, что Назаров абсолютно искренен – он действительно понимает рассматриваемые вопросы так, как написал. В следующих главах вы увидите изворотливых типов, и те глухо молчат, к примеру, о высоте Солнца над «американской Луной», а Назаров спокойно демонстрирует свою неспособность разобраться даже в таком элементарном вопросе, требующем знаний геометрии за 5–6 классы. И вот от этого страшно.

Страшно от того, что у нас сегодня очень мало образованных и миллионы образованцев – людей, заучивших какие-то слова, получивших аттестаты, дипломы, ставших профессорами и академиками – но не способных хоть как-то **применить** свои знания.

Сегодня массы так называемой интеллигенции по уровню умственного развития стоят ближе к обезьяне, нежели к русскому крестьянину XIX или даже XVII веков. В тех веках раз в семь лет крестьяне заново делили общинную землю, каждому из них попадало порой несколько десятков участков в трех полях (озимом, яровом и паровом) разного качества. Эти участки были не только прямоугольными, но и в виде трапеций, треугольников, многоугольников. Тем не менее, как свидетельствуют очевидцы, крестьяне, никогда не слыхавшие и слова «геометрия», очень быстро делили землю и делили ее так точно, что каждому приходились наделы точно такие же, как и у остальных. А сегодня, как вы увидите на примере Назарова, даже «серьезные ученые» слово «угол» знают, но не понимают, что это такое.

В МГУ есть академик А.Т. Фоменко, который, чтобы поиздеваться над умственной убогостью современной интеллигенции, выдумал пресловутую «новую хронологию». Любой, кто имеет среднее образование, после прочтения «научного обоснования» этой хронологии, поймет, что это просто шутка. Тем не менее у Фоменко сейчас сторонников его «хренологии» больше, чем сторонников у всех вместе взятых политических партий России, исключая коммунистов. Книги по «хренологии» Фоменко издаются непрерывно и роскошными фолиантами. Я в «Дуэли» несколько раз пытался обратить внимание его сторонников на то, что шутка Фоменко уже давно приняла издевательский характер, что пора уже и вспомнить, чему их учили в школе. И вот в одном письме в газету сторонник Фоменко задал мне «коварный вопрос», от которого остается только руками развести. Он заявил: «А зачем мне школьные знания, если я окончил институт?» Действительно – зачем? Зачем знания школьной геометрии Герману Назарову, если он уже окончил институт и является «серьезным ученым»?

Вернемся к тому, о чем он написал, так и не поняв смысла написанного.

Назаров объясняет нам, дуракам, что когда солнце стоит низко над горизонтом, то оно *«светит астронавтам в спину, не ослепляя их»*. Но это когда они идут спиной к солнцу, однако куда бы они ни шли, но им придется и возвращаться. А тогда куда солнце будет им светить? Ведь Назаров не соображает, о чем пишет: чтобы солнце не слепило, высаживаться нужно было в полдень.

Теперь по поводу теней. С их помощью действительно очень часто можно легко доказать фальшивость американских «лунных съемок». Для этого нужно отслеживать фотографии, на которых тень видна полностью и для которых известна хронологическая легенда – время, когда сделан снимок, т. е. для которых можно рассчитать угол солнца над горизонтом. Вот, скажем, по легенде об «Аполлоне-11», его экипаж спустился на поверхность Луны через 6,5 часа после посадки и вернулся в лунную кабину через 2,5 часа[26] – за более чем 12 часов до отлета. На Луне солнце перемещается на $0,55^{\circ}$ каждый час, от посадки до возвращения астронавтов в кабину прошло 9 часов, за которые солнце поднялось примерно на 5°, да астронавты прилунились, когда солнце было над горизонтом в 5°, следовательно, не может быть фотографий с Луны об экспедиции «Аполлона-11», на которых по теням видно, что солнце стоит над горизонтом выше чем 10°. Определяется этот угол довольно просто по котангенсу или тангенсу этого угла. Скажем, для угла солнца над горизонтом в 5° длина тени будет больше высоты предмета или объекта, который отбрасывает эту тень, в 14 раз. При угле солнца над горизонтом в 10°, тень будет длиннее высоты в 5,5 раз. Еще проще перенести размеры объектов и теней на бумагу, построить прямоугольный треугольник и замерить его угол транспортиром. Точность особая не нужна, так как в области малых углов даже при небольшом их изменении отношение катетов меняется очень сильно.

С последними тремя экспедициями сложнее, поскольку по легенде они были на Луне от 67 до 75 часов[27] и их экипажи по

Рис. 13
Телекадр «Аполлона-16».
Длина тени показывает, что эти кадры сняты в студии. На Луне угол солнца не мог быть более 14^{0}

три раза спускались на ее поверхность, каждый раз на время от 4 до 8 часов (округленно). Если считать, что экипажи этих экспедиций, как и «Аполлона-11», заканчивали работу за 12 часов до отлета, то фотографии могли делаться в течение от 55 до 63 часов, а за это время солнце поднималось на 30–35°, т. е. находилось в 35–40° над горизонтом. Это уже достаточно большие углы, и длина теней при их увеличении уменьшается не так явно. Поэтому в таких случаях желательно точно знать время, когда, по легенде, сделана та или иная фотография, а насовцы такую услугу оказывают не всегда, хотя и не без того.

Вот, скажем, фото из сборника «Космическая техника» (рис. 13), автор статьи американец Р. Льюис так подписал ее: *«С помощью цветной телевизионной камеры, которая была установлена на луноходе, доставленном на поверхность Луны космическим кораблем «Аполлон-16», был снят и показан телезрителям Земли этот «лунный» прыжок Дж. Янга во время первого из трех выходов экипажа лунной кабины на плоскогорье в районе кратера Декарт»*[28].

На фото видно, что солнце светит справа почти перпендикулярно оси съемки, поскольку оба астронавта освещены наполовину, т. е. искажение длины тени очень небольшое. От артиста, играющего астронавта Дюка, падает четкая тень, причем ее длина всего в 1,8 раза больше высоты астронавтов, а такую тень могло дать солнце, стоящее над горизонтом не ниже чем в 29°. Надо думать, что экипаж «Аполлона-16», как и экипаж «Аполлона-11», вышел на поверхность Луны не позже 9 часов после прилунения и в свой первый выход он находился вне кабины около 7 часов, т. е. этот снимок был сделан максимум через 16 часов после посадки. За это время от 5° солнце поднялось в лучшем случае до 14°. Но при 14° тени от предметов должны быть в 3,8 раз длиннее их высоты, а не в 1,8. Если бы эта съемка была с Луны, то тень от Дюка вышла бы за левую границу кадра, т. е. «прямой репортаж с Луны» в предпоследней экспедиции «Аполлон-16» также снимался в Голливуде, поскольку «Дюк» освещается не солнцем, а павильонным прожектором.

Короче, напортачили они там, в Голливуде, страшно. Видимо, и у них хватило ума пригласить в научные консультанты такого же «серьезного ученого», как и у нас пригласили редактировать энциклопедию «Космонавтика».

Но Герман Назаров бодро продолжает:

Г. НАЗАРОВ. 12. Спор о пыли и грязи на Луне закончился давно. Советский космический аппарат «Луна-9» впервые показал лунную панораму, доказавшую: толстого пылевого слоя на Луне нет. Углубление камней, увиденных на панораме, дало возможность рассчитать среднюю удельную нагрузку, которую может выдержать почва. Таким образом, еще за три года до полета «Аполлона-11» было установлено: астронавты и транспортные машины смогут передвигаться по лунному грунту. Тонкий слой пыли на Луне есть. При посадке «Сервейера-3» произошла задержка с отключением двигателей, и аппарат, коснувшись Луны, подпрыгнул и вновь опустился, подняв облако пыли. С помощью телефотокамер, установленных на «Сервейере», были получены не только лунные панорамы с изображением кратеров, но также детальные снимки поверхности грунта рядом с аппаратом и частей самого аппарата, запыленных лунным грунтом при посадке.

Экипаж «Аполлона-11» высадился на плоской равнине, усеянной многочисленными мелкими кратерами. Верхние сантиметры грунта состояли из коричневато-серого, слегка связного зернистого материала, крупность зерен которого соответствует мелкому или пылевому песку. Зерна прилипали к обуви, подобно угольной пыли. При подбрасывании ногой все грунтовые частицы летели, как отмечали космонавты, в одном направлении с одинаковыми скоростями. По внешнему виду грунта трудно было оценить его несущую способность. Обнаружилась неожиданная разница в глубине следов и рыхлости грунта в местах, мало отличающихся друг от друга на глаз. Под ногами грунт уплотнялся, образуя четкие отпечатки подошв. И зря Алексеенко удивляется тому, что отпечаток четкий, хотя воды на Луне нет. След ботинка космонавта был длиной 33 см, шириной 14 см и площадью 410 $см^2$. При весе астронавта на Луне вместе со снаряжением 29,2 кг среднее давление под подошвой равно 0,07 $кг/см^2$. Путем наземных испытаний с аналогом лунного грунта американские ученые установили: при глубине следа 1 см пористость грунта составляет около 45%, а при глубине в 10 см она увеличивается до 54%.

Экспедиция «Аполлон-12» прилунилась примерно в 1,5 тыс. км от места посадки «Аполлона-11». По оценке астронавтов, глубина пылевого слоя здесь была значительно больше, чем в районе посадки «Аполлона-11». Ноги местами глубоко погружались в пыль, их приходилось высоко поднимать при ходьбе. Конрад даже предположил: чем менее пересечен участок лунной поверхности, тем больше на нем пыли, а найти место совсем без пыли невозможно. Минут через 30 после спуска на поверхность Конрад сообщил: *«Я весь в пыли, будто меня вываляли в графитовом порошке»*. И позже астронавты сообщали, что пыль липнет ко всему. Она налипала на скафандры, обувь и на все предметы, которыми пользовались астронавты. Попытки стряхнуть пыль со скафандров не привели к успеху. Астронавты занесли много запыленных предметов внутрь кабины и заметили: после пребывания в атмосфере кислорода при давлении 0,35 кг/см^2 в течение нескольких часов пыль сама отстала от поверхности предметов.

Ю.И. МУХИН. Снова и снова убеждаюсь, что Назаров не понимает смысла тех «научных» слов, которые он употребляет, и здравый смысл в его тексте – дело случая, а не ума. Вот он знает «научные» слова *«пористость»* и *«глубина следа»*. Но посмотрите, в каком сочетании он их употребляет – он уверен, что пористость грунта зависит от глубины следа! Но это глупость. Пористость это свойство грунта, которое зависит от многих параметров, но не от того, кто по этому грунту ходит – слон или человек. Надо бы писать: «при пористости грунта 45% глубина следа 1 см, а при пористости 54% – 10 см», – но для Назарова это, как видите, уже слишком сложно. Поэтому я даже не буду отсылать его к своим расчетам в главе 1.

Теперь о «Сервейере-3» – о том, что поднятая им пыль осела на его конструкции. Это естественно, но тогда неестественно другое – почему нет никаких следов пыли на «Аполлонах»?

Давайте еще раз вспомним конструкцию спускаемого аппарата. Он садился на Луну (напомню, я считаю, что американцы все же пытались сажать лунные модули на Луну в автоматическом режиме – без астронавтов) на четыре стойки, разнесенные по диагонали на 9,4 м. Стойки заканчивались опорами – тарелками диаметра 0,95 м. С трех тарелок свисали щупы – прутья длиной 1,7 м[29]. (При касании любого щупа поверхности давалась команда на отключение двигателя, после чего спускаемый аппарат просто падал на опоры, но окончательно двигатель отключался через 0,9 секунды после посадки.) Стойки, тарелки и щупы обматывались золотистой фольгой, чтобы отражать солнечный свет и не нагреваться.

Отвлечемся на эксперимент. Я не знаю, каково альбедо (коэффициент отражения) этой золотистой фольги, но, наверное, очень высокое, иначе ее бы не применяли. Думаю, что альбедо примененной фольги было существенно выше альбедо речного

Рис. 14

Фото тарелки, стойки и щупа «Аполлона-11».

Ни на щупе, ни на тарелке не видно и следов лунной пыли

песка, который отражает до 40% падающего на него света. Черноземная пахота отражает 15% падающего на нее света, а вот лунная поверхность – всего 7%[31].

Купите шоколадку (можете съесть), снимите с нее фольгу, и насыпьте на нее любой земли. Вам хорошо будет ее видно? А лунную пыль на фольге вы бы видели в два раза отчетливее, поскольку ее альбедо в два раза ниже даже земного чернозема.

Вот фото опорных стойки и тарелки «Аполлона-11» (рис. 14). На их фольге также не видно ни малейших следов пыли. Как же так, хочется спросить у ответственного редактора журнала «Космонавтика», на «Сервейере-3» пыль была, а на «Аполлоне-11» ее и близко не видно? Объясню – у «научных» консультантов в Голливуде не хватило ума заставить помощника режиссера посыпать фольгу пылью. Не только у нас в космическую отрасль за деньгами и славой перли блатные идиоты...

Однако верну слово Г. Назарову.

Г. НАЗАРОВ. Помимо прокомментированных здесь замечаний, в писаниях критиков программы «Аполлон» есть немало неточностей и огрехов, рассмотрение которых потребовало бы слишком много места. Но считаю необходимым более подробно остановиться на утверждении С. Алексеенко, будто в начале 1960-х годов до того, как на лунную программу «Аполлон» было выделено 250 миллиардов долларов, она якобы была в эмбриональном состоянии.

Прежде всего неверна сама цифра. Общие расходы на программу «Аполлон», по данным 1968 года, составили 23,9 миллиарда долларов при годовом бюджете США 700 миллиардов долларов. Для сравнения отмечу: в СССР на всю космическую программу выделялось в среднем 3–4 миллиарда рублей в год.

Ю.И. МУХИН. Пожалуй, стоит сказать пару слов о том, что означали для НАСА эти деньги. Когда к власти в СССР пришел Горбачев со своими перестройщиками, началось восхваление достижений США. Корреспондент «Правды» в США В. Ган взял интервью у помощника директора программы «Аполлон-11» и директора всех последующих программ от «Аполлона-12» до «Аполлона-17» Честера Ли. Зашел вопрос о деньгах, и Честер Ли проявил истинно американский подход к этому вопросу:

«А мы, собственно, на Луну не потратили ни цента. Все деньги были потрачены здесь, в США. С созданием новых рабо-

чих мест возникли новые поселения, школы, церкви. Миллиарды долларов пошли в экономику»[32].

То есть сотни тысяч человек благодаря «Аполлонам» имели очень жирный гамбургер. Представьте, что в те годы (напомню, что в это время США напрягали все силы во вьетнамской войне) кто-нибудь бы вякнул, что полет на Луну пока невозможен. Все! Эти люди в НАСА немедленно лишились бы денег и работы, поскольку деньги нужны были для войны, проигрыш которой становился все очевиднее. Это к вопросу, что, дескать, невозможно было провернуть эту аферу ввиду тысяч людей. Можно! Знала об афере пара сотен, а те, кто догадывался, молчали – деньги не пахнут! Начальство знает, что делает!

Назаров продолжает.

Г. НАЗАРОВ. Как и у нас, у американцев была своя программа исследования Луны, о которой простой читатель почти ничего не знает. Так, с помощью космических аппаратов «Пегас» велась регистрация метеорных частиц и изучалась радиационная обстановка (3 запуска в 1965 году). С помощью «Рейнджеров» отрабатывалась наиболее благоприятная траектория вывода аппаратов к Луне, велась съемка на всем участке сближения с поверхностью Луны. Образно говоря, проверялась дорога, по которой предстояло лететь астронавтам (9 запусков в 1961– 1965 годах). С помощью аппаратов «Лунар орбитер» велись съемки Луны с окололунной орбиты с целью поиска потенциальных участков посадки лунной кабины корабля «Аполлон» (5 запусков в 1966–1967 годах). Аппараты «Сервейер» по конструкции и внешнему виду напоминали посадочную ступень лунной кабины корабля «Аполлон» и были рассчитаны на мягкую посадку на Луну с так называемой падающей траектории. С помощью этих аппаратов изучалась несущая способность лунного грунта, процессы взаимодействия струи двигателя с грунтом при посадке, отрабатывались системы мягкой посадки. Одновременно проводились съемки поверхности Луны, исследовался химический состав и характеристики лунного грунта, тепловые условия на Луне (7 запусков в 1966–1968 годах). Так что к моменту высадки человека на Луну о ней практически знали все.

Одновременно готовились и кадры астронавтов для будущих полетов. По программе «Джемини» – подготовительному этапу программы «Аполлон» – астронавты пять раз выходили в открытый космос. В полетах отрабатывалось сближение на орбите со спутниками-мишенями и стыковка с ними (12 полетов в 1964–1966 годах). Замечу: к моменту первого полета американцев на Луну наши космонавты так и не научились проводить стыковку в космосе. Вспомните бездарные полеты «Союза-2» и «Союза-3», «Союзов-4, -5», «Союзов-6, -7, -8» и т. д.

Ю.И. МУХИН. Должен сказать, что упомянутые запуски советских кораблей мне как-то не кажутся уж слишком бездарными по сравнению с голливудской киностряпней о полетах на Луну. Однако соглашусь с Назаровым в вопросе бездарности – не все же мне с ним спорить и спорить. Однако дополню – на должность ответственного редактора энциклопедии «Космонавтика» (коллеги Дидро), надо думать, подбирали не самого тупого работника космической отрасли. Оценив Назарова, можно представить, кто осуществлял эти запуски, и их бездарность уже не удивляет. Но уже со следующей сентенцией ответственного редактора согласиться не могу.

Г. НАЗАРОВ. Ну и, наконец, на кораблях «Аполлон» велась поэтапная отработка высадки людей на Луну. Полеты начались в 1968 году и закончились в 1972 году. Всего совершено 11 полетов, в том числе 6 с высадкой космонавтов на Луну. Двенадцать американцев ходили и ездили по Луне, двадцать четыре – видели Луну с близкого расстояния. Так что говорить, что у американцев лунная программа находилась в эмбриональном состоянии, значит, преднамеренно вводить читателей в заблуждение.

Прошло более тридцати лет с тех пор, как нога Армстронга ступила на поверхность Луны. Смелость лунопроходцев поражает воображение. Но еще более поразительна организационная сторона проекта «Аполлон» – весь проделанный комплекс исследований и разработок. Высадку людей на Луну я бы назвал восьмым чудом света, равного которому до сих пор нет.

Ю.И. МУХИН. Чепуха! Я бы понял, если бы Назаров назвал восьмым чудом света американский кинофильм «Звездные войны» или «Матрица». Но «высадка американцев на Луну»?! Да за этот фильм даже американская киноакадемия не дала ни одного «Оскара»! Восьмым чудом света является другое.

Каждый четвертый ученый мира сидел на шее работников промышленности и сельского хозяйства СССР, то есть эти люди в стране с тяжелыми климатическими условиями держали на своей шее в пять раз больше ленивых бездельников, чем в среднем остальной мир. А развалился СССР не в 1961, а только в 1991 году. Вот это восьмое чудо света!

Мне могут сказать, что Назаров является исключением и в космическую науку попал по блату или по недоразумению. Не скажите. Среди защитников американской лунной аферы мне удалось найти еще одного «серьезного ученого» с длинным титулом: «Действительный академический советник Академии инженерных наук РФ, заведующий отделом Института космических исследований РАН». Его зовут Юрий Зайцев и в журнале «Новый век. Открытия третьего тысячелетия» он так отвечает на уже известные вам вопросы[33].

Ю. ЗАЙЦЕВ. Попытки поставить под сомнение сам факт полета американских астронавтов на Луну – как, впрочем, и полет нашего Юрия Гагарина – предпринимались в истории космонавтики неоднократно, и прежде всего в самих Соединенных Штатах.

В числе непреодолимых препятствий космических полетов скептики указывали радиационные пояса Земли, находящиеся на расстоянии 400–600 км от нашей планеты, для преодоления которых якобы необходима защита из метрового слоя бетона. Действительно, толщина радиационных поясов составляет 200 км, но космический корабль, летящий со скоростью 8 км в секунду, преодолевает это препятствие за 25 секунд, что не отражается на здоровье космонавтов. К тому же космические корабли снабжены серьезной системой защиты, а для своих полетов американцы, как известно, выбирали время минимальной радиационной активности. Что касается приведенных выше аргументов преподавателя физики в пользу невозможности полета на Луну, то они и вовсе не выдерживают никакой критики.

Апеллируя к законам физики, якобы нарушенным «постановщиками» фильма о покорении Луны, автор обнаруживает полное незнание этих самых физических законов. «Почему колышется флаг?» Да потому, что при его установке астронавт мог случайно задеть флаг рукой. В отсутствие же атмосферы на Луне, не встречая сопротивления воздуха, возникли долго не затухающие колебания флага, которые и запечатлела пленка. След от ботинка Армстронга, явственно отпечатанный на лунном грунте, тоже абсолютно правомерен. Особенность лунного грунта состоит в том, что он имеет свойство слипаться даже в отсутствие влаги, что подтвердили исследования, проведенные в Институте геохимии им. Вернадского.

Следующим аргументом «разоблачителя» стали скафандры астронавтов, которые выглядят на Луне не как «рыцарские доспехи». К сведению преподавателя физики, космическая одежда на то и космическая. С учетом суровых условий космоса – безвоздушного пространства, низких температур, той же радиации – она снабжена сложной системой коммуникаций: внутри скафандра циркулирует подогретый воздух, поддерживается определенное давление. Кстати, в подобным же образом оборудованных скафандрах неоднократно выходили в открытый космос наши космонавты, и это, я думаю, сегодня ни у кого не вызывает сомнений.

Космическое излучение на Луне, конечно, есть, но это не те дозы, которые приводит Юрий Фомин. И скафандры тех лет с успехом справлялись с защитой астронавтов.

Походка землян на Луне становится несколько порхающей, и это видно в фильме, но лунная гравитация не настолько слаба, чтобы астронавты отрывались от лунной поверхности на несколько метров.

Ю.И. МУХИН. Этот «серьезный ученый» фильм смотрел, но толку от этого, как видите, немного. Да и откуда толку взяться, если Зайцев может только рассуждать о том, что *«лунная гравитация не настолько слаба»*, но сделать хотя бы школьные расчеты не способен. Интересно и другое.

Я никогда особо не интересовался освоением космоса, но в СССР, если удавалось, подписывался на журналы «Наука и жизнь», «Знание – сила» или «Химия и жизнь». Регулярно читал «Изобретатель и рационализатор». И видимо, поэтому чуть ли не с детства знал, что для человека в скафандре, да и для космического корабля в вакууме главная проблема не в согревании, а в охлаждении. А заведующий отделом Института космических исследований, как видите, уверен, что *«внутри скафандра циркулирует подогретый воздух»*, а не охлаждающая вода. Хотелось бы поздравить нашу космическую науку, да не вижу с чем...

В любом случае хотел бы обратить внимание читателей, что из всех встреченных мною выступлений ученых космической отрасли американскую лунную аферу защищают только люди с бросающейся в глаза малограмотностью. Остальные российские ученые, работающие в области космоса, благоразумненько помалкивают, ожидая, куда ветер подует, чтобы, когда погода определится, начать показывать свою исключительную ученость.

К статье Германа Назарова в «Чудесах и приключениях» редакция дала свой комментарий (за который Назаров, по слухам, обиделся на этот журнал навсегда), и в этом комментарии задает такой вопрос.

«...Даже при таком раскладе получается, что американские астронавты, побывавшие на Луне и делавшие вид, что их снимали именно там, все-таки соучаствовали в пропагандистской мистификации. И теперь по мере того, как фальсификация лунных фотографий становится все более очевидной, все большему сомнению подвергается репутация самих американских астронавтов. И у некоторых из них уже начинают сдавать нервы.

Недавно во время телеинтервью репортер Сибрел неожиданно предложил «Лунатику № 2» Э. Олдрину поклясться на Библии в том, что он был на Луне. Реакция 72-летнего героя была неожиданной: он встал и отвесил интервьюеру увесистую оплеуху!

Как вы думаете, почему?»

Ну уж точно, не потому, что у Олдрина сдали нервы. Тут надо вспомнить следующее.

Советские космонавты, которым не пришлось участвовать в аферах, всегда, во-первых, были героями и, если вы вспомните, всегда украшали собой любое праздничное мероприятие – от торжественного заседания до новогоднего «Огонька».

Рис. 15
Фото Э. Олдрина в 1969 году и в настоящее время

Во-вторых, окончив карьеру космонавтов, они практически все становились генералами, занимая в Москве различные видные должности. Я, к примеру, был знаком с В.В. Коваленком. Этот много полетавший космонавт 1942 года рождения уже к середине 90-х был генерал-полковником и командовал самым престижным военно-учебным заведением СССР – Военно-воздушной инженерной академией им. Жуковского. А вот что в 1989 году писал уже упомянутый мною корреспондент «Правды» в Вашингтоне В. Ган об американских претендентах на кинопремию «Оскар» за лучшее исполнение роли «человека на Луне».

«А как сложилась судьба членов экипажа «Аполлона-11»? Они все живы, хотя ни один из них так и не порадовался по пути в банк в предвкушении сказочных гонораров. В наши годы американская малышня сбивает друг друга с ног, вырывая автографы у голливудских «героев космоса», но даже и не узнает проходящих мимо них тех, кто не понарошку, а по-настоящему был там. Даже на Луне. Может быть, людям и впрямь нужна больше икона, чем человек?» – горестно вопрошает В. Ган без всякой логики, поскольку для того, чтобы американских астронавтов узнавали мальчишки, нужно, чтобы американские мальчишки видели их так же часто, как их советские сверстники видели советских космонавтов. А Ган так описывает судьбу первых американских «лунных» астронавтов.

Об Эдвине (Баззе) Олдрине: *«Уйдя в отставку в 1972 году после 21 года службы в ВВС США, он долгие годы «дрейфовал» от алкоголизма и депрессии, требовавших госпитализации, к попыткам наладить семейную жизнь, начать новую карьеру. То продавца автомобилей, то фермера, то лектора. Женившись недавно в третий раз, Базз стал консультантом по вопросам космических исследований и, надо сказать, интересным писателем. На его счету, в частности, только что поступившая в продажу книга «Люди с Земли»*.

О Нейле Армстронге: *«В начале августа исполнится 59 лет Нейлу Армстронгу, который мог стать безусловной «жемчужиной» в короне американской астронавтики. Он ею не стал, предпочтя, говоря по-американски, «держать низкий профиль». Уволившись из НАСА в 1971 году, Армстронг занял пост профессора в университете Цинциннати, штат Огайо. Одно время Нейл выступал в рекламных телероликах, настоятельно советуя американцам покупать автомашины «Крайслер». Но скоро опять исчез из поля общественного зрения. Только недавно стало известно, что Нейл вступил в партнерство и основал в городе Лебанон, штат Огайо, компанию по продаже компьютеров. Он так и не написал ни строчки, живет исключительно с семьей, категорически отказывается встречаться с журналистами и давать интервью».*

То есть, как только окончился лунный блеф, «лунных» астронавтов, которым было всего по 42 года, удалили не только из НАСА, но и со службы. Кроме того, и у Олдрина, и у Армстронга поведение абсолютно не типичное для американцев. Ведь мы сейчас видим тысячи американских фильмов и телепередач, и из них прямо выпирает типичная американская черта – ради славы, ради известности, ради простого показа по телевидению американцы готовы на любые бессовестные поступки. А здесь национальные герои, о которых американская пресса писала бы и писала, отталкивая друг друга локтями, спрятались в глуши ото всех. В чем дело?

Нет другого объяснения – слишком многие в Америке видели, что это афера, и астронавтам задавали и задавали неудобные вопросы, от которых Армстронг спрятался в Огайо, а Олдрин – в бутылке. То есть ни для Олдрина, ни для Армстронга вопросы с сомнением об их пребывании на Луне уже лет 30 не являются неожиданностью, способной заставить разнервничаться настолько, чтобы сорваться и ударить задающего этот вопрос. Тем более что репортер ведь и не сомневался в том, что Олдрин был на Луне, он не оскорблял Олдрина, наоборот – он предлагал Олдрину раз и навсегда разрешить сомнения в этом вопросе. Тогда в связи с чем Олдрин его ударил? Думаю, что это была старая «заготовка» НАСА и адвокатов Олдрина специально к такому случаю – когда Олдрину, Армстронгу либо любому другому «лунному» астронавту предложат поклясться на Библии.

Тут надо понять, что из-за декларированного судопроизводства в США судом присяжных (на самом деле в США 95% приговоров вообще выносятся без суда) законы США максимально облегчают работу присяжного по вынесению вердикта. Облегчают целым рядом юридических ритуалов: дуракприсяжный не должен долго мучиться над своим решением – виновен подсудимый или не виновен, – а руководствоваться ритуалами: если они соблюдены, то вина доказана, если нет – то не доказана. Помню в каком-то американском детективе меня поразил идиотский по своей сути закон какого-то штата. Представьте, что убийца наносит смертельную рану жертве и убегает, приезжает полиция и жертва сообщает ей имя убийцы. Так вот, если жертва сообщила это за 15 минут до смерти, то ее сообщение является бесспорным доказательством. Но если жертва умерла чуть позже 15 минут, то уже не является. (Видимо, в основе этого закона лежало предположение, что человек перед смертью не врет, но если с полицией прибыли и врачи, которые пытаются спасти жертве жизнь, то как быть?) А смотрите, как с этим законом легко присяжным – не надо слушать ни остальных свидетелей, ни доводов прокурора и адвокатов – сообщила жертва имя убийцы за 14 минут – на электрический стул, за 16 минут – свободен!

Таким же ритуалом является и клятва на Библии. Присяжные обязаны воспринимать как свидетельское показание только то, что сообщено после этой клятвы. Представьте, что Олдрин публично, т. е. в виду будущих присяжных заседателей, тратит 5 секунд, кладет руку на Библию и говорит: «Клянусь, что я был на Луне». Далее началось бы следующее. Из жажды славы десятки прокуроров в США возбудили бы против Олдрина уголовное дело о даче ложных показаний, а за это в США можно получить лет 10 тюрьмы. И на суде Олдрина заставили бы отвечать на все те вопросы, которые мы выше уже рассмотрели. Отказ Олдрина отвечать увеличил бы срок до пожизненного, а отвечать-то нечего!

Вот Олдрин и выкрутился единственно возможным способом. Теперь в худшем случае телерепортер может подать на Олдрина в суд за побои, но адвокаты Олдрина будут требовать, чтобы суд рассматривал только это дело, и не допустят никаких вопросов о пребывании Олдрина на Луне. Олдрин же прикинется оскорбленным, и суд решит, что телерепортер сам виноват – не оскорбляй национального героя! Но, конечно, то, что Олдрин не стал тратить 5 секунд и клясться на Библии, а затеял скандал, – это красноречивее любого развевающегося на ветру американского флага!

* * *

Повторю, я понял, что американцев на Луне «не стояло» не так давно и особой радости мне это не доставило. Я предпочел бы, чтобы они туда слетали, тогда я бы не чувствовал себя кретином, которого столько лет водили за нос подонки, да еще и глупые. И вот я обратился за разъяснениями к «серьезным ученым». И они что – что-то мне разъяснили? Нет, они требуют, чтобы я их безграмотному бреду поверил. Но я так не могу: я верю только в то, что если мне что-то объясняет умный человек, то я это пойму и верить мне в это не требуется.

Скажем так – «серьезные ученые» с этой задачей не справились из-за их очевидной малограмотности. Придется искать ответы у НАСА, но до этого попробуем разобраться с тем, что за трофеи доставили американцы «с Луны».

Глава 3.
Лунный грунт и ЦК КПСС

В институте им. Вернадского уже все «не местные»

Ю.И. МУХИН. В Интернете создан сайт www.skeptik.net по доказыванию охмуренным согражданам, что американцы на Луне действительно-таки были. Эту тяжкую работу взвалили на себя некий специалист, предусмотрительно скрывшийся за кличкой «Слава aka Сыч, профессор Кислых Щей», и храбрый Ю. Красильников, не боящийся ставить свою подпись под американскими глупостями. Об их работе – позже, а сейчас, забегая вперед, сообщу, что по поводу лунного грунта они, в частности, написали: «*Американцы привезли с Луны 380 кило лунного грунта. Около 45 кг образцов NASA раздало (кстати, абсолютно бесплатно) ряду научно-исследовательских организаций в США и в других странах. А оставшаяся часть коллекции полностью описана и каталогизирована, и эти каталоги доступны. Сами же образцы для исследования до сих пор может получить любое научное учреждение, способное составить обоснованную заявку, – разумеется, при условии гарантированного возврата.*

Среди исследователей было и есть много достойнейших геохимиков с международным авторитетом. Изучали лунный грунт и наши геохимики из института им. Вернадского».

Ну что же, Вернадского так Вернадского. И я пишу директору Института геохимии и аналитической химии им. Вернадского академику Э.М. Галимову коротенький запрос: *«Уважаемый Эрик Михайлович! По имеющимся в прессе сведениям, Ваш институт получил в свое время из США для исследований пробы лунного грунта, доставленные на Землю экспедициями «Аполло». В связи с подготовкой газетой «Дуэль» цикла статей по итогам этих экспедиций убедительно прошу Вас сообщить:*

а) когда и сколько лунного грунта было прислано из США Вашему институту для исследований;

б) в каких изданиях были опубликованы результаты этих исследований и какова доступность для ознакомления отчетов Вашего института по этой теме;

в) кто еще в СССР получал из США пробы лунного грунта для исследований. С уважением, Главный редактор Ю.И. Мухин». Это письмо, отправленное 10 сентября 2003 г., почтовое отделение № 119991 вручило адресату 17 сентября 2003 г. Прошел месяц, ответа нет. И 17 октября 2003 г. я посылаю второе письмо.

«Уважаемый Эрик Михайлович! Первое мое письмо с данной просьбой (№ 53-М от 10.09.2003) осталось без ответа, но в этом случае отсутствие ответа – тоже ответ.

По имеющимся в прессе сведениям, Ваш институт получил в свое время из США для исследований пробы лунного грунта, доставленные на Землю экспедициями «Аполло». В связи с подготовкой газетой «Дуэль» цикла статей по итогам этих экспедиций вторично убедительно прошу Вас сообщить...» – далее я повторил свои просьбы. Это письмо сотрудники «Дуэли» вручили секретарю Галимова 21 октября.

В понедельник, 27 октября, мне позвонил заместитель Эрика Михайловича Арнольд Арнольдович Кадик. Состоялся примерно такой разговор.

Кадик начал давать мне советы обратиться к Интернету и там разыскать необходимые мне сведения, поскольку статей о лунном грунте «тысячи и тысячи». Я попытался вернуть его к теме и попросил сообщить, когда и сколько американского «лунного грунта» получил институт им. Вернадского. Кадик начал пояснять мне, что советские станции тоже привезли лунный грунт и вся советская наука его изучала и, де, американский лунный грунт нам и не нужен. Это понятно, но, по легенде, летом 1971 г. СССР по обмену получил от американцев лунный грунт – настаивал я. Сколько? Кадик стал объяснять, что дело, де, давнее и никого из тех ученых в институте им. Вернадского уже нет. Короче, «навеки умолкли веселые хлопцы, в живых я остался один». Я попросил уважаемого замдиректора написать мне в ответ хотя бы то, что он мне рассказал, а я это опубликую. Но тут Кадик заявил, что институт им. Вернадского это не справочное бюро.

Тогда я попросил его так мне и ответить на мое письмо, – что, дескать, институт им. Вернадского не справочное бюро. Кадик прервал разговор прощанием и бросил трубку. Так что формально я все еще жду ответа. Ждать, думаю, придется долго. А пока давайте рассмотрим то, что известно и без Галимова с Кадиком.

Несколько слов в общем

Но сначала поговорим в общем об исследованиях лунного грунта в СССР и за рубежом. В свое время из-за необходимости быстро отвечать на доводы оппонентов в дискуссии об американской лунной афере я просмотрел лишь начальные статьи в книге «Лунный грунт из моря Изобилия», а сейчас просмотрел ее всю. И начать рассказ об этих исследованиях хочу с общих данных.

Эта книга – сборник статей советских и иностранных ученых, размером она с московский телефонный справочник: в ней более 600 крупноформатных страниц, на которых в две колонки размещены 93 научно-исследовательские работы. Сдана книга в набор в марте 1973 года, т. е. через три года после возвращения с Луны советской автоматической станции «Луна-16» и через три месяца после полета «Аполлона-17» (в некоторых американских статьях уже есть и анализы «лунного грунта» этой последней американской экспедиции). Если читать одну статью, то ничего особого не замечаешь – обычное описание научно-исследовательских работ. Но если просмотреть их все, то невольно возникают некоторые мысли не по той теме, которую стремились обосновать советские авторы сборника.

Из 93 статей 51 статью написали советские ученые, 29 статей – американцы, 11 статей – французы и 2 – венгры. И сначала требует объяснения вот какой вопрос. Советский лунный грунт в США и Франции исследовали все научные силы этих стран. Всего лишь 3,2 грамма советского лунного грунта, переданного США, были распределены по всей территории США – эти граммы исследовали не только в Хьюстоне (центре НАСА), но и в университетах Нью-Йорка, Чикаго, Сан-Франциско, Принстона, университете Беркли, в различных научно-исследовательских лабораториях, институтах и университетах в Аризоне, Нью-Мексико, Миннесоте, Ньюарке, Орегоне, Миссури и т. д. Просто удивительно, как американские ученые разделили между собой около 2 $см^3$ грунта, чтобы потом писать: *«Было сделано 1300 микрозондовых анализов стекол, пироксенов, полевых шпатов...»*[34] (Хьюстон) или: *«Мы классифицировали 2380 кристаллических и стекловидных частиц зон А и Г из образца колонки грунта «Луны-16»*[35] (Смитсонианская астрофизическая обсерватория, Кембридж, Массачусетс).

Точно так же поступили и французы. Я не знаю, сколько грунта им было послано из СССР (один ученый упоминает 0,5 г), но и они распределили грунт «Луны-16» по всей Франции. Изучали его исследовательские центры не только Парижа, но и Орлеана, Орсе, Жив-сюр-Иветта и Тулузы.

В СССР все происходило с точностью до наоборот – практически все исследования даже советского лунного грунта были проведены в Москве. Не то что периферийные научные учреждения, но даже Новосибирский филиал Академии наук СССР из доставленных «Луной-16» 100 граммов не получил для исследований ни миллиграмма. Если уж быть совсем точным, то из 51 исследования советских ученых 4 провели ученые из Ленинградских университета и института им. Иоффе, одно исследование было проведено учеными Харьковской обсерватории и три – с привлечением ученых Свердловского политеха. Остальные 43 – в Москве, в основном в Институте геохимии им. Вернадского. Американцы 3 грамма распределили среди всех, а у нас почти все 100 граммов остались в Москве. Почему?

Немного об ученых

Привычный ответ – в Москве самые лучшие научные учреждения – не подходит, особенно в данном случае. Во-первых, они и в Хьюстоне, и в Париже не были плохими, тем не менее американцы и французы распределили полученный из

СССР минимум лунного грунта между всеми учеными. Во-вторых, в Москве еще встречаются неплохие отдельные специалисты, но приличных научных учреждений не стало через несколько лет после того, как в Москве ужесточилась прописка для обычных людей и Москва начала вариться в собственном соку. Хотите верьте, хотите – нет, но я лет 15 в 70–80-х годах осуществлял и организовывал научно-исследовательские работы на своем заводе и работал с учеными даже наиболее далеко расположенных от нас институтов Украины, но с многочисленными московскими институтами нашего профиля работы были крайне редки, и я не помню никакого полезного результата. В чем московские ученые действительно специалисты, так это в умении снять пенки с дерьма – защитить диссертации, пролезть в академики, получить ордена, блистать на заграничных конференциях.

Поскольку все вышенаписанное будет отнесено к завистливому злобствованию недоучки с периферии, то хотел бы привести пример с созданием ядерного оружия. Как известно, славу «отцов атомной бомбы» московские корифеи получили при копировании изделий, чертежи которых наша разведка позаимствовала в США. Однако над водородной бомбой нужно было работать уже самим. Сосредоточены московские корифеи были в учреждении Арзамас-16, начали они с известной сахаровской «слойки», которая загрязнила окружающую среду больше, чем все предшествовавшие и последующие ядерные испытания, но из-за крайне низкой эффективности сахаровская «слойка» в серию не пошла. Затем часть ученых из Арзамаса-16 добровольно перешла на периферию – в новое учреждение на Урал – Челябинск-70, которое стало конкурентом Арзамасу-16.

В Челябинске-70 научных работников было в три раза меньше, чем в Арзамасе-16, и если бы их квалификация была примерно равна квалификации московских корифеев, то тогда бы мы вправе были ожидать, что Арзамас-16 создаст для Советской Армии около 75% боеголовок, а Челябинск-70 создаст около 25% . Но в жизни все было наоборот: и первую серийную водородную боеголовку в 1957 году создал Челябинск-70[36], и вообще в ракетных войсках Советской Армии 70% ядерных боеголовок были его[37]. То есть академики были в Арзамасе-16, а результат – в Челябинске-70. Если выразить этот вывод в числах, то средний московский ученый в Арзамасе-16 был в 9 раз хуже периферийного ученого из Челябинска-70. Вывод очевидный и обидный, поэтому академик Сахаров пытается его объяснить тем, что в Минсредмаше (министерстве, принимавшем работу ученых Арзамаса-16 и Челябинска-70) сидели сплошь антисемиты, которые потакали Челябинску-70, ласково называя его «Египтом», а Арзамас-16 гнобили, называя «Израилем». Дошли эти антисемиты до того, что даже столовую, в которой питались академики Сахаров, Ландау, Тамм, Гинзбург, Зельдович, Харитон, Франц-Каменецкий и т. д., называли «синагогой»[38]. Такое объяснение научной импотенции Арзамаса-16 может устроить только еврейского расиста, а остальные понимают, что когда академики Арзамаса-16 создавали хоть что-то полезное, то это немедленно принималось на вооружение, а авторы осыпались наградами и т. д. А в Челябинске-70 даже заместителя научного руководителя Героя Соцтруда Л. Феоктистова в академию не пустили.

И дело здесь не в евреях. Академия медицинских наук СССР не избрала своим членом еврея Илизарова Г.А. из Кургана, хотя на этого врача как на бога смотрели не только советские калеки, но и травмированные миллионеры всего мира. Он, видишь ли, не играл по московским правилам.

Пропаганда этого требовала!

В ЦК КПСС такого положения в науке не могли не знать, и то, что исследования лунного грунта были поручены институту Вернадского, уже удивляет. Кроме этого, лунный грунт – это аналог земных пород и застывших расплавов, а самыми большими специалистами по анализу подобных веществ являются горняки, геологи и металлурги. Тем не менее ни миллиграмма лунного грунта не поступило в лаборатории институтов этих отраслей.

Тут, правда, есть еще объяснение. Директор Института геохимии им. Вернадского академик А.П. Виноградов мог бояться конкуренции – бояться, что результаты периферийных ученых разойдутся с результатами возглавляемой им конторы, причем периферия докажет свою правоту и никчемность возглавляемого Виноградовым учреждения. Вот Виноградов и никому не дал лунный грунт для параллельного анализа, хотя этого грунта было (и осталось по сей день) настолько много, что

Виноградов уже и не знал, какие исследования проводить (скажем, проводилась *«оценка его инженерно-строительных свойств»*)[39]. Очень актуально! Начали внедрять в жизнь слова песни: «И на Марсе будут яблони цвести».

Но ставить вопрос о боязни москвичей конкуренции было бы правомерно, если бы академик Виноградов единолично распоряжался лунным грунтом. Уверен, однако, что он в этом вопросе не имел никаких прав и выбран был ЦК КПСС в руководители всех работ по лунному грунту в основном, боюсь, из-за гибкости спины. Ведь почему американцы раздали наш лунный грунт по всем лабораториям США? Потому что до этого они направляли в эти лаборатории свой «лунный грунт». А почему они исследования «лунного грунта» с «Аполло» не сосредоточили в Хьюстоне? Потому что главным в этой акции была не наука, а пропаганда – нужно было, чтобы вся Америка кричала об этом достижении, чтобы изо всех мест поступали и поступали сообщения о новых открытиях и чтобы эти сообщения напоминали и напоминали об американских лунных успехах.

Но ведь Советскому Союзу распределить весь лунный грунт по всем лабораториям СССР требовалось для тех же целей, что и США, в тысячу раз больше!! Если бы сообщения об исследованиях лунного грунта поступали из многих мест СССР, то создавалось бы впечатление, что советские автоматические станции вывезли с Луны этого грунта самосвал с прицепом и достижения американцев на этом фоне теряли бы свой смысл и пропагандистскую остроту. Это ведь ежу понятно!!

Почему же Брежнев этого не сделал? Почему итоги исследований – упомянутая мною книга «Лунный грунт из моря Изобилия» – вышла тиражом 2000 экземпляров, т. е. была недоступна даже техническим библиотекам? Я не представлял, что в Советском Союзе что-либо может быть издано таким мизерным тиражом. Для сравнения: статистический сборник «Внешняя торговля СССР» издавался тиражом 16000 экземпляров, а ведь он был даже несколько антисоветской литературой. В СССР были очереди за «Волгами», «Москвичами» и «Жигулями», ну и кому у нас было приятно читать, допустим, что в 1982 году СССР увеличил продажу этих автомобилей в Бельгии с 16132 единиц до 21013, а во Франции с 24072 до 26626?[40] Почему же результаты автоматических полетов на Луну – высочайшего технического достижения СССР – держались фактически в тайне? Если бы еще скрывались какие-то достижения американцев, то это еще можно было бы объяснить, но свои?! Зачем?

Другого ответа не придумать – затем, чтобы широкие массы советских химиков, горняков, металлургов не знали конкретных параметров лунного грунта. Но какая разница, знают они их или нет? Есть разница: со временем в СССР стали бы поступать со всякого рода технической литературой данные об американском «лунном грунте», и когда грамотные инженерные массы начали бы сравнения этих данных с лунным грунтом, доставленным советской станцией «Луна-16», то вывод о том, что они резко различны, уже нельзя было бы держать в тайне. А этот вывод наводил на более неприятный вопрос – откуда американцы взяли свой грунт? И были ли они на Луне? Но, подчеркну, эту тайну хотела скрыть не какая-то продажная часть советских ученых, эту тайну хотело скрыть Политбюро ЦК КПСС. Вот тут мне чуть ли не каждый скажет, что в это поверить нельзя, и я с ним соглашусь – поверить в это действительно невозможно, это нужно только понять. Факт сокрытия советских космических достижений, пусть даже в такой узкой области, – налицо. Остается только понять, что стоит за этим фактом.

Молчание... ягнят?

И ведь этот факт не единственный. Как только американцы опубликовали первые фотографии своих «лунных достижений», в самих США возникли глубокие сомнения в том, что Армстронг и Олдрин были на Луне – фотографии выдавали фальшивку. В США о лунной афере начали говорить и говорили достаточно громко. Без всяких сомнений, наша разведка в США (а к ней относились и все сотрудники посольства, и все журналисты, и все торговые работники) сразу же начала сообщать об этом в СССР. Ни Брежнев, ни Суслов не были идиотами типа сменивших их Горбачева и Яковлева, почему же пропаганда СССР, которая, казалось бы, не упускала случая пнуть США, молчала о начавшейся в США антиаферной кампании? Ведь СССР это ничего не стоило, причем даже в технической некомпетентности нашу пропаганду в этом случае нельзя было бы обвинить – надо было просто сообщать сомнительные факты и комментировать их хотя бы так: «Тут действительно что-то странное». А уж грамотных людей, чтобы понять происходящее, у нас бы хватило.

Но ведь не давали ни факта из тысяч подтверждений того, что американцев на Луне не было, а если по недосмотру нужный факт в нашей прессе проскакивал, то его не комментировали – не акцентировали на нем внимание. Вот, скажем, повторю сообщение в «Московской правде», № 231 от 6 октября 1979 года. Полностью оно звучит так:

«Нью-Йорк. Как сообщает газета «Ньюсдей», из Национального управления по аэронавтике и исследованию космического пространства (НАСА) бесследно исчезло значительное количество образцов лунного грунта, доставленных на Землю американскими астронавтами. Эти уникальные материалы, представляющие большую научную ценность, находились в специальном хранилище, затраты на создание которого составили 2,2 миллиона долларов».

Что мешало к этому сообщению дать примерно такой комментарий: «Поскольку лунный грунт без документов о том, что это лунный грунт, не представляет никакой коммерческой ценности, то злоумышленники не могли украсть его из хранилища с целью обогащения. Остается думать, что исчезнувшая часть этого грунта имела явные признаки земного происхождения, что подтверждало версию тех ученых США, которые сомневаются в высадке американцев на Луну. И видимо, в связи с этим НАСА само приняло решение об его изъятии из хранилища и уничтожении». Но ведь такого комментария не было! Советская пропаганда делала все, чтобы у советских людей и сомнения не закралось в том, что американцы на Луне были.

Ни Брежнев, ни Суслов никогда не упустили бы возможности подобной пропаганды, и если они ее не проводили, то тут может быть только одно объяснение – Соединенные Штаты шантажом заставили их молчать. Поскольку СССР против воли его руководителей ничего нельзя было заставить сделать даже полной блокадой, даже угрозой ядерной войны, то, следовательно, шантаж осуществлялся в области, в которой не весь Советский Союз, а только руководители СССР были бессильны что-либо предпринять. Такая область одна – пропаганда, а результат американского шантажа, повторю, виделся катастрофическим только для руководства СССР. Чем могли шантажировать ЦК КПСС? Не СССР, не народ – они были сильны как никогда и им никакой шантаж не был страшен, – а именно высших руководителей СССР?

Шантаж

Сколько ни перебирайте вариантов – все не то! Был только один повод для шантажа, которого руководство СССР действительно могло бояться: руководство США могло пригрозить руководству СССР, что если в СССР начнется расследование американской лунной аферы, то во всем западном мире (с безусловным подключением к этому Китая) начнется расследование мотивов, по которым партноменклатура КПСС заплевала Сталина на XX съезде, одновременно будет вестись расследование мотивов, по которым Сталин и Берия были убиты Хрущевым.

Ужас такого шантажа для партийного и государственного руководства СССР заключался в следующем. Это уже после Сталина народу СССР и мира и советская, и западная пропаганда двойной тягой вдалбливали в головы, что коммунизм и социализм – это общество, в котором власть имеют некие люди, называющие себя коммунистической партией. Но «партия» – это слово, восходящее к латинскому pars (partis) – часть, группа. А «коммунизм» восходит тоже к латинскому communis – общий. Коммунизм – это ситуация, когда власть в обществе имеют все, а не часть общества, – когда власть communis, а не partis. Дело, конечно, не в словах, а в сути. Нельзя идти к коммунизму, быть коммунистом, но оставлять в обществе власть только части общества вместо власти всего общества. Сталин был коммунистом, поэтому, когда угроза извне всему советскому обществу миновала, он в октябре 1952 года реорганизовал ВКП(б) в КПСС, лишив КПСС органов и структур управления государством. После этого власть в СССР осталась только у Советов, власть стала communis. Это было очередным шагом к коммунизму. Но Сталин практически немедленно был убит партноменклатурой, и сразу же в КПСС были восстановлены все структуры ВКП(б) для управления государством, Советы власть так и не получили. Мало кто из историков или журналистов что-либо вообще понял в этих преобразованиях, но люди, непосредственно управлявшие государствами на Западе, не могли не понять сути происходившего на XIX съезде КПСС. Другое дело, что произошедшее в СССР было им на руку, в связи с чем действительная версия событий в СССР даже на Западе не поступила в оборот историков и журналистов.

И если бы Запад в ответ на разоблачение лунной аферы начал публично выяснять причины убийства и заплевывания Сталина, то как бы ЦК КПСС ни препятствовал западной пропаганде, но лет через 5 и в СССР не только члены КПСС, но и беспартийные смотрели бы на партийную верхушку, как на врагов, не передающих власть всем – Советам, не дающих строить коммунизм во имя своей алчности. Это была бы смерть высшей партийной и государственной номенклатуры СССР, по меньшей мере политическая.

Положение несколько спасало то, что и для Запада этот шантаж был страшен результатом – Западу меньше всего хотелось, чтобы СССР стал самой народовластной (демократической) страной в мире, к которой уже нельзя было бы применить клички «тоталитарный режим» или «империя зла». Думаю, что в конечном итоге Запад реально побоялся бы начать кампанию разоблачения XX съезда КПСС, но положение усугублялось изменением персонального состава власти в СССР.

Если в США президенты оставались хронически наглыми, поскольку избирались всего на 4 года и лично никогда не смотрели в будущее, то власть в Кремле становилась все более трусливой. Против убийцы Сталина, Хрущева, этот шантаж просто не прошел бы, поскольку Никита Сергеевич твердо знал, какой страны он руководитель и какая, по сути, трусливая мразь ему противостоит на Западе. Вон американцы попробовали шантажировать его войной в связи с Карибским кризисом. И что? Хрущев начал приводить Советскую Армию в боевую готовность, советскому посольству в Вашингтоне приказал сжечь все документы и спуститься в бомбоубежище. Американцы в лице Роберта Кеннеди тут же прибежали мириться и без возражений убрали свои ракетные базы из Турции.

А Брежнев уже был котом Леопольдом, пытающимся утихомирить наглецов заклинанием: «Ребята, давайте жить мирно!» Вот американцы в лунной афере на него и «наехали», скорее всего именно с этим шантажом (других поводов для шантажа просто не видится), и Брежнев им уступил. Думаю, что американцы еще раз все той же угрозой разоблачения убийства Сталина прошантажировали Андропова в деле с корейским авиалайнером, но это другая тема.

Итак, мы уже достаточно походили вокруг да около, давайте вернемся к лунному грунту.

Обмен

По американской легенде, американский космический корабль «Аполлон-11» слетал на Луну (совершив посадку 20 июля 1969 г.) и доставил оттуда на Землю 22 кг образцов лунного грунта. Затем 14–24 ноября 1969 г. на Луну слетал «Аполлон-12», доставив на Землю 33,9 кг образцов. Итого: 55,9 кг *«для всего человечества»*, как уверяли американцы. И лишь 12 сентября 1970 г., 14 месяцев спустя после того, как американцы начали исследования «доставленных проб», на Луну отправилась советская автоматическая станция «Луна-16», которая привезла 105 г* лунного грунта. Из этих 105 г СССР передал в США 3,2 г, т. е. около 3%. Наверное, мы были бы вправе ожидать, что и нам американцы передадут в процентном отношении примерно столько же – около 1,5 кг их образцов от двух первых экспедиций.

В помещенных в сборнике статьях нескольких американских исследователей упоминается о том, сколько американцы получили советского лунного грунта, и упоминают, что эти образцы были получены в обмен на американские, скажем: *«Лунное вещество, исследованное в настоящей работе, является частью материала, предоставленного НАСА, который был получен по обмену из СССР в июле 1971 г. (3 г)»* (S.E. Haggerty)[41]. Но ни один американец не упоминает сколько же лунного материала США передали в СССР в обмен на 3,2 г. И уж совсем странно, что об этом не упоминает ни одна из 51 советских исследовательских групп, чьи статьи помещены в сборнике «Лунный грунт из моря Изобилия». Военная тайна? От кого ее скрывали?

Тайна тайной, но 46 советских исследовательских групп (из 51) вообще не видели никакого американского лунного грун-

---

* Интересно, что наборщица, набиравшая этот текст, видимо, не поверила мне и решила, что я ошибся, поэтому она самостоятельно вместо граммов набрала килограммы. Нет, «Луна-16» доставила всего 105 граммов лунного грунта.

та, хотя по характеру работ они просто обязаны были его исследовать, тем более что академик Виноградов во вступительной статье сообщил читателям: *«Исследования реголита «Луны-16», естественно, сопоставлялись с аналогичными данными для региона Моря Спокойствия и Океана Бурь, доставленного космонавтами «Аполлона-11» и «Аполлона-12», в частности с данными, полученными в лабораториях СССР»*[42]. По легенде, «лунный грунт» был получен за два года до сдачи статей сборника в печать, а его в глаза не видели свыше 90% допущенных к этой работе советских исследователей, включая и тех, кого возглавлял сам академик Виноградов. Это ни на какие мысли не наводит?

Сделав вступление, академик Виноградов лично начинает сборник статьей «Предварительные данные о лунном грунте, доставленном автоматической станцией «Луна-16». В ней описывается, как выглядит лунный грунт, из каких частиц состоит, приводится химический состав и еще целый ряд параметров. Содержание статьи иллюстрируют 30 цветных и черно-белых фотографий. Но это фотографии только советского лунного грунта, нет ни единой фотографии того грунта, который, по легенде, был передан американцами в институт Вернадского за полтора года до написания статьи академиком Виноградовым. Причем академик все время «сравнивает» советский лунный грунт с американским, вплоть до того «лунного грунта», что «доставила» экспедиция «Аполлона-16» в апреле 1972 г. Я пишу слово «сравнивает» в кавычках потому, что никакого сравнения в полном смысле этого слова Виноградов не делает – он результаты советских исследований лунного грунта «Луны-16» сравнивает не с советскими исследованиями американского «лунного грунта», а с теми результатами, что до этого опубликовали сами американцы.

Особенности американского «лунного грунта»

Напомню, что за полтора года до полета «Аполлона-11» на Луну сели несколько американских автоматических станций «Сервейер». Возвратить их с пробами лунного грунта на Землю у американцев не хватило способностей, но на этих станциях были устройства для рентгеноспектрального анализа грунта. Этот анализ требует тщательной отработки методики определения элементов в каждом конкретном анализируемом веществе, поэтому точное содержание всех элементов в лунном грунте американцы получить не могли, но качественное представление о том, что может содержаться в нем, безусловно получили.

Поэтому, фальсифицируя на Земле «лунный грунт» из различных земных базальтов и метеоритного вещества, американцы подбирали его состав так, чтобы в нем было похожее на лунное содержание тех элементов, в которых они были уверены после полета «Сервейеров». А для тех элементов, в которых они не были уверены, американцы закладывали очень большую разницу между предельным содержанием этих сомнительных элементов в отдельных пробах. (Проба – количество вещества, в котором определяется содержание элементов или другие параметры. Проба – то количество, которое «пробуется».)

Такой вот пример. Наши исследователи ломали голову над тем, почему на Луне мало титана[43]. А в сборнике «Космическая техника» американец Р. Льюис радуется: *«Высокое содержание алюминия и титана в лунной породе дало основание некоторым разработчикам космических программ предложить использовать Луну в качестве источника этих ценных металлов»*[44]. Мол, недаром наши ребята слетали на Луну – нашли месторождение полезных ископаемых.

Действительно, в кристаллической породе «лунного грунта», «доставленного» «Аполлоном-11», окиси титана показано 10,5%, а в кристаллической породе лунного грунта «Луны-16» окиси титана всего 5,5%, а «Луны-20» даже 0,5%. По этой разнице в содержании титана получается, что советские и американские экспедиции привезли с одной и той же Луны какие-то очень разные базальты. Тем не менее наши ученые бодро утверждают, что *«состав тонкой фракции реголита Моря Изобилия* (место высадки «Луны-16») *очень близок к составу реголита Моря Спокойствия»*[12] (место высадки «Аполлона-11»). Почему так уверенно? Потому что в пробах с «Аполлона-12», в отличие от «Аполлона-11», окиси титана уже 4,7%, «Аполлона-14» – 1,5%, «Аполлона-15» – 2,8%. То есть после полета «Луны-16» и у американцев содержание титана в пробах стало, как у нас. В принципе, в такой разнице странного ничего нет, ведь и у нас в пробах «Луны-16» и «Луны-20» есть резкие различия в содержании нескольких химических элементов. Но если бы и в «лунном грунте» американцев это касалось нескольких элементов, а то ведь они выдали в своих работах очень широкий разбег содержания практически для всех элементов, которые им, судя по всему, не удалось оценить по итогам полетов «Сервейеров».

Вот, к примеру, разбеги содержания элементов в пробах «Аполлонов-11 и 12» и разбеги содержания этих же элементов в пробах «Лун-16 и 20» (в частях на миллион): хром колеблется от 1300 до 2580 (в 2 раза) в американских пробах и от 1640 до 1220 (25%) в советских; содержание кобальта от 11 до 39 (разбег почти в 4 раза) в американских и от 22 до 27 (20%) в советских пробах; никель от менее 10 до 49 (в пять раз) в американских пробах и от 113 до 189 (около 50%) в советских; иттрий от 150 до 50 в американских (разбег в три раза) и от 90 до 110 в советских пробах; свинец от 3 до 0,4 в американских (в шесть раз) и от 0,3 до 0,15 (вдвое) в советских[45]. В пробах «Луны-16» фосфора содержалось 440 г/м, а в пробах «Аполлона-11» – от 213 до 1400; серы в наших 1100, а разбег проб с «Аполлонов» – от 770 до 1753; фтора – 110, а разбег американских результатов – от 66 до 144; бериллия – 1,0, а у американцев разбег от 1,6 до 4,0; бора – 1,0, а у американцев разбег от 1,0 до 8,0[46]. Немудрено, что в итоге советские исследователи пишут: *«Результаты наших определений... близки к результатам определений этих элементов в реголите... доставленном на «Аполлоне-11»*[47].

А вот наши исследователи определяют активность радиоактивных элементов в грунте. В советской пробе «Луны-16» изотоп алюминия дает 63 распада в минуту на килограмм, а американцы для него дают данные от 58 до 220; изотоп натрия у нас дает 45 распадов в минуту, а у них – от 27 до 84; изотоп марганца у нас дает 41 распад, а у них – от 29 до 40[48].

Наверное, не все поняли причины моего скепсиса. Поясню это образным примером. Положим, кто-то нашел бумажник с деньгами и готов отдать тому, кто докажет, что он его владелец. Доказать надо знанием того, сколько в бумажнике денег, т. е. назвать сумму, близкую к той, что реально находится в бумажнике. Один называет число, к примеру, «55 долларов» –

не угадал. Другой «100 долларов» – не угадал. А самый умный: «От 1 до 100000 долларов». И сколько бы вы бумажников ни находили, но, вероятнее всего, количество денег во всех попадет в этот разбег между 1 и 100000.

Вот такую хитрость явили миру и американцы: поскольку они сообщили, что доставили с Луны очень много разных камней, то для каждого камня (каждой пробы) они дали резко отличное содержание основных химических элементов, причем такое, что в этот разбег трудно было не попасть, анализируя реальный лунный грунт. К примеру, если бы они дали только одно содержание окиси титана в 10,5%, то этот результат очень не похож на 5,5% в пробах «Луны-16», и можно было бы говорить о расхождении результатов американских и советских экспедиций. Но американцы тут же сообщили, что у них в следующей пробе окиси титана 1,5%. Результат «Луны-16» (5,5%) попадает в разбег 10,5–1,5%, и можно писать, что советские результаты *«близки»* к американским.

Еще раз обращу внимание, что этот американский разбег результатов сам по себе не является подтверждением того, что американцы свой «лунный грунт» сфальсифицировали, и я затронул эту тему, чтобы показать, почему советские исследователи, получая резко отличные от американцев результаты, все же считают, что они соответствуют американским. Сама по себе эта американская странность вызывает только удивление, а подозрение начинает появляться только в сочетании с остальными странностями лунных исследований.

Не с чем было сравнивать

И, повторю, больше всего недоверия вызывает отсутствие американского материала в распоряжении советских исследовательских групп. Ведь они зачастую разрабатывали оригинальные методики для исследования лунных образцов. Почему же по этим методикам не исследовали и материал, который якобы был прислан из США? Ведь есть некоторые исследования, в которых сравнение без того объекта, с которым сравнивают, просто смешны. Скажем, петрографо-минералогические, в которых исследователь содержащиеся в образце минералы распознает по их виду под микроскопом. Это не просто, для этого нужен опыт, и, чтобы установить, есть ли такие же минералы в американском лунном грунте, тот же самый исследователь должен на этот грунт посмотреть. А наши исследователи советского лунного грунта (Тарасов, Шевалевский и Назаров) пишут: «*...необходимо обратить внимание на постоянное присутствие в породах пустот. Наиболее распространенный тип – газовые пузыри, которые существовали во время кристаллизации магмы. Как можно видеть, даже в среднезернистых габбровых породах эти газовые пустоты довольно обильны. Они отличаются правильной шаровидной формой и тем, что кристаллы пироксена или плагиоклаза в их стенках располагаются параллельно поверхности пустоты, что говорит о кристаллизации в момент существования газового давления в полости. Вблизи границы с ней нет ни изменения структуры породы, ни закалочных зон. Такие же наблюдения на материале «Аполлона-11» были сделаны Х. Шмидтом и др. [9] ...подобные частицы, в том числе и собственно анортозитового типа, встречены в реголите «Аполлона-11» и «Аполлона-12» [2, 3]*»[49]. (В квадратных скобках раньше делались ссылки на литературный источник.)

Почему наши исследователи вместо того, чтобы просто посмотреть на пустоты или на определенные минералы в американском лунном грунте и сравнить с нашими, сравнивают реальный лунный грунт «Луны-16» с интересными рассказами американцев о том, как выглядел «лунный грунт», якобы доставленный «Аполлонами»?

Доходит до смешного. Вот исследовательская группа, судя по всему из Института эпидемиологии и микробиологии им. Н.Ф. Гамалеи, воодушевилась тем, что «*имеются данные, полученные американскими учеными, свидетельствующие о биологической активности лунного грунта*»[50]. Взяли они «*408 белых беспородных мышей-самцов*», облучили несчастных жестким рентгеновским излучением, вызвав у некоторых рак, и начали их пичкать советским лунным грунтом «*аэрогенно, через пищевод или внутрибрюшинно*». Результат понятен – могли бы просто земли пожевать. Но возникает вопрос, почему же вы этих бедных мышей не пичкали американским лунным грунтом? Ведь сообщение из США о том, что лунным грунтом можно лечить, пришло после того, как в СССР якобы был получен американский лунный грунт. Что же вы его мышам не вводили? А вдруг толку нет только от грунта «Луны-16», а американский действительно лечит?

О счастливцах

А теперь пришла очередь поговорить о тех пяти советских исследовательских группах счастливцев, которые по легенде (теперь уже – института Вернадского), якобы исследовали американский «лунный грунт».

Первая работа этих счастливцев засунута в середину сборника[51], и в ней рассказывается о том, что были проанализированы 4 образца американского «лунного грунта» рентгеноспектральным и масс-спектральным анализом. В целом это стандартная работа, проведенная на японском оборудовании, и о ней вообще не было бы смысла делать отдельное сообщение – в описательной статье в начале сборника Виноградов мог просто упомянуть о том, что химический состав американского лунного грунта в СССР определен рентгеноспектрально и масс-спектрально. И если писать статью об этой работе, то единственно ценным в ней являлось только то, как от американских образцов отбиралась представительная проба для анализа.

Поясню. От каждого образца анализу подвергалось 10–15 мг материала, а сами якобы присланные американцами образцы «лунного грунта», наверное, весили все же больше (общий вес их, как я уже писал, никем не сообщается). А это непросто, – отобрать от образца пробу так, чтобы эта проба представляла химический состав всего образца. Приведу пример из своей практики.

Вот к нам на завод приходит партия хромовой руды, скажем, в 10 тысяч тонн. Мы платим только за хром в руде, и, чтобы заплатить, нужно знать процентное содержание хрома во всех 10 тысячах тонн.

Теперь оцените проблему. Эти 10 тысяч тонн представляют собой отсыпанную вдоль железной дороги кучу (штабель), треугольную в сечении, шириной метров 20, высотой метров 6, а длиной метров 80. В этой куче руда представлена кусками от мельчайших пылинок до кусков весом в 20–30 кг. И в каждом куске содержание окиси хрома различно: в породе его может быть не менее 20%, а в зернах шпинели – около 60%. Но лаборант-химик определяет содержание окиси хрома в пробе руды весом всего 0,1 грамма. Как от 10 тысяч тонн, от десятков миллионов кусков отобрать эти 0,1 грамма, чтобы хром в них был равен усредненному содержанию хрома во всей партии в 10 тысяч тонн? Это вопрос? Да, вопрос, и решается он так.

Контролеры ОТК штабель руды в 10 тысяч тонн размечают определенным образом порой на сотни участков (зависит от веса партии и крупности материала) и с каждого участка берется несколько килограммов руды, которые сбрасываются в одну кучу (порой в несколько тонн в сумме). Далее эту пробу руды пропускают через дробилку с крупным зевом, перемешивают и сокращают. Сокращают так: кучу делят на четыре части, две противоположные отбрасывают, две оставшиеся соединяют и тщательно перемешивают, снова делят на четыре части, снова отбрасывают противоположные и так далее. При уменьшении веса остающейся части до определенного предела ее снова дробят до более мелкого состояния и снова перемешивают, и снова сокращают. И так до тех пор, пока не останется с полкилограмма, которые направляют в химлабораторию, где с этими полукилограммами происходит то же самое – их снова дробят, перемешивают и сокращают, остаток граммов в 50 истирают до состояния, когда при протирании между пальцами проба ощущается как мука – без малейших крупинок. При истирании происходит последнее перемешивание, которое считается достаточным. Теперь из этих 50 г отвешивают навески в 0,1 г, которые и поступают лаборанту собственно на анализ.

Вот меня и интересует, как советские исследователи американского «лунного грунта» из сотен (тысяч?) его крупинок отобрали те 10 мг, которые проанализировали? Один кусочек? Но ведь это будет химанализ только этого кусочка, а не всего образца! Это был единственный научный момент в данной работе, поскольку, как делается анализ, японцы написали в инструкции к спектрографу. Но как раз об отборе пробы в этой работе ничего не сказано, не сказано даже, как исследователи истерли пробу для анализа – в стальной мельнице или нефритовой ступке?

Как вы поняли, в свое время я имел отношение к анализам разных, правда, земных грунтов и материалов. И первое, что мне пришло в голову, – американцы прислали нам не образец «лунного грунта», т. е. не то, что якобы было взято на поверхности Луны, а готовую пробу – немного мелкого порошка для анализа, но потом я и в этом засомневался. Я не имел дела с рентгеноспектральным анализом, но, раз в нем присутствует слово «спектральный», значит, излучение от пробы разлагается на спектр, в котором чернота линий определенных элементов свидетельствует о концентрации этих элементов в пробе. По черноте линий в спектре на фотопластинке или экране количественно содержание элемента прямо определить нельзя, можно в лучшем случае судить, что данного элемента много или мало, да и то не всегда. А чтобы определить процент, нужно параллельно проанализировать «стандартный образец» – такой же материал, в котором точно известно содержание искомых элементов. К примеру, вы сжигаете пробу металла, в которой хотите определить содержание алюминия. После этого сжигаете стандартный образец – пробу **точно такого же металла**, но в котором это содержание известно. Чернота линии алюминия в спектре исследуемой пробы, к примеру, на 20% больше, чем в стандартном образце. И если в стандартном образце алюминия 5%, то тогда в исследуемой пробе будет на 20% больше: 5 х 1,2 = 6%. Т.е. этот анализ показывает относительное содержание всех элементов по отношению к их содержанию в другой, известной пробе. (Для анализа грунта «Аполлонов» использовались стандартные образцы земных базальтов.)

То есть советские исследователи американского «лунного грунта» просто обязаны были тут же проанализировать и лунный грунт «Луны-16». По идее, это один и тот же материал, и пусть содержание элементов в обоих неизвестно, но зато была бы четко видна разница в содержании элементов всей таблицы Менделеева. Однако этого-то ЦК КПСС было и не нужно. Поэтому те советские исследователи, кто определяли химсостав «лунного грунта», доставленного «Аполлонами», не имели в своем распоряжении лунного грунта «Луны-16».

Чувствуете полет мысли: те советские исследователи, кто анализировал советский лунный грунт, не имели американского, а те, кто анализировал американский, не имели советского. Ванька есть – Маньки нет, Манька есть – Ваньки нет, и вообще – не понос, так золотуха. Все эти наши поговорки хороши, но я не верю в данной ситуации в случайности. В этих исследованиях их не могло быть – это противоречит и логике, и законам, и правилам исследовательских работ. Поэтому я и думаю, что институт им. Вернадского вообще никакого анализа химических элементов в американском «лунном грунте» не проводил – американцы прислали академику Виноградову бумажку с таблицей результатов химических анализов, а наши «ученые» выдали эти результаты за свои. Тем более что и следующие работы подтверждают эту мысль.

Три статьи, советские авторы которых уверяют, что они исследовали американский «лунный» грунт, посвящены определению его оптических свойств. Думаю, все понимают, что оптические свойства чего бы то ни было очень зависят от формы. В полированном куске гранита можно увидеть свое отражение, но этот же гранит в виде куска или в виде песка никакого отражения не дает. Стекло прекрасно пропускает свет, но то же стекло мелко дробленное, имеет белый матовый цвет и свет практически не пропускает, хотя каждая его частичка в отдельности остается прозрачной. И т. д., и т. п.

Поэтому я не представляю, как можно изучать любые оптические свойства чего бы то ни было, но не описать в результирующей работе, как выглядело то, что изучал. А вот теперь посмотрите, как советские ученые описывают образцы грунта «Луны-16» и образцы американского «лунного грунта», оптические свойства которых они якобы исследовали.

«Исследованиям подвергались пробы реголита, доставленного автоматической станцией «Луна-16». Образцы отбирались из зоны А, т. е. с глубины 0–8 см от поверхности. Они представляют собой тонкозернистый порошок с низким суммарным коэффициентом отражения. Размер частиц варьирует от 2 до 1500 мкм, и средний медианный размер их равен 60 мкм. При морфологическом изучении установлено, что, по крайней мере, половина всех частиц оплавлена или ошлакована с поверхности. При этом встречается как шлакообразное пузыристое оплавление, так и гладкое глазурное остекловывание. Более 1% частиц представлено стеклянными шариками. Измерениям подвергались как пробы в целом, так и ее отдельные фракции по размерам частиц: –83; +83 –127; +127 – 200 и +200 –450 мкм». То есть наш лунный грунт, как и полагается, они описали. Доходит дело до американского.

«Исследовались также образцы реголита, доставленного «Аполлоном-11». Образец 10005,345 был взят из колонки с глубины 1,5 см, образец 10005,35 отбирался с глубины 10–11 см.

Образцы реголита, доставленного «Аполлоном-12», также представляли собой пробы из буровой колонки. Образец 12028,229 располагался в 16 см от поверхности, а образец 12028,233 – на глубине 33 см»[52].

И это все? Все! Что свидетельствует: советские исследователи оптических свойств лунного грунта в глаза не видели американского «лунного грунта». «Но как же тогда они в своих статьях дали разные числа и кривые на графиках, которые характеризуют американские образцы?» – вправе спросить вы. А им эти числа и графики прислали из США, и наши «ученые» просто наложили результаты своих реальных измерений оптических свойств советского лунного грунта на американские графики. Я это сейчас докажу.

Вот статья «Инфракрасная спектроскопия реголита лунных морей», кстати, это единственная работа из 93-х, где исследователи указали вес «исследованных» проб американского «лунного грунта» – 142 и 114 мг – и указали, что это *«пыль»*[53], разумеется, как и в предыдущей работе, без каких-либо численных параметров этой пыли (для пробы «Луны-16» эти параметры, разумеется, даны). Несмотря на «внушающие доверие» подробности, сами результаты исследований доверия не вызывают.

Вот первый график, состоящий из двух отдельных графиков: *«Спектры отражения реголита: а – при нормальном угле падения и углах наблюдения от 0 до 75° («Луна-16»); б – при углах падения 0° и отражения 15,30° («Аполлон-11» и «Аполлон-12»)*[54]. Но странные особенности: замеры грунта «Луны-16» проводились до длины волны в 13 мкм, а «Аполлонов» всего до 8. Вопрос: почему одна и та же группа исследователей, анализируя одновременно три пробы, одну исследовала по одной методике (при семи углах наблюдения и до длины в 13 мкм), а две – по другой методике (при двух углах отражения 15° и 30° и до длины волны 8 мкм)? Для тех, кто никогда не выполнял научно-исследовательских работ, поясню – потому что эти замеры делали две группы исследователей – наша и американская. Американцы прислали график со своими кривыми, и наши дорисовали в него пунктиром две кривые из семи на своем основном графике.

Отвлечемся. Представьте, что некто решил сравнить размеры советского и американского кирпичей, для чего надо взять

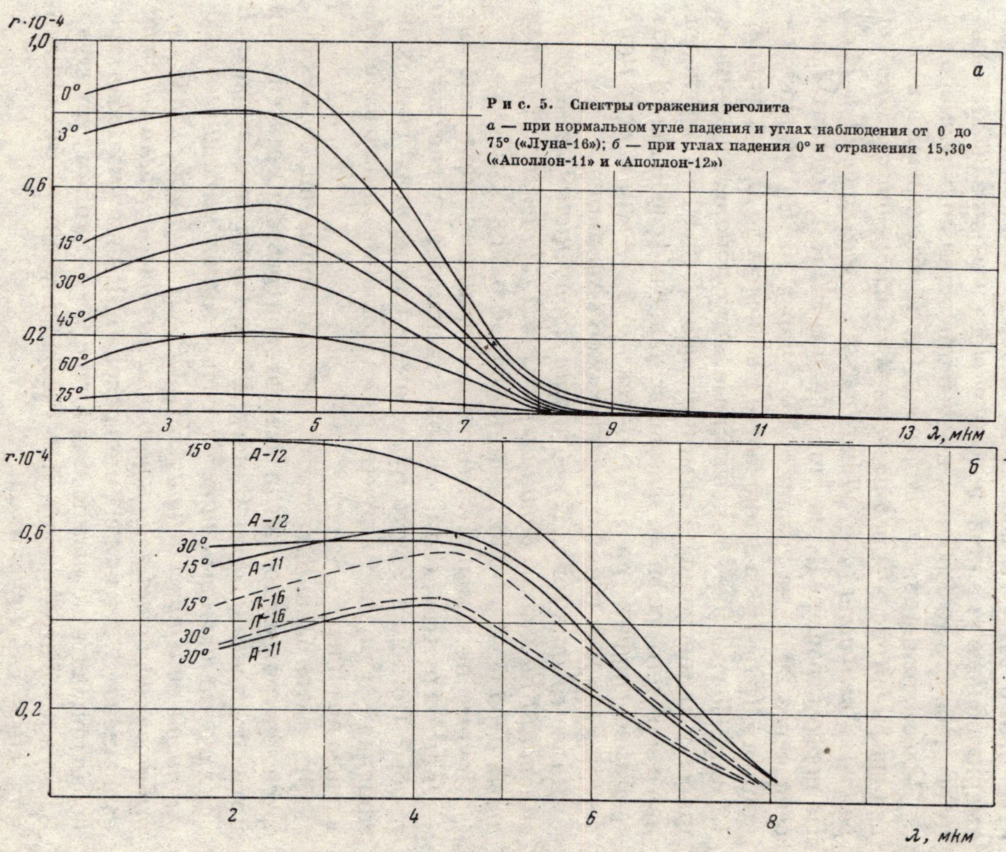

Рис. 5. Спектры отражения реголита
а — при нормальном угле падения и углах наблюдения от 0 до 75° («Луна-16»); *б* — при углах падения 0° и отражения 15,30° («Аполлон-11» и «Аполлон-12»)

Рис. 16
График 5
из статьи
М.В. Ахманова и др.

линейку и замерить их размеры. В отчете о научно-исследовательской работе этот «некто» пишет, что он так и сделал. Мы могли бы ему поверить, но для советского кирпича он дает размеры: длина 250 мм, ширина 120 мм, высота 65 мм. А для американского: длина 254 мм и — все. Сразу же возникает вопрос: если у тебя в одной руке действительно был американский кирпич, а в другой – линейка, то почему же ты не замерил у американского кирпича ширину и высоту? И следует единственный ответ – ты вообще не измерял никакие параметры американского кирпича, потому что его у тебя не было, а длину его тебе кто-то сообщил, не сообщив остальных размеров.

Далее картина опять повторяется. Опять объединенные в один, два графика (рис. 17) под названием *«Спектр диффузного отражения реголита: а – «Луна-16»; б – «Аполлоны-11 и 12»*[55]. На первом графике (а) вертикальная сетка (оси ординат) нанесена через 20%, на графике «б» – через 10. На графике «а» кривая «Луны-16» в одиночестве и замерена до длины волны в 13 мкм. На графике «б» две кривые «Аполлонов», заканчивающиеся у длины волны 8 мкм, и кривая «Луны-16», перенесенная с верхнего графика, заканчивается, само собой, на 13 мкм.

Далее график (рис. 17) *«Спектр излучения реголита («Луна-16»)»*[56]. И никаких данных об «Аполлонах».

Далее график (рис. 17) *«Спектр пропускания земного базальта (1) и мелкой фракции реголита «Луны-16» (2) (толстый слой)»*. И никаких данных об «Аполлонах»[57].

Почему не замерили эти параметры для американского «лунного грунта», если, как вы утверждаете, у вас были его пробы? По кочану! Потому что американцы этих данных не прислали, а «лунного грунта» от «Аполлонов» никто в Москве в глаза не видел.

Эта статья заканчивается словами, которые, впрочем, являются дежурными почти для всех авторов советских статей, если в этих статьях академик Виноградов не является соавтором: *«В заключение авторы считают своим долгом выразить благодарность вице-президенту АН СССР А.П. Виноградову, без активного содействия которого эта работа не могла бы быть выполнена»*[58]. А как же! Виноградов в США письма писал, требовал прислать данные по американскому «лунному грунту»... Заслужил благодарность этот «честный ученый» от своих таких же честных учеников.

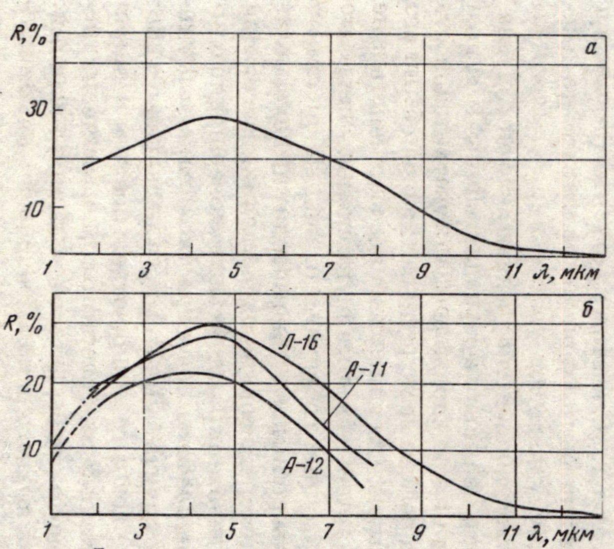

7.

8.

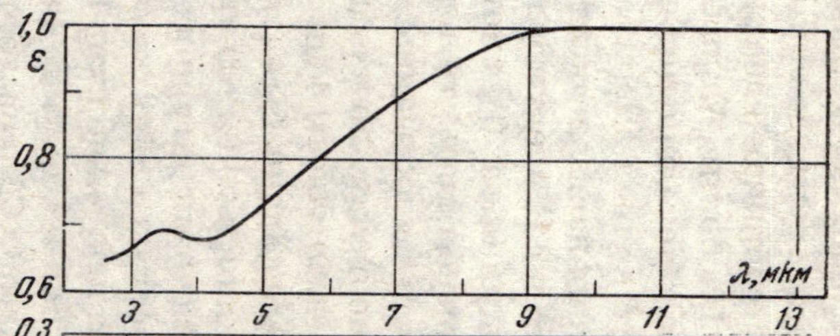

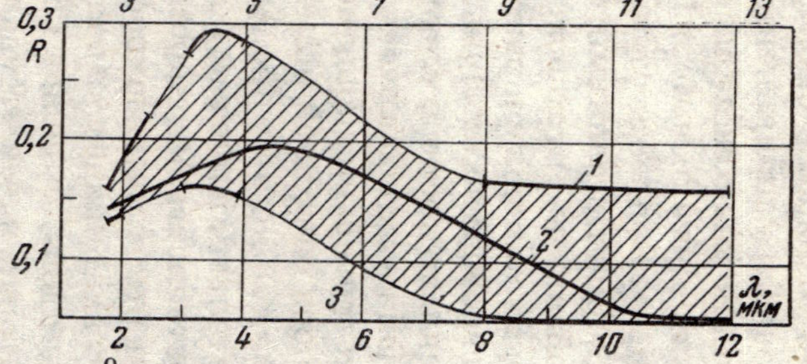

9.

Рис. 7. Спектр диффузного отражения реголита

а — «Луна-16»; *б* — «Аполлон-11 и 12»

Рис. 8. Спектр излучения реголита («Луна-16»)

Рис. 9. Альбедо Луны

1, 3 — предельные значения альбедо, в среднем для диска, полученные астрономическим методом; *2*—альбедо образца реголита из Моря Изобилия

Рис. 17

Графики 7, 8, 9 из статьи А.М. Ахманова

И наконец, пятая группа советских ученых, утверждающих, что анализировали американский «лунный грунт». Ю. Беляев и Т. Ковешникова поместили в сборнике свою работу «О содержании ртути в реголите Моря Изобилия, Моря Спокойствия и Океане Бурь». Вопрос со ртутью довольно интересный и, на мой взгляд, принципиальный.

При температуре выше -39° ртуть становится жидкостью, кипит она при +357°, но сильно испаряется даже при комнатной температуре. А на поверхности Луны днем +150°, а ночью –150°. То есть днем с поверхностных слоев реголита ртуть должна испаряться, оседая и конденсируясь несколько ниже – на более холодных слоях грунта, и одновременно пары ртути должны растекаться по поверхности Луны. За более чем 4 миллиарда лет существования Луны этот процесс должен был стабилизироваться окончательно, то есть на одной и той же широте Луны (в условиях постоянства изменения температурного режима) концентрация ртути в поверхностных слоях должна быть одинаковой. По американской легенде, «Аполлон-11», «Аполлон-12» и «Аполлон-14» сели на той же широте (чуть южнее лунного экватора), что и «Луна-16». Следовательно, содержание ртути в материале, взятом из одних и тех же глубин лунной почвы, должно быть одинаковым либо кто-то (американцы или мы) на Луну не летал.

Упомянутые наши исследователи уверяют, что они определили содержание ртути не только в образцах «Луны-16», но и в образцах «Аполлона-11» и «Аполлона-12». Чувствительность их метода была 10^{-8}, а реальные концентрации были в 100 раз выше, так что разницу нельзя списать на несовершенство методики. Как водится, авторы не описали, ни сколько они получили американского «лунного грунта» для анализа, ни как он выглядел, а это, как вы понимаете, уже наводит на нехорошие мысли, количество которых еще больше увеличивается при виде результатов исследований. В статье две совершенно одинаковые таблицы *«Распределение содержания ртути по глубине...»*, но одна для грунта «Луны-16», а отдельная – для «Аполлонов» от 11-го до 14-го. Такое отдельное немотивированное разделение результатов говорит о том, что американские результаты откуда-то прибыли уже в виде этой таблички. (Само собой: *«Авторы выражают благодарность академику А.П. Виноградову...»*[59].) О том, что Беляев и Ковешникова не анализировали американский «лунный грунт», свидетельствует и последняя таблица № 3. В ней дано «Распределение содержания ртути по разным фракциям поверхностного слоя (глубина 0–8 см) реголита из Моря Изобилия («Луна-16»). Само собой, если бы у наших исследователей были американские образцы, то они, безусловно, определили бы и в них содержание ртути по фракциям. А раз они этого не сделали, то, естественно, у них американского «лунного грунта» не было.

Но в данном случае нам интересны и результаты исследований: содержание ртути в пробах, доставленных «Луной-16», отличается не на проценты, а в несколько раз от того, что американцы определили в своем «лунном грунте». В пробах с глубины до 10 см американцы намерили от 0,7 до $1{,}3 \times 10^{-6}\%$, а в пробах с этой глубины, доставленных «Луной-16», содержание ртути $6{,}1 \times 10^{-6}\%$, т. е. в шесть раз больше! В американских пробах с глубины 10–20 см ртути от 0,9 до $7{,}1 \times 10^{-6}\%$, а в наших пробах – $22 \times 10^{-6}\%$, т. е. тоже примерно в шесть раз больше! В пробах более глубоких слоев американцы определили от 0,8 до $2{,}0 \times 10^{-6}\%$, а в наших – 9×10^{-6}, грубо говоря, в 9 раз больше![60]

Ну и как же наши исследователи объясняют это несоответствие? А никак. У меня сложилось впечатление, что все советские исследователи, руководимые славным академиком Виноградовым, поставили перед собой цель доказать, что американцы на Луне тоже были: во всех удобных случаях они всячески подчеркивают, что лунный грунт «Луны-16» и американский «лунный грунт» очень похожи. А когда уж никак нельзя похвалить американских фальсификаторов, то тогда они молчат, как в вышеприведенном случае с ртутью. И этим своим поведением они сильно отличаются от западных ученых. Давайте теперь поговорим об их работах.

Запад советский грунт получил

Полет «Аполлона-11» был совершен более чем за год до полета «Луны-16», возможно, тогда американцы и не предполагали, что СССР сможет доставить образцы лунного грунта так быстро. Тех американских специалистов, кто фабриковал «лунный грунт» из земных базальтов и метеоритного вещества, само собой, не могло быть много. Сообщить, что американские астронавты доставили центнеры лунного грунта и не показывать его никому, американцы не могли. Поэтому Хьюстон раздал свой фальсификат множеству американских и западных лабораторий, и в этих лабораториях ничего не подозревающие ученые США и Запада на полном серьезе стали его изучать. И Земля, и Луна образовались из одних и тех же химических элементов и соединений. Не имея реального представления о настоящем лунном грунте, отличить подделку было невозможно.

Но тут СССР доставил свой, настоящий лунный грунт и предложил его для изучения Западу. Что было делать американцам? Не показывать его своим ученым, которые уже изучали американский фальсификат? Нельзя – весь мир почувствовал бы неладное. И Хьюстон раздал и советский лунный грунт тем американским лабораториям, которые несколько раньше начали изучать американскую подделку. Нет, никто из этих ученых не заявил, что американский «лунный грунт» – это подделка (такие бы работы никто и не опубликовал), но выводы американские и французские ученые сделали довольно интересные.

Во-первых, в отличие от советских ученых, которым американский «лунный грунт» даже не показали, американские и французские ученые, чьи статьи представлены в сборнике «Лунный грунт из Моря Изобилия», советский лунный грунт безусловно получили. Это четко явствует не только из их собственного подтверждения этого факта, но и из подробного описания вида и веса советского материала, поступившего им на анализ. Несколько примеров для того, чтобы вы поняли, что я имел в виду, когда писал, что наши ученые, утверждающие, что видели американский «лунный грунт», не дают обязательного для таких работ описания. Вот американские ученые из Нью-Йоркского университета приступают к описанию своей работы.

«Описание образцов. Общая часть. Отсеянные частицы грунта с двух уровней (А и Г) были получены от Дж. А. Вуда (Смитсонианская астрофизическая обсерватория, Кембридж, Массачусетс) для изучения, представлявшего часть исследования минералого-петрологического консорциума. Образцы с уровня А (верхняя часть керна) содержат 57 частиц из фракции 250–425 мкм, помещенных в тонкий полированный шлиф, и 18 отдельных «мономинеральных» частиц диаметром 0,2–0,4 мм, полученных для рентгеновского анализа. Образцы уровня Г (с глубины 30 см) состоят из 257 частиц из фракции 150-250 мкм, помещенных в тонкий полированный шлиф, и

49 отдельных «мономинеральных» частиц (0,2–0,4 мм). Соотношение типов пород в «каменных» частицах из каждого уровня приведено в табл. 1. «Мономинеральные» частицы состоят из отдельных минералов, стекол или агрегатов, в которых одна фаза сильно преобладает (> 75%). В большинстве это пироксен, плагиоклаз, оливин и стекло или раскристаллизованное стекло. Изредка среди этих частиц заметны фрагменты оплавленных брекчий и базальта»[61].

А вот ученые из Калифорнийского технологического института начинают статью так.

«Введение. Образец В-1, доставленный «Луной-16», был наиболее крупным обломком, полученным по обмену образцами с СССР. Rb-Sr и Ar40/Ar39 исследования, дающие значение возраста 3,45 млрд. лет для этого обломка описаны в работах наших коллег (1, 2). В данной работе приведены результаты наших петрологических и химических исследований.

Образец В-1 представлял собой обломок весом 62 мг из зоны 15–28 см колонки грунта «Луны-16» (зона В в советских работах, но зона С в английском переводе [3]). Этот образец нам был передан под номером 16-10В-09; номер образца НАСА «Luna-16» – В-1. Изометричный обломок около 2,5 мм в диаметре весил 61,5 мг, когда был доставлен в нашу чистую лабораторию. После исследования под бинокуляром поверхностная пыль была удалена путем промывания ацетоном в ультразвуковой установке. Поверхность образца была хорошо очищена с очень небольшой потерей материала, и обломок при этом остался целым.

...Обломок был покрыт неправильной, тонкой, стекловатой «глазурью», и на всех его гранях присутствовали многочисленные ямки. Глазурь различалась по цвету и видимой толщине, но нигде не была достаточно толстой для того, чтобы скрыть базальтовую структуру обломка. Зерна полевых шпатов на внешней поверхности выглядели молочно-белыми, как раз такими, какими они бывают по соседству с ямками. Однако, несмотря на обилие характерных для удара проявлений, внутри обломок был плотным и целым.

На поверхности обнажались многочисленные небольшие пустоты, а одна сторона обломка (2 мм) выглядела как стенка пустоты. В этих пустотах находились пластинки ильменита размером до 50 мкм, лейсты коричневого пироксена размером до 75 мкм и кристаллы плагиоклаза.

Обломок был разрезан на отдельные слои с помощью хирургического инструмента из нержавеющей стали. В ходе операции каждый из слоев просматривался под бинокулярным микроскопом с целью обнаружения поверхностной глазури, а внутренние части были оставлены для Ar40/Ar39 исследований.

Части, использованные для «валовых» Rb-Sr и прочих химических исследований, могли содержать небольшую долю внешней поверхности, хотя и были сделаны все попытки исключить этот материал»[62].

А вот французские ученые из Парижа и Орлеана начинают свою статью: *«Мы имели в своем распоряжении 33,6 мг несортированного порошка и 13,4 мг в зернах величиной больше 0,5 мм из порции 118–111 общим весом 59 мг из пробы Л–16–19–118. Самые крупные частицы были очищены ультразвуком в трижды дистиллированном спирте, а затем высушены в сушильном шкафу. Они состоят из 8 базальтовых обломков, 4 обломков брекчий, из которых один довольно светлый, 1 белого зерна (которое оказалось маскелинитом), 1 хондры и ошлакованных темных, частично стекловатых кусков»*[63].

Ну как тут не поверить, что ученые США и Франции действительно видели и изучали образцы лунного грунта из СССР? Но не это главное.

Не то!

Если советские ученые, как я уже писал, дружно избегают говорить о том, что советский образец «Луны-16» и американский «лунный грунт» резко отличаются по массе параметров, то часть американских ученых и французов, свободных от заботливой опеки и НАСА, и академика Виноградова, говорят об этом открыто и пытаются придумать хоть какое-нибудь разумное объяснение этому феномену. Я процитирую.

Ученые из Орегонского университета отмечают, что базальты и американского «лунного грунта», и советского состоят в общем из одних и тех же минералов, но вот только эти минералы имеют непохожий химический состав. Они пишут, что в группе минералов пироксенов минерал титанический авгит *«содержит значительное количество алюминия и титана. Содержание TiO_2 значительно выше, чем для большинства* *авгитов «Аполлона-11» и «Аполлона-12», хотя количество TiO_2 в материале, доставленном станцией «Луна-16», в общем много меньше, чем в пробах «Аполлона-11», и сравнимо с содержанием титана в базальтах «Аполлона-12»*[64] – с удивлением отмечают американцы и делают выводы, что в месте прилунения «Луны-16» пироксены кристаллизовались не так, как в остальных местах Луны». (А мы для себя отметим: само собой – на Луне и Земле условия кристаллизации были разные.)

«Теперь из сравнения с грунтами «Аполлона-11», «Аполлона-12» и «Аполлона-14» стало хорошо известно, что в участке «Луны-16» обнаружена самая низкая распространенность редкоземельных элементов. Как будто бы это же наблюдение относится к гафнию и торию, а также к фосфору. ...Однако распространенности молибдена и вольфрама ...определенно не могли быть приписаны метеоритным вкладам. Так как эти распространенности на один или два порядка больше, чем измеренные в грунтах «Аполлона-11», «Аполлона-12» и «Аполлона-14», мы предполагаем, что имеется возможность загрязнения образца «Луна-16»[65] – сообщают французские ученые, как видите, не веря своим глазам и полагая, что молибден и вольфрам попали в грунт «Луны-16» уже на Земле откуда-то со стороны. Но при этом, как видите, получается, что кто-то выковырял из проб «Луны-16» редкоземельные элементы – скандий, иттрий, лантан и лантаноиды.

Идея о том, что пробы «Луны-16» были загрязнены химическими элементами, отсутствующими в американском «лунном грунте», владела умами ученых и по ту сторону океана. *«Три элемента показывают сильное обогащение по сравнению с грунтами «Аполлона-11» и «Аполлона-12»: кадмий – в 5–200 раз, серебро – в 5–10 раз и висмут – в 3 раза. Предположительно, эти элементы были внесены материалом, богатым кадмием–серебром–висмутом»*[66], – пишут ученые из Института Ферми и Чикагского университета. Но и они тут же отмечают: *«Особый интерес представляют величины индия в грунте «Луны-16», так как они одни из самых низких, до сих пор полученных по любому лунному грунту»*[67].

Для объяснения, почему грунт «Луны-16» так резко отличается от американских «лунных грунтов», идея загрязнения советских проб со стороны была не единственной. Предполагалось также, что в месте отбора проб «Луной-16» и «Аполлонами» лунный грунт был неодинаково перемешан (надо думать – метеоритами). Дж. П. Росс III из Калифорнийского технологического института пишет, что для лунного грунта, доставленного «Луной-16», *«можно рассчитать среднюю глубину перемешивания» 1200 г/см² (6 м). Это втрое меньше, чем глубины перемешивания, рассчитанные для мест посадки «Аполлона-11» и «Аполлона-12», и согласуется с предположением о более тонком слое реголита в данном участке»*[68]. Идея о том, что все объясняется перемешиванием, понравилась и ученым Вашингтонского университета, но они пишут, изучив древние треки (следы удара ядерных частиц высоких энергий) в двух пробах «Луны-16»: *«Плотности треков схожи с наблюдениями в сильно облучаемых образцах «Аполлона-11», «Аполлона-12» и «Аполлона-14» и показывают, что эти две пробы состоят из хорошо перемешанного материала»*[69]. Фактом хорошего перемешивания материала в месте посадки «Луны-16» эти ученые объясняют то, что *«чувствительность термолюминесценции колонки «Луны-16» очень низкая (примерно в 50 раз меньше, чем для колонки «Аполлона-12»*[70], а *«материал «Луны-16» имеет также самое меньшее содержание урана из сообщенных до сих пор какого-либо лунного образца»*[71]. Как видите, с идеей перемешивания грунта согласны и в Калифорнийском технологическом институте, и в Вашингтонском университете, но только в первом считают, что лунный грунт был лучше перемешан в «местах посадок» «Аполлонов», а во втором – в месте посадки «Луны-16».

И, просматривая таким образом статьи западных ученых в этом сборнике, волей-неволей будешь натыкаться на сообщения типа: *«Если изверженные породы «Луны-16» не являются переплавленным грунтом, то они, по-видимому, представляют собой... материал, который до сих пор с Луны не доставлялся»*[72], – считают в штате Мэриленд. В Университете Беркли (штат Калифорния) определили ксеноновым методом возраст грунта в местах посадок на Луну и определили, что для американского «грунта» он составляет 450 миллионов лет, а для грунта «Луны-16» – 900 миллионов[73].

«Отношение числа нейтронов, захваченных атомами самария-140, к их числу, захваченному гадолинием-157, равно 0,76, что отличается от значения 0,86, установленного для мест посадки «Аполлона-11», «Аполлона-12» и «Аполлона-14», – пишет уже знакомый нам Дж. П. Росс III из Калифорнии. Но сле-

дующим предложением закрывает тему: *«Это указывает на более мягкий энергетический спектр нейтронов в Море Изобилия»*[74]. При этом он пишет в тексте: *«Поэтому более высокий поток нейтронов не может быть отнесен за счет различий в химическом составе»*[75]. Тогда за счет чего? Сели все экспедиции на одной широте Луны, атмосферы, задерживающей поток нейтронов, нигде не было. В связи с чем поток нейтронов разный? И Росс III выдумывает перемешивание грунта...

«Сравнивая результаты с полученными для реголита «Аполлона-11» и «Аполлона-12», можно подчеркнуть, что грунт «Луны-16» самый бедный по содержанию калия, рубидия и редких земель и самый богатый по содержанию стронция»[76], – пишут французы. *«Наиболее реальное значение для отношения свинец-208 к свинцу-204 равное 111 показывает, что грунт «Луны-16» значительно менее радиогенен, чем другие лунные грунты»*[77], – сообщает группа исследователей Калифорнийского технологического института. Французы констатируют: *«...зерна образца Л-16-19, по-видимому, совершенно отличаются от таковых, извлеченных из образцов пыли «Аполлонов»»*[78]. В конечном итоге и ученые из Хьюстона записали (Виноградова на них не было!): *«Выводы. Образец реголита «Луны-16» уникален в сопоставлении с материалами «Аполлонов», потому что он имеет смещенную вариацию закиси железа к окиси алюминия и небольшие, почти хондритовые отрицательные аномалии европия и стронция. Образец «Луны-16» не может содержать больших количеств материалов, типичных для мест посадок «Аполлонов». Это позволяет предположить, что почти весь материал «Луны-16» извлечен из местных или близлежащих участков. Специфические химические черты «Луны-16» заставляют предположить, что главные компоненты этого образца получены из петрогенетической провинции, не похожей на провинцию, в которой происходило образование пород «Аполлонов»*[79]. Короче, угораздило «Луну-16» сесть в таком месте «американской Луны», которого там больше нигде нет.

Мы все же на Луне были

Остается еще один вопрос: а может, это мы не летали на Луну и сварганили свой лунный грунт из земных горных пород и метеоритного материала, взятого в музеях?

Даже если не принимать во внимание развевающийся на ветру американский флаг «на Луне», кондовых голливудских съемок американских астронавтов и прочего, то в рассматриваемом сборнике «Лунный грунт из Моря Изобилия» есть и прямое указание на то, чей грунт откуда взят. (Жаль, что этот сборник во всем мире просмотрел, по-видимому, только я.)

Дело в том, что с Земли, с расстояния в 400 тысяч километров, невозможно оценить ни химический состав грунта лунной поверхности, ни основную массу других параметров этого грунта. Но есть одна величина, которую можно измерить, не летая на Луну, – это отражательная способность грунта на поверхности Луны, так называемое альбедо. Парижская обсерватория получила для исследования альбедо образцы лунного грунта «Луны-16» и американское изделие, выдаваемое за реголит, доставленный «Аполлоном-14». Французы изучили поляризацию отраженного от образцов света, сравнили ее с поляризацией света, отраженного от Луны, и сухо констатировали по поводу американского образца: *«Отрицательная ветвь показывает, что такая поверхность не может полностью воспроизвести характер лунной поляризации»*[80]. А по отношению грунта, доставленного «Луной-16», Парижская обсерватория пришла к иному выводу: *«Образец из колонковой трубы с глубиной 20–22 см. Сложная межфазовая адгезия и слипание мелких частиц и комки вызывают многократное рассеяние, что дает результаты, согласующиеся с телескопическими лунными измерениями. Кривая альбедо образца сходна с лунной»*[81].

Вот так. Не были американцы на Луне, автоматических станций с доставкой образцов на Землю к ней не посылали, в результате фабрикуя «лунный грунт», просто не догадались, что настоящий лунный грунт имеет отсутствующее у земного грунта свойство – слипаться в комочки.

Что же из этого следует?

Итак, давайте подытожим рассмотренное в сборнике «Лунный грунт из Моря Изобилия».

Доставленный советскими автоматическими станциями лунный грунт, несмотря на достаточно большое его количество, не был дан для исследований всем компетентным лабораториям СССР, как этого требовали и смысл полетов на Луну, и законы пропаганды, а поступил в распоряжение узкого круга практически только московских ученых в основном из Института геохимии и аналитической химии им. Вернадского. Объяснение этому нарушению здравого смысла я вижу одно: ЦК КПСС не хотел, чтобы подделка американцами своего «лунного грунта» вскрылась.

Хотя обмен лунными образцами между США и СССР был широко разрекламирован, но из 51 исследовательской группы в Советском Союзе 46 в глаза не видели якобы присланных в СССР образцов американского «лунного грунта», хотя по характеру своих исследований они обязаны были выполнять сравнения в натуре. Объяснение этому нарушению законов научных исследований я вижу одно: ЦК КПСС не хотел, чтобы американская лунная афера была разоблачена.

Пять советских исследовательских групп, которые сообщают, что лично исследовали американский «лунный грунт», лгут, поскольку в их статьях для американского «лунного грунта» нет результатов замера тех параметров, которые они замерили для грунта «Луны-16». Кроме этого, ни один исследователь не сообщает вид американских образцов, хотя все обязаны были это сделать. Объяснение этой лжи я вижу только одно: ЦК КПСС не хотел, чтобы американская лунная афера вскрылась.

Из 40 исследовательских групп американских и французских ученых практически все независимые от НАСА ученые отметили резкое отличие грунта «Луны-16» и американских образцов по десяткам параметров, причем отклонения параметров были порою в сотни раз. В результате независимые ученые Запада вынуждены были объяснять эти расхождения загрязнением проб, неравномерностью перемешивания грунта на Луне, уникальностью того района Луны, куда села «Луна-16». Хотя объяснение на поверхности: американцы ученым вместо лунного грунта подсунули для исследований образцы, сфальсифицированные на Земле.

И наконец, Парижская обсерватория установила по изменениям поляризации отраженного света, что образцом, доставленным с Луны, является только грунт «Луны-16».

Что это добавляет тем, кто не счел за труд вникнуть в детали полетов американцев к Луне и кто способен соображать своею собственной головой? Практически ничего. Ведь поняв, что это афера, понимаешь и то, что, какие бы «доказательства» в пользу этой аферы ни фабриковали американцы, их фальшивость все равно выпрет наружу. А что это расследование добавляет тем, простите, безмозглым, кто сам понять ничего не способен и по этой причине обязан во все либо верить, либо не верить? Тоже ничего. По причине их безмозглости. К примеру.

Вот журнал «Авиация и космонавтика» № 7 за 2002 г. поместил обширнейшую статью маститого космического специалиста Александра Маркова, который с появлением лунной темы в России бегает по редакциям журналов — от «Новости космонавтики» до какого-то «Звездочета» — и очень профессионально доказывает, что американцы на Луну безусловно высаживались. Заканчивает он свою статью так: *«Милостивые государи, а почему я должен верить вам, персонам, знакомым с Apollo лишь по журналу «Америка» и переводам ГОНТИ из популярных (зарубежных, кстати) аэрокосмических журналов? Почему я должен считать жуликами и лгунами профессиональных астронавтов и выдающихся ученых ракетчиков? Опираясь только лишь на ваши кухонные рассуждения и расчеты?*

Если меня «зомбируют» труды Академии наук СССР и работы, издаваемые NASA, я не против и даже согласен. А вот ваши «искания» все время нуждаются в анализе и не всегда в научно-техническом»[82].

Вот и вдумайтесь в умственную убогость этого космического специалиста, тупо повторяющего в своей статье доводы, распространяемые НАСА. Он ведь согласен не только быть зомби, но и с гордостью носить звание «зомби», но чтобы это было не просто «зомби», а «Зомби Академии наук & NASA». Для него это, видимо, как звание Героя Социалистического Труда для Стаханова. И что бы вы ни объясняли ему, он сам понять вас не способен и его удел – верить. А верить он всегда будет «официально умным», поскольку это приподнимает его в собственных глазах – он становится таким же умным, как Академия наук и НАСА.

Где лунный грунт сейчас?

В связи с темой лунного грунта хочу обратить внимание еще на один момент. Со времени отбора его образцов прошло более тридцати лет. За это время резко шагнула вперед лабораторная и исследовательская техники. Казалось бы, раз уж США отказались от продолжения полетов на Луну, то почему бы не повторить исследование имеющихся образцов на более высоком уровне? Советский лунный грунт продолжает оставаться доступным для исследований, и даже сегодня российские аспиранты заказывают и получают лунный грунт «Луны-16» для своих диссертационных работ. Заказывают они и американский «лунный грунт», но в получении его, естественно, им отказывают.

Действительно, если вы присмотритесь к сообщениям, иногда проскальзывающим в прессе, то обратите внимание, что США предпринимают грандиозные усилия, чтобы их «лунный грунт» нигде не попал в руки исследователей. Порой кажется, что с американским лунным грунтом происходят какие-то аномальные явления, подобные таинственному и бесследному исчезновению его части из сверхнадежного хранилища в 1979 году. И такие сообщения периодически повторяются. К примеру, в 2002 году австрийская газета «U-Express» сообщила: *«В музее естественной истории в Стокгольме царит оживление. Был украден государственный подарок американского президента Ричарда Никсона 1969 года – вор вытащил четыре зернышка лунной пыли из витрины. Ее доставил на Землю экипаж «Аполлона-11». Директор музея Goeran Adensrog предполагает, что преступник был «настоящим космическим фанатом: зернышки совершенно ничего не стоят. Без соответствующей документации лунная пыль выглядит как обычная домашняя»*.

Можно, конечно, стать на позицию директора музея и утверждать, что вор является лунным фанатиком, который через 30 лет после «полетов американцев на Луну» решил согреть себе сердце лунной пылью. Но надо сказать, что в уголовной практике версию о том, что преступление совершил идиот-фанатик, оставляют на случай, когда иных версий совершенно нет. Поэтому давайте попробуем отыскать какой-нибудь другой мотив кражи, ведь лунный грунт, это не принцесса Диана, чтобы ему поклонялись тронувшиеся умом идиоты.

Чаще же всего воруют, чтобы продать и получить доход, но в случае с лунным грунтом дело приобретает неожиданный оборот. Чтобы его понять, представим, что из музея воры украли известную картину и тайно продали ее какому-либо миллиардеру. Тот ее тоже тайно показывает своим друзьям, хвастаясь перед ними. И для него, и для его друзей сообщение в прессе о краже этой картины является сертификатом ее подлинности. Этот миллиардер в глазах своих друзей выглядит подонком, к чему он привык, но он не имеет самого страшного для себя вида – вида идиота, которого облапошили мошенники.

А вот для случая воровства лунного грунта в глазах потенциальных его покупателей самым главным доказательством его подлинности является прямо противоположная ситуация – в прессе должно отсутствовать сообщение о краже этого грунта. Почему?

Напрягите фантазию. Вы — вор, проникли в Стокгольмский музей и извлекли из витрины мелкие кусочки «лунного грунта». Что вам выгоднее всего сделать? Правильно: немедленно выбросить их в ближайшую плевательницу и уйти из музея с пустыми руками. Непонятно почему? Потому что у подножия ближайшего вулкана вы нагребете ведро мелкого базальта, расфасуете его по четыре камешка и будете продавать их коллекционерам под видом украденных в Стокгольме. Если вас поймают, то не докажут факта воровства, поскольку экспертиза подтвердит, что эти камешки земного происхождения. И это абсолютно понятно всем, кто готов платить деньги за экзотику, и всем, перед кем покупатели краденого собрались хвастаться этой экзотикой. То есть периодические сообщения о краже лунного грунта превращают даже тех, кто мог купить действительно украденные из НАСА образцы «лунного грунта», в идиотов, которых «обули» мошенники, а их коллекцию «лунного грунта» сообщения о кражах дискредитируют и делают непригодной для уличения НАСА в лунной афере. То есть если какой-нибудь коллекционер вздумает отдать свой «лунный грунт» на экспертизу и выяснится, что это земной базальт, то НАСА с удовлетворением сообщит: «Естественно! Тебе же его подсунули мошенники!»

Раскрытие воровства в Стокгольмском музее следует начать с опроса шведских лабораторий и кафедр – не нашелся ли и там аспирант, мечтающий проанализировать лунный грунт и запросивший в музее разрешение на исследование этого экспоната? Эта кража вдвойне выгодна американцам: она исключает анализ «лунного грунта» шведскими учеными на современной исследовательской технике и дискредитирует всех тех, в чьи руки американский «лунный грунт» мог попасть нелегальным путем. Поскольку тех, кто владеет «лунным грунтом» на законных основаниях, американцы преследуют беспощадно, плюя и на здравый смысл, и на священное право частной собственности. В свое время пресса сообщила, что правительство США конфисковало «лунный камень» у частного американца, который выставил его на продажу в Интернете. Этот камень был подарен Никсоном правительству Гондураса в 1973 году, а оно его продало. Суд в США постановил, что «лунный камень» принадлежит правительству США[83]. Этот камень был с сертификатом, от результатов его анализа американцы не смогли бы откреститься просто так, и, как видите, они предпринимают героические судебные усилия, чтобы сделать этот камень недоступным для исследований.

А вот сообщают корреспонденты ИТАР–ТАСС А. Бережков и Ю. Кирильченко из Нью-Йорка: «*Раннюю Вселенную в миниатюре могут теперь увидеть и даже потрогать посетители Американского музея естественной истории в Нью-Йорке. Здесь открылся обновленный и обогащенный Зал метеоритов. В нем выставлено более 130 уникальных экспонатов, которые древнее нашей планеты. Главным является, конечно же, огромный кусок железа под названием Анигито – самый крупный из всех метеоритов, включенных в экспозиции музеев мира. Если быть точнее, это осколок гигантского метеорита, упавшего в Гренландии тысячи лет назад, когда там еще не было людей. Железная глыба, возраст которой составляет 4,5 млрд. лет, весит 34 тонны. Она настолько тяжела, что ее не в состоянии выдержать даже самый прочный пол. Пришлось делать специальные опоры, пробурив для них шахты до самого скального основания Манхэттена прямо из здания музея. «Царя» выставки словно обступили кольцом «подданные» – экспонаты поменьше, но не менее интересные. Особое внимание специалисты уделяют пяти марсианским метеоритам. Ведь посланцы с Марса очень редкие гости на Земле. А неподалеку выставлены три лунных камня, которые собраны в разных районах бледнолицей спутницы нашей планеты в ходе экспедиций по программе «Аполлон» в 70-х годах прошлого века. Эта «троица» – единственные экспонаты, которые не принадлежат музею, а взяты им «напрокат» у НАСА*».

Может у нас возникнуть вопрос – почему даже марсианские метеориты принадлежат главному музею естественной истории США, а три жалких камня «с Луны», которых у США, по легенде, аж 400 кг, – нет? Почему даже своему музею НАСА не передала ни одного камешка? Ответ один: музеи – это и научно-исследовательские учреждения, если «лунные камни» принадлежали бы музею, то были бы доступны для исследований. И правительство США делает все, чтобы этого не произошло, поскольку какие будут результаты, американцы знают. Это ими проверено. Об этом в свое время сообщил «Дуэли» наш читатель в Интернете. Напомню.

«Прокол в версии США о полетах на Луну удивительным образом совпал с ее 33-й годовщиной. Официальная информация в двух словах изложена на «Ленте.РУ» и на «Рейтер» и гласит о поимке студентов, укравших во время практики в НАСА сейф с лунными камнями. Даются подробности: ФИО, возраст и информация о полном дебилизме. Ведь только больной, сперев то, чем никто не торгует, выставляет краденое на сайте в Интернете на радость агентам ФБР, которые тут же всех и повязали. Указанное событие, на мой взгляд, должно отвлечь от другого события, которое произошло с «лунными камнями» и тоже связано с «ФБР» и с «кражей государственного имущества». Краткое сообщение о нем содержится на сайте: http://www.spacenews.ru

Суть указанного сообщения в том, что в связи с криминальными событиями по решению судебных органов была проверена подлинность «лунного» камня, доставленного на Землю «последней» пилотируемой экспедицией США на Луну. И – о ужас! Камень не «лунный». Он метеорит. Тут же подведена «научная» теория: метеорит упал на Луну и лежал там долгое время, а «последняя американская экспедиция», будучи на Луне, не смогла найти собственно лунного камня и была вынуждена доставить на Землю метеорит. Колоссальное совпадение!!! Я даже не знаю, как рассчитать вероятность такого события.

Американцы «доставили на Землю» 400000 граммов «лунных пород». И вот через 30 лет произведена 1 (одна) судебная экспертиза, причем делала ее все та же НАСА. Исследование 1 (одного и первого) грамма показало, что он не «лунный»!!! И только потому, что крючкотворы растянули удовольствие и задали лишний вопрос: «А действительно ли камень, фигурирующий в деле, есть лунный камень?» И вот тут на экспертизу повлияло то, что за упомянутые выше 30 лет руководство НАСА сильно изменилось. Пришли новые люди, а они сидеть за аферы предшественников не очень-то рвутся. Конечно, в неписаной американской конституции четко сказано, что американцы были на Луне. И этот неписаный закон твердо доведен до сегодняшнего руководства НАСА. Но, повторяю, сидеть не хочется. Может быть, эксперты НАСА и, перекрестясь, обманули бы американский суд, но писака судебный в судебном определении попросил просветить суд конкретно: «По какому признаку эксперты признали камень «лунным»?» И открылось бы то, что было известно им всегда, что никакого материального критерия не существует. Да, камень старый, да, неземного происхождения, но что он «лунный», эксперты не подтвердили.

Отраден тот факт, что убийственная правда вышла наружу. Но это еще не финал. На том же сайте, через несколько дней опомнившись, дали новое сообщение о том же судебном деле, но уже полностью скрывшее, что же произошло».

Мне остается только дополнить сообщение о том, что американцы «доставили» с поверхности Луны метеорит, следующей информацией, взятой все из того же сборника «Лунный грунт из Моря Изобилия». (Толстая книга, в ней про все есть.) Дело в том, что на поверхности Луны в принципе не могло быть не только метеоритов в виде камня, но и в виде мелких песчинок. В грунте, доставленном с Луны, они не обнаружены. Ученые из Парижского университета и Управления геологии и горных исследований в Орлеане в конце своей статьи даже акцентируют на этом внимание: *«Как объяснить участие (некоторое) метеоритов в образовании реголита и ненаблюдаемость метеоритных остатков?»*[84] Ответ на этот вопрос дает, между прочим, академик Виноградов: *«Наиболее надежным доказательством «работы» метеоритов* (в образовании реголита. – **Ю.М.**) *было бы их обнаружение на поверхности Луны. Однако метеориты и микрометеориты налетают на Луну с космическими скоростями. Эксперимент и расчет показывают, что 1 кг вещества метеоритов способен при этом взорвать на 2–3 порядка больше вещества пород Луны, их раздробить и т. д.»*[85]

То есть на Земле метеориты на поверхности планеты обнаруживаются только потому, что атмосфера Земли гасит их космические скорости и они падают на Землю, сохраняясь сами и не проникая глубоко в ее недра. А на Луне атмосферы нет, на ней любой метеорит от удара о поверхность взрывается на мельчайшие частицы, и эти частицы загоняются далеко вглубь Луны. Метеорит на поверхности Луны – это исключительная глупость, это смешнее, нежели рояль в кустах.

Вот все, что я хотел написать о лунном грунте в связи с американской лунной аферой. Повторюсь: умному я вряд ли много добавил (хотя никакая информация по такому делу не бывает лишней), а дураку я вряд ли чем смог помочь. Возникает вопрос – не слишком ли решительные выводы я делаю, просмотрев всего лишь одну книгу по этой тематике? Однако дело в том, что я не один и всю остальную основную литературу просмотрел Дмитрий Кропотов из Челябинска. Он пишет вот о чем.

В СССР не попал

Д. КРОПОТОВ. После выхода статьи Ю. Мухина «Были ли американцы на Луне-3» («Дуэль», № 48, 2003 г.), в которой обсуждается вопрос о том, передавались ли образцы американского лунного грунта для исследования в СССР, на многих Интернет-форумах разгорелись горячие дискуссии по этой статье. Разумеется, то главное, что говорил Ю. Мухин в этой статье (вскрытие мотива поведения руководителей СССР, приведшего к замалчиванию американской лунной аферы в сговоре с руководителями США – страха перед шантажом-расследованием обстоятельств смерти Сталина и сути предлагавшихся им реформ), отвергается с порога с ярлыком «чушь, не заслуживает обсуждения», хотя, если принять этот мотив, легко объясняется странное пренебрежение таким козырем в пропаганде – тем более в пропаганде, в которой СССР мог бы опираться не только на измышления идеологического отдела КПСС, но и на помощь «пятой колонны» в лице сторонников версии лунной аферы в самой Америке. Примерно в аналогичной ситуации США не преминули воспользоваться таким козырем в пропагандистской войне – обвинением СССР по абсолютно ложным основаниям в тайных запусках в космос космонавтов-смертников. В этой пропагандистской атаке на СССР, которая началась сразу после полета Ю. Гагарина, США не помогала пятая колонна в СССР, тем не менее результаты этой акции холодной войны видны и сейчас – до сих пор муссируются разного рода «материалы» о советских космонавтах-смертниках, предшественниках Ю. Гагарина. А вот советские руководители почему-то даже в малой степени не воспользовались гораздо более весомым поводом для развертывания полномасштабного пропагандистского наступления – сомнениями в самих США в том, что американские астронавты высаживались на Луну. Этот факт требует объяснения, и гипотеза, предложенная Ю. Мухиным, такое объяснение – и непротиворечивое – дает.

По поводу же основного аргумента Ю. Мухина, проанализировавшего сборник научных работ советских и зарубежных ученых «Лунный грунт из Моря Изобилия» (М., Наука, 1973), посвященных исследованиям лунного грунта и сделавшего вывод, что образцов американского грунта не было в распоряжении советских ученых, как правило, высказывалось такое возражение: нельзя делать таких всеобъемлющих выводов всего лишь по одному источнику, тем более сборник был посвящен изучению только советского грунта. Утверждалось, что есть, дескать, гораздо более представительные книги, в которых-то и отражены не могущие быть подвергнутыми сомнению результаты исследований американского грунта в СССР. (Письмо Ю. Мухина в Институт геохимии им. Вернадского и обескураживающий ответ, вернее его отсутствие, объясняется нежеланием «настоящих ученых» связываться с журналистом скандального издания). В качестве доказательства приводятся даже рекомендации анонимных «сведущих ученых» по названиям таких книг.

В конце концов, существуют библиотеки и в них – систематические каталоги, в которых раздел «Исследования Луны» имеет свой номер. В результате просмотра такого каталога крупной научной библиотеки и принятия во внимание «рекомендательных» списков книг оппонентов статьи Ю. Мухина в Интернете был подготовлен такой список источников, которые, дескать, снимут все проблемы:

1. Грунт из материкового района Луны, М., Наука, 1979, 708 с., тираж 950 экз.

2. Черкасов И.И., ШваревВ.В. Грунт Луны, М., Наука, 1975, 144 с., тираж 25000 экз.

3. Лунный грунт из Моря Кризисов, М., Наука, 1980, 360 с., тираж 1000 экз.

4. Космохимия Луны и планет, М., Наука, 1975, 764 с., тираж 2000 экз.

Что ж, библиотеки у нас пока бесплатные, поэтому никакого труда не составило взять эти, рекомендованные сторонниками версии о том, что американцы были на Луне, книги издательства "Наука", посвященные исследованиям лунного грунта. Следует признать, что рекомендованные оппонентами сборники представляют собой весьма представительную выборку всего спектра научных работ советских ученых по исследованию лунного грунта. Соответственно, если проанализировать эти работы и выявить их «особенности», о которых ниже, можно с полным основанием предположить, что эти «особенности» характерны для всех работ советских ученых по изучению лунного грунта.

Итак, краткий обзор крупных сборников научных работ по исследованиям лунного грунта, выходивших в СССР в издательстве «Наука»:

1. Грунт из материкового района Луны, М., Наука, 1979, 708с., тираж 950 экз. Сборник научных работ, 83 работы, из них 38 работ советских ученых, 1 — совместная.

Что сразу бросается в глаза — если среди работ иностранных ученых не редкость такие названия, как: «Модель дифференциации Луны в свете новых данных о химическом составе реголита «Луны-20» и «Аполлона-16» Нава Д.Ф., Филпоттс Дж.А.; «Химический состав пород и реголита «Луны-20» и реголита «Аполлона-16». Лаул Д. К., Шмитт Р.А. (то есть даже в названии статьи отражается тот факт, что исследованиям подвергались образцы американского и советского грунтов), то среди всех 38 работ советских ученых таких названий не встречается. Характерный пример — статья советского ученого Ю.И. Стахеева «Закономерности распределений размеров частиц лунного грунта». При описании цели исследований автор специально отмечает, что его задачей будет именно исследование американского грунта: *«Для проверки общности обнаруженных закономерностей представляло интерес провести подобное исследование грунтов с мест посадки КК «Аполлон-11 -17». **Оно и являлось целью настоящей работы*** (выделение мое, – Д.К.)» (с. 77). Каким же образом автор проводит это исследование? А по литературе, по американским же источникам, обратите внимание на типичную цитату:

«Аполлон-14»: Для определения вида связи Mz и сигма, коэффициентов a и b в уравнении связи и вычисления индексов зрелости мы использовали данные работы [5]». (с. 78) Работа [5], как следовало ожидать, – работа иностранных авторов. Об этой же особенности советской работы (отсутствии в распоряжении авторов американского грунта) свидетельствует и другая цитата: *«Аполлон-15»: Нам не удалось найти характеристик распределений размеров частиц, в отношении которых мы бы были уверены, что они учитывают фракции +1мм»* (с. 79).

Очевидно, что, если бы в распоряжении автора были образцы американского грунта, обрести уверенность ему бы никто не помешал. Вместо этого ему пришлось выискивать данные по гранулометрическому анализу из работ иностранных ученых.

А на то, что советский грунт был в распоряжении американских ученых, недвусмысленно свидетельствуют цитаты из их статей, например, в работе «Распространенность литофильных элементов-примесей с большими радиусами ионов в колонках реголита, доставленных «Луной-20» и «Аполлоном-16» Филпоттс Дж.А., Пуманн С., Бикель А.Л., Лум Р.К. пишут: *«Проба 22001,8 «Луны-20», исследованная в данной работе, представляла собой...»* — и далее детальное описание, примерно такое, какое цитировал Ю. Мухин в своей статье.

Вывод – ни о каких исследованиях американского грунта в СССР в книге сведений нет, все сведения об американском грунте – из американских же источников.

2. Черкасов И.И., Шварев В.В. Грунт Луны, М., Наука, 1975, 144 с., тираж 25000 экз. Эта работа обзорная, выпущена большим тиражом, но по поводу американского грунта оперирует только компиляциями из иностранных же источников, к примеру: *«В США аналогичные работы (по исследованию грунта) проводили Л. Джаффе, В. Каррьер, Д. Митчелл, Р. Скотт и другие»* (с. 101).

Если для описания установок для исследования советского грунта авторы не жалеют страниц (приводится даже фото приемных камер и схема установки ТОР-1 для исследования грунта на фото и в чертежах), то для американского не описано ничего. Например: *«Гранулометрическое исследование пробы лунного грунта, доставленного «Луной-16», проводилось Ю. Стахеевым, Е. Вульфсоном, А. Ивановым и К. Флоренским в две стадии»* (с.115). Но никаких упоминаний об исследованиях на этих же установках американского грунта. Книга, напомню, издана в 1975 году, то есть уже после «передачи» образцов такого грунта в СССР.

В разделе «Результаты исследования образцов, доставленных экспедициями «Аполлон» (с.128), приводятся только данные из зарубежных источников: *«В работе, опубликованной в конце 1973 года, американские ученые В. Кэрьер, Д. Митчелл и А. Махмуд описывают результаты комплексного исследования гранулометрии, формы зерен, удельного веса и максимальной плотности лунного реголита, проведенного на нескольких образцах весом менее 1 г, доставленных экспедициями А-11, 12, 14 и 15»* (с. 132).

Очевидно, что, если бы американский грунт исследовался и в СССР, авторы не преминули бы указать хотя бы руководителей такого исследования. Если бы американский грунт исследовался в СССР, его обязательно исследовали бы на универсальной установке ТОР-1 по исследованию механических свойств грунта. Однако никакой информации об этом не приводится, а во всех описаниях опытов с ТОР-1 специально указывается, что исследованиям подвергался только советский грунт: *«На ТОР-1 были испытаны лунный грунт, доставленный «Луной-16», и два его земных аналога»* (с. 119).

Вывод – ни о каких исследованиях американского грунта в СССР в книге сведений нет, а все сведения об американском грунте – из американских же источников.

3. Лунный грунт из Моря Кризисов, М., Наука, 1980, 360 с., тираж 1000 экз. Сборник научных работ советских и зарубежных ученых. 33 работы, из них 25 — советских ученых. Книга вышла в 1980 году, то есть тогда, когда гипотетически переданный в СССР американский грунт должен был быть широко представлен в исследованиях советских ученых. Оппоненты, разумеется, снова могут выдвинуть довод, что, дескать, этот сборник посвящен *только* исследованиям советского грунта, доставленного «Луной-24», тем более что в аннотации говорится: *«Книга содержит оригинальный материал по изучению лунного грунта, доставленного советской автоматической станцией «Луна-24»* (с. 2). Однако, здесь же в книге сказано, что *«В ряде работ проведено сопоставление данных по исследованию образца, доставленного «Луной-24», с результатами изучения проб грунта, доставленного АЛС «Луна-16 и 20» и космическими кораблями «Аполлон»*. Более того, в предисловии указывается, что *«В нескольких статьях сборника описано изучение образцов реголита специальными физическими методами»*. Уж наверное, если проводились в СССР исследования такими методами, логично было бы предположить, что им подверглись бы все образцы грунта, имевшиеся в распоряжении советских ученых. И если исследовались только советские образцы, то очевидно, что в распоряжении советских ученых других и не было. Смотрим для примера статью: «Анализ образцов реголита из Моря Кризисов нейтронно-активационным методом. Колесов Г.М., Сурков Ю.А.»

Что говорят авторы об исследованных образцах? То, что они – исключительно советские: *«Проводилось исследование химического состава образцов реголита колонки лунного грунта, достав-*

ленного АС «Луна-24» (с. 238). Дотошно описывается методика исследований: *«Облучение исследуемых проб проводили в ядерном реакторе ТВР в течение 20 ч. и 7 дней при плотности нейтронов 1,2* х 10^{-13} *нейтронов/см²* х *сек»* (с. 238). И никаких упоминаний о том, что при таких уникальных условиях (повторения которых вряд ли стоило бы ожидать от американских ученых без специальной договоренности) исследовались образцы американского грунта. Про грунт «Аполлонов» упоминается в конце статьи – при анализе корреляции содержания некоторых элементов (таб. 4) данные по американскому грунту взяты, очевидно, из литературы, хотя прямо об этом и не говорится.

Следующая статья «ЯГР-спектроскопия образцов реголита из Моря Кризисов» Малышевой Т.В. Уникальная методика исследования – ЯГР-спектроскопия. Статья не первая: *«Предыдущие наши исследования лунного реголита из морского («Луна-16») и материкового («Луна-20») районов Луны методом эффекта Мессбауэра показали...»* (с. 300). Однако ни о каких исследованиях американского грунта не идет и речи: *«Настоящая работа предпринята с целью исследования лунного грунта из нового района прилунения и сравнения полученных результатов с данными для образцов «Луны-16 и -20»* (с. 300). Не правда ли, странное нежелание исследователя поработать с якобы «переданным» советской стороне американским лунным грунтом? Думаю, это не нежелание, а невозможность – не было грунта, не было и исследований.

В этом сборнике, как и в «Грунте из материкового района Луны», среди работ зарубежных ученых обычными являются такие названия статей, как: «Исследование микрократеров, треков космических лучей и петрографии образцов реголита, доставленного станциями «Луна-16, -20 и -24», а также их сравнение с образцами реголита из сборов экспедиций «Аполлон» авторов Пупо Ж., Мондевиль Ж. К., Кристоф-Мишель-Леви М., Ромари Ф. И в этой статье, само собой разумеется, четко написано, что же исследовалось: *«В настоящей работе представлен ряд результатов измерений треков космических лучей и микрократеров на различных уровнях колонок реголита, доставленных станциями «Луна-16, -20 и -24», в керне, полученном в эксперименте по глубокому бурению экспедиции «Аполлон-16» и в большом числе образцов поверхностного реголита, отобранных из мест посадок «Аполлонов-12 и -17»* (с.263). Никаких сомнений, не правда ли?

Излишне говорить, что ни одной советской статьи с названием, отражающим факт исследования американского и советского грунта совместно, в этом сборнике нет.

Вывод – ни о каких исследованиях американского грунта в СССР в книге сведений нет, все сведения об американском грунте – из американских же источников.

4. Космохимия Луны и планет, М., Наука, 1975, 764 с., тираж 2000 экз. Эта книга рекомендовалась оппонентами в сетевых дискуссиях как основная, в которой-то и можно найти ответы на интересующие нас вопросы – по исследованиям советскими учеными американского лунного грунта. Именно ее рекомендовал анонимный «ученый», к которому обратились за консультацией оппоненты. Однако собственно про исследования лунного грунта в ней статей не очень много. Этот сборник посвящен более глобальным вопросам – там опубликованы статьи по планетологии и космохимии Марса, по гипотезам о происхождении планет. А по Луне – много статей по хронологии, магнетизму, тепловой истории Луны – так, что собственно про грунт из 60 статей всего 23, из них советских ученых – всего 6 (одна из них – в соавторстве с американцем). Возникает серьезное сомнение в профессионализме «ученого», порекомендовавшего этот сборник как ключевой по вопросу исследований американского лунного грунта советскими учеными. Можно, конечно, списать этот конфуз на то, что «ученый» просто не разобрался, чего же от него хотели. Советских работ, в той или иной мере посвященных лунному грунту, так мало, что можно даже привести их названия:

«Дифференциация вещества Луны». А.П. Виноградов.

«К вопросу о происхождении лунных морей и континентов». Т.В. Малышева.

«Новые результаты и обзор опубликованных данных для колонки «Луны-20». Н.Дж. Хаббард, Г.И. Раменд и М.С. Чупахин.

«Химический состав фрагментов кристаллических пород и образцов реголита «Луны-16» и «Луны-20». А. Цимбальников, М. Паливцов, И. Фран, А. Машталк.

«Основные особенности процессов деформации и разрушения лунного грунта». А.К. Лсонович, В.В. Громов, А.Д. Дмитриев, В.Н. Пенетригов, П.С. Семенов, В.В. Шваре.

«Радиационная история вещества, доставленного советскими автоматическими станциями «Луна-16» и «Луна-20», по данным трековых исследований». Л.Л. Кашкаров, Л.И. Генаева, А.К. Лаврухина.

Как и в работах всех предыдущих сборников, в этих работах речь идет либо только об образцах советского лунного грунта, либо данных об американском грунте, полученном из американских же источников.

Несколько особняком стоит работа (Новые результаты и обзор опубликованных данных для колонки «Луны-20». Н.Дж. Хаббард, Г.И. Рамендик, М.С. Чупахин), выполненная в соавторстве советским и американским ученым. Как и следовало ожидать, американские образцы в этой работе исследовались американцем, советские – советскими учеными: *«В СССР нами и другими авторами была проанализирована фракция <83 мкм, а американский образец составляла фракция <125 мм»* (с. 155). Американские образцы использовались только в качестве контрольных, а исследовался на масс-спектрометре только советский грунт: *«Исследован материал 4-х зон колонки грунта, доставленной «Луной-20»* (с. 153).

Что касается статей иностранных ученых, то в них обычным являются такого рода пассажи: *«Мы благодарим АН СССР за предоставление образцов Л-16 и 20 и Королевское научное общество за предоставленные субсидии»* (с. 192).

Есть в сборнике также статьи наших «союзников» – например ученых ГДР: «Результаты специальных механических исследований материала «Луны-16». Х. Штиллер, Х. Фальштэд, Р. Веш, П.Е. Банквиц, Ф.Ц. Вагнер, Ю. Шен. Разумеется, в этой статье нет никакого упоминания об исследованиях американских образцов, которое было бы, без сомнения, интересно, так как ученые ГДР разработали *«специальную систему методов исследования реголита»*, особенно в сопоставлении с советскими образцами. Нет, немецкие ученые упоминают только об исследованиях советского грунта, доставленного станцией «Луна-16».

Вывод – ни о каких исследованиях американского грунта в СССР в книге сведений нет, все сведения об американском грунте – из американских же источников.

Что ж, можно подвести некоторый итог, который в основном подтверждает тезис Ю. Мухина о том, что никакого американского грунта в распоряжении советских ученых не было. Или, если высказаться более осторожно, приходится признать тот факт, что исследования американского грунта в СССР по какой-то причине были развернуты в несопоставимо меньших масштабах, чем во всем мире исследования советского и американского грунтов или исследования советского же грунта в СССР.

По крайней мере, в работах советских ученых мало что свидетельствует о проведенных ими сравнительных исследованиях по оригинальным методикам, а если и свидетельствует – то как-то невнятно, на графиках смешиваются как результаты, полученные самими авторами, так и, очевидно, взятые из литературы. Одни виды исследований применяются ко всем образцам, другие – только к советским (см., например, работу И.И. Антипова-Каратаева, М.В. Ахманова, Б.В. Дементьева, М.Н. Маркова, И. Стахеева, Л.С. Тарасова «ОПТИЧЕСКИЕ ПАРАМЕТРЫ РЕГОЛИТА ИЗ МОРСКИХ И МАТЕРИКОВЫХ РАЙОНОВ ЛУНЫ» из сборника «Грунт из материковых районов Луны»).

В проанализированных 4-х сборниках (включая сборник «Лунный грунт из Моря Изобилия», проанализированный Ю. Мухиным) содержится около 100 советских работ по исследованиям лунного грунта. Выборка весьма представительная, не думаю, что можно предположить существование пласта работ, ни одна из которого не попала ни в один сборник.

Особенности всех советских работ, касающихся лунного грунта, следующие:

1. Нет ни одного названия работы, в котором бы фигурировало упоминание о сравнительных исследованиях американских и советских образцов, тогда как такие названия для американских работ, скорее, правило.

2. Там, где в работах советских ученых даются сравнительные сведения об американском грунте, во всех случаях это сведения из американских же источников, а не сведения, полученные самостоятельными исследованиями.

3. В работах советских ученых нет никаких упоминаний, откуда и как к ним попали (если попали) образцы американского грунта (тогда как для статей иностранных ученых благодарность за предоставленные образцы – обычная практика).

4. Даже в циклах статей советских ученых, выходивших на протяжении ряда лет и посвященных исследованиям грунта по уникальным методикам (ЯГР, ИНАА), нет никаких упоминаний, что этим исследованиям подвергались также и американские образцы грунта.

После обсуждения результатов исследования «рекомендованной литературы» с оппонентами у них возникли следующие предположения ввиду невозможности отрицать указанные «особенности» советских работ по исследованиям американского грунта: американцы, дескать, грунт послали, но он застрял по каким-то причинам в советских инстанциях или выдавался исследователям с совсем уж невозможным скрипом ввиду бюрократического засилья в советских научных учреждениях. И эту детскую версию можно было бы признать, если бы не одно «но» – необъяснимым факт отсутствия жалоб советских ученых на это засилье бюрократии или гадость со стороны советского правительства. Если в советское время эти жалобы могли бы передаваться только из уст в уста, то после и во время перестройки почему никто не встречал высказываний советских ученых, которые бы указывали на факт «зажима» властями СССР американского грунта? Полагаю, многие из ученых не преминули бы пнуть еще раз советскую власть за то, что она зажимала науку — не давала изучать американский грунт.

Таким образом, вопрос о том, какова судьба якобы «переданного» в СССР американского лунного грунта, остается открытым. Где он сейчас, в каком количестве был передан, сколько израсходовано в результате исследований, сколько осталось и какова его доступность для ученых? Если не подозревать советских ученых в некомпетентности и недобросовестности, остается единственный вывод – американский лунный грунт в СССР не попал или по какой-то причине был недоступен советским ученым.

Ю.И. МУХИН. Поскольку и в дальнейшем у сторонников американской лунной аферы, да и, надо признаться, у остальных читателей самый большой скепсис вызывает версия совместных действий аферистов США и ЦК КПСС, то я на свою работу по анализу сборника «Лунный грунт из Моря Изобилия» дам реакцию советского журналиста с большим стажем, Германа Владимировича Смирнова, и свою работу по анализу подробностей гибели корейского авиалайнера в 1983 году.

«Сказали: нецелесообразно...»

Г.В. СМИРНОВ. Исследование Юрия Мухина заставило меня вспомнить события почти сорокалетней давности. В 1967 году, когда я работал в редакции журнала «Техника – молодежи», выездной приятель нашего сотрудника К. Страментова привез из-за рубежа спецвыпуск американского журнала «Mechanix illustrated», посвященный анализу советских космических достижений. В статьях этого спецвыпуска доказывалось, что во всех советских публикациях о космических полетах много подозрительных умолчаний, неясностей, искажений, заставляющих думать, что успехи СССР в космосе - блеф.

Увидев этот журнал, наш главный редактор Василий Дмитриевич Захарченко зажегся.

– Ребята! – сказал он. – Ох, и отоспимся же мы на американцах! Ведь можно целый номер посвятить разоблачению их разоблачений! Ишь, чего удумали: наших спутников не было, полетов к Луне не было, Юрия Гагарина не было!

С этими словами он забрал журнал и улетел в ЦК КПСС «советоваться»... Вернулся часа через три погасший, равнодушный. Открыл портфель, вытащил американский спецвыпуск, небрежно бросил его на журнальный столик: «Сказали – нецелесообразно...»

Я тогда был потрясен: ЦК КПСС, который на всех совещаниях и собраниях требовал от нас пропагандистской активности, сам по непонятной причине, добровольно отказывался от возможности остро и эффективно поспорить с американцами! Позднее до меня изредка доходили слухи, что наши видные ракетчики подозревали, будто в высших эшелонах власти действуют какие-то тайные силы, препятствующие разработке новых перспективных ракетно-космических систем.

Эти слухи подтвердил в 1999 году начальник советской нелегальной разведки Ю. Дроздов. Он писал, что после развала СССР, когда стали возможны встречи наших разведчиков со своими прежними противниками, один американец сказал: «У вас волосы встанут дыбом, когда вы узнаете, какую агентуру ЦРУ и госдепартамент имели в Кремле!»

Выходит, Юрий Мухин прав: люди, заинтересованные в успехе американской лунной аферы, сидели в Политбюро!

Ю.И. МУХИН. А вот об участии ЦК КПСС в лунной афере в «Газете» за 03.08.2004 г. рассказывает участник советской лунной программы советский космонавт Леонов. В этом деле смешно то, что он яростно отстаивает американскую аферу – яростно доказывает, что американцы на Луне были. И поэтому нет оснований ему не верить, когда он утверждает, что полеты к Луне советских космонавтов были остановлены не слабым развитием советской космической техники (для облета Луны все было готово), а странной диверсией и опять-таки ЦК КПСС!

А.А. ЛЕОНОВ. В 1967 году вышло постановление ЦК КПСС и Совета Министров о неудовлетворительном состоянии дел с выполнением первого решения партии и правительства от 3 августа 1964 года, провозглашенного «Лунный курс» СССР. Уже тогда стало ясно: облететь Луну первыми мы, может быть, и сможем, но высадиться на нее раньше американцев нам никак не удастся.

...Итак, рассчитывать на то, чтобы опередить американцев при высадке, мы не могли. Но совершить раньше их облет Луны, по моему мнению, было нам вполне по силам. Повторюсь: основным носителем, предназначенным для корабля «Л-1» («Зонд»), была проверенная ракета Челомея «Протон». Однако проблемы возникли и с ней. В 1967 году из-за дефектов при сборке носителя неудачей завершилось несколько испытательных пусков. Самым обидным оказался срыв испытания, происшедший из-за того, что в топливный тракт ракеты попала заглушка от совсем другого двигателя из совсем другого цеха. Это была не халтура, а, как потом установила специальная комиссия, прямая диверсия. Обнаружилось это так. Проработав около 30 секунд, ракета вырубилась. Взрыв. Падение. Расследование. Дознались, кто собирал. Сборщик оказался кавалером ордена Ленина. Организовали хитрую проверку: «Давайте проследим, как это делалось!» Сборщик стал показывать, как он все проверял, как ставил заглушку и как двигатель уходил с конвейера. И вот незаметно ему была подсунута та самая заглушка от другого двигателя и из другого цеха. А он взял и, не задумываясь, автоматически вставил ее «на место»: она ведь по форме такая же была, только диаметром поменьше. Кто ему в первый раз подсунул эту заглушку? Кто сыграл на руку американцам? Это осталось неизвестным. Но испытание, так или иначе, провалилось. Время было упущено. Хотя сама ракета, строго говоря, здесь была ни при чем. Надо было просто установить должный контроль за сборкой и идти на пилотируемый облет Луны.

Доказать это в ЦК мы пытались даже после того, как Фрэнк Борман с 21 по 27 декабря 1968 года облетел-таки Луну. Дескать, поскольку программа посадки на Луну не отменена и финансирование продолжается, посадку мы все равно должны будем начать с облета. Сейчас мы в форме. Корабль есть. Разрешите лететь! ЦК: «Нет!»

С кем воевал ЦК КПСС?

Ю.И. МУХИН. Когда в результате расследования аферы США с «высадкой на Луну» их астронавтов в 1969–1972 гг. приходишь к выводу (а к нему приходишь неминуемо), что в этой афере на стороне США участвовал и ЦК КПСС, то в этот вывод, повторю, невозможно поверить даже самому. Ведь все вокруг неустанно нас убеждали, что США и СССР органические враги, и если внешне они время от времени и сближались, то в области пропаганды война между ними, казалось бы, шла непрерывно не на жизнь, а на смерть. Как же можно поверить, что ЦК КПСС в этой войне мог предать народ СССР и выступить на стороне его идеологических врагов?

Но если бы этот случай с лунной аферой был единственный. Давайте с точки зрения измены ЦК КПСС советскому народу рассмотрим случай с корейским авиалайнером, который якобы был сбит советской ПВО в небе над Сахалином более 20 лет назад – 1 сентября 1983 г.

И тогда знали, и сегодня все знают, что озверевшие советские подонки сбили мирный беззащитный пассажирский самолет «Боинг-747», который летел из США в Южную Корею рейсом КАЛ-007. В этом самолстс погибли, кроме членов экипажа и неучтенных лиц, 269 пассажиров. Об этом благодаря «свободной» демократической прессе и прессе СССР знает весь мир.

Существенно меньшее количество людей знают, что этот самолет не летел по своему обычному безопасному маршруту, а специально залетел на территорию СССР и пролетел над ней со шпионским заданием. Он должен был спровоцировать включение радаров советской ПВО, а находящийся над ним американский спутник определить параметры этих радаров. (В связи с этим «Боинг» взлетел из Анкориджа специально на 40 минут позже расписания, чтобы быть над территорией СССР одновременно со спутником.) Данные о радарах нужны американцам, чтобы в случае войны пустить свои бомбардировщики по маршруту, на котором их нашими средствами обнаружения невозможно будет засечь.

Что подтверждает этот вывод? Заведомо подлое поведение администрации Рейгана во всех вопросах, связанных с расследованием этого дела.

Скажем, расследованием этой катастрофы, как и любой авиакатастрофы, в США должно было заняться Национальное управление безопасности на транспорте – поскольку это прямое дело его специалистов. Но агентству это сразу же запретило правительство США. «Расследованием» занялся Государственный департамент США (Министерство иностранных дел, по-нашему), хотя там никаких специалистов и в помине нет. Как результат такого «расследования» были уничтожены записи на станциях слежения за этим самолетом, исчезли переговоры американских и японских диспетчеров, пленка записи переговоров нашего летчика со станциями наведения была подделана так грубо, что это при первом же ее озвучивании заметили даже корреспонденты, и т. д. и т.п. То есть американская сторона фальсифицировала дело нагло и грубо – так, что даже преданные США «демократические» журналисты при всем своем желании умолчать об этом не могут.

Или возьмем такой факт из той истории, о которой не говорят, возможно, не замечая. Это то, как грамотно вел самолет над нашей территорией пилот, который, кстати, до службы в этой гражданской корейской авиакомпании был пилотом в чине полковника южнокорейских ВВС. Смотрите. На нашу территорию «Боинг» залетел с Камчатки. Его засекли наземные радиолокационные станции (РЛС), в воздух поднялась пара наших истребителей, но пилот «Боинга» снизился с 10 до 3 км и вошел в непроницаемую для РЛС зону камчатских вулканов. Станции наведения наших истребителей потеряли его и не смогли навести поднятую в воздух пару. Та, израсходовав топливо, села. «Боинг» снова появился на экранах локаторов, тогда подняли в воздух еще пару истребителей, но он уже был так далеко, что у них не хватило топлива его догнать. Затем кореец залетел на Сахалин, там были подняты в воздух еще 2 наших истребителя, но «Боинг» опять сманеврировал и вошел в зону, недоступную наземным РЛС, и наши станции наведения его снова потеряли, то есть снова оказались неспособными навести на него истребители.

Но поднятый в воздух подполковник Осипович на своем «Су-15» все же успел засечь наглеца бортовой РЛС и разыскать его. Однако при подлете, когда Осипович хотел показаться «Боингу» и потребовать от него посадки, тот сделал еще один маневр – «Боинг» сбросил скорость с 900 до 400 км/час. «Су-15» с такой скоростью лететь не может, он проскочил корейца и вынужден был делать новые маневры для разворота и сближения с «Боингом», после чего в баках нашего перехватчика осталось мало топлива, а кореец был уже недалеко от границы. В результате, не успевая набрать высоту, Осипович задрал нос «Су» и дал пуск двух ракет вдогонку из нетипичного положения – снизу вверх, с расстояния 5 км. Так что скажем похвальное слово покойному пилоту «Боинга»: он был «та еще штучка» – умел летать и умел уклоняться от боя с истребителями.

Вот это примерно то, что я помню с давних пор, как и любой любознательный советский гражданин. Но благодаря читателям «Дуэли» я узнал то, что почему-то от нас, советских людей, скрывали тогда и скрывают сейчас.

Советская сторона сразу же подтвердила факт уничтожения корейского авиалайнера и, как предполагалось, он упал в нейтральных водах у острова Монерон. Мы начали поиски обломков спустя неделю, а глубоководные аппараты для съемки дна и поднятия тел и обломков сумели доставить к месту события только через месяц. Все это время по этой акватории моря свободно ходили американские и японские суда и корабли.

Действительно, на дне кое-что было обнаружено. Не фюзеляж огромного «Боинга», не его крылья, не сотни кресел и т.д., а немного очень мелких авиационных обломков, сплющенных каким-то взрывом. По этому поводу демократическая «свободная» пресса тут же объявила, что, дескать, лучше, когда самолет падает на землю, тогда нос его деформируется, это смягчает удар и сам самолет остается более-менее целым, а когда он падает в воду, то вода раздирает его на очень, очень мелкие части. Большего идиотизма трудно придумать, поэтому дополнительно полагают, что этот самолет перед тем, как упасть в воду, взорвался.

Во-первых, с чего бы? Во-вторых, он же не динамит вез. Взорваться мог только керосин в баках, а этот взрыв пламенный. Но среди обломков не было найдено ни единой обгорелой вещи. А то, что было найдено, не то что у экспертов, а уже у водолазов вызвало кучу вопросов. Вот рассказ одного из них:

«Я не пропускал ни одного спуска. У меня совершенно четкое впечатление: самолет был начинен мусором, и людей не было там. Почему? Ну, вот если разбивается самолет, даже маленький. Как правило, должны оставаться чемоданы, су-

мочки, хотя бы ручки от чемоданов... А там было такое, что, я считаю, не должны везти в самолете нормальные люди. Ну, скажем, рулон амальгамы – как с помойки... Одежда вся, как со свалки, – из нее вырваны куски... Мы же месяц почти работали! ...Мало было и носильных вещей – курток там, плащей, туфель – очень мало. А то, что находили, – какое-то рванье! Вот нашли, скажем, россыпь пудрениц. Они остались целыми, открывались. Но что странно, у всех разбитые внутри зеркальца. Пластмассовые корпуса абсолютно целые, а зеркальца все разбитые. Или зонты: все в чехлах, в целых чехлах – даже не надорванных. А сами – измятые, нерабочие... Ножи, вилки покореженные»[52].

Но главное не это, главное то, что из почти 300 человек, летевших на этом «Боинге», не было найдено НИ ОДНОГО тела! А ведь они должны были быть там, пристегнутыми к креслам, как к якорям, или всплыть, если успели надеть спасательные жилеты. За все время поисков был сфотографирован клок волос и якобы оторванная кисть руки в рукаве и перчатке. Все! А где же пассажиры? Ведь то, что они погибли, – это точно, но где их тела?

Насколько от этого «места катастрофы» несет фальшивкой, можно судить по таким вот примерам.

Через 2 года в небе над Атлантикой на высоте 10 км взорвался точно такой же «Боинг-747» индийской авиакомпании. В первый день поисков нашли тела 123 пассажиров, на следующий день еще 8 и через 4 месяца, при глубоководном исследовании – еще одного, пристегнутого к креслу.

В 1988 г. взорвался «Челленджер» с 7 астронавтами на борту на высоте около 15 км. Со дна океана подняли 254000 фрагментов космического корабля, 90% фрагментов кабины и тела всех астронавтов. А тут ни одного пассажира?

И наши, и японские спасатели собрали всего 1020 фрагментов этой катастрофы, среди которых японцы подобрали 13 фрагментов тел, но об этом ниже.

Закономерен вопрос, который «советская» пресса, ведущая «непримиримую идеологическую войну», единодушно не обсуждала – а был ли этот «Боинг» сбит советским истребителем?

Ведь подполковник Осипович, выпустив по нему две ракеты и попав одной в фюзеляж, а другой в один из 4-х двигателей, сообщил: «Цель уничтожена», – потому что, во-первых, он уже повернул на аэродром на остатках горючего и падения самолета не видел, во-вторых, он полагал, что произвел пуск по американскому самолету-разведчику RC-135, которому двух ракет могло хватить. Но для того, чтобы сбить такой сарай, как этот «Боинг-747», требуется по расчету не менее 7 таких ракет, какие были на «Су-15»!

Далее, американцы по отметкам на своих радарах вычислили время падения «Боинга» после поражения его ракетами. До высоты 300 м (когда отметка исчезла с радаров) он падал 12 минут. Сравните: если бы он просто шел на посадку, то это заняло бы у него 15 минут, а вот если бы падал неуправляемый, то 30 секунд. Так он падал или летел? То есть «Боинг» не был сбит, летчик просто снизился до высоты, при которой в разгерметизированном салоне установилось нормальное давление. Но если он не упал в том месте, в котором нашли какие-то обломки, то куда же он делся?

Когда я утверждаю, что Ельцин умер в 1996 году и вместо него двойник, мне обычно тычут то, что я, дескать, «не специалист». Но в деле с корейским авиалайнером был и действительно специалист – человек, чьей профессией является расследование авиакатастроф – француз Мишель Бран. Он, как специалист, исследовал не только те факты, которые понравились хозяевам «свободной» прессы и советским пропагандистам, но и те, о которых они молчат, и пришел к выводам, за которые его считали фантазером и идиотом.

Забегая вперед, должен сказать, что он ошибался, полагая, что Осипович сбил не пассажирский «Боинг-747», а самолет-разведчик, но он не ошибался в том, что действительно произошло с корейским авиалайнером.

В 1991 г. М. Бран дал в книге А. Иллема и А. Шальнева «Тайна корейского «Боинга-747» интервью («фантазии» по их терминологии), в котором я сократил ту часть, в которой Бран предполагает бой между советскими истребителями и американским разведчиком. (Обломки этого разведчика, по его мнению, исследовали наши водолазы, приняв его за обломки «Боинга».) М. Бран говорил (выделено мной):

«В этом деле самое важное – конкретные детали, мимо которых может пройти дилетант, но за которые непременно уцепится профессионал. Я в свое время принимал участие

в расследовании ряда крупных катастроф в гражданской авиации и помню, когда впервые услышал о пропаже южнокорейского «Боинга», то сказал себе сразу – его найдут в течение двух недель. Ну от силы за месяц – не может ведь самый крупный в мире «пассажир» затеряться на малых глубинах с ровным, как тарелка, дном, когда даже куда более мелкие по размерам самолеты находили в океанских расщелинах на глубине в полтора-два километра. Увы, в своем прогнозе я ошибся, началась какая-то засекреченная чехарда с участием множества «влиятельных сторон» и с выставлением таких обоснований, которые никакой критики не выдерживали. Лгали не только в Советском Союзе – лгали в США, в Японии, в Южной Корее. Зачем? Не знаю, я не политик. Я эксперт, которого интересуют только факты.

...Официальная версия не может объяснить поведение «Боинга» на японских радарах, но если предположить, что Осипович сбил не «пассажира», а какой-то другой самолет, тогда все становится на свои места: лайнер продолжал полет, и в этом случае становится понятной еще одно очевидное «таинство», связанное с рейсом «КАЛ-007», – выход его пилотов в эфир спустя 50 минут после того, как «Боинг» был «похоронен» советским истребителем. (Это тоже не фантастика, а официальная запись переговоров летчиков «КАЛ-007», которая фигурирует как официальный «документ» и в Японии, и в США.)

Итак, допустим, что официальная версия верна, и «Боинг» с 269 пассажирами на борту, дважды пораженный ракетами подполковника Осиповича, рухнул вниз. Я сам в прошлом гражданский пилот и могу представить, каково было поведение экипажа: отдано распоряжение пристегнуть ремни, выпущен «дождь» кислородных масок, извлечены спасательные жилеты... Страшной силы удар об воду, самолет разваливается на части, все превращается в «крошку». Как сообщил анонимный военный чин в «Известиях», спустя два-три часа после сообщения о том, что самолет сбит, одно из судов, направленных в предполагаемый квадрат падения, доложило о том, что на воде найдено множество мелких предметов. «Предположительно, – говорил известинский источник, – части разбившегося «Боинга». Но течение в тех местах быстрое. И плавающие предметы постоянно уносило на юг...»

Я хотел бы остановиться на этом пассаже, поскольку разговоры о сильном течении еще не раз встретятся и в советской версии катастрофы, и в американской, и в японской. Как известно, через 8 дней после трагедии куски обшивки, обломки, остатки багажа в больших количествах выбросило на японское побережье острова Хонсю, их находили на Хоккайдо. Объяснение было дано такое: «вещественные доказательства» с погибшего «Боинга» дрейфовали по течению и таким образом «приплыли» к японским берегам с севера, от того места, где упал поверженный самолет. Вроде бы все логично. За исключением одного, весьма существенного обстоятельства, которое не удосужился проверить до сей поры никто – в конце августа и в сентябре в районе острова Монерон и Сахалина нет ни одного течения, которое гнало бы волны с севера на юг. Только с юга на север! И, добавим к этому, согласно метеосводкам, в то время дул устойчивый ветер в сторону материка. Теперь растолкуйте мне, пожалуйста, как могли куски «Боинга» и вещдоки доплыть до Японии против ветра и против течения?

Природа ведь не играет в политические секреты, так что объяснение может быть только одно: обломки пассажирского «Боинга» занесло к японским берегам и Сахалину действительно течением, но не выдуманным – с севера на юг, а настоящим – с юга на север. Стало быть, лайнер сорвался в море значительно южнее Монерона.

До сих пор осталась без ответа загадка другой находки, приплывшей в Вакканай на Хоккайдо вместе с обломками южнокорейского «Боинга» – остатки оперения боевой ракеты с маркировкой отнюдь не советской. По поводу этой находки был составлен даже официальный пресс-релиз, но он никогда не был издан, а само вещественное доказательство хранится за семью печатями в управлении морской безопасности в Вакканае. Не вызывает почему-то вопросов и такой беспримерный факт, как направление в далекий от Монерона квадрат Японского моря специального самолета американских ВМС, использующегося обычно в спасательных операциях. Этот полет, зафиксированный японскими радарами, состоялся в то самое время и в том самом месте, где, по моим расчетам, действительно лежит южнокорейский «Боинг», – у японского острова Кюрокусима недалеко от острова Садо. Ни до, ни после рокового дня американские военные там не появлялись, зато две недели спустя после катастрофы «Боинга» – 13 сентября 1983 года – почему-то именно здесь нарушили японское воздушное пространство советские самолеты-разведчики, которым были посланы на перехват японские истребители...

Вопросов очень много для того, чтобы поверить в «простое решение» и согласиться с устоявшейся версией. Но самый главный, конечно же, где трупы, где останки 269 несчастных, находившихся на борту южнокорейского «Боинга»? Чем больше проходит времени и чем больше появляется фактов, связанных с катастрофой, тем тверже я становлюсь в своих догадках – как мне представляется, настоящий «Боинг» и сегодня лежит на морском дне, там, где упал семь с половиной лет назад, – у острова Садо, вместе со всем экипажем и пассажирами. Это место я вычислил, взяв за основу скорость здешних течений и те характеристики, которые были зафиксированы радарами.

О причинах гибели лайнера, признаюсь честно, могу только гадать. Возможно, «Боинг» был действительно обстрелян во время той чехарды, которая творилась в сахалинском небе, и получил повреждения и трещины, которые «разнесли» потом самолет. Возможно, что «КАЛ-007» был сбит на самом деле, но уже не советскими истребителями, а американской ракетой, той самой, часть оперения которой была найдена в Вакканае. (Как показывает анализ, это была боевая ракета с инфракрасным наведением, которая «сработала», войдя в сопло.) Понимаю, что такое предположение звучит, быть может, нелепо, но, во-первых, капитан Тернер в «Юс форс джорнэл» еще несколько лет назад написал о том, что гибель «Боинга» – это одна из операций американской разведки, а во-вторых, у меня есть собственное толкование на этот счет.

Хочу, чтобы меня поняли правильно – я не настаиваю на своих предположениях относительно причин гибели лайнера, роли спецслужб, какой-то, наверное, существующей высокой договоренности между русскими и американцами по поводу этого инцидента. В конце концов, это не столь важно, хотя, наверное, и безумно интересно для поклонников детектива. Просто, будучи профессионалом, я наталкиваюсь на очевидные противоречия той красивой и строй-

ной версии, которой настойчиво верят во всем мире уже почти восемь лет. После первых публикаций, посвященных моему расследованию, ЦРУ, насколько мне известно, специально выясняло, не являюсь ли я, Мишель Бран, агентом КГБ. Я не являюсь агентом этого почтенного ведомства, я хочу лишь получить ответы на мои наивные вопросы по существу дела»[88].

Версия М. Брана о том, что наши сбили американский самолет-разведчик у острова Монерон, не выдерживает критики теми же аргументами, которыми он опровергает сбитие «Боинга» – нет трупов и присутствуют вещи, нехарактерные для пассажирского самолета.

Ведь и у разведчика экипаж около 20 человек, а их тел тоже нет. Кроме этого, наши водолазы нашли очень много нетипичного барахла, к примеру, много старой, вышедшей из моды и порванной одежды, но застегнутой на молнии и на все пуговицы – как будто со склада. Зачем она на самолете-разведчике, зачем зонтики, пудреницы?

Но, как видите, М. Бран сообщил факты, на которые упорно не реагировал ЦК КПСС, – то, что «Боинг» связывался с японскими диспетчерами еще и через 50 минут после «официальной» гибели, и то, что в обломках самолета найден стабилизатор американской ракеты, что прямо говорит о том, что «Боинг-747» был добит американскими истребителями. Черт возьми, пусть в этом тексте Брана 1% правды, но ведь нас убеждают, что тогда шла пропагандистская война, почему же этот 1% не был использован в ней на 150% ?!

Вы видите, что Бран откровенно говорить боится, что он уклоняется от определенности – это беда узких специалистов. Он может поставить себя на место пилота «Боинга», а на место Рейгана – нет. А чтобы разобраться в этом случае, необходимо ставить себя только на место Рейгана, только в этом случае можно получить ответы на все вопросы.

Давайте это сделаем мы.

Итак, Рейган согласовал шпионскую акцию пролет «Боинга-747» с ничего не подозревающими пассажирами над советской территорией. Станем на его место и просчитаем варианты развития событий.

1. Самолет благополучно выполняет задание, летчик проводит его сквозь ПВО, а если и встречает перехватчики, то те по-

боятся атаковать пассажирский самолет. Этот вариант хорош для экипажа, но плох для Рейгана. Пассажиры поднимут вой, когда узнают, какому риску подвергались. Авиакомпания начнет допрашивать экипаж и т. д. и т. п. Как ни странно, но шпионскую суть полета будет трудно скрыть – не отстранишь, скажем, от расследования Национальное агентство по безопасности на транспорте. Раз нет трупов, то все внимание публики сосредоточится только на самом маршруте полета.

2. Наши летчики сбивают корейца, и он гибнет. Думаю, что это должно было казаться Рейгану наиболее вероятным. Ведь американские самолеты-разведчики регулярно провоцировали нашу ПВО – демонстрировали намерение нарушить советское воздушное пространство и, дождавшись подъема в воздух наших истребителей, отворачивали в сторону. Достаточно сказать, что подполковник Осипович, подбивший «Боинг», за 10 лет службы на Сахалине более тысячи раз поднимался в воздух на перехват. Войска были обозлены американской наглостью, а те это наверняка знали. И этот вариант для Рейгана самый лучший. Помимо шпионских, он давал политические дивиденды – легче было уговорить союзников из НАТО на размещение дополнительных ракет в Европе.

3. Самый отвратительный, самый неприемлемый вариант – если «Боинг» будет подбит, погибнут или получат ранение люди, а он все же дотянет до аэродрома в Японии или Корее или совершит вынужденную посадку. Вот тут скрыть ничего не удастся: пассажиры не дадут. А ведь среди них был даже конгрессмен США. Их нельзя будет натравить на СССР, они сосредоточатся на том, кто послал их на это минное поле. И это было бы не только политической смертью Рейгана, но в своем развитии, возможно, и НАТО, и роли США в мире. Поскольку все же цинизм США в деле корейского авиалайнера просто ни с чем не сравним.

Поэтому, согласитесь, нам на месте Рейгана следовало бы подстраховаться от нежелательных вариантов.

Во-первых. Иметь наготове истребители, которые, безусловно, не дадут долететь до аэродрома подбитому «Боингу», а возможно, и неповрежденному.

Во-вторых. Спрятать по возможности место падения, поскольку при спасательных работах может выясниться то, что и так, по чистой случайности, выяснилось – чьей ракетой сбит самолет. А для этого необходимо сымитировать ложное место аварии, на котором бы работали спасатели, недоумевая – а где же трупы? По крайней мере, такое ложное место отвлекло бы на долгое время силы от поиска настоящего места катастрофы.

Для этого был взорван в мелкие клочья какой-то самолет или его детали, часть обломков вместе с тряпьем и барахлом загрузили либо в грузовой самолет, либо на судно и сбросили там, где «Боинг» снижался и на поверхности моря плавали опавшие с него при взрыве советских ракет обломки. Этим, кстати, и объясняется, что обломки, найденные на дне, были очень маленькие. «Боинг-747» – самый большой в мире самолет. Его целостные фрагменты ни в какой другой самолет не влезут, и выбросить их в море с борта самолета было бы невозможно.

Эта версия, в отличие от версии М. Брана, объясняет в случае с корейским авиалайнером все. И СССР без проблем мог бы пойти в атаку на Запад, мог бы добиться поиска авиалайнера там, где он упал. (Ведь у нас в спецслужбах не все были подонками и дураками – кто-то же посылал наши самолеты в разведку к месту действительного падения «Боинга».)

Почему же ЦК КПСС не повел в атаку советских пропагандистов? Ведь поймите, по общепризнанному уголовному праву, нет трупа – нет убийства. Трупов не было, зачем же ЦК КПСС возложил вину за убийство на СССР? Почему не возложил хотя бы на тех, кто не оказал подбитому «Боингу» помощь и не принял мер к спасению людей – ведь «Боинг» летел после атаки Осиповича еще минимум 50 минут? Почему пресса СССР не стала публично обсуждать версию о том, что его добили американцы?

* * *

Так с кем вел борьбу ЦК КПСС – против США или совместно с США против советского народа?

Глава 4. ГЕОХИ РАН как вошь на гребешке

Чтут Уголовный кодекс

Ю.И. МУХИН. В предыдущей главе я доказал, что Московский институт геохимических исследований им. Вернадского (ГЕОХИ), сообщив, что он в начале 70-х провел исследования лунного грунта, якобы доставленного американцами с Луны, на самом деле никаких исследований американского «грунта» не проводил, поскольку американцев на Луне не было, и никакого грунта, даже поддельного, они в СССР для исследований не прислали. Этой подлостью ГЕОХИ подтвердил миру, что США якобы на Луне были и ученые этого института, участвовавшие в этой акции, являются мерзавцами, которые в холодной войне предали СССР и перешли на холуйскую службу к США.

Начал я статью с рассказа о том, что дважды с уведомлением о вручении отправлял на имя нынешнего директора ГЕОХИ академика Э.М. Галимова официальные письма с просьбой ознакомить меня с деталями «исследований» американского «лунного грунта». Но вопреки тому, что ГЕОХИ является государственным учреждением и обязано отвечать на письмо любого гражданина, вопреки Закону о средствах массовой информации, согласно которому Галимов обязан ответить газете, ГЕОХИ так и не дал **письменного ответа,** попытавшись отделаться телефонным звонком.

Но, как я понял из дискуссии, возникшей в Интернете, практически никто или мало кто из читателей понял смысл того, что делал и делаю я и что делал и делает Галимов. Объясняется это, видимо, тем, что мало кто из читателей занимал в своей жизни руководящие должности такого ранга (такого уровня ответственности), чтобы самим понимать смысл происходящего. Поэтому давайте немного освежим в памяти Уголовный кодекс.

То, что совершил в те годы бывший директор ГЕОХИ академик Виноградов и его подельники, называется: *«...оказание помощи иностранному государству... в проведении враждебной деятельности в ущерб внешней безопасности...»*, — а это государственная измена. А поскольку Россия является правопреемником СССР, то преступление против СССР наказывается сегодня и в России, в частности наказание за государственную измену предусмотрено статьей 275 УК РФ. Причем сокрытие этого преступления является точно такой же *«враждебной деятельностью»* и против сегодняшней России и точно таким же *«оказанием помощи иностранному государству»*. Вспомним, это ведь не американцы уничтожили свои изначально глупые «Шатлы», это Россия уничтожила станцию «Мир». А как же! Ведь американцы, оказывается, были впереди в области космических исследований — это они высадились на Луну!

Однако слова *«оказание помощи»* в статье 275 – это не более чем слова. Государственный изменник должен совершить еще какое-то преступление, допустим, разгласить гостайну, провести теракт и т. д. Какое именно преступление совершил академик Виноградов в 70-х, чтобы оказать помощь США в их лунной афере? Это преступление называется «служебный подлог». Сегодняшний Уголовный кодекс трактует его так: ***«Статья 292. Служебный подлог.*** *Служебный подлог, то есть внесение должностным лицом, а также государственным служащим или служащим органа местного самоуправления, не являющимся должностным лицом, в официальные документы заведомо ложных сведений, а равно внесение в указанные документы исправлений, искажающих их действительное содержание...»*

Виноградов и его подельники в 70-х должны были честно написать, что никакого лунного грунта из США у них не было и никаких его исследований они не проводили. А они солгали, чтобы получить от ЦК КПСС выгоды, и ради этих выгод предали СССР — они понаписали кипу «научных» статей, в которые внесли *«заведомо ложные сведения»* о своих исследованиях. Надеюсь, с теми предателями все понятно.

Теперь о Галимове и его подельниках. Чего я добиваюсь, требуя от них письменного подтверждения того, о чем Галимов заявляет устно, – того, что ГЕОХИ в 70-х годах провел исследования лунного грунта из США? Правильно! Я пытаюсь заставить и Галимова совершить служебный подлог – дать мне *«заведомо ложные сведения»*. И он это понимает, и костьми ляжет, но письменно, за своей подписью этого не подтвердит. Смотрите, ему на мое первое письмо всего-то требовалось скомандовать помощнику: «Подготовьте ответ в «Дуэль»!» — а помощник написал бы мне: «Мы получили 30 граммов лунного грунта из США. С результатами его исследований можете ознакомиться в библиотеке нашего института». И все. Я бы не писал второго письма. Но это, если бы у ГЕОХИ этот грунт был и они его исследовали...

И когда Галимов понял, что я от него не отстану, то он после моего второго письма поручает своему заму Кадику разыскать меня по телефону и «навесить мне лапшу на уши». Поскольку для этого Галимову и Кадику надо было договориться, что именно мне брехать и как мне отказать, то Галимов с Кадиком сделали работу, отнимающую гораздо больше времени, чем просто ответить мне письменно. А зачем? Да все за тем же – чтобы избежать необходимости совершать служебный подлог: пока Галимов не подписал официального документа, он формально не совершил преступления, предусмотренного статьей 292 сегодняшнего УК. Если это понятно, то пойдем дальше.

В своей статье я публично обвиняю в обмане России и академика Галимова, и зама его Кадика. Что означает их молчание после этого? Правильно – мою правоту. Отвечать надо, но как ответить так, чтобы отдалить тот момент, когда я их все же заставлю совершить то, чего они так боятся? И они находят, как им кажется, удачный вариант, который возможен сегодня благодаря развитию техники.

Некий М.А. Назаров, однофамилец уже известного нам Назарова, отрекомендовавшийся доктором геолого-минералогических наук и заведующим лабораторией метеоритики ГЕОХИ, пишет ответ на мою статью в «Дуэли». Это, конечно, не директор института, но Назаров назвал свою должность, следовательно, его ответ можно было бы считать официальным ответом ГЕОХИ, более того, уверен, что 99% читателей и считают его официальным ответом. Но на самом деле официальным этот ответ был бы, если бы Назаров его опубликовал в прессе и **не обязательно** в «Дуэли». Сейчас интерес к лунной афере американцев очень велик, в День космонавтики первый канал ТВ целую передачу ей посвятил. Статью Назарова с руками и за хороший гонорар отхватила бы любая газета – от «независьки» до «эмкашки».

Но, заметьте, Назаров почему-то никуда статью не посылает, а помещает ее всего лишь в Интернете на сайте meteorites.ru, по адресу www.meteorites.ru/moonusa.html. Зачем?! Зачем Назаров отказался от гонорара? Поясню.

Официальный комментарий к статье 202 УК РФ «Служебный подлог» гласит, что (подчеркнуто в Комментарии) ***«предметом рассматриваемого преступления,*** *как говорит сам закон, являются только ОФИЦИАЛЬНЫЕ ДОКУМЕНТЫ – материальные носители информации...»*, и ими являются только те, которые *«обладают по общему правилу соответствующей формой и реквизитами (бланк, штамп, печать, входящий и исходящий номера, дата, наименование должности и подпись надлежащего должностного лица»*. Если кто не понял, поясню: должностное лицо может болтать что угодно – это не служебный подлог; писать какие угодно записки на простой бумаге – это не служебный подлог; и выставлять что угодно в Интернете – это виртуальный носитель информации, и выставленное в нем не является служебным подлогом.

К примеру, по законам о выборах президента России и депутатов в Госдуму, результаты голосования по участкам и округам должны быть опубликованы в местных газетах. Но с 1999 года это не делается. Ведь чтобы послать фальсифицированные данные о голосовании в газету, нужно написать письмо на бланке, поставить исходящий номер и подписать письмо. А это служебный подлог! Два года лишения свободы. Как много председателей избирательных комиссий рискнут на это? Надеюсь, понятно, почему и ныне Вешняков обещал выставить результаты голосования по выборам Путина в 2004 году всего лишь в Интернете? Но, правда, он их и в Интернете не обнародовал – осторожненький!

И надеюсь, понятно, почему Назаров свой ответ на мою статью в «Дуэли» тоже разместил в Интернете? В какую газету эту статью ни посылай, а бумажку подписать надо, надо дату поставить, исходящий номер... Назаров тоже осторожненький, вертится с Галимовым как вошь на гребешке.

Ну, а мне как дискутировать с его безответственным словесным поносом?

Итак, мне нужно, чтобы ГЕОХИ ответил официально, пусть и не мне, а он молчит. Но отказ отвечать – всегда означает «нет». Поэтому нужно просто сформулировать запрос так, чтобы своим молчанием бюрократ дал подтверждение тому, что вы хотите от него получить. И я написал Галимову:

«Директору Института геохимиии
и аналитической химии
им. Вернадского
академику РАН ГАЛИМОВУ Э.М.
119991, Москва, ул. Косыгина, д. 9.
№16-М от 25.02.2004

Вы, вопреки Закону о печати, не ответили на два моих письма с вопросами об американском лунном грунте, якобы исследованном в ГЕОХИ.

Недавно в Интернете (http://www.meteorites.ru/toonusa.html) появилась статья заведующего лабораторией метеоритики ГЕОХИ РАН М.А. Назарова «Были ли американцы на Луне?», которая является ответом на мою работу в газете «Дуэль» № 48 за 2003 год. Из статьи Назарова следует, что она подготовлена по Вашему заданию.

Предлагаю Вам официально сообщить газете, что ГЕОХИ РАН считает статью Назарова его частным делом. При отсутствии такого ответа газета будет считать статью Назарова официальным ответом института на обвинения в мошенничестве с американским лунным грунтом. Главный редактор Ю.И. МУХИН». 27 февраля 2004 года это письмо было зарегистрировано в ГЕОХИ РАН с входящим № 130.

Теперь Галимов обязан был отказаться от Назарова, причем ему не обязательно было отвечать мне, он мог поместить на том же сайте, где висит статья Назарова, свое письмо о том, что ГЕОХИ

РАН считает эту статью частным делом Назарова. Но тогда, сами понимаете, это будет подтверждением моей правоты.

И Галимову осталось молчать и своим молчанием сделать текст статьи Назарова своим собственным официальным текстом. Он и сделал то, что и надо было мне, — промолчал. Конечно, в будущем Галимов будет доказывать следователю, что он ничего не подписывал и ничего не знает и поэтому статья 292 не для него. Естественно, не для него. Для него будет минимум следующая по номеру статья УК РФ: ***«Статья 293. Халатность.*** *1. Халатность, то есть неисполнение или ненадлежащее исполнение должностным лицом своих обязанностей вследствие недобросовестного или небрежного отношения к службе, если это повлекло существенное нарушение прав и законных интересов граждан или организаций либо охраняемых законом интересов общества или государства...»* Хотя своим молчанием Галимов наносит огромнейший ущерб *«интересам общества и государства»*, но наказание по этой статье всего-то до 5 лет. (Правда, это если адвокат отобьет его от 275 статьи, что вряд ли.).

Ну да ладно, что мы все время о грустном да о грустном, давайте займемся текстом Назарова – тем, на что сподобились лучшие умы ГЕОХИ РАН. Поскольку статья Назарова велика, то для удобства дискуссии я буду прерывать ее там, где Назаров пытается выкрутиться явно лживыми доводами. Между прочим, ему нужно было поступить именно так с моей статьей, но он побоялся это сделать и предпочел пересказать ее своими словами. Текст Назарова я буду начинать аббревиатурой — **ГЕОХИ**, свой – **Ю.И. МУХИН.**

Добрая память

ГЕОХИ. Некоторые заметки к публикации г-на Ю.И. Мухина в газете «Дуэль» № 48(345). Статью г-на Ю.И. Мухина «Были ли американцы на Луне?» можно было бы оставить без внимания, руководствуясь известной восточной мудростью. Однако произведение Ю.И. Мухина порочит честь не только зарубежных, но и отечественных ученых, которым пришлось проводить первые исследования лунного вещества (автор этой публикации — один из них). Кроме того, статья Ю.И. Мухина столь насыщена «фактическим материалом», включая даже картинки и графики, что читателю может показаться: все написанное правда или почти правда. Поэтому и появились эти комментарии. Миссия «Аполлон - 15» (http://www.nasm.si.edu/collections/imagery/apollo/AS15 a15images.htm)

Само по себе сочинение г-на Ю.И. Мухина довольно пространно. Смысл его соображений приходится раскапывать из груды лишних слов и как-то суммировать. Изложение этих соображений дается ниже красным шрифтом, а мои комментарии — черным. В обоих случаях терминология г-на Ю.И. Мухина приведена курсивом и в кавычках, если нет специальных оговорок.

Произведение Ю.И. Мухина, конечно, навеяно появившейся в некоторых западных СМИ шумихой о фальсификации пребывания американских астронавтов на Луне. Это неожиданный подарок нашим ура-патриотам. Действительно, ведь никто не сомневается в реальности полетов наших автоматических станций серии «Луна». Вот оно значит торжество нашей передовой инженерной мысли и техники. Беда состоит в том, что у американцев, как известно, имеется 380 кг горных пород, доставленных с Луны, и это обстоятельство как-то не гармонирует с фальсификацией американских экспедиций «Аполлон». В своем сочинении Ю.И. Мухин берется за решение этой проблемы. Естественно, решение может быть только одно: американские лунные образцы — это фальсификация. Увы, ни западные, ни отечественные ученые эту фальсификацию не замечают. Тогда остается единственная возможность: показать, что эти ученые — либо дураки, либо мошенники. Другого пути просто нет. Этот путь трудный, поскольку сразу всех очернить невозможно, но дорогу осилит идущий, и Ю.И. Мухин берется сначала за отечественных исследователей лунного вещества, которые, по сообщениям СМИ, получали для исследования американский лунный грунт. Бей своих, чтобы чужие боялись!

Ю.И. Мухин основывается на анализе сборника статей «Лунный грунт из Моря Изобилия», М. Наука, 1974, посвященного изучению лунного вещества, доставленного АЛС «Луна-16». Ниже мы будем называть его просто Книга. Он удивляется, почему советские образцы интенсивно изучались в разных странах и в разных институтах, а в СССР только в Москве и только в Институте В.И. Вернадского, хотя «самыми большими специалистами по анализу подобных веществ являются горняки, геологи и металлурги», которые допущены к этим исследованиям не были. Виноват в этом директор Института академик А.П. Виноградов, выбранный ЦК КПСС в руководители лунных работ «из-за гибкости спины» и боявшийся конкуренции периферийных ученых, которые могли доказать «никчемность возглавляемого Виноградовым учреждения». Но не только А.П. Виноградов грешен, поскольку, конечно, не мог он распоряжаться лунным грунтом без дозволения ЦК КПСС, и именно ЦК КПСС не позволил распределить лунный грунт для изучения советским ученым. Более того, даже упомянутая выше Книга была издана в СССР по велению ЦК КПСС очень ограниченным тиражом. И сделано это было для того, чтобы «широкие массы советских химиков, горняков, металлургов» не узнали свойств лунного грунта, доставленного «Луной-16». Если бы «широкие инженерные массы начали бы сравнение этих данных» с опубликованными уже результатами изучения американских лунных образцов, то они поняли бы, что эти образцы сильно различны. «А этот вывод наводил на вопрос — откуда американцы взяли свой грунт? И были ли они на Луне?» ЦК КПСС, конечно, знал, по данным разведки, что американцы на Луне не были, но не хотел раскрывать этого факта, потому что США шантажом заставили его молчать. Если бы ЦК КПСС открыл бы народу правду, то США предали бы огласке зловещую роль ЦК КПСС в убийстве Сталина и Берии.

Вот некоторая вводная часть статьи Ю.И. Мухина, включающая в себя несколько разделов и имеющая цель полить грязью ученых Института имени Вернадского и определить причины участия этих ученых в фальсификации века. Читатель должен быть подготовлен к тому, что лунными исследованиями занимались у нас жулики и мошенники. Более того, читатель уже догадывается, что поскольку сверхсекретная Книга попала в руки г-на Ю.И. Мухина, то он, конечно, продемонстрирует широким массам различия между нашими и американскими лунными образцами и покажет, что американские образцы не с Луны. На результатах этого сравнения мы остановимся позже, поскольку уже вводная часть нуждается в комментариях.

Ненавистный Ю.И. Мухину Институт геохимии и аналитической химии им. В.И. Вернадского (сокращенно ГЕОХИ) был организован в 1947 г. в частности и для решения задач, связанных с разработкой ядерного оружия. Институт принимал участие в аналитическом обеспечении технологических процессов производства на радиохимических предприятиях плутониевого комплекса. Здесь решались фундаментальные вопросы радиохимии, разделения трансурановых элементов, поиска уранового сырья. Таким образом, в создании ядерного щита нашей Родины есть труд и сотрудников ГЕОХИ. В Институте занимались и проблемами фундаментальной науки: изучались процессы рудообразования, магматизма, эволюции биосферы и осадочной оболочки, разрабатывались методы анализа и т.д. (подробнее на сайте www.geokhi.ru). И еще важно, что в ГЕОХИ начиная со второй половины 50-х годов проводились исследования космического вещества и создавались первые научные приборы для космических аппаратов. В СССР других организаций, занимающихся изучением космического вещества, в то время просто не было, за исключением Комитета по метеоритам, который тесно сотрудничал с ГЕОХИ. Поэтому ГЕОХИ и был выбран в качестве ведущей организации по изучению лунного грунта. Кстати сказать, в системе АН СССР ГЕОХИ относился к Отделению геологии, геохимии, геофизики и горных наук и частично Отделению химии, т.е. профиль ГЕОХИ вполне соответствовал специализациям, указанным Ю.И. Мухиным. Вот только металлургов в ГЕОХИ не было, но вот металловеды были вовлечены в лунные исследования.

Виноградов А.П.

Академик Александр Павлович Виноградов был основателем и первым директором ГЕОХИ. Разнообразие научно-исследовательских работ института отражает широту его интересов. Он был не только выдающимся ученым, но и талантливым организатором науки. И он, конечно, знал, какие исследования лунного грунта необходимо было проводить. Пусть Ю.И. Мухина не удивляет, что исследовались инженерно-механические свойства лунного реголита. Это было важно для инженеров, занимающихся обеспечением посадок космических аппаратов на Луну. И это было важно для реализации программы практического освоения Луны: такие проекты разрабатывались как в СССР, так и в большей степени в США, и, без сомнения, они будут реализованы. Конечно, иногда А.П. Виноградов ошибался, но он много работал, а не ошибается тот, кто не работает. И перед начальством Александр Павлович не прогибался и даже в КПСС не состоял. Что же касается периферийных ученых, то А.П. Виноградов по этому признаку научный мир не разделял. Для него было важно, не откуда человек родом, а что он умеет и что предлагает. В научном мире Александр Павлович оставил о себе добрую память.

ЦК КПСС никакого участия в распределении лунного вещества не принимал.

Ю.И. МУХИН. Это надо понимать так. После каждого заседания Политбюро ЦК КПСС Л.И. Брежнев садился в «ЗИЛ» и ехал к Назарову, чтобы рассказать тому обо всех решениях ЦК КПСС. И поэтому Назаров точно знает, что ЦК КПСС не принимал решения сосредоточить все анализы лунного грунта в ГЕОХИ, не дав ни грамма даже Новосибирскому отделению АН СССР. Иначе откуда такое безапелляционное утверждение — не от идиотизма же Назарова.

ГЕОХИ. Распоряжения сверху спускались только в том случае, если заявки от зарубежных организаций поступали по правительственным каналам или имели отношение к политике. Практически в ГЕОХИ была создана комиссия, которая рассматривала заявки от советских и зарубежных ученых и принимала решение, основываясь на научной целесообразности. Решение комиссии утверждалось директором. (Такой порядок существует и сейчас, хотя ЦК КПСС уже нет.) Интересно, что гигантского потока заявок на изучение лунного грунта от советских ученых никогда не поступало. Причины данного обстоятельства заключаются, по-видимому, в следующем.

1. Многие исследования в СССР окутывались завесой секретности. Поэтому советские ученые всегда предпочитали не проявлять инициативы и не внедряться в чужие проекты, считая, что если надо, то их попросят. Любопытно, что исследования лунного вещества не считались закрытыми, но про это мало кто знал.

Ю.И. МУХИН. Не знаю, успели ли вы обратить внимание на манеру Назарова говорить от лица всех? Это было доброй традицией бывших секретарей парторганизаций, привыкших «заверять дорогого товарища NN от имени всей нашей парторганизации», нимало не заботясь о том, что думает по этому поводу сама эта организация. Меня назаровская манера коробит и оскорбляет, думаю, что оскорбляет она не одного меня. К чему от имени всех писать, что *«советские ученые всегда пред-*

почитали не проявлять инициативы»? Ведь это же ложь! Назарову следовало написать: «Такие советские ученые, как я с Галимовым, никогда не проявляли инициативы». Тогда с этим нетрудно будет согласиться.

ГЕОХИ. 2. Организация советской науки не отличалась гибкостью. Выпускник вуза, нашедший работу в научном учреждении по определенной тематике, обычно занимался этой тематикой всю жизнь. Сменить тему означало поменять место работы, а найти работу было трудно. Поэтому большого желания исследовать лунный грунт почти ни у кого не возникало. В США научный персонал в основном не имеет постоянной работы. Там ученые работают по проектам 2–3 года, затем им приходится писать новый проект, менять институт, переезжать в другой город. Для них смена тематики — обычное дело. Поэтому для исследования лунного вещества в США быстро были найдены научные кадры. Достаточно было объявить, что НАСА открывает финансирование научных работ по данному проекту.

Ю.И. МУХИН. Как это *«найти работу было трудно»?* В подчиненной мне химлаборатории завода работали 16 инженеров-химиков, и лишь половина из них имели высшее образование. Остальные были либо техники, либо практики, поскольку химиков с высшим образованием не хватало. Трудно было найти работу только тупым лентяям. Назаров опять лжет, ему надо писать: «Таким выпускникам вуза, как мы с Галимовым, найти работу было трудно».

Как это *«почти ни у кого не возникало желания исследовать лунный грунт»?* Моя жена аспиранткой купила переводную чешскую книгу «Атлас структур лунного реголита», хотя была металловедом. Да пришли тогда в сотни советских лабораторий этот грунт, и его проанализировали бы быстро и бесплатно единственно ради того, чтобы сравнить с теми горными породами и шлаками, которые эти лаборатории анализировали раньше и анализируют каждодневно. А если бы еще и деньги на эти работы выделили не только ГЕОХИ, но и настоящим специалистам, то тогда эти лаборатории и свои работы отодвинули бы на второй план. Ведь те работы, которые выполнил ГЕОХИ по исследованию лунного грунта, в основной своей массе примитивны и доступны не то что инженеру, а хорошему лаборанту.

В связи с этим Назарову нужно писать, что только у таких ученых, как он с Галимовым, *«не возникало желания исследовать лунный грунт»*. Это будет правдой, не вызывающей возражений, и у нас должен возникнуть правомерный вопрос — почему исследования лунного грунта были поручены не настоящим ученым СССР, а таким «специалистам», как Назаров и Галимов?

ГЕОХИ. 3. Могучая советская наука, которой мы до сих пор обязаны существованием нашего государства, оказалась идеологически и методически неготовой к исследованию лунного вещества.

Ю.И. МУХИН. Я опять вынужден остановить Назарова и обратить ваше внимание, что ему, во-первых, опять следовало бы воздержаться от секретарьпарткомовской манеры вещать от имени всех, что советская наука оказалась не готовой *«к исследованию лунного вещества»*. Чем, собственно, это вещество отличается от земного или метеоритного?

Во-вторых. *«Могучая советская наука»* кормилась Советским государством. Это государство уже 13 лет как не существует. Сказать, что Россия существует благодаря могучим умам таких ученых, как Назаров с Галимовым, можно только в издевку. Во всяком случае, в России уже 13 лет кормится российская, а не советская наука и, следовательно, слова Назарова к России не относятся.

Возникает вопрос — о каком таком «ихнем государстве», граждане которого и поныне *«обязаны существованием»* таким ученым, как Галимов с Назаровым, толкует Назаров? Мне скажут, что это Назаров заболтался, что на самом деле он не имеет в виду ни США, ни Израиль, что это он просто так ляпнул. Может быть. Но справку о своем идиотизме он нам не предъявил, так что, может быть, ляпнул и не просто так.

Труженики

ГЕОХИ. Например, в нашей геологии в то время только-только начинало зарождаться понимание существенной роли ударного кратерообразования (этот процесс определяет облик материковых лунных пород и образование лунного реголита), тогда как в США такое понимание уже сложилось и даже тренировки американских астронавтов проходили в Аризонском метеоритном кратере. Это означает, что на первых шагах советские исследователи слабо ориентировались в возникающих проблемах. Более того, научное оборудование, имеющееся в наших научных учреждениях, значительно уступало западному, и мы не в состоянии были конкурировать ни в качестве, ни в производительности аналитических работ, требующихся для исследования лунного грунта. Советский исследователь, интересующийся лунным веществом и прочитавший зарубежные публикации, понимал, что с его аппаратурой получить принципиально новую информацию трудно. Один любопытный факт подчеркивает явное преимущество западной науки: в упомянутой выше «секретной» Книге подавляющее число зарубежных работ переведено на русский язык из журнала Earth and Planetary Sci. Letter, 1972, v.13, no 2, т. е. зарубежные коллеги на 2 года опередили советских ученых в изучении и публикации результатов по грунту «Луны-16».

Ю.И. МУХИН. При чем тут химический и минералогический анализы горных пород и *«роль ударного кратерообразования»?* При чем тут исследования лунных образцов к тому, что *«даже тренировки американских астронавтов проходили в Аризонском метеоритном кратере»?* (Ну потренировались они в Аризоне и поехали сниматься в Голливуд.) В связи с чем не побывавший в Аризонском кратере академик Виноградов начал *«слабо ориентироваться»* в том, как исследовать горные породы? Вы мне опять скажете, что Назаров просто заболтался, а я опять напомню об отсутствии у него справки.

Теперь по поводу оборудования. В подчиненной мне в свое время химико-аналитической лаборатории отнюдь не на японском оборудовании я мог бы провести половину всех исследований, которые провел в то время ГЕОХИ, правда, не за 24, а за 72 часа. Ведь не садист же я! Должен же был бы дать химикам время на ознакомление с лунным грунтом, на фотографирование с ним, на то, чтобы они похвастались им перед родными и знакомыми?

Если весь грунт, привезенный «Луной-16», считать за один образец, то нашей сотне химиков-аналитиков заводской химлаборатории поступало таких образцов только металла более 400 **в сутки!** Да плюс шлаки, руды, сырье, восстановитель и т.д. и т. п. Начальник химлаборатории Евгений Петрович Тишкин (родом с Алтая, окончил химфак МГУ) этим штатом организовывал производство в год около 2 млн. определений химических элементов, а если добавить сюда и санитарно-технические анализы, то более 2 млн.

Но если бы в те годы Павлодарский обком получил из Москвы, скажем, 0,5 грамма лунного грунта, то он не отдал бы его в лабораторию нашего завода – не наш профиль, да и петрографией мы не занимались. Обком отдал бы этот образец нашим соседям – химлаборатории горнодобывающего треста «Майкаин-золото». Там бы его проанализировали полностью, за исключением, разве, оптических свойств. Но эти исследования вполне мог провести Ермаковский филиал Павлодарского индустриального института, поскольку им заведовал физик Морденов Марат Пазылович, защитивший кандидатскую в области оптики.

Но, вернувшись к срокам исследования грунта, подчеркну — практически во всех случаях время на собственно анализы измерялось бы часами, а на завершающую исследования подготовку статей в научно-технические журналы – несколькими месяцами.

И в связи с этим мне пришел в голову вопрос, который, может быть, и не возник бы без информации Назарова, — это в связи с чем советский лунный грунт **сначала отдали проанализировать американцам**, а уж потом своим, даже таким «своим», как специалисты ГЕОХИ им. Вернадского?

ГЕОХИ. С этими обстоятельствами и связан относительно низкий интерес советской научной общественности к лунному грунту. В дальнейшем при изучении образцов «Луны-20 и 24» он несколько увеличился, но даже сейчас, при отсутствии ЦК КПСС, иностранные заявки преобладают над отечественными. Разумеется, у этих обстоятельств имеются свои причины, их можно обсуждать, но непосредственно с проблемой изучения лунного вещества эти причины уже не связаны.

Секретная Книга была издана тиражом в 2000 экземпляров. Тираж достаточно большой для специальной научной литературы. Подобные труды обычно издавались тиражом не более 1500 экз. Например, очень хорошая книга «Очерки сравнительной планетологии», рассчитанная на более широкую аудиторию и много меньшего размера, были издана тиражом в 1400 экз. Интересно, что секретная Книга не вызвала гигантского интереса в «широких инженерных массах». Сам видел, как этот сборник продавался с лотков на Кузнецком с надписью «Подарок ученому», но никто этим подарком не интересовался, потому что книга эта представляла интерес для весьма ограниченного круга ученых. Для научно-технической интеллигенции были публикации в газетах и популярных журналах. Надо заметить, что по результатам исследований лунных образцов «Луны-20 и 24» также были опубликованы сборники статей, но к этим работам г-н Ю.И. Мухин почему-то не обращается.

Ю.И. МУХИН. Мухин вам с Галимовым совершенно бесплатно растолковал, о чем написано в сборнике научно-технических статей по результатам полета «Луны-16». Когда вы отдадите Мухину все свои доплаты за звания доктора и академика, которые вы, мошенники, похитили у народа Советского Союза, то Мухин вам растолкует и то, о чем написано в сборниках о результатах исследований лунных образцов «Луны-20 и -24».

И снова: к словам *«низкий интерес советской научной общественности»* необходимо обязательно добавить слова «типа нас с Галимовым», иначе будет непонятно, о ком идет речь. Назаровско-галимовская «научная общественность» действительно была велика, но только в Москве. Уже в Подмосковье ее концентрация стремительно падает. Я напомню, что книгу «Лунный грунт из Моря Изобилия» мне подарил институтский преподаватель ракетной техники С. Иншаков из г. Жуковского. Надо думать, что этот «подарок ученому» он купил еще студентом. Но снова повторю – таким тиражом этой книги невозможно было обеспечить не только все крупные библиотеки страны, но даже научно-технические библиотеки.

По поводу маленького тиража книг, типа книги «Очерки сравнительной планетологии», должен сказать, что если книгу написал дурак, то претензии нужно предъявлять не читателям, а Академии наук, принявшей дурака в свои члены. В нашем же случае речь идет не столько о науке, хотя содержание сборника «Лунный грунт из Моря Изобилия» интересно само по себе, а о **пропаганде достижений советской космической отрасли.** Почему эта пропаганда не велась?!

ГЕОХИ. Таким образом, ГЕОХИ и академик А.П. Виноградов честно исполняли возложенные на них обязанности и не скрывали от «широких инженерных масс» результаты исследования лунного вещества. Увы, черная роль ЦК КПСС здесь тоже не просматривается. Такого сокрытия просто не было.

А было вот что. Программа «Аполлон» была объявлена в ответ на известные достижения СССР в космосе. Основная цель этой программы — высадка человека на Луну, так же как и сроки ее реализации, не скрывалась. СССР, руководимый ЦК КПСС, вызов принял, хотя этого и не афишировал. Известно, что в СССР разрабатывался проект полета человека на Луну (аппараты «Зонд»). Однако на некотором этапе стало ясно, что процесс идет медленнее, чем у американцев, и надо что-то делать. Тогда полеты аппаратов «Зонд» прекратили и многоцелевая программа «Луна» — исследование нашего спутника с помощью автоматических станций, была ориентирована на доставку образцов лунного грунта. Первый запуск для реализации этого проекта (АЛС «Луна-15») состоялся 13.07.1969 г., всего за три дня (!) до старта экспедиции «Аполлон-11», впервые осуществившей высадку человека на Луну. Если бы все сложилось, первый образец с Луны мог бы быть в СССР. Увы, станция «Луна-15» разбилась при посадке на Луну в Море Кризисов. Этот короткий экскурс в историю показывает, что в СССР, никто (даже ЦК КПСС) не сомневался, что американцы лунный грунт обязательно привезут, и борьба за первенство проходила, что называется, до последнего.

Обмен

Ю.И. МУХИН. Хочу обратить внимание на типичную для таких «ученых», как Назаров с Галимовым, логику: в СССР *«проект полета человека на Луну»* осуществляли, пока не стало ясно, *«что процесс идет медленнее, чем у американцев»*, тогда *«полеты аппаратов «Зонд» прекратили»* и *«борьба за первенство проходила, что называется, до последнего»*.

Это когда же в Советском Союзе прекращалось что-либо только потому, что американцы нас опережали?! Разве мы прекратили создание атомной бомбы, автомобильной промышленности только потому, что янки были впереди? Нет, умники вы академические, опережение американцев только стимулировало работы в СССР. Прекращение в СССР работ по высадке человека на Луну объясняется только одним – эта высадка в то время была **невозможна технически.** По этой причине и американцы никого туда не высаживали. И снова возникает вопрос – если американцы не шантажировали в это время ЦК КПСС, то почему ЦК поддержал эту американскую аферу с Луной?

ГЕОХИ. Теперь посмотрим, к каким открытиям пришел г-н Ю.И. Мухин, сравнивая свойства наших и американских лунных образцов.

Свой анализ Ю.И. Мухин начинает с таинственных, по его мнению, операций обмена лунного грунта. Он отмечает, что, по сообщениям американцев, экспедиции «Аполлон-11 и 12» привезли на Землю 56 кг лунных образцов, тогда как «Луна-16» — только 105 г. В США было передано 3,2 г, т. е. около 3% нашего грунта, и, следовательно, по обмену мы должны были получить также 3% их вещества, т. е. около 1,5 кг. Но, по мнению Ю.И. Мухина, эти 1,5 кг в СССР не передавались, поскольку никто из советских исследователей — авторов статей Книги, изучение американских образцов не проводил и в глаза их не видел. Эти исследователи при сравнении ссылаются только на американские публикации и отмечают сходство американских и советских образцов. Правда, в Книге Ю.И. Мухин все-таки обнаружил 5 наших статей, в которых сообщаются результаты исследования американских образцов. Первых, по мнению Ю.И. Мухина, просто одурачили, а вторые — жулики. Одурачили следующим образом. Американцы фальсифицировали свой лунный грунт из «различных земных базальтов и метеоритного вещества», основываясь на результатах анализов, полученных автоматическими аппаратами «Сервейер». При этом для целого ряда элементов они сообщили довольно широкие пределы концентрации, так что глупые советские ученые, изучавшие наш реальный лунный грунт, вынуждены были признать, что по химическому составу наш лунный грунт попадает в эти интервалы и, значит, не отличается от американского. Одурачили американцы не только советских ученых, но и всех других, которым раздали для изучения свое «изделие» до полета «Луны-16», и эти ученые, не имея никакого представления о составе лунного вещества, потратили время на тщательные исследования фальсификата. Однако, когда в руках «американских ученых и французов, свободных от заботливой опеки и НАСА и академика Виноградова», оказался наш реальный лунный грунт, они убедительно показали, что наш лунный грунт отличается от американского по очень многим параметрам. Следовательно, американский лунный грунт —

фальшивка. Разумеется, все различия Ю.И. Мухиным цитируются и демонстрируются цифрами.

Прежде всего следует отметить, что по процентам никто не меняется, хотя этого и очень хочется. Ну вот, допустим, у меня 100 руб., а у Ю.И. Мухина 1000 долларов. Что бы сказал мне Ю.И. Мухин, если бы я предложил ему обменять 1% моей суммы (1 руб.) на 1% его суммы (10 долларов)? Наверное, он меня бы просто не понял. Таким образом, 1,5 кг лунных образцов от американцев получить было никак нельзя. Практически в СССР американцами было передано 29,4 г лунного реголита из всех экспедиций «Аполлон», а из нашей коллекции образцов «Луны-16, 20 и 24» было выдано за рубеж 30,2 г.

Ю.И. МУХИН. Мне нравится то ли наличие юмора у Назарова, то ли полное его отсутствие. Есть утверждение ряда психиатров, что умственно ненормальные люди отличаются от здоровых отсутствием чувства юмора, но больные способны на смешные словесные конструкции без понимания заложенного в них смысла. Так, один психиатр рассказывал случай с его пациентом. Тот должен был самостоятельно уехать к родственникам, и мать ему говорит: «Я положу тебе пирожков на дорожку». Больной немного подумал и попросил: «Лучше положи их в сумочку». Поэтому я и не понимаю, шутит Назаров или нет. Ну какой дурак будет обсуждать с мошенниками финансовые операции?! Так что я действительно Назарова не понял.

Теперь по смыслу обмена. Образец грунта «Луны-16» состоял, надо думать, из десятка или более объемов того, что подлежало исследованию, – частей из разных глубин, частиц разных видов – брекчий, стекол, обломков базальта и т. д. И этот образец – это не вожделенные Назаровым и Галимовым «бабки», «зелень», «баксы», а всего лишь несколько объектов для исследования. Образец «Луны-16» был взят всего лишь из одного места на Луне, а американские образцы, по легенде, были взяты из сотен мест, следовательно, в них было заключены не менее нескольких сотен объемов, которые настоящие ученые обязаны были бы исследовать. И посему обмен «грамм на грамм», так понятный валютному спекулянту, в данном случае неприемлем. Речь шла о великом исследовании – о познании Луны, — и мы обязаны были запросить у американцев хотя бы по образцу по меньшей мере от каждого объема их грунта, представляющего интерес для исследований. Что им было скрывать? Они же и везли грунт именно для этого!

По идее, я должен был бы объявить победу «Дуэли» — мы заставили мошенников через 30 лет сообщить, сколько «лунного грунта» из США они получили для исследований. Но! Если бы это было не в Интернете, если бы это подписал Галимов и человек, отвечающий за хранение этого грунта. А какой толк от безответственного «базара» Назарова? Как я понимаю, он сообщает о количестве базальта из Аризонского кратера, запаянного в ампулки и хранящегося в музеях бывшего СССР (в том числе и в музее ГЕОХИ), как материальное подтверждение великой американской «лунной победы».

ГЕОХИ. Никто из ученых не будет исследовать образец, если он уже изучен другими в тех же целях и тем же методом. Для сравнения используются опубликованные данные. Это традиционная практика.

Ю.И. МУХИН. Всем хороши наши выдающиеся ученые, типа Галимова с Назаровым, но есть и у них маленький недостаток – трудно им, бедным, удержать в голове две мысли сразу. Вот они только что объявили, что не исследовали американские образцы, поскольку их исследовали сами американцы, а *«никто из ученых не будет исследовать образец, если он уже изучен другими»*. Хорошо, согласны. Но чуть выше Назаров написал: *«...зарубежные коллеги на 2 года опередили советских ученых в изучении и публикации результатов по грунту «Луны-16»*. Но если это так, то тогда, простите, на хрена вы тратили деньги и 43 группы ученых ГЕОХИ повторяли исследования грунта «Луны-16», если он уже 2 года назад был проанализирован *«зарубежными коллегами»??*

А если все же взялись анализировать самостоятельно грунт «Луны-16», то почему одновременно («в параллель») не проанализировали американский грунт, если он был?

Возможно ли подделать?

ГЕОХИ. Кроме того, наши исследователи, уступая американцам в качестве научной аппаратуры, никогда американскими образцами детально не занимались. Да и не было времени и сил: надо было изучать свой материал. Кстати, точно так же поступали и американцы: более 95% их публикаций посвящено изучению образцов экспедиций «Аполлон». В СССР проводились только некоторые специальные исследования американских образцов, и не только в ГЕОХИ, а также и в других институтах. Всего из нашей коллекции было выдано на проведение исследований советским ученым 3,1 г американских образцов. Так что беспокойства Ю.И. Мухина напрасны. Если у нас американские лунные образцы масштабно не изучались, это не значит, что они отсутствуют. Если я никогда не видел Ю.И. Мухина, это не означает, что он не существует.

Ю.И. МУХИН. О том, что Ю.И. Мухин существует, Назаров знал из моих работ и статей, а где те работы и статьи, по которым я узнаю, что существовали исследования «учеными» ГЕОХИ американского лунного грунта? Получив 3,2 грамма лунного грунта из образца «Луны-16», американские ученые только в сборнике «Лунный грунт из Моря Изобилия» опубликовали 29 работ, да еще на десятки их работ, как это вовремя подметил Назаров, в сборнике есть ссылки. А «ученые» ГЕОХИ, получив те же 3,1 грамма, опубликовали всего 5 фальшивок? Понимаете, от того, что Назаров чмокает от восхищения «подлинности» фальшивок, подлинными они не становятся. Это фальшивки. Повторяю: где настоящие результаты исследований хотя бы этих 3,1 грамма американского «лунного грунта»?

Назаров, чтобы опровергнуть меня в этом утверждении, обязан был дать таблицу расхода этих 3,1 грамм, к примеру: «0,1 гр. переданы тем-то, результаты опубликованы там-то; 0,23 гр. переданы тому-то, результаты опубликованы там-то», и так далее – до сведения суммы к 3,1 грамма. Назаров призывает читателей поверить ему, честнейшему из всех честнейших, боящихся поставить подпись под своей безответственной болтовней. И если вы совсем придурок, то что же может помешать вам действительно поверить Назарову?

ГЕОХИ. Что касается обманутых советских ученых, мне таковых в Книге обнаружить не удалось. В тех статьях, где рассматривается сравнение, даже по литературным данным, обсуждаются как сходства, так и различия. Но самое главное: нужно огорчить Ю.И. Мухина. Фальсифицировать лунный грунт из «различных земных базальтов и метеоритного вещества» невозможно. Даже до полетов экспедиций «Аполлон» и АЛС «Луна» было ясно, что вне зависимости от состава лунный грунт должен иметь радиационную историю, исчисляемую геологическим временем. Так что подделка была бы немедленно установлена, так же как и природа земных базальтов и метеоритного вещества.

Ю.И. МУХИН. Как видите, освоившись в привычке говорить от имени всех советских ученых, Назаров с Галимовым плавно перешли к выражению чаяний и способностей всего ученого мира. Ведь Назарову надо было написать: «Ученые с умственным развитием, как у нас с Галимовым, фальсифицировать лунный грунт не способны». И кто бы с этим утверждением спорил? Кстати, в данном случае в этом утверждении на первый взгляд нет ничего позорящего – ведь и американцы по уму не смогли свой «лунный грунт» сфальсифицировать, хотя и старались. Но об этом чуть ниже.

А сейчас вопрос – а с чего Галимов и Назаров взяли, что в американском «лунном грунте» такие же радиационные нарушения, как и в грунте советских экспедиций? Они же ведь не провели ни единого исследования этого параметра в американских образцах, которые якобы в ГЕОХИ исследовались!

Вот, к примеру, работа Кашкарова, Лаврухиной и Генаевой «Некоторые результаты исследований трековым методом лунного вещества» из сборника «Лунный грунт из Моря Изобилия»[89]. Они взяли 24 кусочка из буровой колонки «Луны-16» по глубине от 0 до 35 см, раскалывали каждый кусочек, чтобы обнажить прозрачный кристалл (хреновому лаборанту на 2 часа работы), протравили в смеси фтористоводородной и серной кислоты (10 минут на все про все) и сфотографировали следы ударов (треков) космических частиц на зернах кристалла оливина при увеличении в 1000 раз (день работы хреновому аспиранту, включая время для помола зерен и трехкратной варки кофе в колбе термостойкого стекла на лабораторной спиртовке). Потом подсчет треков на фотографиях. Ну, два дня! Ну, неделя! Вопрос – ну почему они не сделали то же самое хотя бы с одним кусочком из американского «лунного грунта»? Назаров, Галимов! Вы же утверждаете, что у вас американский «лунный грунт» был, и вы даже 3,1 грамма его раздали каким-то исследователям. Почему же не дали камешка весом хотя бы в 2 миллиграмма Кашкарову, Лаврухиной и Генаевой?

На Луне грунт облучается летящими из космоса частицами с высокими энергиями: а) ядрами группы железа солнечных лучей; б) ядрами той же группы галактических лучей; в) осколками от ударов альфа-частиц космических лучей о вещество облучаемых кристаллов; г) осколками деления урана, тория и трансурановых в этом веществе. Все эти частицы оставляют следы в кристаллах, но не одинаковые: частицы с малой энергией оставляют следы только на поверхности, а с большой – пробивают кристалл на большую глубину.

И наши исследователи подсчитали количество треков по глубине кристаллов. Выяснилось, что как бы ни был облучен материал – краткое время или длительное, — но уменьшение количества треков по глубине практически одинаково: с поверхности до глубины в 50 микрон количество треков падает менее чем в 2 раза, и далее их плотность примерно одинакова. Поэтому все три кривые оказались почти параллельными. Это грунт «Луны-16».

А данные по американскому «лунному грунту» исследователи взяли, само собой, из американской статьи. Нанесли американские точки на график, но соединять их кривой постеснялись[90] (рис. 19). Почему? Потому, что эта американская кривая пересекла бы все наши кривые – в американских образцах плотность треков с поверхности до глубины в 50 микрон падает чуть ли не в 4 раза, т. е. американская кривая перечеркнула бы все три наших кривых, и в глаза бросилось бы, что американские аферисты в своих «лунных образцах» создавали треки источником частиц с совершенно не тем соотношением их энергии, которое имеют эти частицы на Луне.

Трудно ли опустить образец «лунного грунта» в реактор атомной электростанции или положить его на радиоактивный изотоп урана или тория, и эти излучатели частиц наделают в кристаллах дырок (треков) больше, чем их в подлинном лунном грунте. Но не тех дырок!

Конечно, в разных точках Луны химический состав грунта может сильно отличаться, но вся поверхность Луны бомбардируется одними и теми же космическими частицами, поэтому при одинаковом содержании радиоактивных элементов в самом веществе грунта, изменения в этом веществе под действием этих частиц тоже должны быть одинаковыми, с какого бы участка Луны эти образцы ни были взяты.

Но все иностранные ученые отмечают радиологические отличия грунта «Луны-16» и американских образцов. Назаров утверждает, что ему с Галимовым не по уму изготовить на Земле лунный грунт, но эта работа оказалась не по уму и тем, кто фальсифицировал «лунный грунт» в США – не получилось это у них так, как надо, — так, как в грунте «Луны-16». Напомню, Дж. П. Росс III из Калифорнии по нейтронному захвату оценил глубину перемешивания грунта в месте посадки «Луны-16» примерно в 6 м и пишет: *«Это второе меньше, чем глубины перемешивания, рассчитанные для мест посадки «Аполлона-11» и Аполлона-12»...»*[91] Французы из Орси

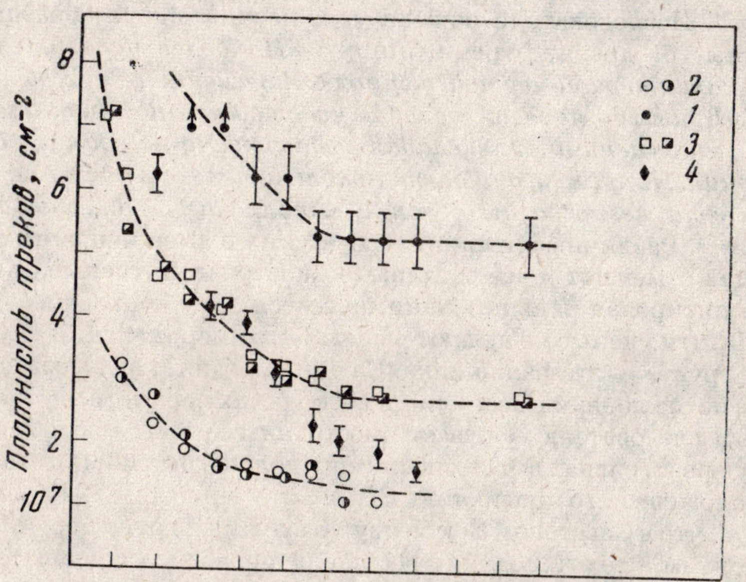

Рис. 3. Изменение плотности треков от поверхности к центру кристаллов. Результаты настоящей работы для оливина из зон *А* и *Б*

1 **— обр. 1-Б; *2* — обр. 3-А; *3* — обр. 3-Б; *4* — данные Флейшера [7] для авгита («Аполлон-11»)**

Рис. 19
Кривые из статьи
Л.Л. Кашкарова, А.К. Лаврухиной, Л.И. Генаевой

и Тулузы исследовали радиационные нарушения в тонких фракциях лунного грунта. Они пишут: *«...грунт «Аполлона-14» содержит примерно в 10 раз больше урана и тория, чем грунт «Луны-16», но доля покрытых зерен в первом обычно меньше»*[92], — или: *«Полевые зерна «Луны-16» отличаются от доставленных на Землю экспедициями «Аполлонов» тем, что они очень часто обнаруживают высокую плотность кристаллических включений»*[93]. Ученые из Парижа, изучив треки (следы частиц) в советских и американских образцах, пишут: *«Результаты, полученные на образце № 118 «Луны-16» Аллегре и другими (4), показывают, что большая часть мелкого грунта могла быть «экзотического» происхождения»*[94]. Исследователи из Миссури, изучив в двух образцах «Луны-16» древние треки, пишут: *«Наиболее поразительной характерной чертой термолюминесценции двух образцов «Луны-16» является слабая чувствительность их термолюминесценции, т. е. слабая светоотдача на единицу облучения. Например, они дают приблизительно в 50 раз меньше света, чем образцы колонки «Аполлона-12» для той же дозы»*[95]. Различные отличия в советских и американских образцах отмечают и все остальные иностранные ученые (я их уже цитировал раньше), занимавшиеся этим вопросом.

Да, эти ученые не делают вывода, что американский «лунный грунт» — это фальшивка. Как они могли такой вывод сделать по отклонению всего лишь нескольких параметров у каждого исследователя, если всем иностранным ученым было ясно, что первый сигнал о фальсификации должен был поступить от идеологического противника США – от ученых СССР. Кто мог знать, что в Советском Союзе изучать лунный грунт поручили подонкам, что эти подонки вообще не проводили сравнительных исследований с американскими образцами, а когда видели различия по сравнению с данными, опубликованными американцами, то молчали. Но зато громко вопили, что советские и американские образцы идентичны. Если советские ученые не сомневались в «лунном грунте» из США, то как в нем могли засомневаться, скажем, французы?

Читатели могут ни на грамм не понять техническую суть того, о чем я написал выше, но то, что нашим ученым, в отличие от иностранных, не давались для сравнения американские образцы, даже если эти образцы не расходовались в ходе анализа и сам анализ был элементарным, — **это понятно?** И как это объяснить?

Ему про Фому, он про Ерему

Назаров проигнорировал основную массу моих доказательств американской фальшивки, которые я привел с цифрами и надлежащими цитатами. Но совсем не обращать на мои доводы внимания он, конечно, не мог. В связи с этим они с Галимовым снисходят и для примера рассматривают несколько моментов из предшествующей главы. Начинает Назаров с обсуждения вот такого места из моего текста:

«Ученые из Орегонского университета отмечают, что базальты и американского «лунного грунта», и советского состоят в общем из одних и тех же минералов, но вот только эти минералы имеют непохожий химический состав. Они пишут, что в группе минералов пироксенов минерал титанический авгит «содержит значительное количество алюминия и титана. Содержание TiO_2 значительно выше, чем для большинства авгитов «Аполлона-11» и «Аполлона-12», хотя количество TiO_2 в материале, доставленном станцией «Луна-16», в общем много меньше, чем в пробах «Аполлона-11», и сравнимо с содержанием титана в базальтах «Аполлона-12» — с удивлением отмечают американцы и делают выводы, что в месте прилунения «Луны-16» пироксены кристаллизовались не так, как в остальных местах Луны». (А мы для себя отметим: само собой — на Луне и Земле условия кристаллизации были разные.)»

*...В конечном итоге и ученые из Хьюстона записали (Виноградова на них не было!): «**Выводы.** Образец реголита «Луны-16» уникален в сопоставлении с материалами «Аполлонов», потому что он имеет смещенную вариацию закиси железа к окиси алюминия и небольшие, почти хондритовые отрицательные аномалии европия и стронция. Образец* «Луны-*16» не может содержать больших количеств материалов, типичных для мест посадок «Аполлонов». Это позволяет предположить, что почти весь материал «Луны-16» извлечен из местных или близлежащих участков. Специфические химические черты «Луны-16» заставляют предположить, что главные компоненты*

этого образца получены из петрогенетической провинции, не похожей на провинцию, в которой происходило образование пород «Аполлонов». Короче, угораздило «Луну-16» сесть в таком месте «американской Луны», которого там больше нигде нет».

Попрекнув меня в начале своей статьи за многословие, Назаров приступил к обсуждению «ненормальности» соотношения окислов титана и алюминия в авгите. Подчеркну – в этих цитатах речь идет не об абсолютном содержании этих соединений в лунном грунте, а о **соотношении** их в минерале авгите лунного грунта. Приступил не спеша, но, правда, чтобы не терять зря времени, сразу с глупости.

ГЕОХИ. Конечно, этого обстоятельства Ю.И. Мухин мог и не знать. Но вот на Луну-то он наверняка смотрел простым невооруженным глазом, и мог бы заметить, что на лунной поверхности есть светлые и темные участки, так называемые материки и моря. Основываясь на этом факте, любой, хоть немного думающий наблюдатель сразу сделает вполне обоснованное заключение: поверхностное вещество Луны имеет разный состав.

Ю.И. МУХИН. Назаров с Галимовым наверняка и не один раз смотрели на батон «Нарезной», поверхность которого при выпечке формируется в виде выпуклостей и впадин. И что – корочка «Нарезного» имеет *«разный состав»?*

ГЕОХИ. Если при этом наш наблюдатель обладает хотя бы средним образованием, он вспомнит, что и земная кора неоднородна и состоит из разных горных пород (например, известняк, уголь, гранит, базальт и др.), и тогда он сделает очень важное эмпирическое обобщение: коровое вещество планетных тел разнообразно. Поэтому различия в химическом составе лунных образцов никого не удивляют. Ведь даже ни один из независимых от НАСА и Виноградова ученых, описавших эти различия, ни словом не обмолвился о фальсификации американских образцов. Правда, Ю.И. Мухин разыскал все-таки одну французскую работу, в которой, по его мнению, уже прямо говорится, что американские образцы не с Луны, а советский грунт — есть истинно лунный грунт. Об этом чуть позже, потому что сейчас нужно еще немного сказать о различиях, сходстве и логике Ю.И. Мухина.

Основываясь на химическом составе (главным образом, содержании титана и алюминия) базальтовые породы лунных морей подразделяются международным научным сообществом на следующие типы:

1. Базальты с высоким содержанием титана (TiO_2 >8 вес.%). Это породы, собранные экспедициями «Аполлон -11 и -17».

2. Базальты с низким содержанием титана и бедные алюминием (TiO_2 2-6 вес.%, Al_2O_3 < 12 вес.%). Эта группа объединяет породы экспедиций «Аполлона 12 и 15».

3. Базальты с низким содержанием титана, богатые алюминием (TiO_2 3-6 вес.%, Al_2O_3 12-15 вес.%). К этому типу относятся базальты, доставленные «Луной-16».

4. Базальты с очень низким содержанием титана (TiO_2 <1 вес.%), опробованные «Луной-24».

Следовательно, международное сообщество признает, что даже породы морских районов Луны различны, и при этом даже базальты, доставленные советскими миссиями, отличаются друг от друга. И следовательно, используя логику Ю.И. Мухина, можно заключить, что не только проклятые американцы фальсифицировали лунные образцы, но и прославленные советские инженеры фальсифицировали грунт «Луны-24», поскольку он сильно отличается по составу от истинного грунта «Луны-16». Более того, надо бы признать, что и грунт «Луны-20» также создан в пробирке, поскольку он уж совсем не похож на морские базальты «Луны-16». И при этом образцы «Луны-20 и 24» были переданы западным ученым на исследование, и никто не заметил подделки. Ну не было у них всезнающего Ю.И. Мухина.

Думающий читатель, конечно, готов уже задать вопрос: «Да, коровое вещество планетных тел различно. Но есть ли у всего многообразия лунных пород общие признаки, по которым можно было бы отличить их от земных или других пород?» Да, есть. Различия в составе лунных пород отражают условия их образования. Понимание этих процессов позволяет установить, как и почему изменялись концентрации элементов и изотопов в различных типах корового вещества и какие вещественные характеристики оставались неизменными (как правило, это элементные и изотопные отношения, но могут быть и такие признаки, как химия минералов и даже структура), общими для всех типов пород и отражающими свойства первичного лунного вещества. Такими общими свойствами лунных пород (и советских и американских), несмотря на их различия, являются крайне низкое содержание воды, их высокая восстановленность, обогащение труднолетучими и обеднение легколетучими элементами, низкое содержание сидерофильных элементов в первичных породах и их высокое содержание в лунном грунте, специфическое отношение Fe/Mn, аномальные возрастные характеристики и др. Все значения этих параметров, конечно, следует понимать относительно таких же параметров вещества земной коры или хондритов или других геохимических стандартов. Но принципиально важно, что все многообразие лунных пород (и американских, и советских) — это одна геохимическая система: все эти породы образовались из одного источника, отличного от первичного вещества Земли или метеоритных тел.

Ю.И. МУХИН. Итак, две группы американских исследователей утверждают, что по соотношению окислов титана и алюминия в авгите образец «Луны-16» резко отличается от американского «лунного грунта», а Назаров, рассматривая эти цитаты, удивления американцев не видит и не слышит, а мерно талдычит про *«общие свойства лунных пород (и советских, и американских)»*. Американцы ему кричат, что у образцов «Луны-16» не такое соотношение окислов титана и алюминия, а Назаров рассказывает нам, что абсолютное содержание окислов титана и алюминия в разных местах Луны может быть различным. А кто с этим когда-нибудь спорил? Американцы тыкают его носом в соотношение окислов титана алюминия в авгите, а он рассказывает нам об общем содержании окиси титана в пробах разных экспедиций, причем о содержании окислов алюминия упоминает только в двух из четырех случаев. Если в ГЕОХИ так идет обсуждение диссертаций при их защите, то неудивительно, что Назаров уже доктор геолого-минералогических наук. Это же надо – какое упорство! Они ему про отношение окислов, а он нам про то, что в лунном грунте высокое содержание *«сидерофильных пород»*.

Не надо, не ищите эти *«сидерофильные породы»* в энциклопедиях и словарях – я искал и, соответственно, не нашел. Что такое сидерит, я естественно, знаю в двух смыслах этого слова (минерал углекислого железа и железоникелевый метеорит), что такое сидерация (запахивание зеленых удобрений) – тоже, но что Назаров имел в виду в данном контексте – Галимов его знает! Тут и с простыми вещами не разбирешься. Что имел в виду Назаров, когда писал про *«базальты с очень низким содержанием титана... опробованные «Луной-24»*. Как она их *«опробовала»* — пожевала? А потом? Выплюнула или проглотила? А в случае с выражением *«корового вещества»* я вообще встал в тупик и сначала думал, что это описка. Когда нет – и дальше Назаров рассматривает *«коровое вещество»*. По смыслу это вроде вещество коры, но если это действительно так, то сразу возникает два вопроса. Во-вторых. Это на каковском языке? Если на русском, то прилагательные от слова «кора» (см. «Словарь...» В. Даля) – корный и корочный. Во-первых, а зачем это прилагательное? Ведь «вещество коры» на три буквы короче, чем «коровое вещество». (Это беда дебильной части ученых – они почему-то глубоко уверены, что чем непонятнее буду говорить, тем умнее будут казаться.)

Смысл фальсификации грунта американцами – объявить о лунной победе, но не высаживаться на Луну, а в чем смысл фальсификации грунта «Луны-24», если бы СССР захотел его фальсифицировать? Чтобы не запускать «Луну-24»? Американцам был смысл фальсифицировать образцы своего «лунного грунта» с большим разбегом содержания элементов, чтобы анализы грунта «Луны-16» попали в этот разбег, а у нас какой был смысл при фальсификации не воспроизвести содержание элементов «Луны-16» в образце «Луны-24» с большой точностью?

И Назаров уверяет, что это моя логика! Польщен, но не надо. Это логика активного сидерофила, у которого при написании докторской диссертации опробовались извилины корового вещества головного мозга до зеркального блеска.

После такого подвига Назаров объявил рекламную паузу.

ГЕОХИ. Любознательному читателю, вероятно, интересно будет узнать, что, кроме лунных образцов, доставленных космическими миссиями, на Земле обнаружены куски лунных пород, попавшие на нашу планету естественным путем. Это так называемые лунные метеориты, выброшенные с Луны в результате событий образования ударных кратеров и захваченные полем тяготения Земли. Похоже, Ю.И. Мухин что-то об этом слышал, но ничего не понял. Так вот, эти метеориты похожи (некоторые из них очень похожи) на лунные образцы, собранные космическими экспедициями, и в то же время имеют и ряд отличительных характеристик. Однако все лунные метеориты обладают теми же общими свойствами, установленными для лунных пород в результате американских и советских космических полетов. Отличить их в популяции метеоритов и земных пород не трудно. Это делается и в нашей лаборатории.

Ю.И. МУХИН. Я про лунные метеориты ничего не писал, и зачем Назаров о них вспомнил, и что он с их помощью хотел всучить *«любознательному читателю»*, мне не понятно. Но хочу заметить, то, что по своему составу лунные породы соответствуют американскому «лунному грунту», — это естественно. Американцы же не в ГЕОХИ работают, небось догадались, что их «лунный грунт» должен быть похож на лунные метеориты.

После рекламной паузы Назаров подошел к оспариванию еще одних результатов работы иностранных ученых.

Французы знали, что делают

ГЕОХИ. Ну, а теперь о французской работе, которая доказывает, по мнению Ю.И. Мухина, истинность грунта «Луны-16» и фальсификацию американских образцов. Имеется в виду статья А. Долльфуса и Е. Боуэлла «Фотополяризационные исследования лунных образцов — отрицательная ветвь», опубликованная на стр. 517–523 данной Книги. Действительно, Ю.И. Мухин совершенно корректно цитирует заключение этих ученых, что кривая альбедо образца «Луны-16» сходна с лунной, полученной телескопическими методами (стр. 523) и это действительно может свидетельствовать о лунном происхождении грунта «Луны-16». Более того, г-н Ю.И. Мухин корректно цитирует и еще одну фразу из данной статьи, имеющую отношение к американскому образцу (по мнению г-на Ю.И. Мухина, — это образец реголита «Аполлона-14»): «Отрицательная ветвь показывает, что такая поверхность не может полностью воспроизвести характер лунной поляризации» (стр. 522). И на основании этой фразы Ю.И. Мухин заключает, что образец «Аполлона-14» не с Луны. Уважаемый читатель, Ю.И. Мухин вводит вас в заблуждение. Данные авторы не изучали грунт «Аполлона-14». Они исследовали только кусок брекчии 14267 из коллекции «Аполлона-14», и на этом куске они исследовали естественную поверхность, покрытую пылью, остеклованную поверхность и поверхность свежего скола. Так вот фраза, цитируемая г-ном Ю.И. Мухиным, относится к свежему сколу, а результат изучения запыленной поверхности этого образца излагается следующим образом: *«По этим данным, область В очень близка лунной поверхности в крупном масштабе и лунно-*

му грунту» (стр. 521). Французы показывают этим исследованием, что обнажений скальных, свежих пород на Луне не должно быть и поверхность Луны должна быть покрыта пылью. Вот и все. Таковы методы Ю.И. Мухина. И в этой статье, так же как и в других статьях независимых ученых, нет и тени намека на фальсификацию американцами лунных образцов.

Ю.И. МУХИН. Поскольку я получил обвинение в мошенничестве, то разобраться с этим надо подробнее. И начнем с используемых терминов, во-первых, с «альбедо». Как я уже писал, это *«величина, характеризующая отражательную способность любой поверхности, связанную с ее физ. свойствами; выражается отношением отраженного потока лучистой энергии ко всему упавшему на поверхность потоку; напр. а. черноземной почвы — 0,15, а. песка — 0,3 — 0,4, среднее а. Земли — 0,39, Луны — 0,07»*. Значение альбедо для Луны дано в среднем на весь ее диск, но в отдельных местах Луны альбедо может очень сильно отличаться от среднего. Так, в Море Изобилия средняя величина альбедо (0,069) практически точно равна средней по Луне, но на том участке, на который села «Луна-16», альбедо чуть ли не в 2 раза больше – 0,105[96]. Как видите, сама по себе величина альбедо лунных образцов ни о чем не говорит, поскольку она может быть какой угодно. Поэтому Назаров и не стал цитировать выводы французов в отношении грунта «Луны-16» полностью, очень уж ему хотелось унизить советские достижения. А выводы Доллфуса и Боуэлла были короткими: *«Образец Л-16-19-1-116. Образец из колонковой трубки с глубины 20–22 см (увел. от 40 до 1300). Сложная межфазовая адгезия и слипание мелких частиц в комки вызывают многократное рассеяние, что дает результаты, согласующиеся с телескопическими лунными измерениями. Кривая альбедо образца сходна с лунной»* (рис. 20).

Как видите, Назаров пересказал этот текст так, чтобы оставить в доказательство «лунности» грунта «Луны-16» только альбедо, которое, повторяю, может и на Луне быть любым и лунное происхождение образцов доказать не может.

Но французы обнаружили интересное явление: *«Отрицательная ветвь поляризационных кривых получается главным образом в результате многократного рассеяния на сопри-*

касающихся гранях частиц субмикронного размера. Для Луны при наблюдении в телескоп отрицательная ветвь не меняется от места к месту, и мы заключаем, что лунная поверхность всюду переработана до одной и той же микроструктуры»[94].

Именно величина этой отрицательной ветви поляризации и является идентификационным признаком лунного грунта, поскольку она одинакова для всей поверхности Луны. У грунта с Луны кривая поляризации должна опускаться до величин минус 12. И у грунта «Луны-16» она до −12 и опускается.

Назаров пишет: *«Данные авторы не изучали грунт «Аполлона-14». Они исследовали только кусок брекчии 14267 из коллекции «Аполлона-14»...»* Как видите, Назаров впаривает *«любознательным читателям»*, что американцы привезли с Луны не только образцы грунта, но и коллекцию каких-то

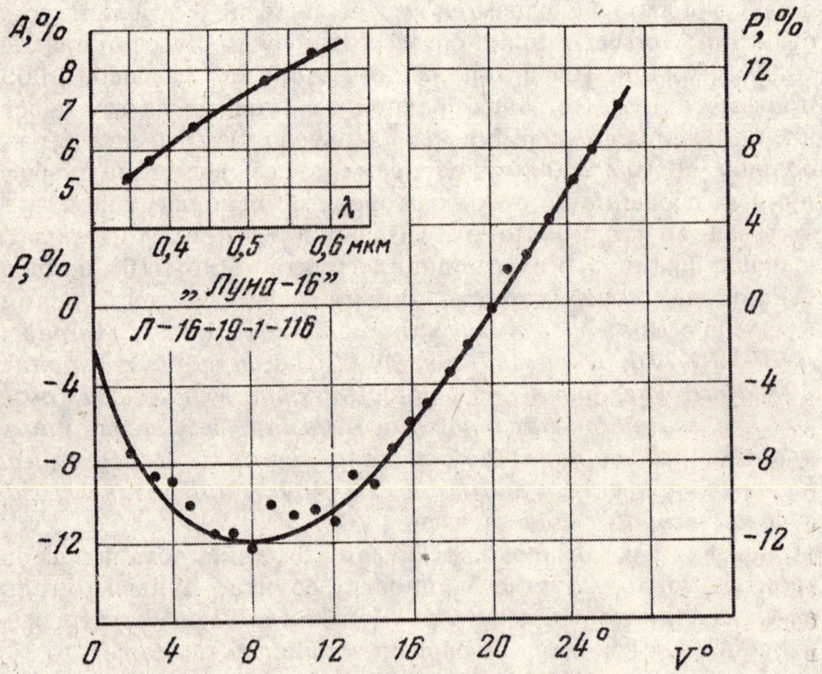

Рис. 20
Лунный грунт «Луны-16». Альбедо и кривая поляризации

брекчий, которые грунтом не являются. Надо было Назарову заодно и объяснить *«любознательному читателю»*, что эти брекчии на Луне на деревьях растут или еще откуда-нибудь берутся. Но чего это он будет объяснять дуракам вещи, понятные только геологам?

Поэтому мне и в этом случае придется объяснить собравшимся вокруг Назарова *«любознательным читателям»*, что это такое. Объясню словами академика Виноградова: *«Брекчии — сцементированные, литифицированные породы, образовавшиеся в результате уплотнения мелкораздробленного материала реголита и содержащие в различных пропорциях все компоненты, включая частицы первичных магматических пород, железо-никелевый сплав и т. п. Для некоторых брекчий отмечается скатанная форма частиц, а иногда и слабое уплотнение, что приводит к легкому их разрушению. Брекчии магнитны, они составляют до 40% от общего числа частиц»*[98]. То есть брекчии – это уплотненный лунный грунт, лунный грунт на 40% состоит из брекчий, а брекчии на 100% состоят из лунного грунта. Так что *«любознательному читателю»* нужно с Назаровым держать ухо востро, даже когда он не меняет вам валюту, – надует! И понять, что французы не были дураками, чтобы оптические свойства лунной поверхности сравнивать с тем, с чем их нельзя сравнивать.

Теперь по поводу той брекчии. Французские исследователи не были мошенниками из ГЕОХИ, и они, естественно, ее сфотографировали и описали. Это был комок грунта размером примерно 20х30 мм, т. е. его плоская сторона, которая изучалась французами, имела площадь около 600 мм^2. Вся эта плоскость была по своим свойствам примерно одинаковой: французы замеряли эти свойства в нескольких местах брекчии, данные были идентичны, и они описали их одной суммарной кривой. Но в трех местах брекчии были аномалии: небольшой скол примерно в 25 мм^2 и два углубления, заполненных пылью. Исследователи построили кривые альбедо и поляризации отдельно для скола, и суммарную кривую поляризации для этих двух углублений. Они сфотографировали оба эти углубления в масштабе: оба они укладываются в квадрат 0,2х0,2 мм. Таким образом, их суммарная площадь равна 0,08 мм^2, или примерно 0,027% от всей площа-

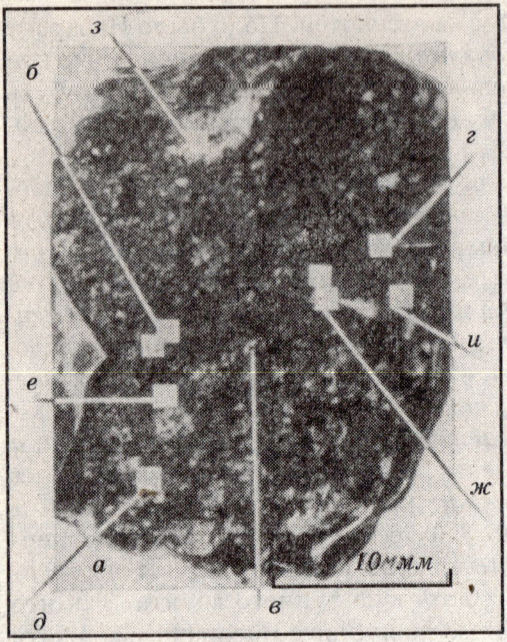

Рис. 21
Расположение изученных участков на брекчии 14267.
Участки «в» и «г» покрыты пылью, участок «з» – свежий скол

ди брекчии. Это видно не только на фото, но и из рисунка для этих участков – на нем нет кривой альбедо. (рис. 22 и 23).

Так вот только в этих двух маленьких ямках на поверхности брекчии кривая поляризации опускается до –12, о чем радостно сообщил вам Назаров, но он забыл сообщить, что эти точки были так малы, что французы, как и я сказал выше, даже не смогли замерить для них альбедо.

А для остальных участков альбедо (рис. 24 и 25) было, естественно, замерено: при длине волны 0,5 мкм в месте скола альбедо было 0,27, для остальной поверхности – 0,11. Но кривая поляризации и в месте скола и на остальной поверхности, т. е. на 99,973% площади брекчии, не опускалась ниже –4. Это естественно. Возьмите комок земли и разломайте его. Ну почему в местах разлома (скола) земля будет отличаться от остальной поверхности? Назаров считает меня мошенником за то, что я отцитировал итоги французских исследований для примерно 8% поверхности брекчии, хотя они идентичны итогам для всей остальной ее площади, а сам Назаров отцитировал итоги для 0,027% поверхности брекчии! Тот текст, из которого я взял цитату, выглядит так: «*Области б, д, е, и остеклованы. На четырех фотографиях (е, д, и и б), имеющих увеличение 2000, и одной с увел. 400 виден комплекс мелких частиц, лежащих на сравнительно гладкой поверхности. На фото б и д показаны отдельные зерна на очень гладкой стек-*

ловидной поверхности и агломерат сравнительно гладких зерен. Отрицательная ветвь области, покрытой стеклом, совершенно не похожа на отрицательную ветвь Луны. Она опускается только до $P_{min} = -4\%_0$ при $V = 9°$ с $У(0) = 17°$. Эффект многократного рассеяния в этом случае сильно ослаблен, так как имеется мало сложных структур или они совсем отсутствуют, и кривая поляризации близка к таковой для плоской диэлектрической поверхности.

Рис. 22
Брекчия 14267.
Выемка, заполненная пылью

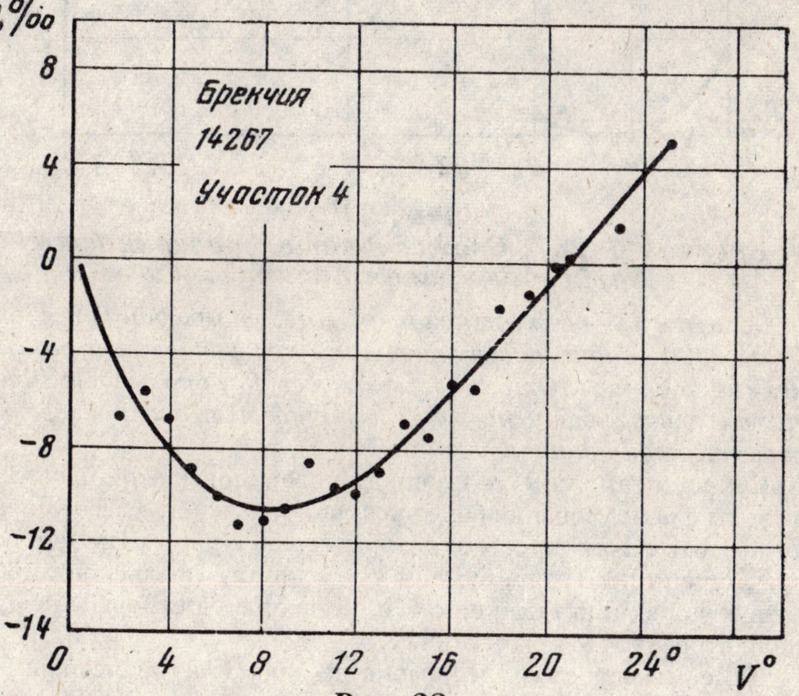

Рис. 23
Брекчия 14267. Кривая поляризации участков, покрытых пылью

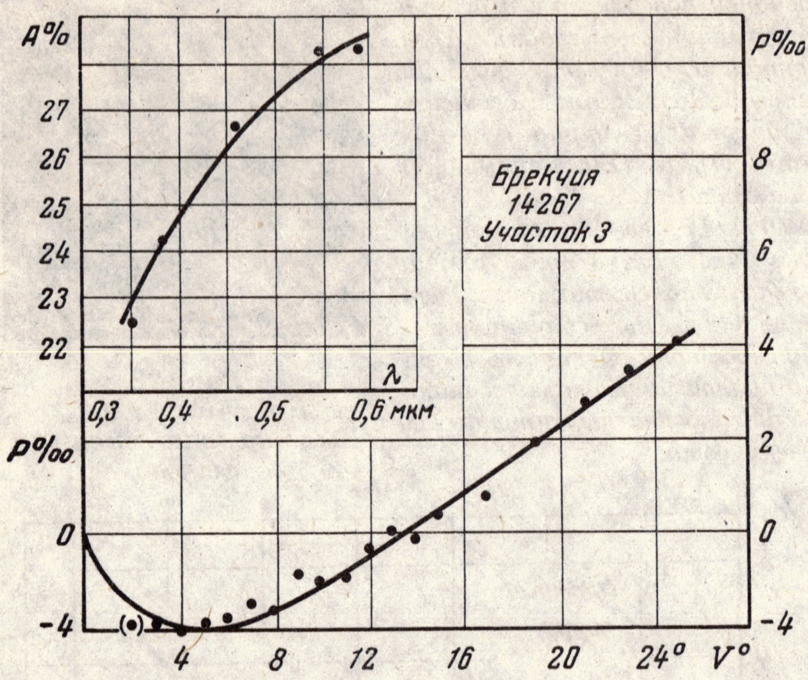

Рис. 24
Брекчия 14267. Свежесколотая поверхность. Альбедо и кривая поляризации

Область 3 — свежеотколотая. На фотографии (увел. от 50 до 2600) видна поверхность, на которой лежат редкие мелкие частицы. Отрицательная ветвь показывает, что такая поверхность не может полностью воспроизвести характер лунной поляризации»[99].

Как видите, для 91% площади поверхности этой брекчии выводы французов еще более резкие, чем я дал: «*...совершенно не похожа на отрицательную ветвь Луны*». Так кто же тут мошенник? Ну не сумели американцы сфальсифицировать эту брекчию так же, как и Назаров с Галимовым не сумели отбрехать эту фальшивку.

Да, сами французы и намека не делают на фальсификацию брекчии. А как они его сделают, если из СССР несся дружный вопль виноградовых, галимовых, назаровых и т. п. о том, что американский «лунный грунт» якобы подлинный?

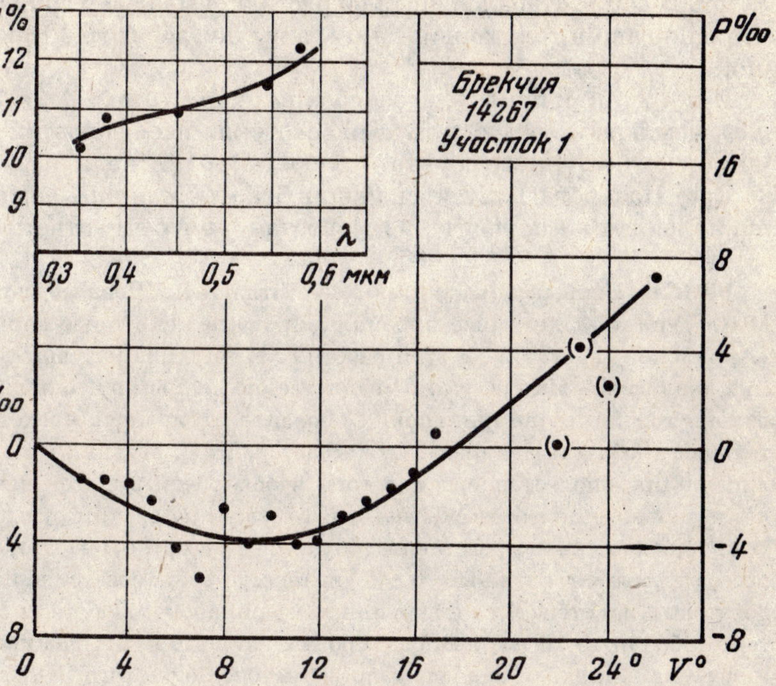

Рис. 25
Брекчия 14267. Остальная поверхность. Альбедо и кривая поляризации

Фальсификация в ГЕОХИ

ГЕОХИ. Нам остается рассмотреть претензии Ю.И. Мухина к тем нашим ученым, которые привели в работах результаты исследования некоторых американских лунных образцов. Таких работ, как указывалось выше, всего 5 (на самом деле больше) и с авторами этих статей у Ю.И. Мухина разговор, конечно, особый.

Ю.И. МУХИН. А почему так быстро закончили с *«зарубежными коллегами»*? Почему ГЕОХИ не обсудит удивление иностранных ученых от того, что в пробах «Луны-16» почти нет редкоземельных металлов? Зато кадмия в 200 раз больше, чем в американском «лунном грунте». И молибдена с вольфрамом – на два порядка больше. Хотя индия меньше. И т. д. и т. п.

Я, понимаешь, старался, читал и растолковывал вам в ГЕОХИ, что написано в толстенной книге, а вы нос воротите? Нехорошо!

И потом, как понять, что в сборнике *«на самом деле больше»*, чем 5 работ с результатами советских исследований американского «лунного грунта»? А сколько? Неужели 5,2?

Врет Назаров и боится: скажешь 6, а *«любознательный читатель»* тут же спросит – а где шестая? И что ему ответить?

ГЕОХИ. Первый объект атаки — статья И.Д. Шевалеевского и М.С. Чупахина, которые проанализировали некоторые образцы «Аполлонов -11 и -12». В этой работе Ю.И. Мухина результаты самих анализов не интересуют и «единственно ценным в ней являлось только то, как от американских образцов отбиралась представительная проба для анализа». Оказывается, Ю.И. Мухин — специалист по пробоподготовке, и для того, чтобы убедить в этом читателя, детально и долго рассказывает о том, как из партии руды в 10 тыс. тонн получить представительную пробу весом 0,1 г. Этот процесс, разумеется, сложный, и его «интересует, как советские исследователи ...из сотен (тысяч?) крупинок американского «лунного грунта» отобрали те 10 мг, которые проанализировали». А раз про это ничего не написано, значит, дело нечистое. Более того, Ю.И. Мухин убеждает читателя, и также обстоятельно, что если он чего-либо не понимает в рентгено-спектральном анализе, то уж спектральный анализ для него просто родной. И его поражает: как это наши исследователи проанализировали американские образцы и тут же не проанализировали грунт «Луны-16». Опять дело не чистое. И, значит, ГЕОХИ вообще никакого анализа американского лунного грунта «не проводил — американцы прислали академику Виноградову бумажку с таблицей результатов химических анализов, а наши «ученые» выдали эти результаты за свои».

Ну, во-первых, результаты анализа грунта «Луны-16», полученные теми же методами и теми же авторами, сообщаются в статье А.П. Виноградова с участием этих авторов на стр. 264. А во-вторых, лунный грунт — не руда и в статье все написано, какие пробы анализировались. Просто надо иметь некоторое знание и подготовку, чтобы понять научный язык (в научных публикациях традиционная терминология или методы обычно не расшифровываются). Анализировался реголит. Это в первом приближении пыль, покрывающая поверхность Луны. Отбирались колонки реголита (по глубине), естественно, американскими астронавтами. На Земле эти колонки вскрывались и из них отбирались пробы с учетом слоистости. Это означает, что, например, в некоторой колонке на глубине от 10 до 20 см наблюдается визуально однородный материал. Часть этого материала отбирается для исследования и распределяется по разным лабораториям. Этот материал, следовательно, представителен по способу отбора, и речь здесь идет не о тоннах, а о граммах. Из материала, переданного в ГЕОХИ, простой микролопаточкой взяли 10–15 мг реголита (пыли) и отдали для выполнения данного анализа.

Ю.И. МУХИН. Знаете, я по глупости полагал, что это самый простой вопрос для ГЕОХИ и Назаров на него ответит **точно**. Конечно, я и в первой статье называл ГЕОХИ непрофессиональными идиотами, но это для того, чтобы спровоцировать их на ответ – не дать отмолчаться, однако после того, что Назаров написал, остается только развести руками – он действительно мало что соображает в аналитической химии, хотя его контора имеет полное название «Институт геохимии и аналитической химии», а не «Рога и копыта».

Что значит *«материал, следовательно, представителен по способу отбора»?* Как это? **Представительная** проба – это небольшой объем материала, в котором процентное такое же содержание элементов, как и в среднем в том материале, от которого представительная проба отобрана. Эта проба **представляет весь материал.** Я же это объяснял в прошлой статье, и получается, что доктор геолого-минералогических наук этого совершенно не понял (я уже не говорю о том, что он этого, оказывается, и не знал).

Сам Назаров не является «представительной пробой» уровня квалификации всего штата ГЕОХИ, ведь если у него, доктора наук и завлабораторией, такие знания, то чего ожидать в среднем от остальных? Не существует проб *«представительных по способу»*, поскольку даже для одного и того же материала отбор представительной пробы можно провести различными способами.

Мне могут сказать, что Назаров – доктор минералогии-геологии, а не аналитической химии. Но, во-первых, невозможно быть геологом и не знать, как отобрать представительную пробу для анализа, например, пробу от месторождения, которое нашел. Во-вторых, Назаров ведь не знает элементарного и из геологии. Вот он написал: *«Анализировался реголит. Это в первом приближении пыль, покрывающая поверхность Луны»*. Геолог ни в первом, ни в десятом приближении не назовет материал, имеющий размеры реголита, пылью. Пыль — это частички среднего размера 0,005 мм и максимального – 0,1 мм. Более крупные частицы переводят материал в разряд песка, который имеет размеры от 0,1 до 1 мм. В реголите же половина всего количества частиц более 0,1 мм, около 15% — выше 1мм, и около 5% — выше 2 мм[100]. Поскольку увеличение диаметра частицы в 2 раза приводит к увеличению ее веса в 8 раз, то реголит это уже даже не песок – это мелкий щебень с пылеватыми фракциями.

И в ГЕОХИ для ответа «Дуэли» не нашли никого умнее, кроме этого убожества? Хоть в суд подавай на них за оскорбление газеты!

Назаров с Галимовым сообщают *«любознательным читателям»: «Отбирались колонки реголита (по глубине), естественно, американскими астронавтами»*. Не астронавтами на Луне, а кацманавтами в Голливуде! Для того чтобы американские астронавты на Луне могли отобрать *«колонки реголита (по глубине)»*, их надо было снабдить буровыми снарядами или хотя бы штыковыми лопатами. А в НАСА про этот инструмент забыли! Ну не врубились сразу, а потом стало поздно. Повторю. Американский специалист Р. Льюис в разделе «Человек на Луне» книги под редакцией К. Гэтланда «Космическая техника» дает исчерпывающий перечень инструментов, который имели американские астронавты «на Луне»: *«1. 16-миллиметровая кинокамера на штативе! 2. Магазин с 35 мешочками. 3. Совок. 4. Молоток. 5. Гномон. 6. Плотномер. 7. Захват. 8. Цветная карта и маршрут движения»*[101]. И никаких буровых снарядов, лопат, пеналов или трубок для колонок: *«По окончании работ на поверхности Луны астронавты возвратились обратно во взлетную ступень, с помощью блока и троса поднимали на борт мешочки с образцами...»*[102] Для подъема 30 кг груза, который на Луне весит всего 5 кг, даже блок с тросом не забыли, но про инструмент для отбора колонок молчат. Зато Галимов с Назаровым журчат нам про колонки лунного грунта – очень уж им хочется, чтобы их государство им было *«обязано существованием»*.

Теперь по поводу утверждения Назарова, что материал, с которого отбиралась проба, был *«визуально однородный»*. Какой он был визуально однородный по своему кусковому составу, я написал выше. А однородность реального лунного грунта по минералогическому и, соответственно, химическому составам такова (%): *«шлак – 38; брекчии – 30; габбро – 13,5; базальт – 7,3; стекло – 4,3; анортозит – 3; сфероиды – 1,3; разные – 3,1»*[103]. Габбро – это основные породы с низким (менее 50%) содержанием кремнезема, стекла – кислые, с высоким (более 50%) содержанием кремнезема (двуокиси кремния). Если вы для отправляемой на рентгеноспектральный анализ пробы весом 10 мг возьмете 5 кусочков габбро – будет один результат анализа, возьмете 5 кусочков стекла – другой, возьмете 5 брекчий – третий и т.д. Так как, по Назарову, отбирали пробу, чтобы она представляла средний химсостав всего реголита?

Вы мне скажете, что речь о кусочках не идет, что Назаров написал: *«...в ГЕОХИ простой микролопаточкой взяли 10–15 мг реголита (пыли)»*. Это он молодец! Он ведь про реголит ничего не знает. Если реголит в своей массе содержит 4,3 % стекла, то в пылевых фракциях (кусочках) – от 17 до 94%[102]! Отбирать для анализа пыль из реголита мог только круглый идиот. Даже если этот идиот и был вооружен микролопаточкой.

Вот этим и хороша Москва для подобных «профессионалов». В любой заводской лаборатории они бы до пенсии мыли химическую посуду, да еще и под присмотром добросовестного лаборанта. А в Москве: один – доктор наук, второй – академик. «Дорогая моя столица...» Ну, очень дорогая!

ГЕОХИ. Затем Ю.И. Мухин атакует сразу три статьи об оптических свойствах лунного грунта. Здесь оказывается, что Ю.И. Мухин не только специалист в области анализа и пробоподготовки, но он прекрасно ориентируется в оптике и даже в кирпичах. Подход, однако, тот же: авторы данных статей упрекаются в том, что они детально не описали свойств изученных ими американских лунных образцов, тогда как свойства грунта «Луны-16» обстоятельно описаны. Если так, то эти исследователи «в глаза не видели американского «лунного грунта». Но больше всего достается М.В. Ахмановой и др., которые инфракрасные спектры отражения грунта «Луны-16» измерили до 13 мкм и углах от 0 до 75°, а американских образцов — только до 8 мкм и углах 15 и 30°. Как же так, удивляется Ю.И. Мухин, если сравниваются советские и американские кирпичи, то все размеры должны быть указаны, а раз этого нет, то «американцы этих данных не прислали, а «лунного грунта» от «Аполлонов» никто в Москве в глаза не видел».

Во всех этих публикациях номера изученных американских образцов сообщаются. Это означает, что все характеристики легко найти в соответствующей американской литературе. Описываются поэтому только наши образцы. К этому можно добавить, что и советскому лунному грунту в этих статьях по оптике не дается исчерпывающей характеристики. Например, не описана его химия, имеющая для оптических параметров принципиальное значение, и, следовательно, можно, пользуясь логикой Ю.И. Мухина, утверждать, что и наш лунный грунт в этих работах не изучался. Предмет работы М.В. Ахмановой и др. не состоял в сравнении по размерам советских и американских кирпичей. Изучались оптические характеристики лунного реголита. Это нечто другое. Авторы показали, что для образца «Луны-16» диффузное «отражение постепенно падает практически до нуля при 9–10 мкм». Следовательно, характеристическая часть спектра распространяется до 8 мкм, и поэтому образцы «Аполлона» измеряются до 8 мкм. Кто же будет работать с нулевыми значениями? И модельные смеси земных материалов измерены также до 8 мкм, хотя некоторые из них и показывают высокое отражение, но для интерпретации данных важна область именно до 8 мкм. То же самое и с углами.

Ю.И. МУХИН. Нахальство, конечно, у определенных народов считается вторым счастьем, и они, наверное, завидуют Назарову с Галимовым – счастливчики! Ведь Назаров извратил все с точностью до наоборот: *«Кто же будет работать с нулевыми значениями?»* — вопрошает он. Отвечаю: ГЕОХИ в лице *«М.В. Ахмановой и др.»*. Они грунт «Луны-16» исследовали до длины волны 12 мкм, при которой значение R было около 1%, т. е. у нулевого значения. А американцы бросили свои исследования на волне 8 мкм, когда значения R были 5–8%. И это прекрасно видно из рисунка в их статье, который я дал и в прошлый раз (рис. 17).

Назаров навязывает «любознательному читателю» мысль, что если *«номера изученных американских образцов сообщаются»*, то, значит, и сами образцы в ГЕОХИ изучались. Тут не знаешь, что и сказать. К примеру, в статье Назарова сообщается, что он доктор геолого-минералогических наук, а кому от этого хоть какой-то толк?

ГЕОХИ. Ну и последняя нечестная работа: статья Ю. Беляева и Т. Ковешникова о содержании ртути. Здесь мы, конечно, узнаем, что г-н Ю.И. Мухин силен и в геохимии ртути. На «нехорошие мысли» Ю.И. Мухина наводит то, что авторы не сообщают, «ни сколько они получили американского «лунного грунта» для анализа, ни как он выглядел». Не изучили авторы и распределения ртути по фракциям американского лунного грунта, и, самое главное, не замечают они полученную ими разницу содержания ртути в американских и наших образцах, а разницы не должно быть. Значит, никаких американских образцов у авторов не было.

Проблему сходства и различия мы уже комментировали. Правда, в данном случае Ю.И. Мухин, основываясь на своих глубоких познаниях геохимии ртути, подчеркивает, что ее содержание должно быть одинаковым в советских и американских лунных образцах, поскольку ртуть — мобильный элемент и ее концентрации должны достичь некоторого равновесного значения в экваториальных лунных широтах, на которых отбирались американские и советские образцы. Да, но, кроме подвижной, существует и связанная в минералах ртуть. В статье указывается, что только 15–20% ртути мобилизуется в лунных условиях. В статье сообщается и о массе проанализированных проб — 2 мг, и даются номера изученных американских образцов. А вот различные фракции американских образцов действительно не анализировались, иначе соответствующие данные были бы сообщены. Причина простая: к тому времени эти образцы еще не были рассеяны на фракции.

Ю.И. МУХИН. Поясню для начала: «мобилизация» – это либо переход страны на военное положение, либо призыв в армию, либо приведение организации в состояние, способствующее решению стоящей перед ней задачи. Использовать слово «мобилизация» вместо слова «испарение» можно только в случае, когда *«коровое вещество»* головного мозга «отмобилизовалось» до сухого остатка.

Теперь по поводу того, что на Луне может находиться *«связанная в минералах»* ртуть. Это что за *«связанная в минералах»?* Связанная с чем – с минералом?

В природе ртуть находится либо в металлическом виде, либо в виде единственного своего природного соединения – киновари (соединение с серой). И Беляева с Ковешниковым это проверили. Зачем, по мнению нынешних умников ГЕОХИ, они определяли содержание ртути во фракциях? Поясню, поскольку они писали статью для специалистов, а не для Назарова с Галимовым, посему постеснялись в ней объяснять и так понятное. Если бы ртуть содержалась в реголите химически связанной с серой (в виде киновари), то тогда ее процентное содержание в любых фракциях реголита было бы одинаковым. А если в реголите киновари нет, то тогда металлическая ртуть должна оседать и находиться только на поверхности кусочков, при этом, чем мельче кусочки, тем больше их суммарная поверхность, следовательно, в более мелких фракциях реголита ртути должно быть больше, чем в крупных.

Во фракции реголита «Луны-16» со средним размером 0,16 мм, ртути было $2{,}2 \times 10^{-6}$, во фракции со средним размером 0,10 мм – $4{,}6 \times 10^{-6}$, а во фракции размером менее 0,08 мм – $6{,}8 \times 10^{-6}$% [105], т. е. вся ртуть на Луне находится в свободном, не связанном виде. Так о какой *«связанной в минералах»* ртути толкует ГЕОХИ?

Остается подчеркнуть: разные радиационные изменения в образцах грунта, резко отличное содержание ртути в американских пробах, наряду с резко отличной кривой поляризации отраженного от них света, – это прямые доказательства того, что американские пробы **не лунного** происхождения. Остальные несоответствия – косвенные доказательства этого.

И наконец. Назаров столько раз подтвердил никчемность своей квалификации, что я уже и не знаю, из подлости или в силу глупости он сообщает *«любознательному читателю»*, что Беляева и Ковешников получили от ГЕОХИ для исследований 2 мг *«проанализированных проб»* американского «лунного грунта». На самом деле эти 2 мг не масса всех американских проб, это навеска – частица пробы, используемая для одного определения. А по брехне ГЕОХИ, Беляева и Ковешников даже без параллелей (повторов) сделали 10 определений ртути в американском «лунном грунте». Другими словами, эти 2 мг не масса соли, полученная для приготовления всего обеда, а масса соли, которую положили в одно блюдо.

Теперь по поводу того, что к моменту начала работы Беляевой и Ковешникова, образцы американского «лунного грунта» *«еще не были рассеяны на фракции»*. Поясню *«любознательному читателю»:* для того чтобы рассеять образец на три фракции, нужно взять два сита с поддоном, высыпать в верхнее сито материал и поставить все это на вибратор. Максимум через 5 минут высыпать рассеянные фракции из сит и поддона. У самого тупого, самого ленивого лаборанта это займет 10 минут.

ГЕОХИ. Таким образом, советские исследователи честно исполняли свой долг. Они работали по 12–14 часов в сутки и стремились только обогатить наше знание. Им не платили повышенной зарплаты и не давали зеленой улицы для проведения лунных исследований, другие тематики не ущемлялись. Диссертаций по лунному веществу было защищено всего две: обе кандидатские — одна в Свердловске, другая в Москве. Однако наши ученые и представить себе не могли, что их публикации будут изучаться не для того, чтобы понять природу лунного вещества, а чтобы показать, какие они обманщики.

Остальная часть произведения Ю.И. Мухина основана на западных газетных сообщениях. Эту часть можно оставить без внимания, поскольку читатель уже догадывается, что и на Западе должны быть свои мухины — производители шума из ничего.

Последнее, на чем надо остановиться. Письмо г-на Ю.И. Мухина, опубликованное им в его газетном сочинении, пришло в ГЕОХИ почему-то в конверте депутата Госдумы Шандыбина, возможно, для пущей солидности. В этом письме Ю.И. Мухин не удосужился пояснить: для исследования какого вопроса нужны запрашиваемые им материалы. Естественно, дирекция и не стала утруждать себя их подготовкой. И была права, потому что Ю.И. Мухину все было известно заранее. Могу заверить вас, уважаемый читатель: с г-ном Ю.И. Мухиным мы сотрудничать никогда не будем.

Ю.И. МУХИН. Это следствие любит, когда с ним сотрудничают такие, как вы. А мне-то это зачем? Все, что нужно, вы уже сказали.

* * *

ГЕОХИ. А что касается американцев, то они на Луне были, и были первыми. Коллекция лунных образцов США — самая большая в мире и имеет основополагающее значение для познания Луны. Никто не отрицает и отечественных достижений. Нашим инженерам впервые удалось решить задачу доставки образцов с Луны автоматическими станциями. Эти образцы уникальны, поскольку дают представление о вещественном составе восточных районов Луны, не опробованных экспедициями «Аполлон». **М.А. НАЗАРОВ, доктор геолого-минералогических наук, зав. лабораторией метеоритики ГЕОХИ РАН**

Ю.И. МУХИН. Опять понятие «опробовать» применяется вместо понятия «исследовать». Даже, по американским легендам, экспедиции «Аполлонов» в области геологии не то что ничего не «опробовали» на Луне, они даже проб не отбирали – они взяли образцы. Так что придуркам из ГЕОХИ лучше ввести в свой «научный» волапюк не *«опробованных»*, а «образцованных». Когда нам рассказывают казарменные перлы типа «и чтобы ни одного постороннего окурка не было в помещениях комнат», — мы смеемся. А что делать, когда такой же идиотизм демонстрируют представители Академии наук РФ?

Ну да ладно, давайте и я буду заканчивать. Представим, что нас обвиняют в том, в чем я обвиняю ГЕОХИ РАН, — что мы не сделали какой-то работы, за которую отчитались. Наша реакция на это обвинение? Правильно, мы не задумываясь и немедленно предъявим обвинителю эту работу.

Любая работа ГЕОХИ РАН, как и любого другого института, оформляется в виде «Отчета о НИР» — отчета о научно-исследовательской работе. В те годы отчеты о НИР печатались в 5 экземплярах, несколько из которых обязательно находится в библиотеке ГЕОХИ или в его архиве. Если ГЕОХИ работал с американским «лунным грунтом», то отчеты обо всех этих работах и по сей день должны храниться у него в библиотеке и быть абсолютно доступными, поскольку никакой тайны они не содержат.

Статьи в журналах и сборниках пишутся на основании отчетов о НИР, причем эти статьи гораздо короче (в них меньше информации), чем отчеты о НИР, и статей, как правило, в несколько раз меньше, чем отчетов.

И если бы ГЕОХИ РАН действительно в 70-х годах исследовал американский «лунный грунт», то первой реакцией и Галимова, и Кадика, и Назарова была бы отсылка меня к отчетам о НИР, выполненным ГЕОХИ в те годы по этой теме –

типа: «Иди в нашу библиотеку и сам их читай!» Я ведь их об этом прямо просил дважды!

А теперь вспомните – в вышеприведенном тексте Назарова они с Галимовым хотя бы раз заикнулись об отчетах в библиотеке ГЕОХИ РАН? Ни разу! Назаров пишет, что исследователям ГЕОХИ было передано 3,1 грамма американского «лунного грунта», но не знает, кому и сколько. Но ведь это же есть в ваших отчетах о НИР, почему же не посмотрел? Назаров пишет, что этот грунт был передан более чем 5 исследовательским группам, но не знает скольким. Но ведь это же есть в ваших отчетах о НИР, почему же не подсчитал? Назаров, ничего не соображая в отборе представительных проб, пытается описать его самостоятельно. Зачем? Пошли секретаря в библиотеку, она тебе принесет соответствующий отчет, и перепиши из него нужное. Но Назаров этого не делает. Почему?

А вы знаете – ответ-то один! Нет, и никогда не было в ГЕОХИ никаких отчетов об исследованиях американского «лунного грунта». Не проводили они этих исследований!

От ГЕОХИ я реакции, естественно, не дождался, но в «Дуэль» по поводу этой статьи написал геолог А. Бланк. Его письмо я даю отдельной главкой.

Американо-советская афера с Луной и родной землей

А. БЛАНК. На запрос редакции «Дуэли» в ГЕОХИ РАН об исследованиях лунного вещества ответил не директор института академик Э.М. Галимов, не его заместитель г-н Кадик и не ученый секретарь, которому обычно и приходится вести переписку с такими настойчивыми адресатами, как Ю.И. Мухин. Ответил — не прямо, а через Интернет — заведующий Лабораторией метеоритики ГЕОХИ доктор геолого-минералогических наук М.А. Назаров. Этот выбор тоже что-то да значит: это — не отписка ученого секретаря, это попытка ответа по существу. Галимов, Кадик, нынешний ученый секретарь и Назаров сами, скорее всего, не принимали никакого участия в этих исследованиях, это — администраторы следующего поколения, но ведь в ГЕОХИ еще работают те сотрудники, кто состоял в научных штатах института в период имевших возможность исследования переданного в СССР

Рис. 26
Образец будто бы лунного грунта, исследованный американскими учеными

из США вещества и образцов с «Луны-16». Не так уж давно это и было — 34 года назад. В числе старых сотрудников ГЕОХИ — заведующий Лабораторией сравнительной планетологии доктор геолого-минералогических наук Базилевский Александр Тихонович. Базилевскому под семьдесят, он не просто ученик, но и аспирант покойного А.П. Виноградова, в те годы уже был научным сотрудником ГЕОХИ. Не знаю, существовала ли его лаборатория в 1969 г., но по смыслу затронутого газетой вопроса отвечать должен был именно он. То, что статью в Интернете подписал Назаров, а не Базилевский, тоже что-нибудь да значит. Лаборатория Назарова занимается внепланетным веществом, находящимся на Земле, а лаборатория Базилевского — строением и составом иных планет, включая Луну. Базилевский — серьезный и авторитетный ученый. Интересующую «Дуэль» проблему он знает, видимо, лучше всех в нынешней России, он ее участник, но молчит. Ведь каждое его слово по этой проблеме будет либо признанием, либо ложью, середины не будет. Базилевский допущен ныне к обработке материалов с американских космических аппаратов, получает гранты, связан с США финансово, поэтому предпочитает молчать. Так же, видимо, финансово повязаны с США (и видимо, не случайно) Галимов и Кадик. Их молчание и увертки не свидетельствуют об их низком научном уровне или о приверженности идеологии ЦК КПСС. Нет, здесь страх за свое будущее.

Назаров сделал ряд интересных признаний. Американцы якобы привезли с Луны 380 кг лунного вещества, из которого передали в ГЕОХИ 29,4 г якобы реголита, и получили в обмен (в сумме с другими зарубежными исследователями) 30,2 г реголита из 105 г доставленных АМС «Луна-16». Другими словами, американцы передали в СССР 0,008% доставленного ими вещества и получили в обмен 28,8% от всего советского материала, или относительно в 3600 раз больше. Явно неравноправный обмен! С чего бы это? Разве американцы притащили на Землю полтонны щебнистой пыли (реголита), чтобы потом дрожать над каждым ее граммом? В составе американских проб такой большой суммарной массы, помимо пыли и щебня, непременно должны присутствовать более крупные камни. Такие камни видны на фотографиях, сделанных первыми АМС «Луна». Следовательно, они заведомо не передавались в СССР. Почему? По многим характеристикам они отличны от реголита. Интересно, а как крупные лунные камни исследованы вообще? Ведь если реголит еще как-то можно сшихтовать, то крупный штуф должен иметь индивидуальное и неземное лицо.

Полученным из США веществом в ГЕОХИ практически не занимались — на исследования выдано только 3,1 г, то есть 0,0008% из якобы доставленного «Аполлонами», или 10,5% от полученного институтом. (Из доставленного «Луной-16» только за рубеж было выдано 28,8%.) Назаров признал, что исследования лунного грунта не были официально засекречены. Это означает, что во Всероссийском (ранее Всесоюзном) научно-техническом информационном центре б. ГКНТ СССР (Москва, пл. «Красный Балтиец», ул. Смольная, 14) должны храниться отчеты об этих исследованиях, т. к. во ВНТИЦ поступают экземпляры всех незасекреченных отчетов. В соответствии с Законом РФ «Об информатике и информатизации» налогоплательщик Мухин Ю.И. имеет полное право заказать в читальном зале ВНТИЦ отчеты ГЕОХИ по этой проблеме для ознакомления, оплатить копирование интересующих его страниц, найти в картотеке ВНТИЦ сведения обо всех завершенных в СССР исследованиях по этому вопросу, как бы скромны они ни были. После признания Назарова в несекретности исследований отсутствие во ВНТИЦ этих отчетных данных будет означать одно: в действительности они не проводились.

Манеру Назарова говорить от имени всех Ю.И. Мухин трактовал как «партсекретарское наследие». По-моему, суть в другом. Он пишет так потому, что действительно говорит не только от своего имени, но и от имени Галимова, Кадика, Базилевского, от имени тех, кто ныне дает ГЕОХИ гранты, от имени тех, кто ранее давал ГЕОХИ рубли. Исследования лунного грунта стоили первые тысячи рублей, но сам этот грунт (т. е. суммарная стоимость 16 экспедиций АМС «Луна» от начала разработки программы до перевозки спущенной ампулы с грунтом в Москву) стоил многие миллиарды полновесных советских рублей. Назаров гонит дурку, что вопросы такой дороговизны решала какая-то безликая комиссия внутри ГЕОХИ, постановления которой утверждал беспартийный Виноградов. (Неужто он и сам верит, что Виноградов был беспартийным по велению своей совести? Вице-президент АН СССР Виноградов был беспартийным **по разнарядке Политбюро** ЦК КПСС для представительства советской науки за рубежом. Поездки по заграницам занимали у Александра Павловича огромную долю времени.) Конечно, кому персонально поручить то или иное исследование, выбирало не Политбюро, а эта комиссия, но принципиальные вопросы утверждало именно Политбюро ЦК КПСС, руководство Президиума АН СССР (академик Виноградов был председателем Отделения наук о Земле АН СССР), ГКНТ СССР и, возможно, Министерство общего машиностроения СССР. Это они решали, запускать ли «Луну-15», сообщать ли США параметры ее селеноцентрической орбиты, где сосредоточить изучение полученного грунта, передавать ли его кому и в каком примерно объеме, когда и где публиковать полученные результаты. Да и как иначе, если эти 105 г лунного щебня стоили, наверное, не меньше, чем годовой бюджет такой республики, как Советская Белоруссия?

Дальше Назаров начинает откровенно завирать. Он делает вид, что исследование лунного вещества было внутренним делом ГЕОХИ, совсем неинтересным даже ученым их аналогичных лабораторий. У него получается, что советские ученые предпочитали всегда не проявлять инициативу, не интересовались работами по порученным другим проектам, тупо ждали, когда их окликнут, и вообще, желания исследовать лунный грунт почти ни у кого не возникало, потому что работу найти было трудно, да и вся «могучая советская наука оказалась идеологически и методически не готова к исследованию лунного вещества». Все это — ложь, гнусная клевета на нашу Родину, рассчитанная на дурачка. Товарищ Сталин в свое время санкционировал создание параллельных НИИ и КБ именно в расчете на их здоровую научную конкуренцию. Да, в дела соседнего отдела своего института в 1970–1980-е гг. в научном мире не принято было влезать, пока тебя самого не задели, но иногородний НИИ еще как можно было кромсать за ошибки на конференциях и чуть повежливее — в печати. И кромсали! Самому Назарову эта корпоративная этика не помешала подписать ответ за лабораторию коллеги Базилевского. Насчет поисков работы в связи с американским лунным грунтом — это вообще неуклюжая ложь. Для участия в этих исследованиях не ученому с семьей нужно было переменить место работы, а *навеске грунта переместиться* из ГЕОХИ в ту лабораторию, где работает желающий его изучать!

Вскормленное грантами сознание Назарова настолько вестернизировалось, что западные порядки он переносит на СССР начала 1970-х годов. Участие в исследованиях лунного грунта — это обеспеченная защита кандидатской диссертации. Желающих принять участие в его исследованиях в СССР были многие десятки.

Что касается состояния советской науки, то Назаров ее прямо-таки обгадил. Получается, что лунное вещество свалилось ей на голову совершенно неожиданно, как зима на завхоза. Как будто миллиарды рублей для его получения были истрачены страною совершенно бездумно, не заметив как, не поняв для чего! В то время, как американцы еще «плевали» своими космическими аппаратами просто в направлении Луны, советская АМС «Луна-2» в 1959 г. впервые в мире достигла поверхности нашего естественного спутника. Я находился в студенческом общежитии, когда поздно вечером Левитан зачитал по радио сообщение об этом. Студгородок взорвался восторженными криками. Население пяти корпусов высыпало на улицу, смотрело на вдруг ставшую досягаемой Луну и скандировало: «А-ме-ри-ке пиз-дец!!!» Большего энтузиазма масс мне не приходилось видеть в жизни. Нет, г-н Назаров, наше общество было идеологически готово к исследованию и освоению Луны. К чему оно было не готово, так это к предательству ЦК КПСС и АН СССР. Важнейший этап этого предательства и есть 1969 год: признание состоявшейся заведомо не планировавшейся высадки американцев на Луну.

Назаров лжет, что, «например, в нашей геологии в то время только-только начинало зарождаться понимание существенной роли ударного кратерообразования...» Здесь он прерывает свою мысль, не сказав — роли ударного кратерообразования в ЧЕМ и ГДЕ, и продолжает в скобках: «(этот процесс определяет облик материковых лунных пород и образование лунного реголита), тогда как в США такое понимание уже сложилось и даже тренировки американских астронавтов проходили в Аризонском метеоритном кратере». Здесь в одной фразе столько подмен, что впору вслед за Ю.И. Мухиным говорить о подлоге.

Геология занимается Геей (землей), а не Селеной (Луной). «Понимание существенной роли ударного кратерообразования» в мировой **селенологии** наметилось еще до Великой Октябрьской и вполне сложилось уже в 1950-е годы. Вопрос не сложен — Луна не имеет атмосферы, поэтому большая роль падающего на ее поверхность межпланетного вещества в жизни ее поверхности была понятна. Кстати, бомбардировке этим веществом подвергаются не только лунные материки, но и лунные моря. Однако вещество это разнообразного происхождению, составу и массе фрагментов. Есть пылинки и песчинки, которые падают на безвоздушную Луну, смешиваясь с ее грунтом, а в атмосфере Земли сгорают и называются метеорами. Есть камешки, которые тоже падают на Луну, дробя ударом ранее упавшее вещество. Падая на Землю, они тоже долетают до поверхности в виде метеоритов — небесных камней. Известно, что один из метеоритов упал французской прачке в корыто. Таким метеоритом является священная реликвия ислама — черный камень Каабы. Сейчас метеориты целенаправленно собирают на льду Антарктиды и на светлых песках африканских и аравийских пустынь. Метеориты — не реголит. А есть болиды — гигантские глыбы межпланетного вещества, которые долетают до поверхности Луны. Их падение на Луну приводит к мощному взрыву с формированием кратера («лунного цирка»). При падении болида на Землю он может образовать ударный кратер, как в Аризонской полупустыне (1200 м в поперечнике, 175 м в глубину, сохранился благодаря пустынному климату), распасться на обломки, как Сихотэ-Алиньский болид, без образования кратеров, либо вообще испариться, как Тунгусское явление. Реголит на Земле не образуется (поэтому и изучить его на Земле невозможно), а формируются переплавленные энергией взрыва вторичные горные породы — *импактиты* и *импактные брекчии*. «Ударное кратерообразование» на Земле, т. е. формирование крупных форм поверхности, — отнюдь не синоним формирования реголита на Луне. В советской (но не только советской) **геологии** в 1960–1970-е годы шло обсуждение отнюдь не роли ударного кратерообразования в образовании реголита, а возможной частоты катастрофических ударных событий на Земле, об импактитах и возможности выявления их следов в далеком прошлом, среди погребенных геологических образований (об этом см. работы Масайтиса). Сама эта проблема была возбуждена Сихотэ-Алиньским болидом 1947 года, отнюдь не «лунного», а железного состава, многочисленными исследованиями Тунгусского явления 1908 г. Ничего общего *со способами и готовностью советской науки изучать доставленное на Землю лунное вещество* затронутые Назаровым вопросы не имеют, и Назаров, как специалист по метеоритике, это прекрасно понимает. Как любил повторять Фагот-Коровьев: «Поздравляю вас, гражданин, соврамши!» Назаров наводит тень на плетень или заводит рака за лунный камень.

Если уж Назарову захотелось подменить селенологию геологией, то напомним, что к моменту полета «Аполлона-11» в геологии раннего докембрия (т. е. периода геологической истории, закончившегося два с половиной миллиарда лет назад) возникли представления о «лунной стадии» развития земной коры (Ю.И. Мухин набросился на термин *«коровое вещество»* совершенно зря. Это устоявшийся и очень широко применяющийся в геологии термин. Также досадно читать его азартные, но, увы, неграмотные наскоки на общепринятый геохимический термин *«сидерофильные элементы»*, т. е имеющие сродство с железом). Считается, что на Земле тогда не было атмосферы и господствовали мощнейшие вулканические процессы, приводившие к грандиозным излияниям базальтов. Именно на «лунной стадии» начали закладываться основные неоднородности земной коры, которые и сегодня влияют на размещение полезных ископаемых. Вот почему, вопреки уверениям Назарова, не только специалисты ГЕОХИ, но и большое количество геологов, занятых изучением раннего докембрия, с нетерпением ждали результатов изучения лунного вещества. Количество таких заинтересованных специалистов в стране можно оценить несколькими тысячами, а отнюдь не несколькими сотрудниками, как доказывает Назаров.

В истории советской геологии был проект, который можно смело сравнить с исследованием лунного вещества, хотя и не такой эффектный для обывателя. Я имею в виду проходку сверхглубокой скважины на Кольском полуострове. Она углубилась в земную кору на 12 км, что составляет абсолютный, нигде не превзойденный рекорд. Геологи так ждали результатов изучения вещества с таких уникальных глубин, что много лет подряд на любом совещании в Ленинграде, Петрозаводске, Апатитах, а часто и в Москве специально делался доклад о последних результатах работ на Кольской сверхглубокой. Интерес научной и производственной общественности к веществу Луны был не меньше.

Что касается тиража сборника результирующих статей, то у Назарова все написано правильно. Здесь наскоки Ю.И. Мухина оказались неуместны — никакого сокрытия результатов в этом усмотреть нельзя. Специальная научная литература по геологии (полагаю, что и по металлографии также) издавалась в СССР тиражами от 700 до 2000 экз. Тираж сборника о результатах исследования лунного грунта 1400 экз. вполне достаточен для удовлетворения запросов специалистов. Он редко кому нужен для постоянной работы. Тиражи докладов АН СССР были еще меньше, но удовлетворяли ученых и специалистов. Назаров правильно указывает, что этот сборник — не единственный источник информации об обсуждаемых исследованиях. При Институте геологии рудных месторождений, петрографии, минералогии и геохимии (ИГЕМ) РАН (Москва, Старомонетный пер., 35) существует Геологическая библиотека АН РАН. Чужаков они стараются не принимать, но в каталог допустить обязаны. Там можно найти сведения о всех статьях, сборниках и монографиях о лунном веществе. (Кстати, этот институт вполне мог бы принимать участие в исследованиях лунного вещества; не дали.) Кроме того, в реферативном журнале ВИНИТИ серия «Геология» тогда появился раздел «Селенология», где можно найти рефераты и зарубежные статьи на эту же тему.

Смешно упоминание Назаровым тренировок американских астронавтов в Аризонском кратере. Разве они постигали там способы изучения лунного вещества? Никак нет. В этом кратере нет не только реголита, но и базальтов (тут Ю.И. Мухин тоже ошибся). Аризонский кратер выбит ударом огромного железного метеорита, не имеющего ничего общего с составом поверхности Луны. Лет сто назад какой-то проходимец янки даже организовал акционерную кампанию «Аризона стал» для добычи в нем железа, но его оказалось там всего несколько сот тонн, чуть больше, чем в Сихотэ-Алиньском болиде. Хаять на основании этих «тренировок» советскую науку *(«советские исследователи слабо ориентировались в возникающих проблемах»)* может только недостойный человек, каким Назаров себя и показал. До чего же тупы были советские ученые! Готовили полет человека на Луну на аппарате «Зонд», а для чего — не понимали, «слабо ориентировались». То ли дело нынешнее поколение! Умеет... нос по ветру держать.

В те годы мелькало сообщение еще об одной тренировке американцев — на Алеутских островах. Вот это уже интереснее. Там имеется 25 вулканов, один из которых в 1907 г. выбросил рекордное количество базальтовой лавы. Это извержение еще до эры космонавтики не раз сравнивали с лунными излияниями базальтов. Потренироваться на базальтовых полях астронавтам, конечно, полезно, но реголита и на Алеутах тоже нет. А припоминаю я это потому, что в статье в одном из отечественных специальных научных журналов автор позже сравнивал *состав* американских образцов с алеутскими базальтами. (К сожалению, не могу вспомнить, какой это был год и журнал.) Вот это поважнее Аризонской ямы!

Назаров напирает на отставание советской лабораторной базы, отчего, мол, в СССР не очень-то и занимались изучением лунного вещества. В серьезном ответе было бы написано: вот в том-то и том-то мы отставали, а в этом были на уровне. Назаров решил охаять советскую науку в целом. Да, некоторое аппаратурное отставание у нас действительно было, но единственное, в чем мы серьезно отставали, — это прецизионные анализы изотопно-химического состава в сверхмалых объемах (например, по пересечению через зерно минерала). Аппаратура типа «Микрозонд» для таких анализов у нас не производилась, но штучно закупалась в Японии. Не знаю, в каком году ГЕОХИ обзавелся ею, но ведь для того беспартийный Виноградов и мотался по миру, чтобы договариваться о поставках экземпляров лабораторного оборудования для академии. Все необходимые исследования лунного грунта «Луны-16» были нами выполнены и, как видим из сравнения советских и американских данных, даже более обстоятельно, чем в США. Не такие уж они сверхсложные — отражательная способность, гранулометрия, плотность, магнитная восприимчивость, химический, микрохимический, изотопный состав, петрография, минералогия, трековый анализ (в середине 1950-х студентов обучали), замеры радиоактивности и т. п.

Наконец, еще один любопытный факт. Американцы отправились на Луну с ... краном для подъема мешочка пыли весом 5 кг. А «Луна-16» — с буровой установкой, которая отобрала и упаковала колонку лунного грунта длиною 35 см. Установка эта была сконструирована отсталыми советскими конструкторами, которые привыкли не проявлять никакой инициативы и слабо ориентировались в том, чего от них хотят. Трудились эти неумехи в СКВ Министерства геологии СССР. Это СКВ еще влачит жалкое существование в Москве, на ул. 2-я Рощинская. Группа конструкторов буровой установки (среди них, кажется, Кардыш) была награждена орденами без публичных торжеств, но и не втихую. Родина ценила инициативу специалистов!

Итак, обмен грунтом был. Описание и фотографии этой процедуры публиковались в «Правде» и «Известиях». Обмен был крайне неравноправный как по массе полученного вещества, так и по его гранулометрии. Крупные камни, которые сфальсифицировать практически невозможно, СССР не получил. Что он получил под видом реголита — вопрос. Исследование полученного из США материала было заблокировано. Исследование материала АМС «Луна-16» также велось очень странно, скрытно, а публикация результатов явно была увязана с получением результатов американцами. Это совершенно не вяжется с затратами страны на получение этого грунта, с ожиданиями общества и широкого круга специалистов, с техническими достижениями и соперничеством в ходе этого получения. Кроме того, существует очень большая группа странностей в изображениях, публикуемых американцами как лунные, в последующей судьбе их оригиналов, судьбе самого лунного вещества и т. п., о чем не раз писала «Дуэль». Возникает вполне законное подозрение, что американцы на Луне не были, что их «лунное вещество» было сшихтовано из земного с использованием данных АМС «Луна», чем и объясняются странности с изучением последнего.

Американской науке не привыкать к фальсификациям. Начало XX в. ознаменовалось «гонкой к полюсу», которая во многом сопоставима с соревнованием за Луну. Ее «выиграл» американец Р. Пири — в 1909 г. объявил о достижении им Северного полюса Земли, а сам спокойно перезимовал на севере Гренландии. Дотошные исследователи заподозрили обман по представленным им фотографиям, а позже, в 1920-х гг. был найден и лагерь, в котором отсиживался «полюсопроходец» (проходимец?) Пири. В данном случае была серьезная помеха, которой не имел Пири, — советские АМС. «Луна-15» была запущена одновременно с «Аполлоном-11». Это напоминало уже гонку Р. Скотта и Р. Амундсена в 1912 г. к Южному полюсу Земли. «Аполлон-11» и «Луна-15» одновременно вышли на селеноцентрические орбиты. И хотя вероятность столкновения была гораздо ниже, чем в небе над Боденским озером, американцы запросили АН СССР о параметрах орбиты нашей АМС. Они были им сообщены. АМС почему-то долго болталась на орбите. Потом совершила жесткую посадку на реголит. Американцы состязание выиграли.

Как? Что значат дни кружения «Луны-15» вокруг Луны — возникшие на борту неполадки или... переговоры каких-то инстанций? Сама ли крахнулась наша АМС, или ей помогли это сделать? А может быть, и неполадки на борту, если они имели место, тоже кто-то соорудил? Есть такие телеметрические команды, которые расстраивают работу бортовых систем. Их мог подать кто-то «по ошибке» из нашего, или очень точно — из того ЦУПа. Ведь американцы за нашими полетами следили, считывали телеметрическую информацию и даже опубликовали первую лунную панораму, заснятую нашей АМС, раньше нас (правда, с неверной разверткой). Опять наше — раньше нас. То же и с результатами изучения грунта. Странно все это, господа!

Полагаю, что американцы на Луне не были. Техническая неготовность прилунения «Аполлона» в 1969 г. была очевидна многим. Именно авантюра Пири могла подтолкнуть НАСА к организации лунного спектакля. Но он не мог быть реализован без согласия Политбюро ЦК КПСС. Могли ли они на это пойти? — Безусловно! Партия марксистов-интернационалистов родилась и воцарилась как партия национально-государственной измены. Она и закончила свой путь крупнейшим в истории всех времен и народов предательством. В 1969 г. предательство не было таким массовым, как в 1991-м.

Ю.И. Мухин полагает, что нас просто взяли на понт разоблачением роли ЦК КПСС в убийстве товарищей Сталина и Берии. Нет, вопрос гораздо серьезнее. Во-первых, Берия с ног до головы, а товарищ Сталин весьма основательно уже были заплеваны партией. Она нашла бы возможность нейтрализовать, снизить значение таких разоблачающих публикаций за рубежом. Даже обнародование доказательств того, что доклад Хрущева на XX съезде был подготовлен в ЦРУ и лишь переведен и отредактирован троцкистами в Москве, не привело бы к утрате партией руководящей роли в обществе хотя бы потому, что некому было перехватить власть. Да, с точки зрения американцев, это — просто мелкая пакость. Словом, этим не пошантажируешь. Могли бы припугнуть обнародованием источников финансирования ленинской революции, но у нашего мифа о святости В.И. Ульянова тогда был такой запас прочности, что, полагаю, наш Агитпроп отбил бы и этот шантаж, как измышление.

Да и был ли шантаж в принципе? Думается, скорее были *уступки*. (Это уж сам этот сговор впоследствии мог использоваться для шантажа.) Первенство в Космосе вещь, конечно, престижная, но американцы — народ практичный, им гораздо важнее первенство на Земле. После Карибского кризиса и Большого Новоземельского взрыва американцы поняли, что стратегия силового давления, начатая Г. Труменом во время Потсдамской конференции 1945 г., успеха не принесет, что ее надо менять. Вот тогда и была извлечена из запасников «Доктрина А. Даллеса». Ее реализация шла через игру в поддавки, в показную оттепель, разрядку международной обстановки, в договоренность верхушек при сохранении риторической конфронтации. Ликвидация Д. Кеннеди, снятие Н. Хрущева, передача КГБ в руки самого страшного человека в истории России XX века Ю. Андропова — все это звенья смены стратегии США. Нельзя забывать, что Горбачев доложил в Вашингтон о ликвидации СССР по тому же телефону, который выторговали американцы в результате Карибского кризиса. Именно тогда была начата практика персональных верхушечных переговоров за спиною не только у народов, но и правительств, закончившаяся для СССР безоговорочной капитуляцией Горбачева в Рейкьявике. Но в США они велись в интересах их государства, а у нас в интересах чего шли на компромиссы генсеки? В интересах «международного коммунистического и рабочего движения»? Необходимо проанализировать (хотя бы по «Ежегодникам БСЭ»), какие «выигрыши» мы сделали на международной арене в ближайшие полгода-год после этого «лунного сговора», какой похлебкой нам заплатили за утрату советского космического первородства.

Скажу еще об одном. Выдающийся археолог XIX в. Г. Шлиман потратил несколько лет жизни, но добился лицезрения Каабы. Вряд ли кто еще из образованных европейцев видел этот сакральный метеорит. Но Шлиман ничего не рассказал и не написал о нем. «Об этом не рассказывают!» — отвечал он на расспросы друзей. Правда, информация о Каабе не касалась судеб родины Шлимана, а американская афера с «Аполлоном-11» напрямую связана с нынешней судьбой СССР-России. Да и с будущей. Понимает ли это и как понимает А.Т. Базилевский, было бы интересно от него узнать.

P.S. Юрий Игнатьевич! Не нужно так оскорблять оппонентов. Оскорбление — свидетельство недостатка аргументов. Нам не интересны судьбы ни Галимовых, ни Назаровых, мы пишем о судьбах Родины, а о ней в базарном тоне нельзя. Вы копнули одну из самых судьбоносных тайн КПСС. Будьте же достойны величины вопроса.

Здоровья Вам и успеха!

Ю.И. МУХИН. Спасибо, и за пожелания, и за эту работу, но и Вам бы следовало четче формулировать свои мысли. Это когда я **о Родине** писал в базарном тоне? Вы уверены, что можете отличить базарный тон от решительного или злого, а «интеллигентный разговор» от ляляканья интеллигентствующих глупцов, которые не понимают сути разговора, а посему боятся что-либо утверждать решительно?

Если Вы оговорились и считаете неправильным мой тон по отношению к указанным лицам, то, во-первых, это не «интеллигентные ученые», а подонки, которые с невинным видом предали мою Родину – СССР, а теперь так же подло предают и Россию. Думаю, что будет вполне достаточно, если с ними вежливо, как с родными, будет вести беседы следователь, заполняя протокол допроса.

Во-вторых, если я не скажу, что они идиоты, то ведь несчастные так и помрут в уверенности, что они настоящие ученые.

Глава 5.
Доводы Американского аэрокосмического агентства (НАСА). Фотоматериалы

Молчание американских ягнят

Ю.И. МУХИН. Более тридцати лет мыслящие люди задают вопросы, выдвигают доводы, наконец, просто высмеивают «полеты американцев на Луну». Не так давно задержал на экране ТВ кадры старого британского сериала о Джеймсе Бонде (не видел начала, а посему не могу сказать, как называлась эта серия). В одном из эпизодов Бонд в США проникает в огромный институт какого-то злодея-ученого, создающего космический суперлазер, а убегая выскакивает на съемочную площадку, расположенную в том же здании, на ней как раз идут съемки высадки американцев на Луну, Бонд вскакивает на «луномобиль» и удирает от погони на нем. То есть американский кинорежиссер Стенли Кубрик, снимавший в Голливуде «высадку американцев на Луну», язык за зубами, видимо, не удержал и не упустил случая похвастаться своим британским коллегам, а уж те не преминули поиздеваться над «старшим братом-ковбоем».

При таком давлении критики доказательством того, что «высадка на Луну» это афера, является глухое молчание НАСА. Оно молчит и не дает никаких официальных разъяснений несуразицы материальных подтверждений «высадки». Это само по себе беспрецедентно – согласитесь, если высадка на Луну

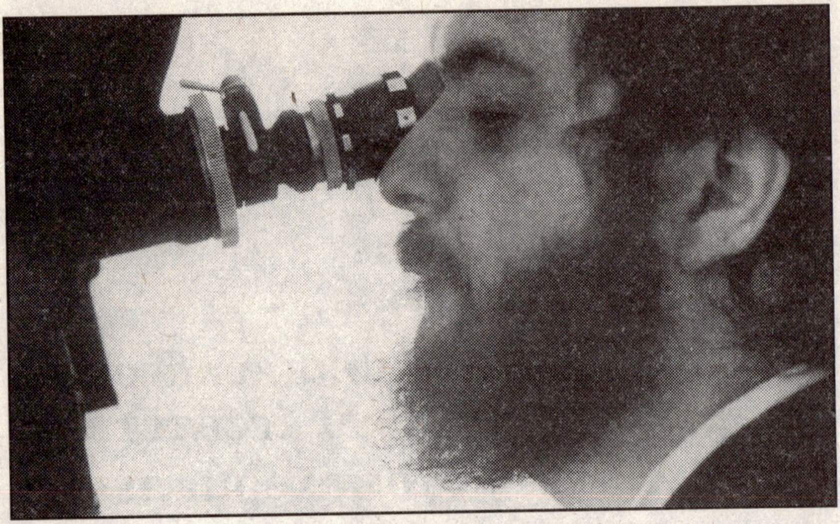

Рис. 27
Американский кинорежиссер Стенли Кубрик

была, то любые неясности должны иметь свое логическое объяснение, и это объяснение за 35 лет не так уж трудно было и найти. За это время ученые НАСА нашли решения миллионам технических задач и создали несколько серий космических аппаратов, но решить задачку о том, почему развевается на ветру американский флаг «на Луне» или почему там тени от предметов короче, чем должны быть, специалисты НАСА до сих пор не могут. И НАСА молчит, молчит 35 лет, и это, поверьте, не имеет других объяснений, кроме того, что вся эта «высадка на Луну» чистейшей воды афера.

НАСА делает вид оскорбленной невинности – «чего это мы будем отвечать на вопросы умственно недоразвитых идиотов»? И олухи, свято верящие НАСА, согласно кивают головой, не соображая, что НАСА нет необходимости вести диалог ни с идиотами, ни с умными. Вся ложь «лунной эпопеи» запечатлена в документах не этих идиотов, а в документах самого НАСА. Так что вы в НАСА несуразность своих собственных документов объясните, а с нами, видящими эту аферу, вести диалог не надо – мы ведь люди брезгливые.

В самом начале этого века в прессе прошел слух, что НАСА подготовило книгу, в которой досконально объясняет все, но ожидание этого ответа окончилось ничем – книга так и не появилась. Журналист А. Фенько сообщает из НАСА (Хьюстон): *«Половина нынешних жителей Земли еще не родилась, когда американские астронавты ступили на поверхность Луны,— говорит официальный историк NASA Роджер Лаунис.— Чем больше времени проходит, тем все менее и менее реальной представляется высадка на Луну». Его предшественник Алекс Роланд признался, что у него в кабинете в 70—80-х годах даже стоял отдельный ящик для писем «от психов», не веривших, что астронавты были на Луне. Никто не принимал их всерьез. Но недавно NASA решило положить конец инсинуациям и объявило о том, что собирается издать книгу с разоблачением теории лунного заговора. Книгу заказали Джиму Обергу, инженеру и журналисту, ветерану NASA, участнику программы «Аполлон» и автору 12 популярных книг, в основном о советских космических программах. По его убеждению, в США и во всем мире сложилась целая субкультура, частью которой является твердая уверенность в том, что высадка на Луну была фальсифицирована.*

Однако по зрелом размышлении NASA отказалось от затеи с книжкой. Глава агентства Шон О'Кифи заявил: «Если бы мы попытались дать развернутый ответ на эти слухи, мы тем самым допустили бы, что подобная белиберда имеет под собой основание». «Лучше оставить все как есть, потому что, обращая официальное внимание на смехотворные обвинения, мы только ухудшаем ситуацию, косвенно подтверждая слухи»,— считает бывший историк NASA Роланд»[106].

Тут, надо думать, работают принципы американского правосудия – согласно им подсудимый на суде имеет право молчать (за него говорит адвокат), но если подсудимый начнет давать показания, то тогда он уже не имеет права останавливаться и обязан отвечать на все вопросы, которые ему будут заданы, а не только на те, на которые он хочет отвечать. И НАСА боится начать разговор, страшится, что, начав отвечать, оно уже не сумеет отмолчаться от тех вопросов, на которые у НАСА нет ответов, а их нет потому, что нужных ответов не существует в природе, а точные ответы приведут к признанию того, что американцев на Луне не было. И ягнята НАСА до сих пор молчат... Молчат, предоставляя говорить за себя добровольным помощникам, в которых, правда, дефицита не ощущается, как в свое время немцы не ощущали дефицита в туземных полицаях, редакторах и журналистах коллаборационистских газет. И, как я понимаю ситуацию, текст несостоявшейся книги НАСА не был уничтожен, а передан добровольным помощникам НАСА для использования. Рукописи, как говорится, не горят, особенно по такому горящему делу. Я пришел к этому выводу вот почему.

Спустя некоторое время после того, как дискуссии о высадке американцев на Луну затихли на страницах «Дуэли», на сайте http://www.skeptik.net/conspir/moonhoah.htm появилась работа, которая как бы подводит итог под дискуссией, опровергая доводы тех, кто разоблачал аферу. Напомню, что дискуссии – это профессия «Дуэли», и мы безусловно опубликовали бы эту работу, если бы авторы послали ее нам, но они не рискнули. И, как вы увидите ниже, не рискнули потому, что выставленный ими на сайте текст непонятен им самим – они не понимают, что именно они опровергают или обосновывают и зачем они это делают. Хорошо видно, что это перевод с английского, в который авторы сайта в соответствующих местах вписали элементы дискуссии с «Дуэлью». Видно хотя бы потому, что ни в НАСА, ни их добровольные помощники, не перевели на русский подписи внутри рисунков – поленились. Есть у нас, русских, такая беда. Кроме этого, в тексте рассматриваются доводы и объяснения к вопросам, которые на территории СНГ никогда не возникали, поскольку мы начали заниматься этой американской аферой через 30 лет после ее свершения – когда на Западе множество доводов уже было обсуждено и забыто. Таким образом, по этим признакам, а также по своей объемности, приведенный ниже текст добровольных помощников НАСА в России, скорее всего является текстом той книги НАСА, которую американское аэрокосмическое агентство за своей подписью издать не рискнуло. Теперь немного об этих помощниках.

Я о них уже упоминал в главе 3, они подписали свой текст довольно длинно – Вячеслав Яцкин, профессор Кислых Щей Слава aka Сыч (slawa@skeptik.net) и Юрий Красильников (yuri@skeptik.net). Проставлять эти подписи в начале каждого обсуждаемого отрывка их работы – непроизводительно длинно. И с целью сокращения подписей этих добровольных помощников НАСА я воспользуюсь аналогией времен Великой Отечественной войны. О нужном нам моменте историки пишут так:

«Первые добровольцы из числа военнопленных и гражданского населения появились в немецких частях уже в пер-

вые месяцы Восточной кампании. Они использовались в тыловых службах в качестве шоферов, конюхов, рабочих по кухне, разнорабочих, а в боевых подразделениях – в качестве подносчиков патронов, связных, саперов. Известные в немецких частях первоначально как «наши русские» или «наши Иваны», в дальнейшем они получили общее наименование «хиви» (сокр. от нем. Hilfswillige – добровольные помощники, буквально – «готовые помочь»), закрепившееся за ними до самого окончания войны»[107].

Рис. 28
Хиви немецкой армии

Поэтому не будет большим прегрешением против истины, если я добровольных помощников НАСА из числа российских туземцев тоже буду называть «хиви» — так короче, а по существу то же самое. Еще раз напомню, что эти «хиви НАСА» не просто дают текст книги НАСА, а как бы спорят со мной и, надо думать, поэтому предпосылают тексту эпиграф из моей давней статьи в «Дуэли».

Вступление

В общем, в бездне космоса
бездна юмора. Американского.
Ю.И. Мухин

Хиви НАСА. Уже сколько времени прошло со дня «маленького шага для человека и большого прыжка для человечества», а некоторые все никак не могут примириться с тем, что «Лунную гонку» выиграли американцы, причем в число «непримирившихся» входят даже сами американцы. Свое несогласие они подкрепляют не только нежеланием того, чтобы их правительство их надувало, но и серьезными, на первый взгляд, теориями. Но, как оказывается, огромное количество мелких ошибок приводит к громадному заблуждению, как вы убедитесь, читая дальше. К очень большому и очень глупому заблуждению. Итак, начнем...

Когда Советский Союз успешно испытывал одну баллистическую ракету за другой, президент Эйзенхауэр на пресс-конференции, отмечая в эти годы ракетостроение в США, говорил о том, что «мы впереди СССР как в количестве, так и в качестве», хотя при этом ракеты одна за другой взрывались, не взлетев. Нужно было что-то срочно делать. И ответ пришел сам собой — NASA (Национальное Агентство по Аэронавтике и исследованию космического пространства).

Поле битвы и холодной войны между СССР и США переместилось в Космос. На самом деле, более полезной войны не было за всю историю существования человечества: стали соревноваться в своем развитии, не причиняя вреда друг другу, а мерилом победы стало международное признание и уважение.

NASA включилось в космическую гонку, отставая от СССР. 4 октября 1957 года СССР запустил первый в мире искусственный спутник Земли. А попытка американцев запустить 6 декабря того же года свой первый спутник «Авангард» обернулась национальным позором: ракета-носитель взорвалась, не успев даже оторваться от стартового устройства. Однако со временем разрыв стал сокращаться: 12 апреля 1961 года в космос полетел Юрий Гагарин, а уже 5 мая в космосе (хотя и не на орбите) побывал первый американец — Алан Шепард. Менее чем через год, 20 февраля 1962 года, Джон Гленн со-

Рис. 29

вершил полноценный орбитальный полет. NASA начало догонять Советский Союз и обогнало его, высадив первых в истории человечества людей на Луне, что считается самым большим достижением цивилизации, следующим шагом эволюции. Некоторые не хотят с этим смириться и говорят: «А так ли это?!»

Да, вот так вот ставят вопрос ребром! «Это, — говорят — все фальсификация! Американцы на Луне не были!» — кричат во все горло, иногда даже представляя серьезные доказательства. Доказательств все время появляется больше и больше, косвенных и прямых, глупых и не очень, опровержимых и не совсем.

Итак, аргументы, которые представляют сторонники теории фальсификации, даны курсивом.

Тени

– Ральф Рене был одним из первых, увидевших несуразицы на фотографиях с Луны. Позже фотографии анализировал фотоспециалист Дэвид Перси и исследовательница Мэри Беннет.

– *На Луне есть только один источник света: Солнце. Следовательно, тени, отбрасываемые астронавтами и их оборудованием, должны падать в одном направлении. Все просто и понятно. Перси обнаружил, что на фотографиях все не так! Вот, например, здесь* (рис. 29) *тени разной длины и направления!*

– Фотографии — одни из самых веских доказательств фальсификации полета на Луну. «Фото- и видеоматериалы говорят сами за себя». Только господин Перси никакой не фотоспециалист, раз не знает нескольких простых вещей.

Первое же, что напрашивается как возражение: допустим, снимок сделан в павильоне с несколькими разными прожекторами. Так почему же у обоих космонавтов не по четыре тени, как у футбо-

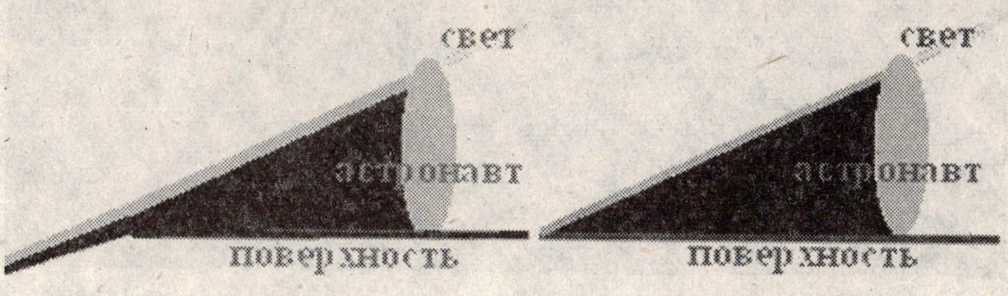

Рис. 30

листов на матчах? Прожектора светят выборочно, что ли? Ну да ладно, оставим в покое прожектора, вернемся на Луну.

Один и тот же астронавт, одно и то же Солнце, один и тот же угол падения света. Тени разные, в то время как наклон незначительный. Вот незадача! Тут ни геометрии, ни лунометрии знать не надо, мистер Перси!

Астронавты всегда высаживались в тех местах, где Солнце взошло недавно и находилось низко над горизонтом (чтобы оно не успело сильно нагреть поверхность Луны). Поэтому солнечные лучи падают на поверхность очень полого, и направление и длина тени могут заметно измениться даже из-за небольших неровностей (рис. 30).

– Посмотрите на фотографию (рис. 31), якобы снятую астронавтами «Аполлона-11». Армстронг и Олдрин — одинакового роста, а здесь тень одного из астронавтов раза в полтора длиннее, чем другого. Наверно, их освещали сверху прожектором, поэтому и получились тени разной длины, как от уличного фонаря. И кстати, кто снимал эту фотографию? Ведь в кадре оба астронавта сразу.

– Это — не фотография, а кадр из кинофильма. Кинокамера была укреплена в лунном модуле (за иллюминатором) и могла работать без участия астронавтов.

Рис. 31

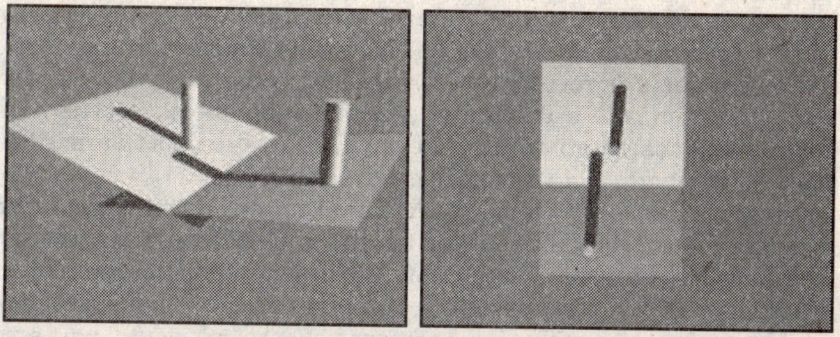

Рис. 32

А тень от уличного фонаря тем длиннее, чем дальше от него стоит человек. Здесь же все как раз наоборот: у того из астронавтов, который находится ближе к источнику света, тень длиннее.

Причина все та же: поверхность, на которую падают тени, неровная. На рисунке 32, взятом с сайта http://www.clavius.org/, смоделирована такая ситуация: показаны два цилиндра одинаковой высоты, но один из них стоит на плоскости, которая немного наклонена вниз в сторону от источника света, а второй — на плоскости, которая наклонена вверх. Если смотреть сверху, то тень от второго цилиндра будет короче, чем от первого.

Ю.И. МУХИН. Уже из этого отрывка видно, что мы имеем дело с переводом. Во-первых, упоминается некий мистер Перси, который для русскоязычного читателя, мягко скажем, малоизвестен. Во-вторых, бросается в глаза корявость текста, который хиви НАСА либо не сумели отредактировать после перевода с английского, либо, не понимая, что здесь написано, побоялись редактировать после перевода на русский, сделанного самими американцами. Ну, скажем, что означает, например, эта фраза: *«Тени разные, в то время как наклон незначительный»*. Наклон чего или кого? Кроме этого, следует сказать, что разное направление и разная длина теней «на Луне» от объектов одинаковой высоты, на территории СНГ не обсуждалась, я, кстати, впервые обратил на тени внимание в таком аспекте только после того, как хиви НАСА начали оправдываться и в этом. Так что спасибо им!

Однако обратите внимание на то, как они это делают – как быстро они замяли разговор о тенях, оставляемых светом прожекторов. Конечно, тут не надо быть специалистом, как Перси, чтобы понять, что такие тени на Луне, какие оставили астронавты на «лунных фотографиях», можно было иметь только на съемочной площадке в Голливуде, совершенно очевидно, что эти тени оставлены **светом прожекторов**. Ведь съемочная группа обязана была достаточно ярко осветить всю площадь «Луны» в павильоне. Теперь, чтобы на освещенной поверхности появились и тени астронавтов, нужно было очень ярко осветить и каждого «астронавта», причем каждого из них освещал индивидуальный прожектор и эти прожектора находились очень близко от освещаемых объектов, чтобы тени были почетче, в связи с чем эти прожектора мешали друг другу. Вот они и располагались: один дальше, другой ближе, либо выше, либо сбоку, — и, соответственно, тени от света прожекторов и ложились в разных направлениях и были разной длины. На фото, которое дали хиви НАСА (с «астронавтами» у флага) без учета искажения (равного для теней обоих астронавтов), левый астронавт освещается прожектором под углом примерно в 40°, а правый – под углом примерно в 28°. Солнце так не освещает, тени от него ложатся параллельно и объекты одинаковой высоты имеют одинаковую длину теней. Кроме этого, луч света прожектора только на большом расстоянии можно считать параллельным, а вблизи него лучи могут быть и сходящимися, что зависит от соотношения размеров зеркала прожектора и освещаемого объекта. На упомянутом фото древко флага вообще не оставило тени, хотя от Солнца она обязана была бы упасть на скафандр астронавта.

Ситуацию с тенями легко смоделировать. Возьмите пару каких-либо небольших объектов (удобно взять батарейки), пару осветительных приборов и поиграйте: поставьте батарейки рядом и освещайте их с близкого расстояния. Вы увидите, что легко добьетесь, чтобы тени от объектов и падали в разных направлениях, и были разной длины. А затем вынесите эти объекты на солнце и убедитесь, что как ни крути, а тени будут равными и параллельными.

Вот на рисунке 33 две батарейки на подоконнике освещены заходящим солнцем. Тени от них абсолютно равны и абсолютно параллельны. На рисунке 34 зимний пейзаж, на котором все тени пропорциональны высоте объектов и строго параллельны.

А вот те же батарейки отбрасывают тени не то что под углом, а даже в противоположные стороны (рис. 35). И только

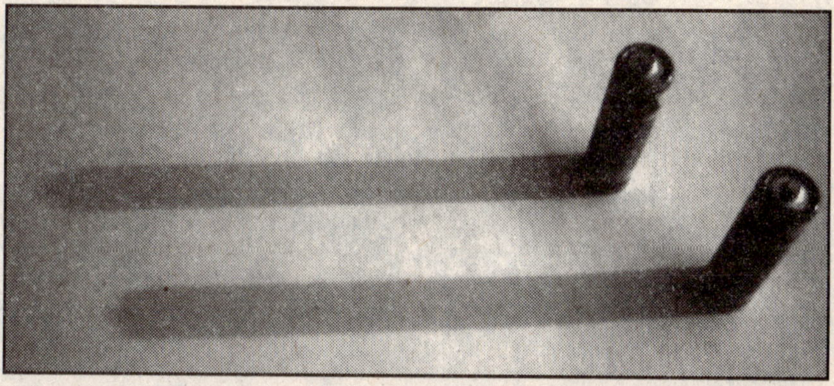

Рис. 33

потому, что их не солнце освещает, это я снял со стен пару светильников и осветил их (рис. 36).

И титаны мысли в НАСА обязаны были в подтверждение своего «доказательства» предоставить именно такие фотографии, но, как видите, они вынуждены были проиллюстрировать свою болтовню рисунками, да и в них не смогли удержаться, чтобы не смухлевать: по условиям их «доказательства» нужно, чтобы цилиндры были одинаковой высоты, а у них тот, ко-

Рис. 34

Рис. 35

Рис. 36

торый дает более короткую тень, соответственно и ниже. Но, главное, они на рисунках дали достаточно крутой склон, которого на фотографиях «астронавтов» и близко нет. Это «доказательство» предназначено для умственно убогих, я даже не уверен, верят ли в него сами хиви НАСА. Однако про тени они еще не кончили.

Хиви НАСА. Нам говорят:

– А вот на этой фотографии (рис. 37) с тенями вообще полная ерунда.

Солнце на ней светит прямо в спину фотографу, однако тень от лунного модуля страдает левым уклонизмом. В еще большей степени это относится к камням в правой части изображения, которые явно освещены справа. Этот эффект постепенно сходит на нет по мере перемещения к левой части изображения. Не могут ваши «неровности поверхности» настолько изменить направление теней!

– Зато *перспектива* может. Вот посмотрите на фотографию (рис. 38). На ней творятся столь же странные вещи: рельсы справа тоже «страдают левым уклонизмом», и этот эффект постепенно сходит на нет по мере перемещения к левой части изображения. А рельсы-то непременно должны быть параллельными, чтобы поезда с них не сходили!

Как хорошо известно, параллельные линии на местности на фото будут выглядеть сходящимися к одной точке на горизонте. Как раз это мы и видим на этих фотографиях.

Вот еще одна фотография (рис. 39), которую часто приводят как доказательство подделки лунных снимков. Налицо та же тенденция схождения направлений теней к точке горизонта, расположен-

Рис. 37

Рис. 38

ной где-то вблизи левой границы кадра. И странно здесь лишь то, что это вполне естественное поведение параллельных линий кое-кому кажется странным.

Ю.И. МУХИН. Умиляет наглость, с которой НАСА дает «объяснения», надо думать, эти объяснения первоначально предполагались американцам с их неторопливым умственным развитием, согласно которому школьник должен научиться читать и писать к шестому классу, т. е. к возрасту 12 лет. Хиви НАСА убеждают братьев

Рис. 39

по разуму, что «перспектива» — это когда все параллельные линии всегда уклоняются влево. Даже фото привели, которое фотограф снимал, стоя на левом рельсе. Но ведь если бы он сделал снимок с правого рельса, то левый рельс начал бы страдать «правым уклонизмом».

Пришлось дожидаться солнечного вечера, найти между домами просвет, в котором солнечные лучи падали на землю, взять фотоаппарат с углом зрения объектива 53° (как у американских астронавтов), поднять его на 1,5 метра от земли, как он был закреплен у них на груди, стать спиной к солнцу, находившемуся примерно в 12° над горизонтом (то есть выполнить все условия съемки фотографий, данных на рис. 37 и 39) и сфотографировать тени (рис. 40). Вот и оцените, насколько они похожи на то, что вы видите на фото рис. 37 и 39. Все тени на рис. 40 никак не пересекают друг друга, тени от деревьев справа уклоняются влево, а от дерева слева – вправо, поскольку перспектива сводит все параллельные линии в одну точку вдали, но эта точка находится на оси параллельных линий, а осью для теней является направление солнечных лучей. А у американцев на фото (рис. 37) тени от камней

Рис. 40

внизу (расположенных, кстати, по центру кадра, т.е. без искажения своего направления) чуть ли не перпендикулярны тени от астронавта и пересекаются прямо перед ним, а с тенью от «спускаемого аппарата они сходятся не вдали, а за спиной фотографа. На следующем фото (рис. 39) то же самое – тени никак не соответствуют законам перспективы. Фальшивка явная, а ее объяснение при помощи перспективы, повторю – шедевр наглости.

Хиви НАСА. Нам говорят:

– *И вообще, существуют данные, что из первоначально опубликованных фотографий некоторые фрагменты были вырезаны, и в настоящее время в архивах американских СМИ существуют 2 варианта лунных снимков — первоначальные и прошедшие цензуру, где наиболее одиозные тени убраны механическим способом.*

– Гм. А что им мешало убрать «наиболее одиозные тени» до их попадания в СМИ?

– *Им могло помешать, например, нетерпение со стороны средств массовой информации. Чтобы сделать вид, что все О`К, затягивать долго не следовало, а это — работа кропотливая, наспех она не делается.*

– Но ведь тот, кто склепал фотографии, мог этих самых теней и не ставить с самого начала.

Ю.И. МУХИН. Мог бы, если бы у него ума хватило. И это самое обидное: фальшивки рассчитаны исключительно на идиотов – что-то вроде 100-долларовой купюры, на которой вместо президента Франклина изображен Буш-юниор...

Хиви НАСА. А нам говорят:

– А давайте измерим отношение нижней части опоры спускаемого модуля к его верхней части (рис. 41). Получается приблизительно 1:1. Теперь давайте достроим недостающую часть опоры на картинке. Мы знаем, что отношение верхней и нижней частей относятся как 1:1. Измерив размеры подушки, на которую опирается нога, мы получим соотношения как 1:0,9. Теперь, зная размеры ноги, мы можем ее достроить на правой части картинки. И, поскольку наши построения приблизительные, она может входить в картинку или не входить, но тень от нее должна быть на картинке обязательно. Четкая черная тень!

– Ну, прочитал я это объемистое объяснение, что тень от одной из опор идет не так, как положено... НЕТ, НЕТ и НЕТ! Ну посмотрите, там же есть телескопические (удлиняющиеся/укорачивающиеся) опоры, чтобы устойчиво встать и адаптироваться к поверхности. Луна же

Рис. 41

не бильярдный шар, она вся в холмах, и эти четыре «ноги» — РАЗНОЙ длины. Кроме того, вы не можете судить о направлении этой достроенной вами подпорки по одному двумерному изображению. Если рассуждать логически, то она на самом деле чуть уходит в направлении от камеры, а не стоит параллельно объективу. Это очевидно. И тень там есть, и она там, где и должна быть (чуть выше реконструкции).

Ю.И. МУХИН. Ну и показали бы, хиви, стрелочкой, где эта тень, которая *«чуть выше»*? Как ни крути, как ни забалтывай вопрос журчанием про то, что Луна не бильярдный шар, а тени от правой опоры на снимке нет, хотя от ближней к нам опоры тень видна четко (она узкая и уходит за левый край фотографии). Тень от правой опоры тоже должна была бы быть, если бы «лунный модель» освещался солнцем и эта тень уходила бы под днище аппарата до соединения с тенью от него. Но поскольку модель освещен справа прожектором, диаметр которого намного больше диаметра опоры, то лучи света с краев прожектора уничтожили тень от нее. Возьмите карандаш и настольную лампу, сначала получите тень от карандаша на бумаге на расстоянии метра от лампы – она будет четкой. А теперь подносите карандаш и бумагу ближе к нити накаливания лампочки, которая шире карандаша. И вы увидите, как тень исчезнет.

Хиви НАСА. А нам говорят:

– На Луне нет атмосферы, которая рассеивает свет. Единственный источник света там — Солнце. Поэтому тени там должны быть абсолютно черные. А посмотрите-ка на фотографию (рис. 42). Судя по тени астронавта, Солнце находится как раз за ним, а к объективу обращена та сторона, которая должна быть в тени. И что же? В тени видны все детали. Тень явно была подсвечена каким-то источником света.

– Атмосферы на Луне в самом деле нет. Но есть лунная поверхность, которая рассеивает падающий на нее свет во все стороны (часть рассеянного света доходит до Земли, и его достаточно, чтобы в полнолуние можно было читать). Этот рассеянный свет частично попадает на астронавта и освещает его. Скафандр астронавта — белый, и подсветки рассеянным светом достаточно, чтобы в тени стало что-то видно.

– Погодите-ка! А что это там на фотографии за белые пятна? Да это же прожекторы! Откуда прожекторы на Луне? Это голливудская съемочная площадка!

Рис. 42

– А много вы видели голливудских фильмов, где в кадре оказывались прожекторы? Вы насовцев совсем за дураков держите. Неужели они не сумели бы расположить осветительные приборы так, чтобы они не попали в кадр, или уж, на худой конец, замазать их на фотографии?

Эти пятна — просто блики, появившиеся из-за многократного отражения солнечного света от поверхностей линз объектива. Судя по тени астронавта, Солнце находилось недалеко от границы кадра, поэтому прямые солнечные лучи при съемке попадали в объектив.

Объектив имеет ось симметрии. Поэтому блики должны располагаться по прямой, идущей из центра кадра. А прожекторы вовсе не обязаны выстраиваться по такой радиальной линейке.

Центр кадра обозначен на фотографии большим крестиком (рис. 43). Проведем линию из него через эти пятна. Как видно, оба пятна находятся на этой линии, и их форма симметрична относительно нее. Именно то, что и надо было ожидать от бликов оптики.

На сайтах NASA довольно много фотографий с такими «прожекторáми» — насовцы демонстрируют их и почему-то не боятся обвинений в подделке. На этих фотографиях белые пятна тоже лежат на прямой, проходящей через обозначенный большим крестиком центр кадра (если этот крестик виден). Взгляните сами:

Рис. 43

«Аполлон-11»: AS11-40-5873, AS11-40-5887, AS11-40-5936.

«Аполлон-12»: AS12-46-6739, AS12-46-6740, AS12-46-6765, AS12-46-6766, AS12-46-6767, AS12-46-6768.

«Аполлон-14»: AS14-64-9114, AS14-67-9367.

«Аполлон-15»: AS15-85-11405, AS15-85-11406, AS15-85-11407, AS15-85-11408, AS15-85-11456, AS15-85-11457, AS15-85-11458, AS15-85-11459, AS15-85-11514, AS15-85-11515, AS15-85-11516, AS15-87-11741, AS15-87-11743, AS15-87-11744, AS15-87-11745, AS15-87-11795, AS15-87-11796, AS15-87-11797, AS15-87-11813, AS15-87-11814, AS15-87-11815, AS15-87-11831, AS15-87-11832, AS15-87-11851, AS15-87-11852, AS15-90-12189, AS15-90-12190, AS15-90-12191, AS15-90-12211, AS15-90-12212, AS15-90-12213.

«Аполлон-16»: AS16-107-17428, AS16-107-17429, AS16-107-17430, AS16-108-17618, AS16-108-17729, AS16-109-17784, AS16-109-17818, AS16-109-17819, AS16-109-17820, AS16-109-17821, AS16-109-17860, AS16-109-17861, AS16-109-17862, AS16-110-17963, AS16-110-17964, AS16-110-17965, AS16-110-18004, AS16-110-18005, AS16-

110-18006, AS16-110-18007, AS16-110-18008, AS16-113-18321, AS16-113-18323, AS16-113-18360, AS16-113-18363, AS16-113-18373, AS16-114-18423, AS16-115-18503, AS16-115-18504.

«Аполлон-17»: AS17-134-20400, AS17-134-20410, AS17-134-20411, AS17-134-20412, AS17-134-20469.

Ю.И. МУХИН. Еще раз обращу внимание, что хиви НАСА, вернее само НАСА, тщательно уклоняется от эксперимента по подтверждению своих положений. Скажем, можно было бы на любом ровном месте рано утром или поздно вечером, когда солнце стоит над горизонтом в 10–15° поставить спиной к нему человека и снять его, показав что на Земле с ее атмосферой детали лица снимаемого человека видны еще лучше. Но НАСА и ее хиви ограничиваются околонаучной болтовней.

Интересно, что и я раньше писал о том, что за спиной этого «астронавта» видны прожектора, хотя мне еще до публикации указывали, что это блики. Но с НАСА дело обстоит сложно – если не дать им в руки какие-либо опровергаемые ими положения, то НАСА и ее хиви просто промолчат. А так им есть о чем сказать, а поскольку только об этом сказать нельзя, то, начав говорить, они вынуждены говорить о многом.

Прожектора на фотографиях НАСА тоже видны (рис. 9), хотя хиви НАСА и возмущаются, что мы *«насовцев совсем за дураков держим»*. (А куда от этого денешься?) Но в данном случае это действительно блики, причем хиви НАСА не досказали нам то, что блики не только находятся на линии, идущей от центра объектива, но эта линия соединяет центр объектива с источником бликов, в данном случае с солнцем или осветительным прожектором. Рядом с «астронавтом» в землю вогнан штырь, и тень от него тоже указывает на источник света. Если бы это фото было сделано на Луне, то источником света могло бы быть только солнце, соответственно, тень от штыря должна была бы быть параллельна линии, на которой лежат блики. А эти линии не параллельны и пересекаются вверху сразу же за верхним краем фотографии – в точке, в которой находился прожектор, освещавший сзади этого «астронавта». Так что можете поверить, что на Луне в тени все видно, но близкая точка схождения доказывает, что это все же не Луна (рис. 44).

Однако и вышеприведенное доказательство для этого фото не последнее. Ниже насовцы устами своих хиви подробно объяснили параметры объектива того фотоаппарата, которым якобы делались на Луне съемки. Объектив захватывает объекты под углом 53°, расстояние между крестиками на нем примерно равно 10°. Поэтому легко рассчитать параметры съемки (самого расчета я давать не буду, пусть читатели его сами сделают, вспомнив, что такое тангенс угла). Угловой размер «астронавта» на фото примерно 15°, если примем его рост в 2 метра, то расстояние от него до фотоаппарата было примерно 7,5 м. По легенде фотоаппарат крепился на груди астронавта, т. е. на высоте около 1,5 м, отсюда можно оценить расстояние до поверхности и нижнего обреза фотографии, оно равно примерно 3 м. То есть от нижнего края фото до «астронавта» около 4,5 метров, а тень астронавта занимает чуть больше половины этого

Рис. 44

Сплошной линией по тени от штыря показано направление на источник света. Пунктиром показана ось, на которой лежали бы блики, если бы они были от солнца, а не от прожектора

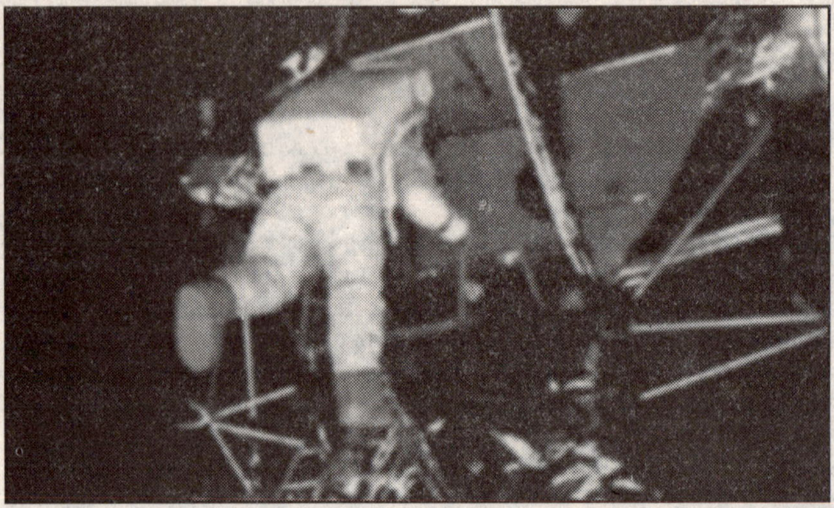

Рис. 45

расстояния, т. е. ее длина до 2,5 м. А это означает, что прожектор освещал «Чарльза Дюка» под углом около 40° (рис. 42).

Угол на пределе того, что могло быть, и фото можно было бы по этому параметру признать за подлинное, если бы по сюжету астронавты уже грузились в лунный модуль, чтобы улететь с Луны. Но ведь они только начинают ее обследовать или в середине этого процесса! И реальное солнце никак не могло в это время светить под углом 40°, т.е. и по этой причине это фото – фальшивка.

Хиви НАСА. А нам говорят:

– *А уж здесь без искусственной подсветки точно не обошлось! Астронавт находится в тени (рис. 45), но, на удивление, хорошо освещен. Обратите особое внимание на яркий отблеск на обуви астронавта на фрагменте фотографии справа. Он явно указывает на наличие сильного источника света со стороны камеры.*

– А вы посмотрите внимательнее, как именно освещена фигура астронавта. Слабее всего освещены ее части, обращенные вверх: задняя поверхность ранца, рука выше локтя, обращенная к небу сторона левой голени. Так что свет идет скорее снизу, чем от камеры. И создает эту подсветку опять-таки свет, рассеянный лунной поверхностью.

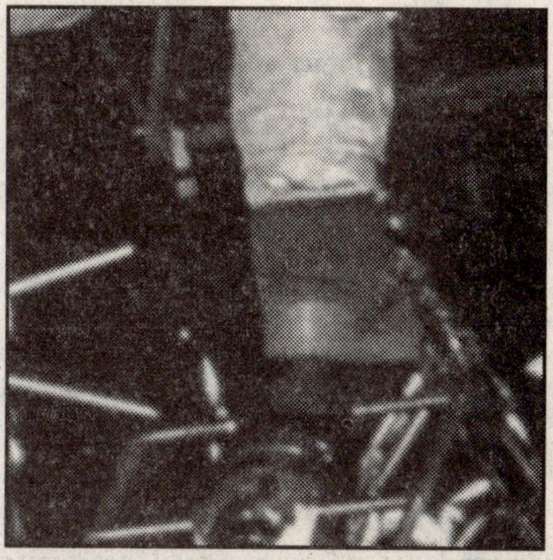

Рис. 46

А отблеск на обуви астронавта (рис. 46) откуда? Тоже от лунной поверхности?

– Конечно, нет.

Прежде всего повторим, что астронавт действительно находится в тени, а поэтому освещен только светом, рассеянным от лунной поверхности. Такое освещение во много раз слабее, чем освещение прямым солнечным светом. А сзади от этого астронавта стоит его товарищ, который его фотографирует, — одетый в белый скафандр и ярко освещенный Солнцем. И белое пятно на обуви астронавта — отблеск от ярко освещенного скафандра фотографа.

Ю.И. МУХИН. Итак, мы получили «грамотное» объяснение хиви НАСА, что в этом случае «астронавт» освещен снизу светом, отраженным от грунта, и своим сияющим от счастья коллегой. Будем считать, что в отношении астронавта нас убедили, но как быть с самим аппаратом? Он ведь освещен не снизу, а слева и сверху! А этот свет от чего? Более того, и сам астронавт освещен сверху – его ранец, обращенный вверх, не в тени, а всего лишь слегка затемнен. Фольга, которой обернуты детали нижней части спускаемого аппарата, блестит от света сверху. Так что держи насовцев за дураков или не держи, а мы не увидели пока ни одной правдоподобной фотографии – на каждой есть неопровержимые доказательства, что они выполнены на Земле в съемочном павильоне.

Задний план

Хиви НАСА. А нас спрашивают:

– Почему на разных фотографиях – одинаковый задний план? На рис. 47 фото — лунного модуля, на рис. 48 — модуля и в помине нет, а холмы на заднем плане — совершенно одинаковые на обоих снимках. Наверно, эти холмы нарисованные на заднике, и его использовали как одну и ту же декорацию для разных снимков.

– Эльбрус, например, тоже выглядит одинаково с разных концов Пятигорска. Что, по-вашему, Эльбрус тоже нарисованный?

На заднем плане этих фотографий — не холмы, а горы: лунные Апеннины. Пониже, чем Эльбрус, конечно, но немного: их высота — свыше четырех километров. И они находятся за добрый десяток километров от места посадки «Аполлона-15»: на Луне нет атмосферы, поэтому далекие объекты выглядят так же четко, как и расположенные поблизости. А лунный модуль — совсем рядом с фотографом, в нескольких десятках метров от него. Достаточно сместиться на сотню метров в сторону, и он не попадет в кадр, а горы будут выглядеть точно так же.

На самом деле правая фотография была сделана в месте, которое находится в паре километров вправо от точки, где сделан левый снимок. Поэтому горы на этих двух фотографиях выглядят немножко по-разному. Посмотрите на изображение справа, на котором фрагменты двух снимков периодически сменяют друг друга. Видно, что горы на заднем плане — не плоский рисунок, а трехмерный объект: отдаленные вершины по-разному скрываются за ближними склонами, склон горы слева чуть разворачивается к наблюдателю и отворачивается от него, и вся картинка как будто немного поворачивается влево-вправо.

Кстати, астронавты «Аполлона-15» побывали в предгорьях Апеннин, и вы при желании можете найти в архивах NASA их фотографии среди этих «декораций». Например, на странице www.hq.nasa.gov/office/pao/History/alsj/a15/a15.1450726_pan.jpg приведена круговая панорама, составленная из фотографий астронавтов, сделанных на склоне горы Хэдли-Дельта (на приведенных выше снимках она частично видна справа).

Рис. 47

Рис. 48

Астронавты проводили панорамную съемку и в других местах, так что мы можем получить «всестороннее» представление о том, как выглядела местность вокруг точек съемки двух приведенных выше снимков. Вот эта панорама — www.hq.nasa.gov/office/pao/History/alsj/a15/a15pan1480225.jpg — сделана примерно в том же месте, что и левая фотография. А на странице www.hq.nasa.gov/office/pao/History/alsj/a15/a15pan1650509.jpg — другая панорама, сделанная в той точке, где был сделан правый снимок (фактически он — часть этой панорамы).

Следующая пара фотографий (рис. 49 и 50) также показывает, что задний план — вовсе не плоская декорация.

На заднем плане этих фотографий — гора Хэдли высотой около четырех километров (не путать с находящейся неподалеку горой Хэдли-Дельта). На фотографии рисунка 49 она почти целиком находится в тени: освещена только вершина и правый склон. Фотография рисунка 50 сделана на 22 часа позднее левой. За это время Солнце переместилось на лунном небе примерно на 11° и осветило весь передний склон.

При внимательном рассмотрении практически все снимки, содержащие горы на заднем плане, имеют некую разделительную черту между передним и задним планами (на некоторых снимках практически прямую линию) и никогда не имеют плавного перехода. Как такое может быть, если горы не декорация? А? Эта разделительная черта видна на всех приведенных выше фотографиях с горами. А справа — еще одна фотография с такой же разделительной линией.

С этой фотографией рисунка 51 (AS17-145-22159) все очень просто — достаточно узнать, что же на ней изображено. А изображены на ней большие камни *на склоне кольцевого вала кратера Камелот*. Так что в данном случае ваша «разделительная черта» — просто верхний край этого вала.

На приведенной выше фотографии рисунка 48 (AS15-82-11082) также изображен кратер, и происхождение «разделительной черты» на ней точно такое же.

А если горы находятся достаточно далеко, то «разделительная черта» появится даже на ровной местности. Луна — небольшое небесное тело (по сравнению с Землей, конечно), и горизонт находится всего лишь в паре километров от человека, стоящего на ее поверхности. Подножие горы, находящейся на расстоянии в десяток километров, окажется ниже линии горизонта и будет скрыто от наблюдателя кривизной лунной поверхности, и гора будет подниматься из-за этой линии.

Ю.И. МУХИН. Напомню, что до сих пор хиви НАСА «объясняют» то, что в русскоязычной прессе практически не

Рис. 49

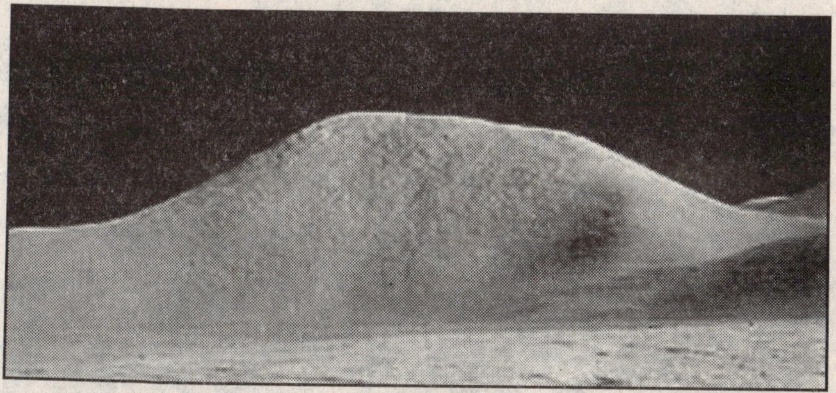

Рис. 50

обсуждалось, но если говорить о Западе, то и доводы западных специалистов хиви старательно обходят. Они обсуждают несколько, как им кажется, наиболее достоверных фотографий из сотен, которыми критики тычут в нос НАСА. К примеру, в уже несколько раз показанном по RenTV фильме «Необычайные приключения американцев на Луне» авторы фильма совмещают кадры из разных экспедиций «Аполлонов», и совпадают не только задний план, но и камни на переднем. А это говорит о том, что в Голливуде настолько обнаглели, что не только не меняли «лунные горы», но и съемочную камеру ленились переставить в другое место павильона.

Но и из тщательно отобранных и представленных нам фото декораций хорошо видно, что эти снимки к Луне не имеют ни малейшего отношения. На рисунках 47 и 48 декорации освещены практически сверху, а не под углом к горизонту, — на снимках нет и намека на затененность обращенных к нам склонов «лунных гор», хотя обращенная к нам сторона спускаемого аппарата затенена.

На фото рисунка 49 «астронавт» освещен прожектором под углом примерно 20°, а утверждается, что снимок сделан сразу после посадки, т. е. тогда, когда солнце светило под углом 8°. А на снимке рисунка 50 (когда солнце *«переместилось на небе примерно на 12°»*), освещен весь склон *«горы Хэдли»* (не путать с Хэдли-Дельта), хотя этот склон имеет на глаз угол не менее 45°. А это значит, что солнце уже поднялось на еще больший угол, чего, естественно, быть не могло. На фото рисунка 51 камни на пере-

Рис. 51

днем плане практически не отбрасывают теней, т.е. они освещены под углом минимум 45°. Брехня, брехня, брехня...

Звезды

Хиви НАСА. Задают вопрос:

– А почему на фотографиях не видны звезды? А я вам скажу! Да потому, что в NASA не смогли подделать вид звездного неба с Луны и решили его просто убрать, так как любой астроном смог бы их уличить!!

– Уй, вы меня так не пугайте! За что же честные налогоплательщики платят? Прямая обязанность NASA — уметь это делать. Интересно, что, по-вашему, «любой астроном» смог бы сказать, как выглядит звездное небо на Луне, а насовцы не смогли бы?

У меня на винчестере валяется программка, которая вам покажет звездное небо хоть с Малой Медведицы, что, согласитесь, гораздо труднее, а сделал ее никому не известный студент-программист.

Я уж не говорю о том, что расстояние между Землей и Луной во много раз меньше расстояния до планет (а тем более — до звезд), поэтому взаимное расположение звезд и планет с Луны выглядит практически так же, как и с Земли. Так что NASA для подделки вида неба с Луны не пришлось бы долго трудиться.

– *Это все понятно, но звезд от этого на снимках не прибавилось.*

– Невозможно запечатлеть ярко освещенные Солнцем объекты и одновременно звезды. Можно, конечно, сфотографировать звезды, поставив длительную выдержку, но при этом на фотографии не получатся яркие объекты (астронавт, лунная кабина, флаг, лунная поверхность и т. д.). А зачем это американцам? Что на снимках было для них более важно — лунные пейзажи и люди или же звезды?

– *Нет слов, одни эмоции... Странно: русские и Гагарин звезды видели, американцы и Армстронг — нет. Может, они летали в разные места? А вы еще скажите, что вспышка освещает звезды, и поэтому они остаются на пленке.*

– Естественно, нет.

Итак, основы фотографии. Фотопленка при попадании на нее света чернеет. Почернение тем больше, чем больше так называемая экспозиция — количество света, попавшее на нее, то есть освещенность пленки, умноженная на время освещения. $H=Et$, где H — экспозиция, E — освещенность, t — время освещения. Грубо говоря, если экспозиция меньше некоего минимального порогового значения, то почернения нет, если же больше максимального порогового — то пленка больше не почернеет (и так полностью почернела, дальше некуда — а в некоторых случаях при очень сильной передержке может даже несколько посветлеть, этот эффект называется соляризацией). Интервал экспозиций, в котором пленка правильно воспроизводит изображение, называется фотографической широтой.

В фотоаппарате для регулирования количества света, попадающего на пленку, изменяется и время съемки, то есть время, на которое открывается затвор (выдержка), и освещенность пленки. Для регулирования освещенности в объектив вмонтирована так называемая диафрагма — металлические лепестки, которые могут сходиться или расходиться, изменяя количество проходящего через объектив света. Аналогичное устройство имеется в человеческом глазу — зрачок, который при ярком свете сужается.

Если мы фотографируем объект с очень большим диапазоном яркостей, то может получиться, что очень сильно освещенные участки кадра уйдут в область передержек, то есть на снимке (на позитиве) будут полностью белыми, без каких-либо деталей, а слабо освещенные останутся в области недодержек, то есть на снимке будут совершенно черными. Поэтому такие высококонтрастные сюжеты очень трудно снимать. В студии тени подсвечивают специальными слабыми источниками света (заполняющий свет), чтобы в тенях появились детали. (Зайдите в фотостудию и закажите портрет. Как минимум, там будет два источника света: один, сильный, освещает лицо сбоку и создает рельеф лица на изображении (рисующий свет), другой, послабее, освещает лицо со стороны аппарата и создает освещенность в тенях, снижая контраст изображения. А любительские портреты со вспышкой выглядят несколько плоскими и безжизненными, потому что вспышка освещает лицо от аппарата и теней на нем нет.)

Если же то, что мы снимаем, контрастно и подсветить тени нельзя, то это — очень сложный объект для съемки. Например, мы стоим в туннеле, фотографируем выход из него и хотим, чтобы получились и объекты в туннеле, и освещенный солнцем пейзаж. Тут надо тщательно измерить яркости объектов в туннеле и яркости пейзажа и так выбрать сочетание выдержка-диафрагма, чтобы яркости «влезли» в тот интервал, который может передать пленка. В таких случаях фотографы делают еще и «вилку» — снимают три раза: один с расчетной выдержкой и диафрагмой, другой — увеличив выдержку относительно расчетной (или приоткрыв диафрагму) и третий — наоборот, чтобы потом выбрать наилучший снимок, в котором яркости объектов наилучшим образом «вписываются» в воспроизводимый пленкой диапазон яркостей. Впрочем, если диапазон яркостей в кадре слишком велик, то все равно ничего не получится.

И наконец, на Луну. Лунные камни и астронавты освещены Солнцем не хуже, чем сочинский пляж летом в ясный день. Современные аппараты сами определяют освещенность объекта съемки и отрабатывают соответственно этому выдержку и диафрагму, но тот, кто фотографировал старыми камерами, где выдержку и диафрагму надо было ставить вручную, знает, что для съемки в таких условиях нало ставить самую короткую выдержку, которая есть у затвора (одна пятисотая или одна тысячная доля секунды), да еще довольно сильно задиафрагмировать объектив. Абсолютно черное небо с крохотными точечками звезд при такой выдержке, конечно, «не проработается» — звезды на снимке видны не будут. Чтобы они появились на фотографии, надо полностью открыть диафрагму и дать выдержку в несколько десятков секунд — но при этом все остальное уйдет на пленке далеко в область передержек и на снимке будет полностью белым без каких-либо деталей. (Эффектные фотографии в учебниках астрономии, где звезды описывают круги вокруг полюса, получают, как нетрудно понять, делая выдержку в час (!) или еще больше.) В общем, фотографическая широта пленки недостаточна, чтобы одновременно проработать и освещенные прямым солнечным светом объекты, и звезды. Либо то, либо это.

А теперь давайте оценим яркость звезд и объектов на снимках NASA. Отношения максимальной и минимальной яркостей объектов на снимках с Луны — более 100000. Визуальная звездная величина Луны −12,73, визуальная звездная величина наиболее яркой звезды — Сириуса равна −1,58. Отношение яркостей для звезд считается на основе формулы Погсона: $\lg E_2/E_1=0{,}4(m_1-m_2)$. Для Луны и Сириуса в логарифмическом масштабе получим 4,46 или более 28800. Фотопленок с такой фотографической широтой нет (по крайней мере, у астронавтов на Луне не было.)

Менее утешительный результат получится, если сравнивать яркость объектов на поверхности Луны все с тем же Сириусом. По справочнику [3] табл.111 находим яркость Луны 2500 кд/м², откуда (по формуле Погсона) яркость Сириуса около 0,18 кд/м². Освещенность, создаваемая Солнцем вне атм. Земли на удалении 1 а.е., в среднем 127000 лк ([1] с.1200); яркость листа белой бумаги (коэфф. диффузного отражения 0.6-0.7) при освещенности 30−50 лк будет 10−15 кд/м² ([3] табл.111). Поэтому на поверхности Луны яркость листа бумаги (в худшем случае 50/10) =127000лк/50лк·10 = 25400 кд/м². Скафандры астронавтов должны быть примерно такой яркости. Отношение яркостей 25400/0,18=141111 (5,15 в логарифмическом масштабе).

Ладно, берем лунный грунт. Альбедо Луны 0,067 (близко к коэфф. отражения почвы по спр. [3]), т.е. в 10 раз меньше, чем у бумаги. Возвращаемся все к тем же 2500 кд/м² (это в худшем случае, реально грунт ярче).

На фотографиях лунная поверхность видна во всех полутонах, следовательно, попала в диапазон оптимальных экспозиций. Это означает, что Сириусу с его яркостью ничего не светит. Если видны звезды, то астронавты с луной — в области соляризации фотоэмульсии.

Даже если... Отрицательную звездную величину имеют еще только Канопус (−0,89) и некоторые планеты (например, Марс может иметь яркость до −2). А всего звезд с яркостью <=1 только 24 по всему небосводу. Максимальная фотографическая широта светочувствительных материалов — 4 (крутая экзотика, но все равно мало).

Так что отсутствие звезд на фотографиях на Луне — не признак подделки, а наоборот. Если бы там звезды были, то вот это была бы точно подделка — ну, по меньшей мере, фотомонтаж.

Про видимость звезд в космосе и зрение. Естественно, звезды в космосе видны — видим же мы их ночью с Земли. Но... кажется, не всегда. Если в поле зрения есть большой и яркий объект, то зрачок «задиафрагмирует» глаз — звезды видны не будут. То есть если космонавт смотрит в иллюминатор, то звезды он увидит. Но если в иллюминаторе будет при этом освещенная Солнцем Земля, то, пожалуй, нет. На Луне — тоже вряд ли: слишком много ярких объектов в поле зрения.

«Зритель хочет и в дневное время видеть звезды на лунном небе, а ведь их обычно не видно: днем яркий солнечный свет ослабляет чувствительность глаза настолько, что небо кажется пустым, сплошь черным. Чтобы рассмотреть звезды, надо глядеть через бленду, отсекающую посторонний свет. Тогда зрачки постепенно расширятся, и в небе вспыхнут огоньки, один за другим, пока наконец не заполнят все поле зрения. А стоит перевести взгляд на что-нибудь другое, и — *фьють!* — звезды пропали. Глаз человека может видеть одно из двух: либо дневные звезды, либо дневной ландшафт, но не то и другое вместе».

Нет-нет, это не описание побывавшего на Луне очевидца. Этот текст был написан за восемь лет до того, как на Луне побывали первые люди. Это — отрывок из известного романа А. Кларка «Лунная пыль». Как видите, прозорливый человек еще до полетов на Луну знал, что, находясь на освещенной Солнцем лунной поверхности, звезд не увидишь. И Армстронг впоследствии это подтвердил: он сказал, что, когда находишься на Луне, впечатление такое, что ты — на ярко освещенном прожекторами футбольном поле, и никаких звезд при этом не видно.

Посмотрите фотографию Земли, сделанную советским аппаратом «Зонд-7» в 1969 году (это для тех, кто не верит американским снимкам). Этот снимок приведен в энциклопедии «Космонавтика» на вклейке VI, стр. 48–49. Земля есть. Звезд — нет.

Если все эти теоретические рассуждения вас не убедили, их можно легко проверить на практике. Ясным вечером попросите вашего друга надеть что-нибудь светлое и выйдите с ним на улицу. Поставьте его под уличным фонарем и сфотографируйте на фоне звезд. Когда фотография будет готова, посчитайте на ней звезды. Нечего считать? Вот и у астронавтов были такие же проблемы, только более серьезные: Солнце освещало все на их фотографиях куда ярче, чем уличный фонарь — вашего друга.

([1] Физические величины. Справочник. М.: Энергоатомиздат, 1991.

[2] Дагаев М.М. Наблюдение звездного неба. М.: Наука, 1983.

[3] Кошкин, Ширкевич. Справочник по элементарной физике. М.: Наука, 1980.)

Ю.И. МУХИН. Обратите внимание, что хотя насовцы и их хиви все время натужно шутят, но вообще-то они без чувства юмора. Ведь могли же они этот опус про причины отсутствия звезд на фотографиях с Луны дать в конце своих писаний, чтобы мы уже забыли их рассказы о том, почему в тенях «на Луне» прекрасно видно мельчайшие детали. Получается как в древнем анекдоте о Ходже Насреддине.

Торговец оружием на базаре кричит: «Вот щиты, которые не пробьет ни одно копье! Вот копья, которые пробьют любой щит!» Насреддин его спрашивает: «А что будет, если твоим копьем ударить по твоему щиту?»

Насовцы при помощи Погсона и фотографической широты фотопленки убедительно доказали (по крайней мере, сами себе), что таких ярких светящихся объектов, как звезды, на фотографиях с Луны быть не может. Почему же тогда с помощью Погсона и Кошкина с Ширкевичем не доказать, что при фотографировании астронавта, которому Солнце светит в спину (127 000 люкс), будут видны находящиеся в тени и, в отличие от звезд, несветящиеся мельчайшие детали его скафандра? Ну ладно, пусть хиви НАСА продолжают свою поэму о звездах.

Хиви НАСА. Но нам говорят.

– Я вам уже было поверил, что если фотографировать ярко освещенный объект, то звезд на фото не получится. Но вот посмотрите на эту фотографию (рис. 52), на которой изображен поврежденный взрывом служебный отсек корабля «Аполлон-13». Фото взято с сервера NASA: http://images.jsc.nasa.gov/images/pao/AS13/10075514.jpg — и немного уменьшено.

В центре кадра — отсек, ярко освещенный Солнцем и занимающий значительную часть кадра, а вокруг — целая куча звезд! Так что в космосе у астронавтов звезды на фотографиях получались, а на лунной поверхности — почему-то нет! Или, может, отсек слабо освещен? Например, Солнце за космической тучей спряталось?

– В принципе отсек мог быть слабо освещен. Астронавты отделили служебный отсек от командного, в котором они находились,

Рис. 52

незадолго до входа в атмосферу. И если они подлетали к Земле с ночной стороны, то Солнце могло спрятаться за Землю.

Но тут, кажется, не Солнце слабо освещает служебный отсек, а, наоборот, звезды слишком яркие, гораздо ярче обычного. Взгляните — три-четыре из них даже просвечивают через сопло ракетного двигателя.

Согласитесь, что настоящие звезды никак не могли бы просвечивать сквозь металл. Так что никакие это не звезды, а дефекты изображения. Возможно, в NASA отсканировали пыльную фотографию — иногда брак и там случается.

На другом сервере NASA есть эта же фотография, но более аккуратно отсканированная, и никаких «звезд» на ней нет: http://www.hq.nasa.gov/office/pao/History/alsj/a13/as13-59-8500.jpg.

Ю.И. МУХИН. Не могу согласиться с тем, что у насовцев случается брак. Он у них не случается, он у них идет сплошным, непрерывным потоком. А пыль такой не бывает. Вы что, хиви, своих не узнаете? Это же перхоть! А на другом сервере

Рис. 53

фотография чистая, потому, что насовец помыл голову шампунем «Head & Sholders». Это же как бедным хиви надо изворачиваться – *«отсканировали пыльную фотографию»!*

Хиви НАСА. Нам говорят:

– Ну хорошо, пусть нельзя одновременно сфотографировать звезды и объекты на лунной поверхности. Но неужели вид звездного неба с Луны неинтересен ученым? Почему астронавты специально не фотографировали звезды?

– А кто вам сказал, что они не фотографировали?

Сперва давайте разберемся, что именно для ученых интересно в таких фотографиях. Как мы уже сказали, взаимное расположение звезд с Луны практически такое же, как и с Земли, поэтому, казалось бы, фотографирование звезд с Луны не имеет особого смысла. Но когда мы наблюдаем или фотографируем звезды с земной поверхности, то свет звезд проходит через атмосферу, которая пропускает видимый свет, но задерживает, например, ультрафиолетовые лучи. А на Луне атмосферы нет, поэтому с ее поверхности можно сделать такие фотографии звезд и других небесных объектов, которые невозможно получить на Земле.

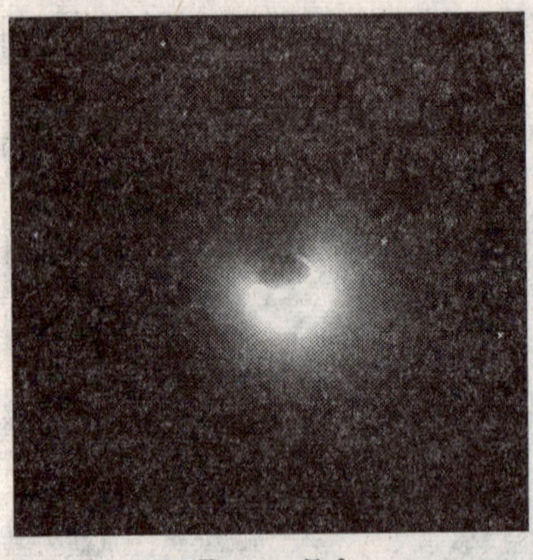

Рис. 54

Астронавты «Аполло-16» организовали первую и пока единственную в истории астрономическую обсерваторию на другом небесном теле (рис. 53). Они установили на лунной поверхности специальную камеру, присоединенную к небольшому телескопу, которая фотографировала небесные объекты в дальнем ультрафиолете — от 500 до 1600 ангстрем (для сравнения — видимый свет имеет длины волн от 4000 до 7000 ангстрем), а также фиксировала их спектры. Камера могла фотографировать объекты до 11 звездной величины — в 100 раз слабее тех, которые можно видеть невооруженным глазом. Астронавты наводили ее на различные участки неба и фотографировали туманности, звездные скопления, Большое Магелланово облако, Землю (для Луны Земля — тоже небесный объект) — всего ими было сделано 178 фотографий. Отснятую пленку они привезли на Землю. А камера до сих пор стоит на поверхности Луны. На рис. 53 эта камера — на переднем плане. Она установлена в тени лунного модуля, чтобы избежать ее нагрева прямыми солнечными лучами.

Вот снимок, который астронавт Джон Янг сделал 21 апреля 1972 года (рис. 54). На этом снимке изображена Земля. Свечение, которое ее окружает, – это водородная корона: облако очень разреженного водорода, которое ярко светится в ультрафиолетовых лучах.

Разумеется, фотографирование небесных объектов в ультрафиолетовых лучах можно выполнять не только с Луны, но и из космоса — например, с околоземной орбиты. Позже такие фотографии делались астронавтами на американской орбитальной станции «Скайлэб», а также автоматическими орбитальными обсерваториями.

Рис. 55

Ю.И. МУХИН. Естественен вопрос: зачем же надо было везти на Луну этот телескоп, если все полученные с него снимки можно было в тысячу раз дешевле сделать со спутников. Ответ один: в Голливуде уже не знали, что бы такое полезное придумать, чтобы заполнить 20 часов съемочного времени комедии «Джон Янг на Луне». Кстати, эта «астрономическая обсерватория» находится в тени и вроде не должна сама светиться, как Канопус, но все ее детали, в отличие от звезд, видны прекрасно.

Исчезающие крестики и тени

Хиви НАСА. А вот еще вопрос.

– *На некоторых фотографиях (рис. 55) крестики, которые нанесены прямо на объектив, находятся ЗА космонавтами, как будто космонавты находились между объективом и пленкой. Что вы скажете по этому поводу?*

– Но, наверное, в NASA не совсем же безрукие, что не смогли по-человечески наложить на фотографию крестики или поставить космонавтов так, чтобы они их не перекрывали. Посмотрите сюда (рис. 56).

Рис. 56

Тот же эффект: на освещенной части скафандра не видно части крестика, на более темной — все в порядке. Очевидно, что крестики частично засветились.

Интересный факт: Microsoft Encarta Encyclopedia, тема — Space Exploration. Глава Apollo Program, иллюстрация «Working on the Moon», единственная иллюстрация к этому разделу — и как раз самая показательная (рис. 57), в смысле фальсификации, какую я видел! Крупно, отчетливо видно, что крестики с объектива — ЗА космонавтом... Странно, что в энциклопедию — и самую разоблачающую фотографию.

Вот еще один пример (рис. 58) — фрагмент фотографии NASA AS16-107-17446. Полностью эту фотографию можно найти, например, на grin.hq.nasa.gov/ABSTRACTS/GPN-

Рис. 57

2000-001123.html. (Об этой фотографии мы еще поговорим: именно на ней сторонники «теории заговора» нашли странный камень, помеченный буквой «С».) Полное впечатление того, что крестик находится за белой деталью: то ли нарисован на холсте, изображающем «лунный пейзаж», то ли изображение «луномобиля» с одной фотографии было наложено на другую. (Непонятно только, что мешало фальсификаторам аккуратно подрисовать крестик?)

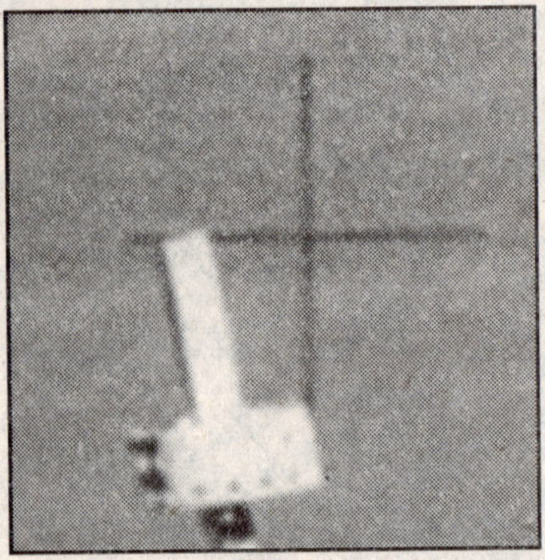

Рис. 58

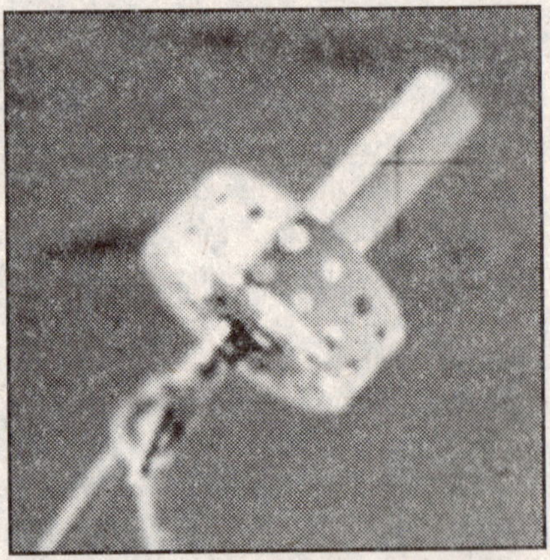

Рис. 59

Теперь сравним предыдущее изображение с фрагментом другой фотографии: AS17-146-22296 (www.hq.nasa.gov/office/pao/History/alsj/a17/as17-146-22296.jpg) (рис. 59), на котором изображена аналогичная деталь «луномобиля». Здесь ясно видно, что линии крестика исчезают на ярко освещенных местах этой детали, но в тени — хорошо видны. Что же получается — крестик находится частично перед деталью, а частично — за ней?

Рис. 60

Разгадка хорошо известна фотографам. Вокруг ярко освещенных участков изображения на фотопленке возникают так называемые ореолы. Это явление объясняется рассеянием света в эмульсии фотопленки и ее подложке (материале, на который нанесена эмульсия). В камерах, которые использовались для съемок на Луне, перед пленкой находилась тонкая стеклянная пластинка с нарисованными на ней крестиками (рис. 60). Всего крестиков было 25 — пять рядов по пять штук, центральный крестик был несколько больше остальных. Эти крестики были нужны для точного определения расстояний между деталями изображения. Из-за ореолов тонкие (0,1 мм) линии крестиков на очень ярко освещенных участках изображения становились еще тоньше, бледнели, а часто и совсем пропадали.

Следует добавить, что сканирование и перевод отсканированных изображений в формат JPEG тоже весьма способствуют исчезновению мелких деталей.

Ю.И. МУХИН. Вы, наверное, уже обратили внимание, что чем мельче вопрос, тем старательнее его жуют хиви. Ведь данное произведение НАСА должно иметь основательный вид, вот мы и узнаем из него много разного – от чепухи, типа пребывания американских астронавтов на Апеннинах, до всяких фотографических подробностей. Но между тем демонстрируемые в подтверждение фотографии по-прежнему бьют в глаза своей фальшивостью. Какая разница, перед луноходом крестик или за ним, ведь ни луноход,

Рис. 61

ни астронавт возле него практически не отбрасывают тени, вернее, отбрасывают ее под себя, т. е. освещаются чуть ли не под углом в 90°. А это значит, что это тень не от Солнца, а от прожектора, и, следовательно, нам снова всучивают очередную фальшивку.

Хиви НАСА. Нам говорят:

– Флаг на фотографии из «Энциклопедии Энкарта» (рис. 61) не отбрасывает тени. Его, должно быть, добавили, когда ретушировали фотографию!

– Посмотрите: флаг примерно высотой с астронавта. Отчетливо видны тени, падающие от его ног. На этой фотографии эти тени не сходятся, то есть тень до того длинная, что тут не видна даже ее половина (пояс астронавта не виден на тени). Следовательно, тень от полотнища флага за кадром, а тень от древка малозаметна.

Справа от астронавта тень от древка достаточно хорошо видна — тонкая прямая линия чуть выше тени от его ног. Она особенно заметна у правого края кадра (отмечена стрелкой). А слева от него, где пыль покрыта множеством следов, тонкую тень от флагштока не разглядеть — по крайней мере, на размещенных в Интернете фотографиях. Дело в том, что там небольшой уклон в сторону от фотографа и тень «прячется в складках местности». Этот уклон заметен на другой фотографии (рис. 62) флага (AS11-40-5905), сделанной с другой точки (немного левее).

Фотография Олдрина рядом с флагом (AS11-40-5875) очень популярна, ее можно посмотреть на странице www.hq.nasa.gov/office/pao/History/alsj/a11/as11-40-5875.jpg (175 Кбайт) или www.hq.nasa.gov/office/pao/History/alsj/a11/as11-40-5875HR.jpg (434 Кбайт), а на страницах grin.hq.nasa.gov/ABSTRACTS/GPN-2001-000012.html и spaceflight.nasa.gov/gallery/images/apollo/apollo11/html/as11_40_5875.html она есть в нескольких вариантах с различным разрешением (и качеством).

– А вот на этой фотографии (рис. 63) даже астронавт не отбрасывает тени! Тень от лунного модуля есть, от древка флага — тоже, а от астронавта — нет!

Рис. 62

– А вы посмотрите получше. Есть там тень от астронавта — справа от него и пониже. Дело в том, что Джон Янг, изображенный на этой фотографии, решил подпрыгнуть и в прыжке отдать флагу честь. А его напарник Чарльз Дьюк сумел поймать на снимке момент, когда Янг был в воздухе... тьфу, в вакууме! (Впрочем, из-за малого лунного притяжения поймать этот момент было, наверно, не очень сложно.) Поэтому астронавт и его тень не соприкасаются.

Вообще, этот эпизод с прыжком — достаточно известный. Он есть в фильме, снятом астронавтами. Фрагмент этого фильма, где Янг прыгает, а Дьюк его фотографирует, можно посмотреть здесь: history.nasa.gov/40thann/mpeg/ap16_salute.mpg (2.4 Мбайт).

Ю.И. МУХИН. А я бы не советовал доверяться фильмам из Интернета. Ни один суд, тем более американский, не примет как доказательство ничего оцифрованного в связи с тем, что подобные материалы легко подделываются. Поэтому если уж на то пошло, то нужно искать фильмы о «высадке американцев на Луну» на пленке или, в крайнем случае, на видео-

Рис. 63

пленке. Я делаю это предупреждение, поскольку дальше хиви НАСА хотят ссылками на сайты НАСА быстренько обойти наиболее смешной и, соответственно, обидный для насовцев момент.

«Лунный ветер»

Хиви НАСА. О флаге на Луне рассказывают так.

– По легенде, флаг был из жесткой ткани на проволочном каркасе, то есть флагшток имел вид буквы «Г». Так что у полотнища флага был всего один свободный угол, и этот угол показал, что он действительно свободен. Он так весело развевался на ветру «безвоздушного» пространства «Луны», что астронавт вынужден был его одернуть. Угол обвис. Но, как только астронавт отошел, флаг снова весело затрепетал. (Наверное, какой-то чертов негр все время открывал и закрывал ворота в съемочном павильоне, создавая сквозняк.) NASA заявляет, что там стоял моторчик, хотя его там не видно.

– Дело в том, что на древке не было никакого моторчика — кто-то пустил этот дурацкий слух про моторчик, хотя его там не было. Это во-первых. Во-вторых, древко было сделано не из проволоки, а из телескопических консолей. В-третьих, полотнище было из нейлона.

У астронавтов были проблемы с выдвижением горизонтальной части древка. Консоль не выдвинулась до конца, из-за чего флаг не был натянут и висел весь в складках, а астронавт все время одергивал флаг для того, чтобы его наконец натянуть, и ничего не получалось. Кстати, вертикальная часть тоже не была на сто процентов работоспособной, так что флаг, возможно, вообще снесло к черту при взлете лунного модуля.

Ю.И. МУХИН. Не снесло. От бутафорского старта в Голливуде ничего снести не могло. Но я прервал хиви не для этого, а чтобы обратить ваше внимание на то, что это перевод с английского, причем переводчик плохо понимал, что переводит. «Древко» — это только вертикальная часть флагштока, а «консоль» — горизонтальная. *«Горизонтальная часть древка»* — это беспомощная отсебятина переводчика.

Поэтому, надо думать, это последний вариант объяснений НАСА того, почему, по-меньшей мере, в двух экспедициях «Аполлонов» американский флаг на Луне развевается на ветру. Итак, хиви НАСА дают такое объяснение.

Хиви НАСА. Кстати, астронавты последующих экспедиций решили, что флаг, свисающий складками, выглядит живописнее, и намеренно не выдвигали горизонтальную часть флагштока до конца.

Ткань, висящая на горизонтальной перекладине, — это своего рода маятник. На Земле воздух, окружающий ткань, поглощает энергию колебаний, и они быстро затухают (разумеется, если нет ветра, развевающего ткань). На Луне воздуха нет, и поэтому такой «тканевый маятник» будет колебаться куда дольше, чем вы могли бы ожидать. Именно этим и объясняется то, что флаг «снова весело затрепетал» после того, как астронавт дернул его за угол в попытке расправить полотнище: фактически астронавт сильно «дернул за маятник», и последний закачался с новой силой.

Вообще, там не только флаги, а и многие другие объекты довольно долго колышутся после того, как их потрогали астронавты, и никто этого «лунным ветром» не объясняет.

Вот кинокадры установки флага астронавтами «Аполлон-14» — http://www.hq.nasa.gov/office/pao/History/alsj/ktclips/

ap14_flag.mpg (4.1 Мбайт). Действительно, флаг полощется — когда астронавты качают и вращают флагшток.

А на этом видеофрагменте — http://spaceflight.nasa.gov/gallery/video/apollo/apollo11/mpg/apollo11_onbclip09.mpg (2.8 Мбайт) — показано, как устанавливали флаг астронавты «Аполлона-11». Полотнище флага вовсю колышется, когда астронавты держатся за флагшток или дергают за угол флага, пытаясь его расправить. А когда они наконец, отходят от флага, то колебания почему-то затухают. И почему бы это «лунному ветру» вздумалось затихнуть как раз тогда, когда астронавты оставили флаг в покое? Совпадение, должно быть...

Ю.И. МУХИН. Итак, последний писк НАСА в отношении развевающегося на ветру флага – это «маятниковые колебания» нижней части полотнища под действием собственного веса легкого нейлона. Надо думать, и фильмы на своих сайтах они сфабриковали так, чтобы колебания флага походили на эти «маятниковые».

Однако раньше версия НАСА была другой. Уже упомянутый хиви НАСА со стажем А. Марков, гордящийся званием «Зомби NASA», в журнале «Авиация и космонавтика» объясняет это так: *«Если бы флаг, сшитый из неоднослойной синтетической ткани, деформированной скручиванием в упаковке, даже расправленный распоркой на стойке, снова не хотел бы свернуться, это было бы еще более неправильно с точки зрения физики?*

Полотнище флага действительно движется некоторое время, но только после прикосновения к его стойке или к нему самому рук астронавтов, инерцию колебательного движения (ткани и стойки в среде с силой тяжести — 1/6 g) не отменишь. Если продолжить следить по видеозаписи за качанием флага, то он успокоится буквально в течение 10–15 секунд, но авторам ОД это досматривать, а тем более показывать уже не по нужде».

А Маркову *«по нужде»* досмотреть сохнущие простыни, которые перестают колебаться, когда стихнет ветер? Но, как видите, раньше у НАСА версия того, почему флаг развевается на ветру, была другой. Угол флага сквозняком все время отбрасывается в одну сторону, а не колебался как маятник. Поэтому ранее НАСА придумало вариант, согласно которому флаг был сшит как бронежилет – из многослойной ткани, — и был туго скручен. А когда его повесили, то он еще какое-то время продолжал скручиваться и раскручиваться. Но флаг развевается совершенно не так, и то, что его полотнище отклоняется от ветра и ни от чего другого, подтверждается тем, что из последующего юбилейного фильма (к 25-летию «высадки») НАСА этот очень выигрышный эпизод с флагом убрало, хотя в предыдущем фильме (к 20-летию) он еще был. И, кстати, хиви брешут, что полотнище перестало колебаться, когда *«астронавты оставили флаг в покое»*. В фильме, когда астронавт отходил от уже обвисшего флага и не касался его, полотнище вновь начало трепыхать.

В июне 2004 г. читатель «Дуэли» передал мне видеокассету с записью двух телевизионных передач по лунной теме, которые я не смотрел. Это «Невероятные приключения американцев на Луне. Русская версия» RENTV (22.04.2004) и «Обратная сторона Луны», первый канал 13.04 2004 г.

Общее впечатление – оба канала ставили себе целью доказать, что американцы на Луне были. Сужу по тому, что наиболее четкие эпизоды, подтверждающие фальшивку, например развевающийся флаг, когда его никто не касается, или прожектора, попавшие в кадр, либо вообще не показаны, либо длятся доли секунды. Но авторы передачи все же приводили и доводы здравомыслящих людей, которые в обеих передачах цитировали меня, но без ссылки на автора и на «Дуэль», и, кроме этого, хиви НАСА оглашали свои «доказательства» отдельно, в связи с чем сами опровергали один другого.

Компания хиви НАСА была довольно представительной: космонавты А. Леонов и С. Авдеев; С. Цыбин – сменный руководитель полета «Союз – Аполлон»; В. Шевченко – доктор физматнаук, завотделом исследований Луны; член-корреспондент АН РФ М. Маров и другие, с позволения сказать, ученые. Был там и чуть выше упомянутый А. Марков – «зомби NASA», отрекомендовавшийся историком программы «Аполлон». Он, как и полагается зомби, совершенно не представлял, о чем говорил, к примеру: «*Лунный грунт формируется очень долго. Он в основном содержит в себе мелкие кусочки метеоритного вещества* (как вы помните, ни советские, ни иностранные ученые не нашли в лунном реголите никакого метеоритного вещества, что их очень удивило), *минералогического вещества* (а это что такое?) – *мелкая-мелкая каменная крошка* (ну так бы и сказал, зачем умничать-то?). Остальные помощники НАСА старались ничем от А. Маркова не отличаться.

Скажем, космонавт А. Леонов пояснил, что ткань американского флага *«была армирована леской или там ленточками пластмассовыми, свернута в трубочку, и на нее надет был чехол»*, а С. Цыбин разъяснил, что по контуру флага была продета проволока, *«чтобы он всегда был в развернутом состоянии»*, а завотделом исследований Луны В. Шевченко нашел, что при температуре на Луне 130° ткань флага *«начала коробиться»* типа нейлоновой кофточки под слишком горячим утюгом, а дураки думают, что это флаг на ветру развевается.

Вот так бы взял и убил бы этих пакостных насовцев – разве можно так издеваться над нашими бедными придурками? Эти придурки 35 лет гадают, из чего тот чертов американский флаг был сделан (из многослойной ткани, из фольги, из тонкого нейлона, армирован пластмассой, растянут на проволочной раме), а насовцы до сих пор правды не говорят!

Но в передаче первого канала проскочила довольно интересная подробность: *«Из официальной хроники полета: «Укрепив на Луне флаг своей страны, астронавты поставили флаг ООН, подчеркивая таким образом международный, а точнее – всемирный дух своей миссии. На памятном вымпеле, оставленном на Луне, были слова: «Здесь впервые ступила нога человека с планеты Земля в июле 1969 от Рождества Христова. Мы пришли с миром от всего человечества».*

Рядом положили золотую оливковую ветвь – символ мира, а чуть поодаль – медали с именами тех, кто отдал свою жизнь делу покорения космоса».

Между тем ни на одном фото НАСА нет ни флага ООН, ни вымпела, ни оливковой ветви, ни золотых медалей. Это как понять? Куриное перышко и мусор «на Луне» сфотографировали, а флаг ООН – нет?

А из этого следует, что, когда «Аполлон-11» уже стартовал, американцы вспомнили, что они эти полеты делают типа «для всего человечества», и наговорили в эфир про флаг ООН и медали, но Стенли Кубрик уже не успевал переснять «высадку на Луну», и в результате в «официальной хронике» флаг ООН и медали есть, а на фото- и телекадрах их нет.

И вот так во всей этой лунной афере: с каким бы вопросом ее ни начинал разбираться, а там брехня, брехня, многослойная брехня, растянутая на проволоке американкой наглости и армированная тупостью советско-российских, извините за выражение, ученых.

Трое американцев на одной Луне

Хиви НАСА. Нас спрашивают:

– А как на Луне оказались сразу трое астронавтов? Ведь на Луне их больше двух никогда не было, один всегда оставался в орбитальном модуле! Вот посмотрите: рисунок 64 — фрагмент фотографии, четко видно, что в стекле шлема астронавта отражаются еще двое. А на рисунке 65 — фрагмент этой фотографии с сайта NASA, на которой после ретуширования стало, как полагается, два человека — один и отражение другого в стекле.

Все, что могу сказать: Faked astronauts on a faked moon.

– Вы отчасти правы. Фотография с двумя астронавтами, отражающимися в шлеме третьего, безусловно, — подделка. Но находится она как раз на официальном сайте NASA: www.hq.nasa.gov/office/pao/History/alsj/alsj.trio.jpg. Изготовил это изображение Дэвид Харланд: он взял настоящую фотографию AS12-49-7278, сделанную астронавтами «Аполлона-12» (ее можно видеть, например, здесь: www.hq.nasa.gov/office/pao/History/alsj/a12/as12-49-7278.jpg) и добавил на шлем астронавта еще одно отражение. А фигуру астронавта для этого дополнительного отражения Харланд взял с фотографии NASA AS12-46-6813, на которой Алан Бин устанавливает на лунной поверхности магнитометр — один из привезенных на Луну научных приборов. Фрагмент этой фотографии приведен на рисунке 66, а полностью ее можно найти здесь: images.jsc.nasa.gov/images/pao/AS12/10075407.htm.

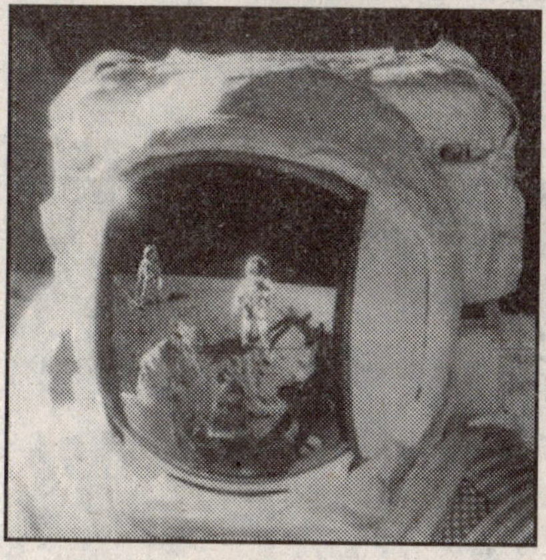

Рис. 64

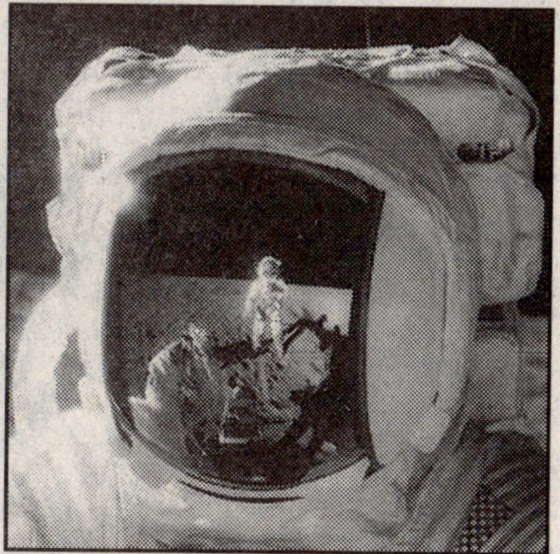

Рис. 65

Рис. 66

Кажется, у сотрудников NASA с чувством юмора все в порядке: на сайте «Apollo Lunar Surface Journal» (http://www.hq.nasa.gov/office/pao/History/alsj/frame.html) есть специальная страница «Веселые картинки» («Fun Pictures»), на которой можно найти и вышеприведенную фотографию, и немало других забавных изображений: два астронавта на лунной поверхности; все двенадцать «лунопроходцев» стоят шеренгой на Луне (без шлемов); наконец, целая геологическая экспедиция, исследующая Луну (рис. 67).

В данном случае автор подделки нам известен — впрочем, он и не скрывался. Но так как с современными средствами обработки изображений любой желающий может поместить на снимок с Луны хоть розового слона, то очень сложно узнать, кто подделал: NASA или школьники во время урока информатики. Подобные фотографии не являются аргументом ни для ревизионистов, ни для консерваторов, так как установить их настоящий источник, как правило, затруднительно.

Ю.И. МУХИН. Снова не могу согласиться, что у сотрудников НАСА с чувством юмора *«все в порядке»*. Есть «черный» юмор, типа: «Сынок, папа повесился не для того, чтобы ты на нем раскачивался, а чтобы в семье был мир и покой». Но одно дело рассказывать подобные анекдоты, а другое – раскачи-

Рис. 67

ваться на повесившемся отце. НАСА обвиняют в подделке фотодокументов «высадки на Луну», а оно взялось их откровенно подделывать из чувства юмора? Нет, хиви! С юмором это не связано. Это попытка скомпрометировать те откровенно фальшивые фото, которые НАСА пропустило в печать. Дескать, те фото тоже из разряда «насовцы шутят». Чуть дальше мы на такое фото наткнемся.

Следы

Хиви НАСА. Еще довод:

– Следы на поверхности слишком четкие для сделанных на обезвоженной Луне. Они, скорее всего, ходили по влажной голливудской почве.

– Подделку, по теории фальсификации, снимали на Аляске. Ну, да ладно. Действительно, в земной атмосфере сыпучесть влажных веществ уменьшается поверхностным натяжением смачивающей жидкости — смоченные частицы порошка прилипают друг к другу. Но влага — не единственная причина, по которой частицы порошка или пыли могут слипаться. В кислородной атмосфере на поверхности большинства веществ образуется тонкая окисная пленка, препятствующая слипанию. Но в условиях глубокого вакуума такой пленки нет, и межмолекулярным силам сцепления одной частицы с другой ничто не препятствует. Конструкторам космической техники это доставляет немало хлопот: в вакууме окисная пленка с поверхностей тел испаряется, и из-за этого металлические детали могут свариться друг с другом. По этой причине сыпучесть пыли на Луне меньше, чем сыпучесть земного песка. Под давлением частицы пыли слипаются, и пыль принимает форму прессующего ее предмета. И влажность здесь ни при чем.

Если для вас все это слишком сложно, то посмотрите на снимки следов советского лунохода. Он что, по-вашему, тоже ездил по влажной поверхности? Может, он еще заехал на съемочную площадку в Голливуд и поздоровался со Спилбергом?

Ю.И. МУХИН. Вынужден прервать хиви на полуслове, поскольку это случай, когда у насовцев наконец прорезается чувство юмора, но они опять почему-то решили поиздеваться над своими адептами – над теми, кто верит в их аферу. А что делать? Над теми, кто видит фальсификацию, поиздеваться трудно, приходится получать удовольствие, выставляя идиотами своих хиви.

Дело в том, как я уже написал, американцам не удалось сфальсифицировать лунный грунт на Земле по целому ряду параметров, в том числе и по этому – по слипаемости частиц лунной пыли, о которой ученые узнали после получения подлинного лунного грунта советской автоматической станцией «Луна-16». Но слипается лунная пыль не потому, что на поверхности ее частиц нет идиотской окисной пленки, а потому, что *«интересным свойством лунного грунта является его высокая электризация, что проявляется в прилипании частиц к поверхностям»*[108]. Возьмите маленький (0,5 см) клочок бумаги и пластмассовую расческу, потрите расческу о волосы на голове или о шерстяную ткань и поднесите к бумажке. Она прилипнет к расческе. Вот такое свойство имеют мелкие частицы лунного грунта, и насовцы о причинах слипания частиц грунта в комки прекрасно знают, поскольку об этом известно уже минимум 35 лет.

Поэтому то, что они своим бедным хиви вешают лапшу на уши с окисной пленкой, нельзя назвать иначе, нежели циничным издевательством над бедными придурками. Ведь оцените степень сарказма: грунт как на Земле, так и на Луне почти на 100% состоит из окислов. Ну какая может быть окисная пленка на поверхности окислов? Это же все равно, что масляная пленка на поверхности масла, влажная пленка на поверхности воды и т. д. Вам бы, хиви, прежде чем писать: *«Если для вас это слишком сложно...»* — сначала бы попробовать получить среднее образование, а не только аттестат зрелости, диплом и ученые звания.

Хиви НАСА. А нам говорят:

– Да?! Ха! А вот посмотрите на эту фотографию!(рис. 68) А теперь — на эту:

(полностью 150Kb 650x639)(рис. 69).

Сравните следы, оставленные Э. Олдрином и «Луноходом-1». Следы Олдрина четкие, они «блестят», а след «Лунохода» — нечеткий, осыпавшийся.

Как вам это?

– Во-первых, ваша фотография следов «Лунохода» сама по себе не очень резкая. Вот посмотрите.

Рис. 68

Рис. 69

Рис. 70

Рис. 71

Рисунок 70 — фотография следов «Лунохода», взятая с сайта Отдела исследований Луны и планет Государственного астрономического института им. Штернберга. Рисунок 71 — фотография NASA AS15-86-11655 — следы «луномобиля» и астронавта. Вы видите ощутимую разницу между следами от колес «луномобиля» и «Лунохода»? Я — нет.

Во-вторых, астронавты *прыгали* по поверхности, а луноход — *ехал*. Кирпич, упавший на голову, тоже оставляет там гораздо более четкий след, чем просто туда положенный.

Подпись к фотографии следа человека на Луне: «Астронавт «Apollo-11» Эдвин Олдрин сфотографировал этот след на лунной почве как часть эксперимента по изучению природы лунной пыли и эффектов давления на почву. Пыль, оказалось, легко сжимается под весом астронавта, оставляя поверхностный, но четкий след, характерный для очень хорошего, сухого материала». Если исключить вероятность попадания в это место метеорита, то, скорее всего, следы людей на Луне останутся на миллионы лет. Вот так.

А в энциклопедии «Космонавтика» (М., Советская Энциклопедия, 1985, 530 с.), говорится: ***«Анализ глубины отпечатков следов космонавтов и «Лунохода-1» установил существенное различие несущей способности грунта для разных участков. Так, глубина следов космонавтов вблизи вершины насыпного вала... кратера... составляет около 15–20 см, а на расстоянии 4–5 м на ровном участке — около 1 см. Следы четко передают рисунок прессующей детали».***

– Составители добросовестно «запихнули» американцев в солидную энциклопедию. Зря: отпечатки следов подошв астронавтов с трудом выдерживают элементарную критику.

Нереально оставить такой глубокий след при весе снаряженных астронавтов, составляющем для Луны всего-то около 16–25 кг (земной вес ребенка или пудовой гири); при этом давление протекторов на грунт было менее 0,1 кгс/см^2. При таком давлении лунный грунт должен был проседать не более чем на 5 мм, но уж никак не на 15–20 см.

– На лунной поверхности слой пыли гораздо больше из-за того, что там нет ветров. Больше пыли — глубже след. К тому же не пропускайте важных деталей: «вблизи вершины насыпного вала... кратера...», а не где-нибудь еще. И вы не можете сказать, на сколько должен был проседать лунный грунт: тут недостаточно просто предположения.

Ю.И. МУХИН. Странно, что в доказательство своей тонкой мысли о том, что *«кирпич, упавший на голову, тоже оставляет там гораздо более четкий след, чем просто туда положенный»*, хиви не представили фотографий своих голов с четкими следами от кирпича и со ссылками, на каком сайте эти фото выставлены. Проводить такие эксперименты во имя США и не показать их результаты свободному миру – непростительно!

Теперь о грунте. Да, лунный грунт слипается, но он слипается не так, как мокрый песок – не в сплошную слипшуюся массу, на которой четко видны следы. Лунный грунт лишь легко *«слипается в отдельные рыхлые комки»*, т. е. если на Земле грунт такого состава имел бы вид мелкого песка, то на Луне он имеет вид крупного песка. Но лишь вид, а не свойства! Поскольку, *«несмотря на заметную слипаемость, грунт обладает неустойчивостью к вибрационным воздействиям, легко просеивается через сито»*[109].

Мокрый песок от вибрации, допустим от вибрации, возникающей от ходьбы по нему (или от удара кирпичом), уплотняется – становится более слипшимся, а лунный грунт наоборот – разваливается, разрыхляется. Лунный грунт *«при свободном насыпании имеет угол естественного откоса около 45 градусов»*[110]. Повторю, что это значит.

Если вы возьмете сухой материал, к примеру, песок, насыплете его в стакан, прикроете верх, чтобы песок не высыпался раньше времени, перевернете стакан и поставите его на какую-либо поверхность вверх дном, а затем не спеша поднимите, то оставшийся на поверхности песок образует конусную кучку. Угол этого конуса с поверхностью и есть угол естественного откоса. У обычных видов песка этот угол около 40 градусов, т. е. ненамного меньше лунного грунта. Поэтому и механизм осыпания следов на Луне должен быть таким же, как и на Земле с небольшой разницей – следы подошв на Луне должны отпечатываться четко, поскольку лунный грунт легко уплотняется и держит форму, но боковая часть следа, на которую обувь не давила, после подъема ноги должна осыпаться в след, как и на Земле. Кроме того, любой толчок при вынимании обуви из следа (вибрация) разрушит и внутренний отпечаток – он тоже осыпется.

Определенному роду людей бесполезно что-либо показывать, с таким же успехом это можно показывать березовому

Рис. 72

Углы естественного откоса и следы:

а, а' – сухой песок; б, б' – мокрый песок,
в – реголит[110], в' – американский «след на Луне»

полену. Что бы ты ни показывал, а в ответ: «А я ничего такого не вижу». Тем не менее я еще раз попробую.

Лето в 2004 году было мокрое, на улице трудно было найти сухой сыпучий грунт. Я набрал в детской песочнице около 10 литров подмосковного речного песка, подсушил его с месяц и наступил на него ботинком с максимально большим протектором (рис. 72а'), одновременно определив угол естественного откоса (рис.72а). Как видите, отпечатка подошвы не получилось: как только я поднял ногу, все вертикальные стенки следа тут же осыпались, не отпечатались даже контуры подошвы, а от рисунка протектора остались только холмики.

Затем я этот же песок смочил водой, доведя влажность примерно до 7,5 объемных процента, и снова повторил опыт. Теперь, как видите, отпечаток подошвы такой же четкий (рис. 72б'), как и у американцев «на Луне»: четко отпечатались даже узкие выемки протектора (песок промыт рекой, в нем нет глинистых составляющих и пылевых частиц, поэтому поверхности не блестят, как у американцев). Но посмотрите на эксперимент по определению угла естественного откоса мокрого песка (рис.72б) – песок не осыпался, угол естественного откоса – 90°. Получается глупость – след у американцев на «лунном грунте», как на грунте с углом естественного откоса в 90°, а замеры естественного откоса реального реголита, проведенные ГЕОХИ, дают всего 45°. И я должен в эту туфту верить?? А куда же деть уважение к самому себе?

Поэтому я и утверждаю, что все те следы «на Луне», нафотографированные американцами, — это следы на влажном песке в съемочном павильоне. Я понимаю, что хиви НАСА я ничего не объяснил, да, собственно, и не старался – что я могу объяснить людям, авторитетно болтающим про окисные пленки на частицах грунта?

Земля на фотографиях

Хиви НАСА. Часто спрашивают:

– Почему среди фотографий, якобы сделанных на Луне, совсем нет фотографий с Землей на небе? Это бы так эффектно смотрелось — громадный голубой шар на черном фоне.

– Как известно, Луна обращена к Земле одной и той же стороной, поэтому Земля, с точки зрения наблюдателя на лунной поверхности, неподвижна. (Да знаю я, что есть такое слово «либрация» — из-за нее Земля не совсем неподвижна на лунном небе, а немного перемещается туда-сюда в течение лунного месяца, но эти перемещения не так велики — около 8 градусов по долготе и 7 градусов по широте.) Если этот наблюдатель находится в центре видимого с Земли полушария Луны, то Земля будет постоянно находиться прямо у него над головой.

Если посмотреть на карту мест посадок «Аполлонов» или таблицу их координат (стр. 284), то можно видеть, что все они располагались не слишком далеко от центра видимой стороны Луны (за исключением «Аполлона-17», который сел ближе к краю лунного диска, чем к его центру). Это значит, что Земля для астронавтов была очень высоко над лунным горизонтом. Чтобы она попала в кадр, нужно сильно отклонить объектив камеры вверх от горизон-

Таблица координат мест посадок «Аполлонов»

«Аполлон»	Название	Широта	Долгота	Дата посадки	Расстояние от центра видимой стороны Луны	Средняя высота Земли над горизонтом
11	Море Спокойствия	0°41'15" N	23°26' E	20 июля 1969	23,4°	66,6°
12	Океан Бурь	3°11'51" S	23°23'8" W	19 ноября 1969	23,6°	66,4°
14	Фра Мауро	3°40'24" S	17°27'55" W	31 января 1971*	17,8°	72,2°
15	Хэдли-Апеннины	26°06'03" N	03°39'10" E	30 июля 1971	26,3°	63,7°
16	Декарт	8°59'29" S	15°30'52" E	21 апреля 1972	17,9°	72,1°
17	Тавр-Литтров	20°9'55" N	30°45'57" E	11 декабря 1972	36,2°	53,8°

** Хиви НАСА плохо выучили легенду – 31 января 1971 «Аполлон-14» отправился к Луне, а «произвел посадку» 5 февраля 1971 года*

тального направления — настолько сильно, что лунная поверхность при этом в кадр не попадет. Кроме Земли, в кадре может оказаться лишь голова коллеги-астронавта, флаг, верхняя часть лунного модуля, верхушка какой-нибудь скалы и т. п. Рис. 73 — типичный пример такой фотографии (фото NASA AS11-40-5924). Она сделана астронавтами «Аполлона-11». В кадре — верхняя часть лунного модуля, а над ней — Земля. Видно, что камера при съемке была сильно наклонена вверх.

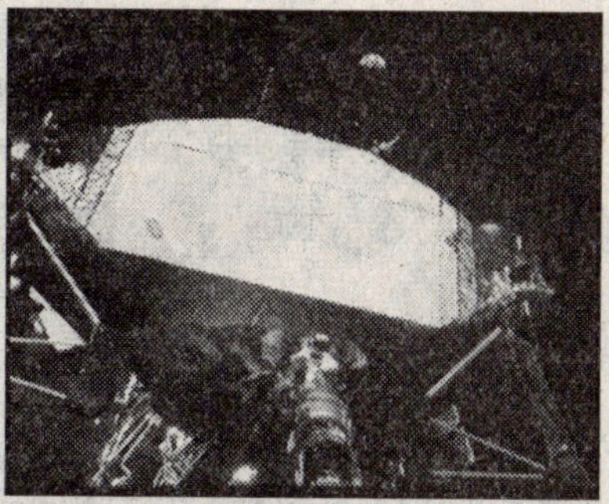

Рис. 73

Ю.И. МУХИН. Жаль, что хиви не пояснили, как смог Армстронг наклонить камеру вверх, поскольку она жестко крепилась у него на груди в горизонтальном положении. Для съемки на 66° вверх ему нужно было выполнить акробатический этюд, опрокинувшись на спину и зависнув над поверхностью Луны под углом 30–40°. Такое не каждая обезьяна выполнит.

Но главное в другом. Солнце освещает Землю ровно по экватору, а это значит, что над горизонтом Луны в месте съемки оно светит под углом 90° — 66,6° = примерно 23°. А должно быть всего 8°. Тщательнее насовцам надо готовить фальшивки, тщательнее! Даже когда все в их руках, какой-нибудь ляп да допустят.

Хиви НАСА. Как сказано выше, «Аполлон-17» садился дальше от центра видимой стороны Луны, чем другие. Следовательно, Земля с места его посадки была несколько ниже над горизонтом, чем с мест посадки всех остальных «Аполлонов». Поэтому астронавты «Аполлона-17» смогли сделать несколько фотографий, в которых в кадр попали и Земля, и лунная поверхность. Одну из этих фотографий можно видеть (фото NASA AS17-134-20384). Земля — над верхушкой флагштока (рис. 74).

Ю.И. МУХИН. И это фото тоже туфта. Здесь тень на Земле также в районе экватора, а это значит, что на Луне в месте съемки оно стоит над горизонтом под углом 90° — 53,8° = приблизительно 36°, что очень сомнительно. Но с этой фото-

Рис. 74

графией дело еще смешнее. Когда ее сняли с сайта НАСА, то попробовали улучшить изменением контрастности (рис. 75). И тут выяснилось, что эта фотография склеена из двух. Остался пустяк – доклеить диск Земли. Так и этого не смогли «специалисты» НАСА хреновы! И куда, скажите, уходят деньги американских налогоплательщиков?

Хиви НАСА. Так что фотографии с Землей в кадре все-таки есть, но их не так много. Вот список некоторых из них:

«Аполлон-11»: AS11-40-5923, AS11-40-5924.

«Аполлон-14»: AS14-64-9189, AS14-64-9190, AS14-64-9191, AS14-64-9192, AS14-64-9193, AS14-64-9194, AS14-64-9195, AS14-64-9196, AS14-64-9197, AS14-66-9327, AS14-66-9328, AS14-66-9329, AS14-66-9330, AS14-66-9331, AS14-66-9332.

«Аполлон-17»: AS17-134-20384, AS17-134-20387, AS17-134-20461, AS17-134-20463, AS17-134-20464, AS17-134-20465, AS17-

134-20466, AS17-134-20471, AS17-134-20473, AS17-137-20910, AS17-137-20911, AS17-137-20957, AS17-137-20958, AS17-137-20959, AS17-137-20960, AS17-137-20961.

– А почему Земля на фотографиях такая маленькая? Она все-таки в четыре раза больше Луны на земном небе.

– Попробуйте сами сфотографировать Луну обычным фотоаппаратом. (Если ваш аппарат оснащен объективом с переменным увеличением, поставьте увеличение на минимум: американцы использовали широкоугольные объективы.) Из фотолаборатории вы принесете изображение маленького желтого пятнышка на черном фоне. Даже, если бы это пятнышко было вчетверо больше, все равно оно не слишком бы впечатляло. На рис. 76 приведена фотография NASA AS17-137-20957. Она взята на www.hq.nasa.gov/office/pao/History/alsj/a17/as17-137-20957.jpg и уменьшена в четыре раза – размер оригинала составляет 1024 пикселя по горизонтали.

Ю.И. МУХИН. И опять туфта! Из того, что насовцы приклеили Землю,

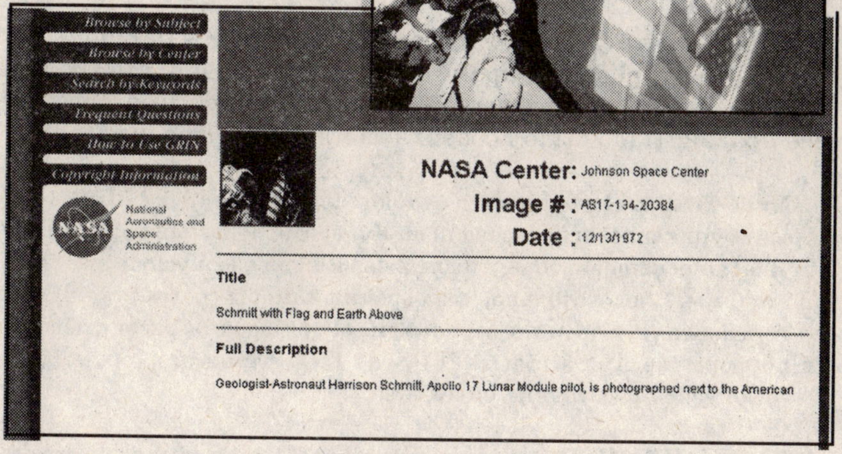

Рис. 75
Фото AS17-134-20384 с сайта НАСА http://grin.hq.nasa.gov

Рис. 76

получается, что Луна в месте съемки освещается Солнцем под углом 45° к горизонту, кроме того, из фото видно, что Солнце и местность освещает неравномерно: левая часть гораздо темнее правой. Надо было добавить света прожекторов слева!

Хиви НАСА. Известно, что фотоаппараты Hasselblad EL500, которые американцы использовали на Луне, имели размер кадра 60x60 мм и были оснащены объективом Zeiss Biogon с фокусным расстоянием 60 мм. Следовательно, угол зрения камеры составлял 53° как по горизонтали, так и по вертикали. (Угол зрения рассчитывается по формуле A=2·arctg(L/(2F)), где L — длина стороны кадра, F — фокусное расстояние объектива.)

Ю.И. МУХИН. Интересно, что в НАСА до сих пор не могут выбрать не только материал к флагу, но и объектив к фотоаппарату, которым якобы производились съемки «на Луне». Надо думать, что в Голливуде «астронавтов» снимали фотоаппаратами с самыми различными объективами. Обычному человеку (и мне, в том числе) понять разницу невозможно, но фотографам-профессионалам она видна сразу. И это, видимо, смущает насовцев. Уже упомянутый мною хиви НАСА А. Марков безусловно со слов насовцев так описывает их фотоаппарат. *«Широкоугольная фотокамера Hasselblad (ширина пленки 70 мм), которой выполнялась съемка на Луне, имела характеристики для четкого фоторепортажа. Оснащалась объективом Biogon с фокусным расстоянием 38 мм, наводкой на дальность — от 0,3 м до бесконечности, выдержкой — от 1/500 до 1 секунды, углом обзора — 71 x 71 градус, светосилой объектива — 4,5»*.

Как видите, хиви Марков дает совершенно иные данные объектива, нежели хиви, работу которых мы рассматриваем. А поскольку они выдали в свет труды насовцев позже, чем Марков, то я пользовался их данными.

И хочу добавить, раз уж зашел разговор о фотоаппарате, что в упомянутом фильме «Невероятные приключения американцев на Луне», конструктор этой фотокамеры выразил глубокие сомнения, что ею могли быть сделаны снимки, выдаваемые американцами за «лунные». Дело в том, что, по американской легенде, камера жестко крепилась на груди астронавта и в таком положении он не мог заглянуть в видоискатель, т. е. не мог ни навести ее на объект съемки, ни навести на резкость. А ведь снимки и резкие, и объекты съемки в центре кадра.

Хиви НАСА. Теперь, когда мы знаем угловой размер полного кадра, нам надо узнать его размер в пикселях. На фотографии четко виден горизонтальный ряд из пяти крестиков. Из этого можно заключить, что фотография не обрезана (или почти не обрезана) по горизонтали: на лунных фотографиях, сделанных экипажами «Аполлонов», находится 25 крестиков, расположенных в пять рядов по горизонтали и по вертикали. Впрочем, размер исходной фотографии можно очень точно определить как раз по этим крестикам: как утверждается, расстояние от центра кадра до его края в 2,59 раза больше, чем расстояние между соседними крестиками. А длина стороны кадра, следовательно, больше расстояния между соседними крестиками в 5,18 раз. На исходной фотографии расстояние между соседними крестиками — 199 пикселей, значит, длина ее стороны — 199·5,18=1031 пиксель (округлено до целого числа). Как видно, эта фотография все-таки была чуть-чуть обрезана по горизонтали.

Рис. 77

Если 53 градуса — это 1031 пиксель, то одному градусу соответствует 1031/53=19,45 пикселя. Так как угловой размер Земли на лунном небе составляет 1,9°, то на данной фотографии Земля должна иметь диаметр в 19,45х1,9=37 пикселей.

На рис. 77 приведен фрагмент исходной фотографии AS17-137-20957 в натуральную величину с изображением Земли, на которое наложена серая окружность с диаметром 37 пикселей. Легко видеть, что на данной фотографии Земля вовсе не мала, а даже чуть-чуть великовата.

Не следует слишком удивляться тому, что результат наших вычислений немного не совпал с фактическим размером Земли на фотографии. В наших расчетах мы сделали ряд упрощений, из-за которых они дают не вполне точный результат. Во-первых, мы предполагали, что линейные расстояния на фотографии пропорциональны угловым. Это не совсем так: находящийся близко к краю кадра предмет имеет на фотографии немного больший линейный размер, чем предмет с таким же угловым размером, находящийся в центре кадра. Во-вторых, угловой диаметр Земли, наблюдаемой с Луны, — величина не вполне постоянная: из-за того, что орбита Луны некруговая (т.е. расстояние между Луной и Землей несколько изменяется), угловой диаметр Земли периодически изменяется от 1,80° до 2,06°. Мы взяли среднее значение углового диаметра: точная величина его в то время, когда была сделана данная фотография, требует довольно серьезных астрономических расчетов. По этим причинам наш результат — лишь оценка размера Земли на данной фотографии, а не точное его вычисление. Однако эта оценка позволяет заключить, что размер Земли на фотографиях с Луны — примерно такой, какого следует ожидать.

Я вывел на свой монитор фотографию AS17-137-20957 (Рис. 76) и измерил диаметр Земли (на моем мониторе он составлял 22 миллиметра) и ее высоту над горизонтом (190 миллиметров). Так как угловой размер Земли, видимый с Луны, равен 1,9°, то высота Земли над горизонтом на этой фотографии равна 1,9°х190/22=16°. Затем я проделал то же самое для фотографии AS17-134-20384 (рис. 74) и получил, что на ней диаметр Земли — 11 миллиметров, ее расстояние до горизонта — 195 миллиметров, следовательно, на ней высота Земли над горизонтом 1,9°х195/11=34° — примерно

Рис. 78

Рис. 79

вдвое больше. Как это может быть? Ведь Земля на лунном небе не перемещается.

А если оценить высоту Земли над лунным горизонтом, исходя из координат места посадки «Аполлона-17», то получается что-то около 54 градусов. Так что и 16, и 34 градуса — все равно как-то подозрительно низковато.

Если Земля в самом деле находится в 54 градусах над лунным горизонтом, то это все равно меньше, чем угол зрения по вертикали у камеры, которая была у астронавтов (53°). Для того чтобы сделать снимок, где были бы и Земля, и лунная поверхность, астронавты были вынуждены выбирать соответствующие места для съемки, например у подножия холма или у нижней части склона. Ясно, что в этом случае видимый на снимке край лунной поверхности будет гораздо выше горизонтального направления. А угол от этого края до Земли, который оценивается по фотоизображению, окажется существенно меньше высоты Земли над горизонтом.

На фотографиях с места посадки «Аполлона-17» (рис. 78 и 79) видно, что холмов и откосов в этом районе немало, так что возможности выбора таких точек съемки у астронавтов были достаточно богатые.

На фотографии с флагом (AS17-134-20384) (рис. 74) на заднем плане — вершина холма, а местность на фотографии AS17-137-20957 (рис. 76) похожа на идущий вверх уклон: она не простирается до горизонта, а довольно быстро заканчивается.

Надо сказать, что такой способ измерения углов по фотографии — весьма неточный. Причина все та же: линейные размеры на фотографии не пропорциональны угловым размерам. Для точного определения углов необходимо определять положение соответствующих точек на фотографии относительно центра кадра и вычислять эти углы по тригонометрическим формулам.

Ю.И. МУХИН. Все это прекрасно, но никакими искажениями не объяснишь, почему на вышеприведенных снимках все объекты отбрасывают короткие тени под себя, а не такие, какие они были бы на Луне. Так что толку рассусоливать о том, где стояли астронавты во время «съемки Земли»? В Голливуде!

Хиви НАСА. Тем не менее:

– На некоторых фотографиях, сделанных на Луне, Земля все-таки изображена неправильно.

Рис. 80

Вот, посмотрите на этот снимок, опубликованный в газете «Дуэль» (рис. 80).

Во-первых, Земля находится над самым горизонтом, а вы сами утверждали, что во всех местах, где садились «Аполлоны», она должна быть ближе к зениту, чем к горизонту. Во-вторых, если судить по тому, как Солнце освещает Землю, то оно должно быть точно за спиной у фотографа. А если по теням от астронавта и от лунного модуля — то слева (и, может быть, чуть-чуть сзади) от фотографа.

– Полностью с вами согласен. Действительно, на этом снимке Земля находится там, где она быть никак не может — совсем рядом с горизонтом, и освещена Солнцем совсем не так, как должна быть, судя по теням на лунной поверхности. Более того, кроме «во-первых» и «во-вторых», есть еще и «в-третьих»: размер Земли на этом снимке в несколько раз больше, чем должен быть при съемке широкоугольным объективом, какие были у астронавтов «Аполлонов». По этим трем причинам данный снимок — несомненная **фальшивка**.

Неизвестный фальсификатор взял за основу фотографию NASA AS16-113-18342 (рис. 81), сделанную астронавтами «Аполлона-16»: www.hq.nasa.gov/office/pao/History/alsj/a16/as16-113-18342.jpg. Сравнив эту фотографию с фотографией в «Дуэли», легко заметить, что эти фотографии идентичны почти во всем: фигура астронавта, тени на поверхности, неровности рельефа вблизи и холмы на заднем плане одинаковы на обоих снимках. Отличие только в одном: Земли над лунными холмами на фотографии из NASA нет.

Рис. 81

Изображение Земли фальсификатор взял со знаменитой фотографии NASA AS11-44-6550 «Земля над лунным горизонтом» (рис. 82), сделанной астронавтами «Аполлона-11» с окололунной орбиты: www.hq. nasa.gov/office/pao/History/alsj/a11/as11-44-6550.jpg. Фрагмент этой фотографии приведен на рис. 82. Узор, образованный облаками, на ней такой же, как и на опубликованной в «Дуэли». А наложить на одну фотографию кусочек другой — ничуть не сложнее, чем написать по-русски поверх изображения «Фото НАСА».

На лунной поверхности астронавты использовали фотокамеры с широкоугольными объективами. Но для съемок в космосе у них была еще и камера с длиннофокусным объективом. На снимках, сделанных такой камерой, объекты получаются в несколько раз крупнее. Именно поэтому Земля на фотографии с окололунной орбиты гораздо крупнее, чем на фотографиях, сделанных на поверхности Луны.

Рис. 82

Трудно сказать, кем, где и зачем был сделан этот фотомонтаж. Возможно, «фотомонтажник» просто хотел «сделать людям красиво», не подумав о том, какого размера должна быть Земля на фотографии, где она должна находиться и как должна быть освещена Солнцем. А может быть, эти промахи были сделаны намеренно — чтобы потом можно было погромче воскликнуть: «Смотрите, смотрите, какая грубая подделка!» Уверенным можно быть только в одном: тому, кто написал (по-русски) на фотографии «Экспедиция Аполло-16», откуда-то было известно, что исходная фотография была сделана астронавтами именно этой экспедиции. Похоже, на данной фотографии «Земля сделана в России; и прескверно сделана».

Ю.И. МУХИН. У меня, главного редактора газеты «Дуэль», есть основания напомнить читателям, что хиви НАСА не только тупые, но и подонки, однако думаю, это не будет сенсацией и для самих хиви.

Фото с большой Землей было напечатано в «Независимой газете» (НГ-наука, № 9, 2000 г.) как иллюстрация к статье Г.М. Салахутдинова «Печальная ошибка здравого смысла», восхваляющей великий подвиг американцев. «Дуэль» (№ 5, 2000 г.) эту статью перепечатала полностью вместе с фото и подписью к нему. Замечу «эксклюзивно» для хиви НАСА – хотя вы, хиви, уже добровольные помощники правительства США, но американская армия еще не оккупировала Россию, соответственно, пока ваши, хиви, мечты не сбылись, в русских газетах еще можно (даже «независьке») подписи к фотографиям делать на русском языке. Но вернемся к этому фото.

Так вот статью и фото из «НГ-наука» мы перепечатали только потому, что три автора «Дуэли» (Ф. Тим, Е. Кузьмин и я) разъяснили читателям, почему это фото является поддельным. Гарантирую, что «независька» скорее повесилась бы всей редакцией, но не посмела бы сама подделать фотографию любезных ей американцев. Она могла взять ее только из НАСА, следовательно, подделали это фото там. Вот для этого случая насовцы и запускают в Интернет «приколы» — уличи их в этой подделке, а они заявят, что это американский юмор.

Качество фотографий

Хиви НАСА. Но нам говорят:

– Качество лунных фотографий слишком уж хорошее. А ведь они сделаны с рук непрофессиональными фотографами. И все фотографии великолепны — хоть бы одна испорченная...

– Если уж быть точным, то они сделаны не с рук, а с груди: камеры были прикреплены на груди астронавтов.

Вообще-то сделать хорошую фотографию под силу каждому, но это требует времени (и, само собой, денег). Купите хорошую фотокамеру, научитесь с ней обращаться, заказывайте отпечатки не в киоске в подземном переходе, а в лаборатории для профессионалов (разумеется, за соответствующую цену). А главное — практикуйтесь и практикуйтесь (как говаривал булгаковский герой, «достигается упражнением»). И результаты не замедлят сказаться.

Так как астронавты «летели в историю», то в NASA сделали все от них зависящее, чтобы фотографии с Луны были качественными. Фотокамеры закупили у шведской фирмы «Hasselblad» — в то время она выпускала лучшие в мире среднеформатные фотоаппараты. Кстати, размер кадра у этих аппаратов составлял 60х60 мм. А у большинства любительских аппаратов размер кадра — всего лишь 24х36 мм. Ясно, что чем больше кадр, тем больше деталей можно зафиксировать на фотографии.

Все кандидаты в астронавты обязательно изучают в NASA основы фотографии. А для отправляющихся на Луну курс фотографии был особенно интенсивным: астронавты учились управляться с камерой руками в толстых перчатках скафандра, фотографировать, не пользуясь видоискателем (трудно поднести камеру к глазам, если на голове — космический шлем, поэтому видоискатели за ненадобностью вообще сняли с «лунных камер»). Пленки на обучение не жалели: за время тренировок астронавты сделали сотни снимков.

Обработкой привезенных с Луны пленок и печатью фотографий занимались лучшие специалисты, которые «вытянули» из лунных фотоматериалов все, что только было возможно.

Однако, несмотря на все это, в фотоархивах NASA лежит большое количество фотографического брака всех видов, привезенного с Луны: нерезкие, недо- и передержанные снимки, ошибки кадрирования и т. д. Эти снимки тоже представляют интерес для науки — других фотографий с Луны в обозримом будущем не предвидится, — но в фотоколлекции для прессы такие кадры, понятно, не попадают.

На рис. 83 — самая, пожалуй, знаменитая фотография, сделанная на Луне. Белой рамкой показан исходный кадр. Чтобы фото лучше смотрелось, его немного обрезали с боков и расширили вверх, пририсовав над головой астронавта полоску черного лунного неба (рис. 84). А если бы Армстронг опустил при съемке этого кадра камеру еще немного пониже — как думаете, много было бы у этой фотографии шансов попасть в журналы?

Рис. 83

– А почему же тогда нет дрожания, которое обычно бывает на любительских видеосъемках?

– При фотографировании время экспозиции было очень маленьким, так как днем на Луне и так хорошее освещение, следовательно, там фотографии хорошо получатся даже у алкоголика.

А видеоматериалы снимались камерами, расположенными на самом лунном модуле, лунном автомобиле и других статических местах.

– Секундочку, если камеры были на груди, то почему же тогда на знаменитой фотографии «Man on the Moon» видна макушка головы того самого «мэна», хотя камера, его снявшая, находилась даже ниже его подбородка?

Рис. 84

Для тех, кто в танке: он стоит в небольшой яме. А снимающий, возможно, находится на горке — этого уже не определить, отражение в шлеме так себе по качеству. (Для тех, кто в тяжелом танке, на рис. 85 приведена схема.) Кроме того, не забывайте, что у «мэна» за плечами — довольно тяжелый ранец, поэтому он стоит, немного наклонившись вперед: посмотрите еще раз на фотографию из «Энциклопедии Энкарта».

Ю.И. МУХИН. А вот это довольно неожиданное для меня оправдание НАСА, да еще и со схемой. Дело в том, что я никогда не встречал критики к этому всемирно известному снимку, а сам до этого даже не приглядывался к нему. Но раз НАСА пытается доказать его подлинность, то, значит, из этой фото-

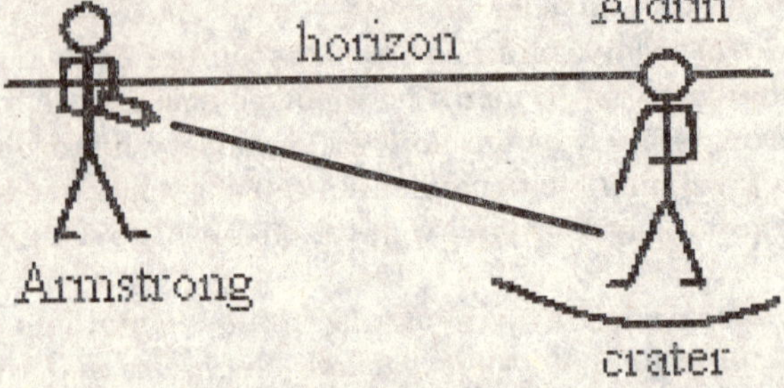

Рис. 85

графии видна ее фальшивость. Первый признак – «астронавт» освещен не солнцем, а прожектором, это видно, кстати, не по короткой тени, а непосредственно – «астронавт» стоит в пятне света, а задний план темный. (При фальсификации первых полетов «Аполлонов» площадь съемочного павильона освещалась плохо, недостаточно.) Но насовцы зачем-то дают и схему, следовательно, признак фальшивости не только в этом.

У меня есть поистине раритетный номер в те годы главного журнала США – еженедельника «Лайф» за 18 августа 1969 года. В этом номере даны первые фотографии о «высадке на Луну» экипажа «Аполлон-11» и в том числе на развороте страниц 39–40 дано и это фото размером 30 х 45 см. Я присмотрелся к нему. Оказалось, что центр кадра (большой крест) находится у правого ботинка «Олдрина» и он не в резкости – и сам ботинок и камешки возле него не очень четкие. А резкость фотограф навел на шлем «Олдрина» и на нижний край фотографии – на отпечатки следов. Нам, читателям, это без разницы, а фотографы-специалисты наверняка сразу это заметили. Так вот из этого следует вывод, что расстояния от нижнего края фотографии и от шлема «Олдрина» до объектива фотоаппарата одинаковы. Но если Олдрина снимал Армстронг, то такого быть не могло.

У Армстронга фотоаппарат был закреплен на груди, на высоте примерно 1,5 м. Чтобы у него получился такой кадр, он должен был стоять: при съемке объективом с углом 53° — примерно в 4,2 м от Олдрина; при съемке объективом с углом 77° — в 3,0 м. Но в первом случае расстояние до шлема Олдрина будет примерно те же 4,2 м, а до нижнего края кадра – 2,5 м, во втором случае 3,0 и 1,7 м. То есть при съемке с высоты 1,5 м либо шлем, либо низ кадра обязаны были быть не в резкости. А снять так, чтобы до обеих этих точек расстояние было одинаковым, можно только с высоты: в первом случае – примерно 3,8 м, во втором – 2,7 м.

Вот хиви, не понимая, о чем это они, и рассусоливают, что Олдрин стоял в ямке, хотя из фото видно, что «Олдрин» стоит на бугорке. Но насовцы, как вы видите из их схемы, чтобы поднять фотоаппарат над Олдрином, вообще поместили Олдрина в кратер, а Армстронга поставили раком.

Нет, конечно, можно утверждать, что в НАСА не дураки работают, но хотелось бы иметь к этому утверждению несколько больше доказательств...

Хиви НАСА. Нам говорят:

– Почему видеосъемки с ранних миссий Аполло были такими плохими, а поздних — гораздо лучше? Что они скрывают за плохим качеством?

– Интересно, а почему фотографии Элвиса плохие и черно-белые, когда он был молодым красавцем, и стали хорошими и цветными, когда он стал знаменитым и жирным наркоманом? Что они скрывают по поводу его детства? (баланс тупости: какой вопрос – такой ответ).

– Во время «прямых трансляций с Луны» зрителям несколько раз попадались на глаза странные вещи, как, например, откровенная буква С, написанная краской на одном из «нетронутых» лунных камней и случайно попавшая в кадр в одном из «лунных» репортажей.

– Да, сторонники теории фальсификации предполагают, что насовцы раскидали по съемочной площадке помеченные камни, чтобы потом их собрать обратно и представить как лунные.

Но... допустим, это так. Они пометили все камни буквами. Это им даст... э-э... двадцать шесть камней. Не маловато ли для Луны?

Вот он, этот камень, на фрагменте фотографии NASA AS16-107-17446 (рис. 86). Стив Трой, один из создателей сайта Lunaranomalies.com, предпринял настоящее расследование, чтобы выяснить происхождение этой закорючки в форме буквы «С». Вначале он заказал фотоотпечатки со снимка AS16-107-17446 в нескольких организациях NASA, в частности в Институте Луны и планет (LPI) и в Центре управления пилотируемыми полетами имени Джонсона в Хьюстоне (JSC). На этих отпечатках никаких букв

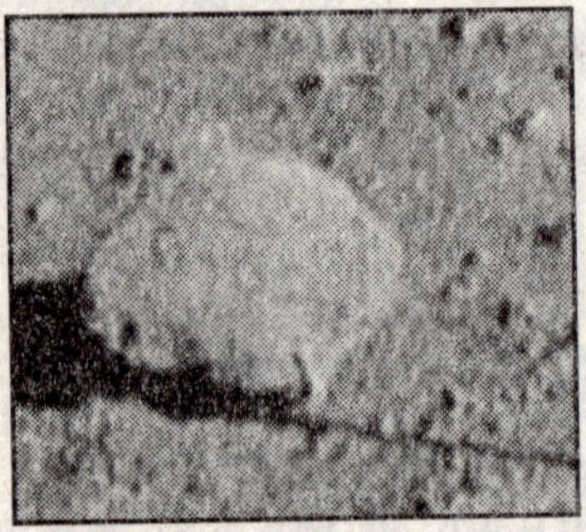

Рис. 86

Рис. 87

на злополучном камне не было. На рис. 87 — отсканированный им участок фотоотпечатка, полученного из JSC. В то же время эта закорючка была отчетливо видна на некоторых отсканированных фотографиях на сайтах NASA, например на images.jsc.nasa.gov/images/pao/AS16/10075841.jpg — кстати, на сервере JSC.

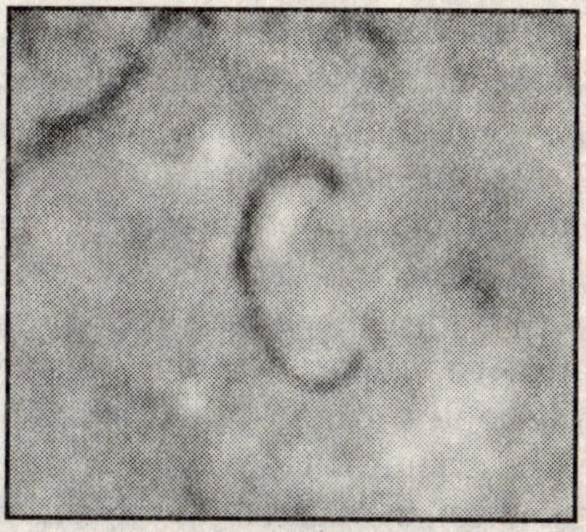

Рис. 88

Затем Трой связался с сотрудниками LPI, которые провели поиск в архивах института. Они обнаружили, что на пленках с кадром AS16-107-17446 в их архивах никаких букв на камне не было, однако на одном из отпечатков этого кадра оказалась та самая буква «С». При изучении этого отпечатка с помощью лупы стало ясно, что это — просто тень от попавшего во время печати на фотобумагу или фотопленку маленького волоска или ниточки, а не что-то нарисованное на камне. Сотрудники LPI отсканировали фрагмент этого отпечатка с таким большим разрешением, которое позволяла их аппаратура, и прислали Стиву результат — его вы можете видеть (рис. 88).

Получилось так, что именно этот фотоотпечаток с «буквой С» отсканировали для размещения на нескольких сайтах NASA. Впрочем, на Интернет-сайтах NASA можно найти отсканированную фотографию AS16-107-17446 и без «буквы», например, на странице grin.hq.nasa.gov/ABSTRACTS/GPN-2000-001123.html.

– Постойте! Если это в самом деле тень от какой-то соринки, то почему она темная? Ведь тени от пыли на фотоотпечатках — белые!

– При использовании негативной фотопленки тени от всяких пылинок и соринок на отпечатке действительно белые. Но в NASA использовали обращаемую (слайдовую) пленку и печатали с нее на обращаемой фотобумаге. В этом случае тени от соринок на отпечатках получаются темными.

Ю.И. МУХИН. Хиви НАСА тщательно пытаются нас убедить, что пленки после лунных экспедиций валяются в НАСА между недоеденными гамбургерами и коробками из-под пиццы: то на одно фото насовцы перхоти натрусят, то на другое с них волоски нападают. Но зачем тогда вы, хиви, чуть выше написали: *«Обработкой привезенных с Луны пленок и печатью фотографий занимались лучшие специалисты, которые «вытянули» из лунных фотоматериалов все, что только было возможно»*? Какие же они «лучшие», если у них денег на шампунь не хватает?

То, что эта буква на «лунном камне» является соринкой на пленке – туфта! Соринки хорошо видны на фото, а здесь явно видно, что «С» расположено именно на камне. Я не придавал ей особого значения – мало ли что может появиться на камнях в процессе их образования. Но сейчас хиви объяснили мне, в чем тут дело. В работах, высмеивающих «высадку на Луну», объяснение не такое, какое нам пытаются всучить хиви. Не знаю, так это или нет, но утверждают, что буквой «С» в Голливуде помечают бутафорию – то, что после окончания съемок нужно вернуть на склад киностудии. А фальсификаторам, согласитесь, было важно, чтобы среди той груды камней, которые они выдают за якобы доставленные с Луны, были и камни, присутствующие на фотографиях «с Луны». Поэтому вполне возможно, что они передали съемочной группе определенное количество метеоритов и сфальсифицированных камней с тем, чтобы та разложила их в местах съемки, а потом вернула в НАСА. И логично, что ассистенты режиссера пометили их как бутафорию, которую требуется вернуть, а не вывозить из павильона вместе с остальным песком и щебнем.

Кстати, еще недавно НАСА отретушировало эту фотографию, убрало злосчастную «С» и старый хиви НАСА Марков, ссылаясь на сайты НАСА, гордо заявлял: *«нет этой пометки, не существует ее в природе»*. Но уж слишком во многих изданиях опубликовано это фото, и вот теперь НАСА одумалось – добавило к перхоти на своих фотографиях еще и волоски. Но и перхоть с волосками еще не все. В уже упомянутой телепередаче «Обратная сторона Луны» космонавт Леонов простодушно поведал, что эту букву на камне *«Сернан написал. Последний полет в 1972 году «Аполлона-17», командир Джин Юджин Сернан ... Юджин Сернан взял и написал пальцем свою букву «си». Вот Юджин Сернан гордился, рассказывал: «Я первый, кто оставил автограф на Луне». На этом огромном валуне»*.

На этом «валуне» Леонова прервали, а жаль. Наверное, дальше наш прославленный космонавт рассказал куда Сернан засунул палец, чтобы палец смог писать, во что, так сказать, его умакнул.

На этом хиви НАСА закончили обсуждение фотографий, а я хотел бы его продолжить.

Длина теней «на Луне»

Как видите, нынешнее поколение насовцев и их хиви боятся даже задеть вопрос о длине теней на их «Луне». Вот они дали никому не нужную таблицу углов стояния Земли над местом посадки «Аполлонов», но таблицу углов стояния Солнца над горизонтом в момент «прилунений и пребывания на Луне» найти невозможно. Однако раньше команда насовцев была бодрее и пыталась отбрехаться и от этого вопроса. «Старый» хиви НАСА А. Марков берется это делать (ОД – это «основные доказательства» того, что американцев на Луне «не стояло»).

«Простой пример, ОД: «А вот еще вопиющее противоречие. Угол Солнца в момент выхода на поверхность Луны в полете «Аполлона-11» был 7,24. Кадр «Весь мир следил, как Армстронг спускался по лестнице на Луну» сделан при угле Солнца около 60" (рис. 89).

Ну, то, что на фото спускающегося астронавта запечатлен Олдрин, а не Армстронг, это я за ошибку у ОД уже не считаю, важно тут совсем другое. На фотографиях выхода и спуска Олдрина на Луну, которые обычно публикуются в альбомах (AS11-40-5862,-63,-66,-67,-68), угол Солнца определить невозможно в принципе, так как на них нет ни одного элемента с законченной тенью.

Но мы сможем приблизительно точно определить угол Солнца над горизонтом, последовательно срастив кадры AS11-40-5868+5864+5865, так как получим полную тень отрезка стойки модуля «-Y» от тарельчатой опоры до горизонтальных распоров и знаем приблизительное расстояние, с которого астронавт делал этот снимок. Высота обозначенного отрезка стойки –0,9 м, а тень стыка стойки с горизонтальными распорами примерно в 2,0 метрах от ног Армстронга, а Армстронг стоит примерно в 3,5 метра от тарельчатой опоры стойки «+Z» и примерно в 7,0 метрах от тарельчатой опоры «–Y». Отрезок тени видится длиной как -3,5 м, учитывая, что она лежит в выемке на грунте, длина должна быть уже 4,0 м. Расчет получится

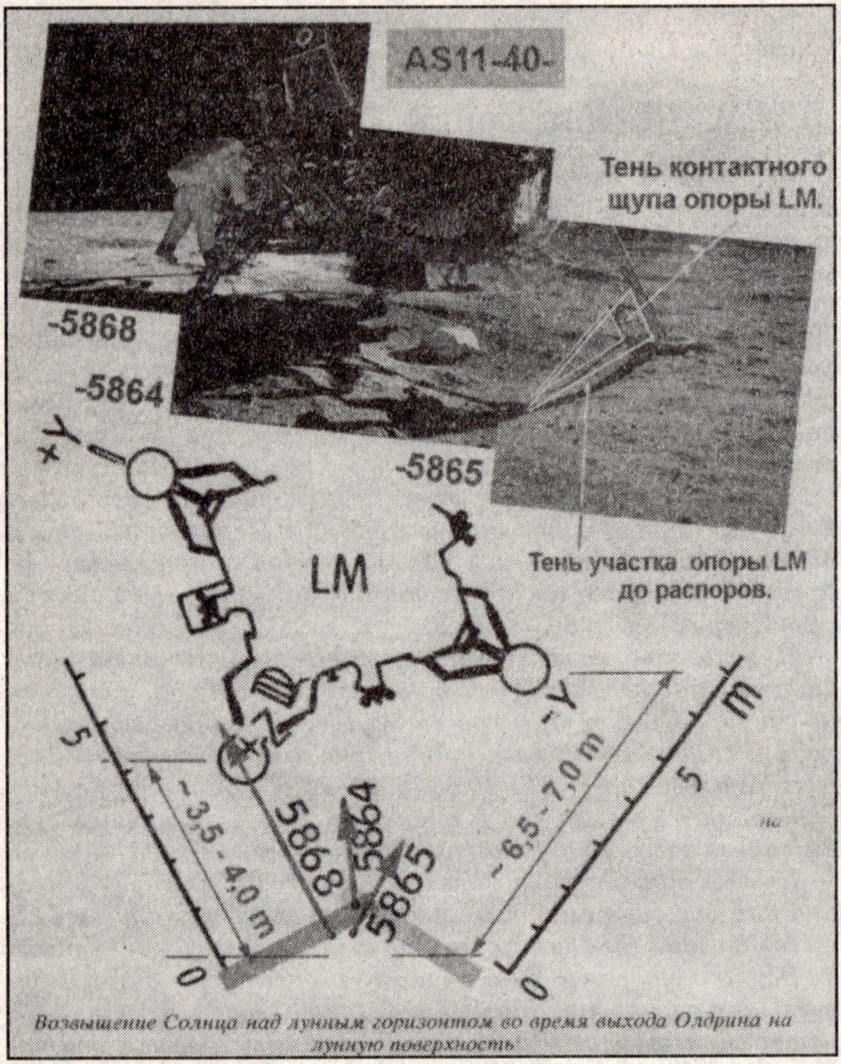

Рис. 89

Фото и схема к рассуждениям хиви НАСА Маркова

Бедный Марков, взяв схему у НАСА, не смог ее ни понять, ни перевести на русский язык (в схеме «т» – это не тонны, а метры)

Рис. 90

весьма условный (не учитывающий фото искажений), но достаточный для этого примера. Вот авторы ОД пусть и посчитают угол прямоугольного треугольника с основанием –3,5–4,0 м и высотой -0,9 м. Похоже, что это все-таки ближе к 7,24°, чем к 60°?

И почему бы авторам ОД не рассмотреть панораму № «2» Apollo-11, где есть все для промеров: и время съемки кадра, и полная тень LM, флаг, телекамера на треноге, фигура астронавта, тень фотографирующего, где с углом Солнца над горизонтом — все сразу прояснится? Увы, каждый видит то, что хочет.

Вот почему я не хочу в этой статье уделять много места анализу всех опубликованных «сомнительных фото» Apollo, анализ этот будет приблизительно таким же, какой вы только что прочли».

Бедный хиви Марков! Ведь он совершенно не соображает, что ему надиктовало НАСА. Заметьте, что насовцы для опровержения выбрали фото с самыми длинными тенями, но даже в этом случае побоялись рассчитать угол стояния «солнца», уверенные, что хиви типа Маркова рассчитать угол не сможет, а понесет Марков этот опус в журнал, для работников которого тангенсы – это уже запредельная наука. Ну что же, давайте мы рассчитаем угол треугольника с катетами 0,9 и 3,5 м. Он будет примерно 14,5°. Под таким углом солнце над местом высадки «Аполлона-11» уж точно не могло стоять. Теперь по поводу того, к какому углу эта тень ближе. От объекта высотой 0,9 м Солнце под углом 60° даст тень длиной примерно 0,5 м, а под углом 7,5° — 7 м. От 3,5 м до тени 60° будет 3 м, а до тени 7,5° — 3,5 м. Так к какому углу тень 3,5 м *«ближе»*, хиви?

Но и это еще не все. Если вы обратили внимание, то на рис. 89 НАСА склеило фотографии как-то необычно – ступеньками. Это для того, чтобы обрезать сверху правое фото, поскольку на нем видно и «солнце», и соответственно виден угол его над горизонтом. На сайте НАСА www.hq.nasa.gov эта склейка есть в полном виде по номером AS11-5863-69 (рис. 90). На «лунной кабине» просматриваются два крестика (выделены белым прямоугольником), между которыми угловое расстояние, как уверяют нас хиви – 10° . Пользуясь линейным расстоянием между ними как масштабом, определим угол стояния «солнца» над «горизонтом» съемочной площадки. Он равен 30°, а не 7,5° . Ну и мошенники!

* * *

Мы рассмотрели все фотографии «с Луны», предложенные нам НАСА. И среди них **нет ни одной с Луны** – все фото павильонной съемки. А нам усиленно предлагают восхищаться великим космическим достижением США. Восхищаться, конечно, можно, но можно ли после этого себя уважать?

Глава 6.
Доводы Американского аэрокосмического агентства (НАСА). Техника

Пыль

Хиви НАСА. А вот еще вопрос:

– Под лунным модулем должна быть огромная воронка. Судя по фильму и фотографиям, ни камешка, ни песка, ни пылинки не вылетело из-под двигателя лунной платформы тягой в безвоздушном пространстве 4530 кГс. Но когда в конце фильма показан старт с Луны лунной кабины какого-то следующего «Аполлона», стартующего со своей металлической платформы, то от струи двигателя тягой 1590 кГс полетели вверх с огромной скоростью камни, на глаз – не менее чем в 20–50 кг. Сказать нечего — кино!

«Не верю!» – На самом-то деле все было с точностью до наоборот. Судя по фильмам, фотографиям и докладам астронавтов, пыль при посадке лунной кабины летела вовсю, хотя тяги двигателя этой кабины, к тому же работающего «в четверть силы», явно не хватало, чтобы вырыть яму в грунте. И никаких камней не летело и не могло лететь при старте лунной кабины с Луны — хотя бы потому, что этим камням неоткуда было взяться.

Теперь — по пунктам и подробно.

О том, что двигатель лунного модуля при посадке поднимет пыль, предполагали задолго до полетов «Аполлонов». Впрочем, о пыли, летящей из-под садящегося лунного модуля, на Земле стало **достоверно известно** опять-таки ранее посадки «Аполлона-11» — ранее примерно на полминуты:

102:45:08 *Олдрин: 60 футов [высоты], вниз 2 с половиной [фута в секунду]. 2 [фута в секунду] вперед. 2 вперед. Это хорошо.*

102:45:17 *Олдрин: 40 футов, вниз 2 с половиной. Взбиваем пыль.*

102:45:21 *Олдрин: 30 футов, 2 с половиной вниз. [Неразборчиво] тень.*

102:45:25 *Олдрин: 4 вперед. 4 вперед. Немного смещаемся вправо. 20 футов, вниз — половина [фута в секунду].*

102:45:31 *Дьюк (в Хьюстоне): 30 секунд [до «Bingo» — сигнала, предупреждающего об окончании топлива].*

102:45:32 *Олдрин: Чуть-чуть перемещаемся вперед; это хорошо. [Неразборчиво] [Пауза]*

102:45:40 *Олдрин: Сигнал контакта. [Щупы, свисающие с посадочных опор вниз на 170 сантиметров, коснулись поверхности Луны.]*

102:45:43 *Армстронг: Выключение двигателя.*

102:45:44 *Олдрин: О`кей. Стоп, машина.*

102:45:45 *Олдрин: Ручка управления ориентацией — не в нейтрали.*

102:45:46 *Армстронг: Не в нейтрали. Авторежим.*

102:45:47 *Олдрин: Режимы управления — оба «авто». Приоритет управления посадочным двигателем — выключен. Двигатель — выключен. Адрес 413 — введен.*

102:45:57 *Дьюк (в Хьюстоне): Мы следим, как вы садитесь, «Орел».*

102:45:58 *Армстронг: Двигатель выключен. [Пауза.] Хьюстон, говорит Море Спокойствия. «Орел» сел.*

102:46:06 *Дьюк (в Хьюстоне) [С облегчением в голосе]: Вас понял, Море Ско... [поправляет себя] Спокойствия. Подтверждаю получение сообщения о вашей посадке. Вы тут заставили многих чуть ли не позеленеть от страха. Теперь можно вздохнуть спокойно. Спасибо громадное!*

102:46:16 *Олдрин: Благодарим вас.*

Во время посадки астронавтам было некогда вдаваться в подробности, но после возвращения на Землю Армстронг рассказал, что пыль серьезно мешала управлению кораблем:

«Я впервые заметил, что мы потревожили пыль на поверхности, когда мы были ниже ста футов; мы начали создавать прозрачный слой движущейся пыли, который несколько ухудшил видимость. По мере спуска видимость продолжала ухудшаться. Не думаю, что пыль сильно мешала визуальному определению высоты; однако меня смутило то, что было трудно определить горизонтальную скорость и скорость снижения, так как перед глазами было много движущейся пыли и приходилось смотреть сквозь пыль, чтобы поймать взглядом неподвижные камни как основу для зрительных оценок. Я нашел это достаточно трудным. Я потратил на то, чтобы погасить горизонтальную скорость, больше времени, чем мог предположить».

Погасить перед посадкой горизонтальную скорость лунного модуля было необходимо: в противном случае он мог опрокинуться набок в момент посадки.

А при посадке следующего корабля — «Аполлона-12» — пыль создала куда более серьезные затруднения. Она столь сильно ухудшила видимость, что уже через минуту после посадки командир корабля Чарльз Конрад передал на Землю: «Ну, Хьюстон, доложу я вам... Похоже, мы попали в куда более пыльное место, чем Нейл. Хорошо, что у нас был тренажер, — это была посадка по приборам». После полета Конрад рассказывал:

«Когда я погасил горизонтальную скорость на высоте 300 футов, мы подняли громадное количество пыли — гораздо больше того, что я ожидал. Это выглядело куда хуже, чем на виденном мною фильме о посадке Нейла. Мне показалось, что пыль поднялась куда выше, чем у Нейла. Возможно, так случилось потому, что мы зависли выше над поверхностью и снижались вертикально. Не знаю точно. Но мы подняли пыль, находясь, наверно, на 300 футах, как я говорил. Я мог видеть сквозь пыль большие камни, но пыль поднялась во все стороны настолько далеко, насколько я мог видеть, и полностью скрыла из виду ямы и все остальное. Я знал лишь то, что под пылью была твердая поверхность. Пыль не мешала определить горизонтальную (вперед или назад) и боковую (влево или вправо) скорости, но я не мог видеть, что находится подо мной. Я знал лишь, что район в целом неплохой, и мог лишь стиснуть зубы и садиться, так как не мог сказать, есть ли внизу кратер или нет. [...] В конце концов пыль стала такой сильной, что я абсолютно не мог определить крен аппарата, глядя в окно на лунный горизонт. Мне пришлось пользоваться гирогоризонтом. Я допускал крен до 10 градусов, пока глядел в окно, чтобы удостовериться, что горизонтальная и боковая скорости по-прежнему нулевые».

Пыль мешала и «Аполлону-15». Его командир Дэвид Скотт сажал корабль практически полностью по приборам, не видя поверхности.

Струи пыли, разлетающиеся из-под двигателя перед посадкой — этакие «танцующие белые иглы», — прекрасно видны на кинопленке. Их можно наблюдать на эпизодах посадки всех «Аполлонов», когда астронавты снимали через иллюминатор приближающуюся лунную поверхность. Особенно хорошо пыль заметна в фильме, снятом астронавтами «Аполлона-16», — прекрасно видны и пылевые струи, и нерезкие очертания тени лунного модуля на пылевом слое, и то, как под слоем поднятой пыли скрываются детали поверхности. Фрагмент этого фильма находится по адресу history.nasa.gov/40thann/mpeg/ap16_landing.mpg (4 Мбайта). Ниже приведено несколько кадров из этого видеофрагмента (рис. 91 и 92).

Струи пыли, выбиваемые двигателем (идут из левого нижнего угла изображения). Слой движущейся пыли скрывает детали лунной поверхности и делает контуры тени от лунного модуля расплывчатыми (рис. 93 и 94).

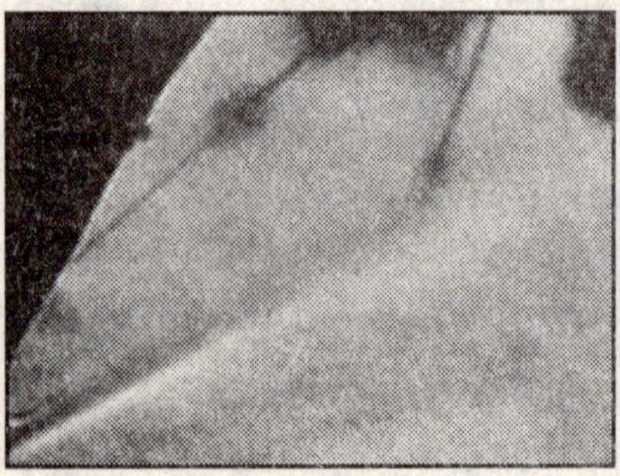

Рис. 91

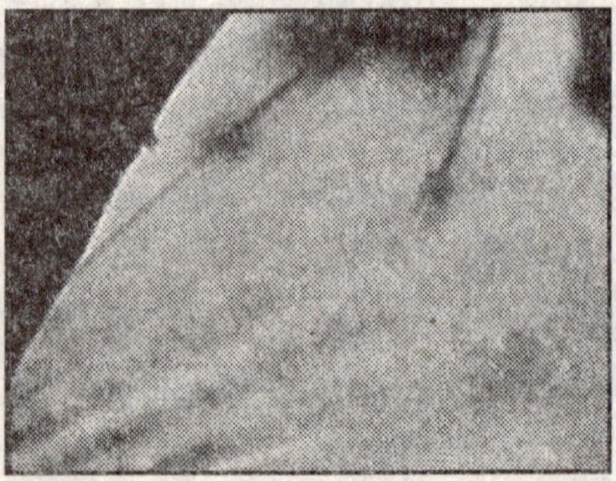

Рис. 92

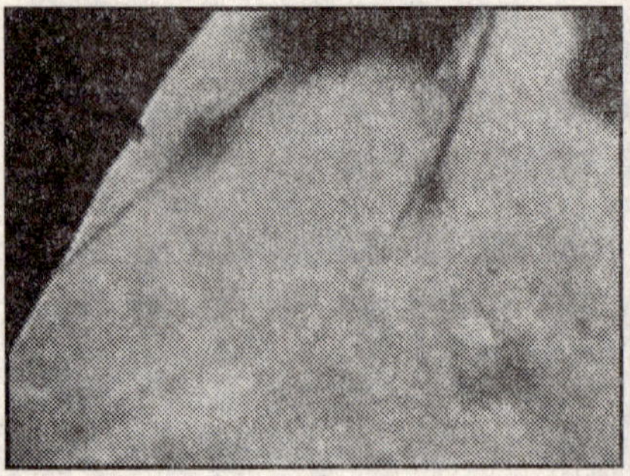

Рис. 93

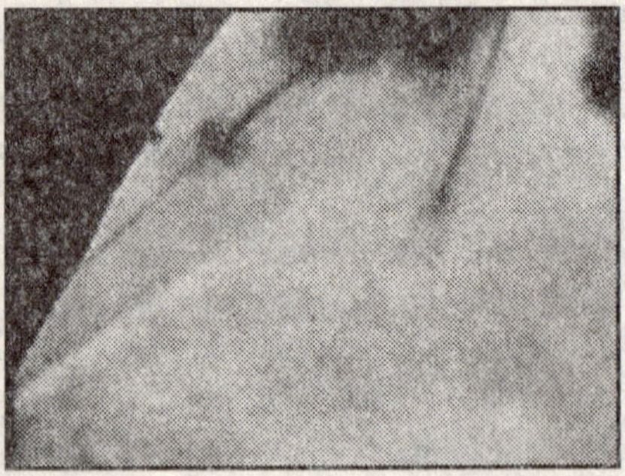

Рис. 94

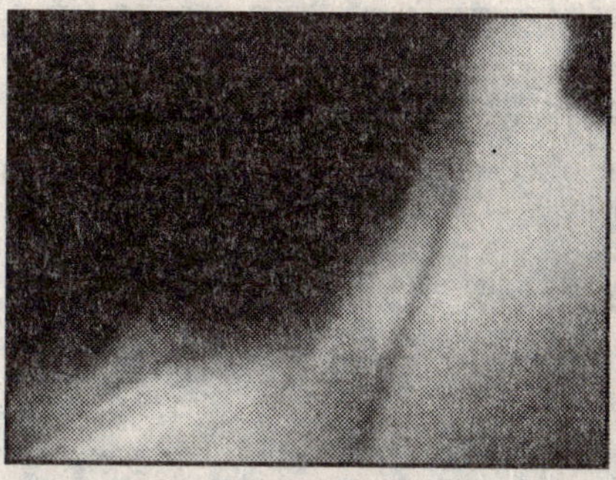

Рис. 95

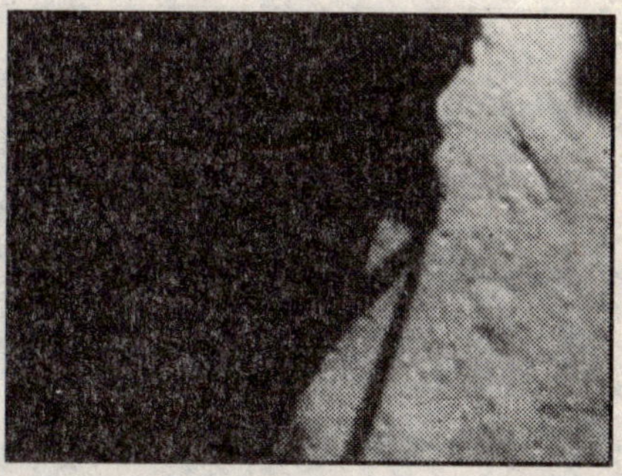

Рис. 96

На левом кадре на миг показался небольшой кратер (или камень?) в правом нижнем углу кадра, но тут же снова исчез под слоем движущейся пыли (рис. 95 и 96).

Непосредственно перед выключением двигателя в кадре видно только полностью скрывшее лунную поверхность облако поднятой двигателем пыли, на котором — очень расплывчатая тень от лунного модуля. После выключения двигателя пыль быстро оседает, и становится видна лунная поверхность, а тень от лунного модуля становится резко очерченной.

Ю.И. МУХИН. Должен заметить, что все эти страшные рассказы о большой пыли, которая якобы поднялась за 30 секунд до посадки «Аполлона-11», нужно было придумать еще до съемок фильма в Голливуде, чтобы Стенли Кубрик смог эту пыль изобразить. А то ведь в фильме камера показывает при спуске абсолютно чистую поверхность Луны, а пыль начинает лететь только за 2–3 секунды до посадки. А то, что на сегодня насовцы досняли необходимые кадры и разместили их в Интернете, это похвально, и за это им спасибо, но, понимаете ли, поздно. Раньше надо было думать.

Хиви НАСА. Теперь — о кратере, который должен был образоваться под посадочной ступенью. А собственно, с чего бы там быть кратеру? Только из-за того, что в грунт ударяет газовая струя от зависшего над грунтом аппарата? Это бывает и на Земле — когда самолет с вертикальным взлетом и посадкой (например, английский «Харриер» или советский «Як-38») садится на грунт или взлетает с него (рис. 97). Тяга двигателя «Харриера» — 10 тонн, вдвое больше максимальной тяги двигателя лунной кабины. А

Рис. 97

как мы сейчас увидим, фактическая тяга двигателя лунной кабины в момент посадки раза в четыре меньше его максимальной тяги, так что тяга двигателя «Харриера» при вертикальной посадке больше тяги посадочного двигателя «Аполлона» на порядок. Но «Харриер» не оставляет в грунте заметных ям — хотя пыль, конечно, стоит столбом.

Ю.И. МУХИН. Это, надо сказать, очень убедительный довод, мы ведь каждый день ходим смотреть, какие следы оставляют в грунте двигатели «Харриера» и «Як-38», а также какие ямы выбивают в бетонном основании и в земле двигатели стартующих зенитных и тактических ракет (рис. 98), которые по весу в несколько раз меньше «Харриера» и «Як-38».

Хиви НАСА. Поговорим о тяге двигателя посадочной ступени. Действительно, его максимальная тяга составляет 4530 кГс. Но «в полную силу» этот двигатель работает только при переходе с около-

Рис. 98

Рис. 99

Рис. 100

лунной орбиты на траекторию снижения, когда надо изменить скорость лунного корабля на значительную величину. А при маневрировании вблизи поверхности и при посадке двигатель работает в режиме малой тяги, в котором его тяга изменяется в пределах 10–65% от максимальной.

Непосредственно перед посадкой двигатель развивает тягу в несколько раз меньше максимальной — он всего лишь компенсирует вес посадочного модуля, чтобы тот не упал. Масса посадочного модуля — 15065 кг, его вес на Луне — 15065 кг · 1,62 м/с^2 = 24405,3 Н ~=2440 кГс. А если учесть, что в момент подхода к самой поверхности Луны почти все топливо посадочной ступени, которое имеет массу 8217 кг, уже израсходовано, то тяга получается примерно (15065 — 8217) кг · 1,62 м/с^2 = 11093,76 Н ~= 1109 кГс — в четыре с лишним раза меньше максимальной.

Подсчитаем давление на лунный грунт, которое создает вытекающая из двигателя газовая струя. Силу давления мы уже знаем — она равна весу лунного модуля в момент посадки, т. е. примерно 1100 кГ. Диаметр сопла двигателя составлял 137 сантиметров, а его площадь — 14775 см^2. Будем считать, что газовая струя, выходящая из двигателя, не расширяется в стороны, т. е. площадь соприкосновения ее с лунной поверхностью такая же. Разделив 1100 кГ на 14775 см^2, получим, что давление составляло менее одной десятой атмосферы — вполне достаточно, чтобы сдуть пыль из-под двигателя, но явно маловато для того, чтобы вырыть кратер — особенно в лунном грунте. Этот грунт достаточно твердый: Армстронг и Олдрин не сумели как следует воткнуть в него флагшток.

Нами приведена фотография NASA AS11-40-5921 (www.hq.nasa.gov/office/pao/History/alsj/a11/as11-40-5921.jpg) — вид лунной поверхности под посадочной ступенью «Аполлона-11» (рис. 99) — и ее фрагмент крупным планом (рис. 100). Четко видны последствия воздействия газовой струи на грунт. В полном соответствии с нашими расчетами, никакого кратера под двигателем нет, но пыль непосредственно под двигателем сдута практически полностью, а вокруг — частично.

Рис. 101

Ю.И. МУХИН. К специалистам, написавшим это, естественно, возникает несколько вопросов.

Во-первых. Фотографии со сдутой из-под двигателя пылью надо было делать в 1969 году, а не в 2003-м. На всех старых фото грунт под спускаемыми аппаратами не тронут (рис. 101).

Во-вторых. А что это там, под соплом, обнажилось под сдутым грунтом? Бетонный пол съемочного павильона?

В-третьих. Это откуда взято, что грунт на Луне твердый, если подошвы астронавтов погрузились в него на 2–3 см, а то и глубже? Посмотрите на собственное фото (рис. 71) в разделе «Следы» (рис. 102).

В-четвертых. Это в связи с чем, *«в полном соответствии с нашими расчетами, никакого кратера под двигателем нет»*, если вы размеры этого кратера и не брались рассчитывать? Кратер-то образуется от выноса грунта реактивной струей, а не от давления на него. К чему прикидываться дурачками и рассчитывать это давление, если чуть выше Армстронг уверял, что пыль начала подниматься (а не прессоваться!) при спуске ниже 30 м? Но, раз речь идет о выносе пыли реактивной струей, так и считайте этот вынос, специалисты хреновы!

Рис. 102
Обратите внимание, на какую глубину Олдрин проваливается в пыль

Тут кстати будет привести то, что написал по этому поводу и хиви НАСА А. Марков: *«В конечную фазу прилунения (зависание над поверхностью) летательный аппарат переходит над выбранной «посадочной площадкой». Оптимальная высота этого режима 8–10 м от поверхности до центра масс LM. Лунный модуль «Орел» миссии «Apollo-11», имея средний расход топлива при посадке (при плавно изменяемой тяге двигателя на минимальную) ~10–5 кг/сек, опускался на поверхность в режиме зависания ~5 секунд и еще 0,9 секунды двигатель работал уже у ставшего на грунт LM.*

Какую работу в течение 6 секунд произведут продукты выхлопа (~40 кг топлива) камеры сгорания ЖРД, регулируемой к минимуму (R = 450 кг) реактивной тяги, вылетающие из конусного сопла диаметром 1,5 м, опускающегося на поверхность с высоты ~ 5,5–0,5 м?» — задал коварный вопрос большой специалист космической техники, но так и не ответил на него. (Хотя, собственно, что мы должны ожидать от человека, которого в школе не сумели обучить определению угла прямоугольного треугольника по двум катетам?)

Придется мне, бывшему металлургу, этим заняться, благо хиви привели необходимые данные для расчета. Итак.

Если бы посадочный модуль просто упал на Луну с высоты своего зависания над ней, то он совершил бы работу, равную своему весу, умноженному на высоту падения. Вес модуля округлим до 1200 кГс, поскольку на высоте зависания еще не все топливо было выработано, а высоту зависания дал хиви Марков – 5,5 м от опор до поверхности Луны. Итого, работа падения будет 1200 х 5,5 = 6600 кГс м.

С этой высоты модуль падал бы 2,6 сек. При этом средняя мощность его падения была бы: 6600 / 2,6 = 2538 кГс м/сек. Но он спускался на реактивной струе двигателя и спускался 6 секунд, как утверждает Марков. Следовательно, средняя мощность спуска была: 6600 / 6 = 1100 кГс м/сек. До этой мощности мощность падения снизила мощность двигателя модуля, соответственно она в среднем была равна: 2538 – 1100 = 1438 кГс м/сек. Работая 6 секунд, двигатель совершил работу: 1438 х 6 = 8630 кГс м.

И хотя Армстронг «вспоминает», что пыль от работы двигателя стало выносить с высоты 30 метров, но давайте не будем жадничать и будем считать, что лишь половина этой работы, то есть 4315 кГс, пошло на вынос грунта из-под «Аполлона-11», а остальная работа пошла на расширение газовой струи в вакууме.

Используя данные исследований грунта «Луны-16»[111], я сначала рассчитал среднюю плотность частиц реголита, считая их сферами. Получилось 1,88 мГ/мм^3. Это меньше, чем плотность базальта (2,9 — 3,0), но ведь частицы реголита на самом деле не сферы. Однако я и дальше буду считать их сферами, поэтому тут ошибки в расчете не будет.

По тем же данным[112]. Средняя частица реголита на глубине в 30 см имеет размер 0,114 мм. Считая и ее сферой, я нашел, что ее массу следует оценить в 0,0014 мГ, а площадь поперечного сечения – в 0,01 мм^2.

Считаем для простоты, что газовая струя из сопла проникает в реголит и по окружности сопла (диаметр – 1,37 м) создает зону со средним давлением, как подсчитали хиви: 1100 / 4775 = 0,074 кГс/см^2 или 0,74 Гс/мм^2.

Проникшие в площади этого круга в реголит газы будут расширяться в горизонтальном направлении, толкая перед собой частицы реголита. Сила, с которой они будут это делать, будет равна разнице давлений перед частицей и за ней. Если смотреть от центра струи, то удельное давление перед частицей будет обратно пропорционально площади фронта давления перед ней, а за частицей – фронта давления за ней. Средневзвешенный диаметр внутри струи газов (такой, который делит ее сечение на две равные по площади части), будет равен: $\sqrt{1{,}37^2/2} = 0{,}969$ м, или 969 мм. Считаем, что при расчете средних значений это диаметр фронта давления за частицей. Диаметр фронта перед частицей будет больше на два диаметра частицы, т. е. на 2 х 0,114 = 0,228 мм. Это число увеличит внешний фронт по отношению к внутреннему на 0,228 / 969 х 100 = 0,024%. Соответственно сила, которая давит на частицы в пределах средневзвешенного радиуса будет равна: 0,74 Гс/мм^2 х 0,00024 = 0,00018 Гс/мм^2 или 0,18 мГс/мм^2. Соответственно, на среднюю частицу с поперечным сечением в 0,01 мм^2 будет давить сила в 0,0018 мГс.

Эта сила придаст частице ускорение, равное ее отношению к массе средней частицы: 0,0018 мГс / 0,0014 мГ = 1,3 м/сек^2. Давайте примем (теперь уж без этого не обойтись), что грунт выносился с площади с радиусом, примерно равным двойному радиусу сопла, т. е. с круга диаметром 3 м, и средняя частица под воздействием рассчитанной нами в среднем силы пролетала в среднем же 0,75 м. При ускорении 1,3 м/сек^2 ей на это требовалось 1,1 сек. Тогда средняя скорость, с которой средняя частица выносилась из грунта струей двигателя «Аполлон-11», была равна 1,3 х 1,1 = 1,4 м/сек.

Рассчитанная нами ранее работа в 4315 кГс перешла в кинетическую энергию частиц грунта, и при средней скорости 1,4 м/сек она вынесла из-под «Аполлона-11»: 4315 х 2 / 1,4^2 = 4403 кГ (4,4 т) грунта. При его насыпной плотности 1,9 т/м^3 это составит: 4,4 / 1,9 = 2,3 м^3.

Круг диаметром 3 м имеет площадь примерно в 7,1 м^2. Объем конуса равен произведению площади его основания на одну треть высоты. Отсюда глубина конуса выноса грунта под соплом «Аполлона-11» оценивается в 3 х 4,4 / 7,1 = 1,9 м. Где эта яма на фотографиях? Покажите ее мне!

Я не претендую на то, чтобы этому методу расчета обучали студентов, но за 35 лет этих споров и восторженных воплей наших космических балбесов по поводу «великой победы американцев» мог найтись хоть один специалист, который выполнил бы подобный расчет вместо меня, редактора «Дуэли»?

А не посылал бы нас смотреть следы от взлета «Харриеров» или «Як-38». Такое впечатление, что наши «специалисты в области космоса» без помощи НАСА могут рассчитать только свою зарплату, включая кандидатские и докторские надбавки, да балабонить о том, смысла чего они не понимают.

Где пламя от двигателей?

Хиви НАСА. А вот то, что при взлете с Луны летели камни, вам показалось, а уж то, что камни эти были весом в десятки килограммов — явно приснилось.

При старте мотор* взлетной ступени работает действительно на все свои 1590 кГс — на старте двигатели всегда работают на полную мощность, чтобы как можно эффективнее использовать топливо. Это раза в полтора больше, чем силя тяги посадочного двигателя в момент посадки. Но между посадкой и взлетом лунной кабины есть гораздо более существенная разница.

Рис. 103

При посадке газовая струя двигателя ударяет непосредственно в лунную поверхность. А при взлете нижняя часть лунного модуля — посадочная ступень, — остается на Луне, и струя газа от двигателя взлетной ступени ударяет именно в нее, а не в грунт (рис. 103). Так что камням просто неоткуда взяться — посадочная ступень все-таки не из кирпича сложена. Что действительно летит во все стороны при старте с Луны — это всякие лоскутья и лохмотья, которые газовая струя взлетного двигателя, бьющая в упор в посадочную ступень, отрывает от ее теплоизоляции. Эти лохмотья хорошо видны на видеоролике, который снят через иллюминатор взлетной ступени «Аполлона-14» во время ее старта с Луны: history.nasa.gov/40thann/mpeg/ap14_ascent.mpg (2 Мбайта) (рис. 104).

Двигатель запущен, и через кадр проносится куча обрывков и лохмотьев (рис.105).

А вот не спеша пролетает особенно крупный лоскут.

---

* Это что за «мотор»?

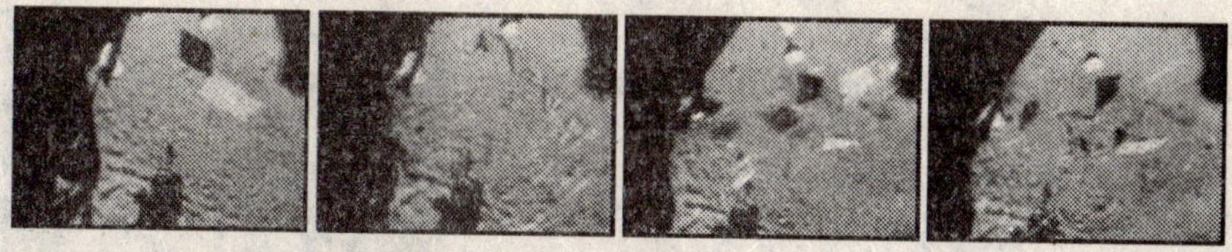

Рис. 104

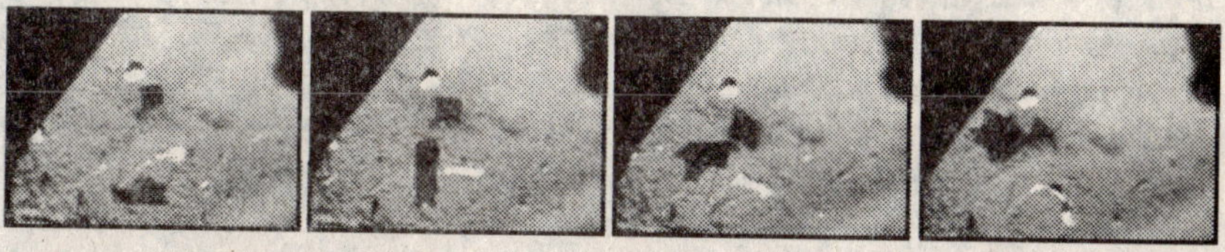

Рис. 105

На этом видеофрагменте также отчетливо видно, что стоящий совсем рядом с лунным модулем флаг при старте лунной кабины начинает сильно раскачиваться, но остается на месте. А газовая струя, способная поднять камни в полцентнера весом, наверняка унесла бы этот флаг очень и очень далеко.

Обратите также внимание на лунную поверхность. Таких потоков пыли, полностью скрывающих ее детали, какие были при посадке, при взлете не наблюдается.

– Ладно, но почему при прилунении вылетевшая из-под двигателя пыль не осела на поручнях и ступеньках лунного модуля?

– Это потому, что там нет воздуха. На Земле поднятая пыль, конечно, поднялась бы в воздух, и немалая ее часть осела бы на опустившемся модуле. А на Луне газовая струя, бившая в грунт, растекалась по лунной поверхности и уносила пыль в стороны. Эти струи пыли хорошо видны на кинокадрах.

Ю.И. МУХИН. Можете счесть меня занудой, но еще раз напомню: двигатель, по легенде, отключился только через 0,9 секунды после посадки, и все это время посадочные стойки и тарелки на них забрасывались реголитом и пылью. Где этот реголит и пыль на фотографиях рис. 14?

Хиви НАСА. А нас спрашивают:

– А почему не видно пламени от ракетных двигателей?

Вот эпизод (рис. 106) из фильма — посадка «Аполлона» на Луну. В иллюминаторе — приближающаяся лунная поверхность.

И на ней — никаких отблесков пламени от работающего двигателя, даже в тени от лунного модуля.

Вот телевизионные кадры старта «Аполлона-17» с Луны. Взлетная ступень вдруг начинает подниматься вверх, и опять — никакого пламени. Ее в самом деле, что ли, на веревке поднимают?

А вот опять фильм — вид из командного отсека на приближающийся лунный модуль на фоне Луны. Он вдруг начинает поворачиваться, потом останавливает вращение, тормозит при приближении к командному отсеку. И хоть бы язычок пламени из ясно видимых в кадре двигателей ориентации, с помощью которых якобы осуществляются все эти маневры! Сплошные комбинированные съемки все это!

Рис. 106

– Вообще-то пламя бывает разное. Пламя свечи, например, намного ярче, чем пламя кухонной газовой плиты, хотя последнее гораздо сильнее, чем у свечи, — попробуйте как-нибудь вскипятить чайник на свечке и посмотрите, сколько на это потребуется времени. Все зависит от того, какое топливо сгорает.

Посмотрите на фотографии нескольких стартующих ракет.

Первое фото (рис. 107) — ракета «Союз», двигатели которой работают на жидком кислороде и керосине. Очень яркое желтое пламя. Яркое, кстати, по той же причине, что и пламя свечи: в выхлопе кислородно-керосинового двигателя довольно много частиц сажи, которые раскаляются и ярко светятся.

Рис. 107

На втором снимке (рис. 108) — двигатели стартующего «Шаттла». Твердотопливные ускорители по бокам оставляют после себя громадные сверкающие колонны пламени, а пламя от трех главных

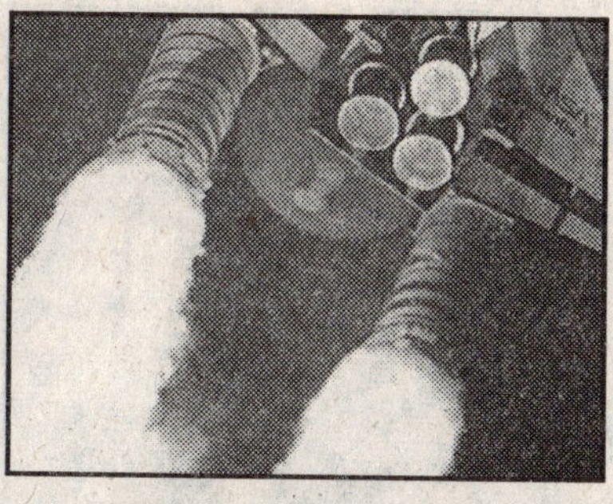

Рис. 108

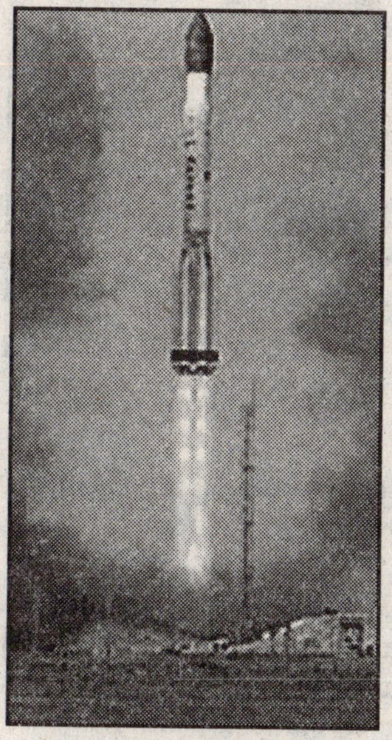

Рис. 109

двигателей в хвосте «самолета», работающих на жидком кислороде и водороде, — голубое, прозрачное и почти незаметное. Хотя двигатели эти — достаточно мощные: тяга каждого из них — 200 тонн.

Третий снимок (рис. 109) — ракета «Протон». Ее двигатели в два с лишним раза мощнее, чем у «Союза» (тяга двигателей «Союза» — 400 тонн, а «Протона» — 900), но их пламя совсем неяркое, почти не выделяющееся на фоне неба. Топливо «Протона» — НДМГ (несимметричный диметилгидразин) и четырехокись азота (или азотный тетроксид, или АТ). Такое топливо сгорает без образования твердых частиц (как и газ в кухонной плите), поэтому пламя светится достаточно слабо.

Четвертое фото (рис. 110) — старт ракеты «Титан-2» с кораблем «Джемини-11». «Титан» использует топливо, похожее на топливо «Протона». Окислитель — тот же самый (АТ), а горючее — так называемый «аэрозин-50»: смесь НДМГ с обезвоженным гидразином в пропорции 1:1. Конечно, двигатели «Титана» далеко не столь мощные, как «протоновские», но все-таки «Титан» — носитель, выводящий на орбиту двухместный космический корабль: тяга его двигателей — 210 тонн. А их пламя еле заметно на фоне облаков.

На лунных модулях «Аполлонов» использовалось такое же топливо, на котором летает «Титан»: аэрозин-50 и четырехокись азота. А тяга двигателя посадочной ступени при посадке — немногим более тонны. Так что пламя от двигателя должно быть совсем неярким, его отблески не будут заметны на освещенной Солнцем лунной поверхности и вряд ли смогут заметно подсветить тень от лунного модуля.

Пламени двигателя взлетающей лунной ступени (тяга — полторы тонны) действительно не видно, но при этом надо сказать, что на телевизионных кадрах ее взлета вообще мало что видно — очень уж неважное у них качество. Видеофрагмент со взлетом лунной кабины с Луны (вид со стороны) можно найти здесь: history.nasa.gov/40thann/mpeg/ap17-ascent.mpg (4 Мбайта). Однако в конце этого видеоролика кабина поднимается на большую высоту (длинная у насовцев была запасена веревка, правда?) и поворачивается двигателем к камере. В это время телекамера издали «заглядывает» прямо в двигатель, и становится видно пламя внутри камеры сгорания, имеющее очень высокую температуру.

Рис. 110

А о двигателях ориентации и говорить смешно: их тяга — всего-навсего 45 килограммов (топливо — то же самое). На фоне ярко освещенной Луны их пламя совсем незаметно. Видеоролик, где показаны маневры лунной кабины «Аполлона-11» перед стыковкой с основным блоком, можно посмотреть здесь: http://spaceflight.nasa.gov/gallery/video/apollo/apollo11/mpg/apollo11_onbclip14.mpg (1,7 Мбайт).

А если бы это были комбинированные съемки, то тут уж мастера по спецэффектам точно постарались бы вовсю: изобразили бы пламя минимум на полэкрана. Вот художник из NASA тоже не пожалел пламени на картинке взлета «Аполлона» с Луны (см. выше).

Киношные ляпы

– Да, а кто управлял телекамерой, которая снимала взлет «Аполлона-17» с Луны? Камера-то двигалась и поворачивалась вверх, следя за улетающим кораблем. Ведь на Луне никого не осталось. Или все-таки у американцев был какой-то телеоператор-самоубийца, оставшийся на Луне, чтобы заснять отлет со стороны?

Телеоператор у американцев был, и вовсе не какой-то, а вполне определенный — Эд Фенделл. Самоубийцей ему не надо было становиться потому, что находился он в Хьюстоне и управлял камерой, оставленной астронавтами на Луне, по радио. В телепередачах с Луны не редкость, что камера поворачивается, «приближается» или «удаляется» от объекта съемки с помощью телеобъектива, хотя при этом оба астронавта находятся в кадре и управлять камерой как будто некому — например, в эпизоде с опытом Галилея. Объяснение все то же: телеоператор находился на Земле.

Ю.И. МУХИН. Для прохождения от Луны до Земли и обратно радиосигналу требуется около трех секунд плюс время работы исполнительных механизмов, плюс время для реакции на событие пресловутого Эда Финделла. Это ошибка Стенли Кубрика – ему надо было предупредить оператора, чтобы он вертел камерой с запаздыванием в 4–5 секунд, а Кубрик этого не сделал. В результате, не успели еще лебедкой сдернуть «лунную кабину» с платформы, а оператор немедленно отреагировал и «стартующая лунная кабина» все время была в центре кадра.

Хиви НАСА. А нам говорят:

– Фильм «Для всего человечества» (режиссер Эл Рейнерт), выпущенный в 1989 г. к 20-летию первой высадки на Луну, вызывает массу вопросов. Что в нем показывают первые 50 минут? Да все, что угодно! Как астронавты одеваются, как их осматривают, как едят, бреются, как спят, снова бреются... Делая эту подделку, американцы показали, что для мощного агитационного фильма о Луне у них катастрофически не хватает материала. Американцы не могли высадиться на Луну в силу того, что у них не было опыта стыковки космических аппаратов. Действительно, астронавты должны были отстыковать основной блок «Apollo», развернуть его на 180° и снова пристыковаться. Так вот об этой сложнейшей операции в фильме не сказано ни слова! А ведь это не сцена бритья, это мощнейшие по драматизму кадры. Но их нет ни в одной лунной экспедиции!

– У американцев «не было опыта стыковки космических аппаратов»? Вот это открытие! До первого полета на Луну у них успешно выполнили стыковки *шесть* пилотируемых кораблей («Джемини-8, -10, -11, -12» и «Аполлон-9 и -10», причем «Аполлоны» в каждом полете дважды стыковались с лунным модулем: первый раз — при перестроении отсеков и второй — после того как двое астронавтов заканчивали испытания лунного модуля в автономном полете). Итого, восемь *реальных* стыковок в космосе. А сколько «стыковок» астронавты выполнили еще на Земле в ходе подготовки к полетам (на специально построенных тренажерах) — наверно, никто не сможет точно подсчитать.

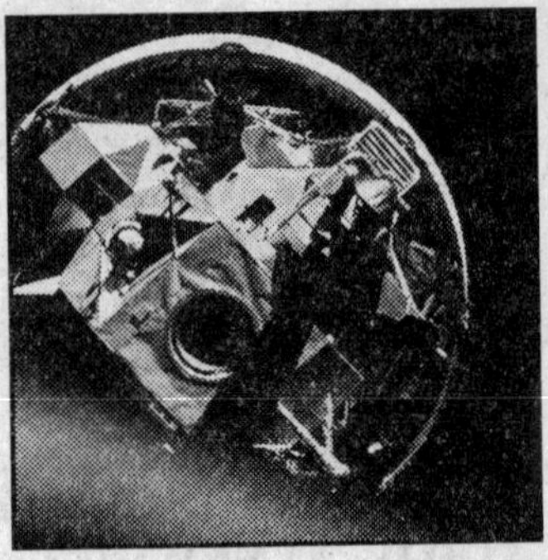

Рис. 111

А в СССР к этому времени была выполнена лишь одна успешная стыковка пилотируемых кораблей «Союз-4» и «Союз-5» (предыдущая попытка состыковать корабль «Союз-3» с беспилотным кораблем «Союз-2» не удалась), и еще две стыковки были выполнены ранее этого беспилотными кораблями в автоматическом режиме: 30 октября 1967 года стыковались аппараты «Космос-186» и «Космос-188», а 15 апреля 1968-го — «Космос-212» и «Космос-213».

Так что стыковка для американцев уже была не «сложнейшей», а хорошо освоенной операцией.

Фото– и кинокадры перестроения отсеков есть в архивах NASA. На рис. 111 — фотография, сделанная астронавтами «Аполлона-17». Она сделана после того, как основной блок корабля развернулся носом к лунному модулю, укрепленному на третьей ступени, и приближается к нему, чтобы состыковаться с ним. (Цветная полоса внизу кадра — край иллюминатора, который находится рядом с камерой и поэтому сильно «не в фокусе».) Кинокадры сближения и стыковки основного корабля «Аполлон-10» с лунным модулем можно посмотреть, например, здесь: http://spaceflight.nasa.gov/gallery/video/apollo/apollo10/mpg/onbclip03.mpg (2,2 Мбайт). А почему такие кинокадры не вошли в фильм — это уж вопрос к режиссеру. Может, не усмотрел он в зрелище двух очень неспешно сближающихся конструкций «мощнейшего драматизма», а может, его больше люди интересовали.

Ю.И. МУХИН. Тут насовцы и их хиви хором «под дурачков косят». Речь, как вы помните, шла и идет не о стыковке аппаратов, а именно о людях – о переходе Армстронга и Олдрина (и остальных астронавтов серии «Аполлонов») из орбитального модуля в спускаемый аппарат и их возвращение. В орбитальном модуле работали видеокамеры, они запечатлели, как астронавты оправляются, как остальные морщатся от вони, а возвращение в орбитальный модуль Олдрина и Армстронга после высадки на Луну режиссеры сочли неинтересным? И по сей день ни в каком Интернете эти кадры не выставлены!

Как-то по ТВ захватил кадры американского **художественного** фильма о полете на Луну «Аполлона-11». Там эти кадры, разумеется, есть, но там астронавтов играют артисты...

Хиви НАСА. А нам говорят:

– *Согласно изданиям, где приводятся чертежи конструкции корабля, и фильму, в отсеке экипажа отсутствуют шлюзы; однако это не помешало режиссеру этого фильма «смастерить» выход в космос через неизвестно откуда взявшийся люк. Через 2 часа после старта с космодрома, когда «Аполлон-11» с третьей ступенью «Сатурна» должен был быть еще на орбите Земли, кто-то из экипажа Армстронга решил срочно погулять по космосу: открыл люк и вышел наружу. Он сделал это исключительно для того, чтобы повисеть в безвоздушном пространстве и сказать: «Аллилуйя, Хьюстон». Вскоре Хьюстон потребовал от него вернуться в отсек, так как через несколько минут начинался разгон «Аполлона» к Луне. Более того, в фильме у корабля явно отсутствует 3-я ступень ракеты. Как все это понимать?*

– Как понимать? Да только так, что вы ничего не поняли в том, что увидели.

Астронавты «Аполлона-11» выходили только на лунную поверхность. Не было у них предусмотрено в программе бесцельных шатаний в космосе на околоземной орбите: опасностей в их экспедиции хватало и без того. И космический полет — не увеселительная прогулка, астронавты не выходят в открытый космос только потому, что им стало скучно. А выход, показанный в фильме, был осуществлен в полете «Аполлона-9»: астронавт Рассел Швейкарт вышел в космос почти на час для испытания лунного скафандра в условиях вакуума. Он перешел в лунный модуль и вышел в космос из его люка.

Шлюзов на «Аполлонах» действительно не было. Воздушный шлюз — это довольно громоздкое сооружение (как-никак, в нем должен помещаться человек в скафандре) да и лишняя масса в лунных экспедициях ни к чему. (Кстати, шлюз, из которого впервые в мире выходил в открытый космос Леонов, был... *надувным*! Хотите — верьте, хотите — нет.) А если у корабля нет шлюза, то выйти из него можно, только разгерметизировав весь корабль. Поэтому перед выходом одного из членов экипажа в космос остальные тоже надевали скафандры, а затем астронавты стравливали давление в корабле и открывали люки. Так же выходили астронавты и на лунную поверхность, т. к. в лунном корабле шлюза тоже не было.

Рис. 112

Во время выхода Швейкарта астронавт Дэвид Скотт ненадолго выглянул из люка основного отсека, и Швейкарт сфотографировал его и снял на кинопленку. Фото Скотта в люке приведено на рис. 112, а кинокадры можно найти здесь: http://spaceflight.nasa.gov/gallery/video/apollo/apollo9/mpg/apollo09_onbclip05.mpg (2,8 Мбайт). (И почему, кстати, основной люк «Аполлона», по-вашему, «неизвестно откуда взялся»? Ведь астронавты как-то должны были попадать в свой корабль и выходить из него.)

«Аполлон-9» не собирался лететь к Луне, а выполнял испытательный полет по околоземной орбите и ко времени выхода в открытый космос был давно уже отстыкован от носителя. Поэтому неудивительно, что на этих кадрах нет третьей ступени.

В ходе лунной программы астронавты выходили в открытый космос на околоземной орбите единственный раз — во время полета «Аполлона-9». Были и еще три выхода в космос, но они происходили в дальнем космосе: при возвращении с Луны, вскоре после перехода на траекторию полета к Земле. В служебном отсеке «Аполлона-15, -16 и -17» была установлена научная аппаратура, и на обратном пути к Земле пилот командного отсека выходил в космос и забирал оттуда кассеты с пленкой и другие материалы. На фото (рис. 113) астронавт «Аполлона-17» Рон Эванс доставляет в командный отсек большую кассету, привязанную к его поясу. Видеофрагмент, на котором изображен этот выход, находится здесь: http://www.hq.nasa.gov/office/pao/History/alsj/a17/a17v_evanseva.mpg (6,3 Мбайт).

– В фильмах много ляпов. Классическая киношная оплошность: во время поездки на лунном автомобиле «Ровер» слышен шум мотора. Прямо как в «Звездных войнах»: по космосу летают

Рис. 113

кораблики, и выстрелы лазеров сопровождаются спецэффектами. Почему, если там нет воздуха, а ведь звук может распространяться только по воздуху!

– Нет! Звук передается по твердым предметам тоже! Космонавт сидит на «Ровере», а в нем работает мотор. Вибрация передается скафандру, а оттуда — в микрофон рации.

А по-вашему, что выходит — насовцы в школе физику прогуливали и, делая свою подделку, нарочно сделали фонограмму работы мотора и наложили ее на видеокадры?

Ю.И. МУХИН. Нет, конечно. Просто в кинопавильоне звук от двигателя внутреннего сгорания киношного «луномобиля» сквозь тонкий пластик шлема проникал в микрофон. А на Луне никакого шума быть не могло даже от танкового дизеля, поскольку:

– в вакууме звук не передается;

– в твердых телах (металле, дереве) он быстро затухает;

– ткани являются звукоизоляторами, а астронавты сидели на нейлоновых сиденьях, и даже если бы их зады были звонкими, как мандолины, то между сиденьем и их задом было несколько слоев ткани скафандра.

Да и о какой работе «мотора» хиви говорят? По легенде, на Луне на «Ровере» на каждом колесе стоял электромоторчик потребляемой мощностью максимум 75 Вт. Какой они могли произвести даже в сумме шум, если в троллейбусе не слышна работа в тысячу раз более мощного электродвигателя, причем в воздушной среде?

Хиви НАСА. А нам говорят:

– А что вы — чуть что, так сразу: «Да что, насовцы дураки? Да неужели они того-то и того-то не знают?» Во всех фильмах есть ляпы. Посмотрите на http://www.movie-mistakes.com/ или

на us.imdb.com (раздел Goofs) — там в какой-нибудь «Атаке клонов» десятки ошибок насчитали. Ведь Лукас не дурак?

Разумеется, Лукас — не дурак. И, кстати, физику-то он знает. Пресс-конференцию по поводу выхода на экран «Звездных войн» он начал так: «Господа, я прекрасно знаю, что в космосе звук не распространяется. А теперь — ваши вопросы!»

Но Лукас снимал, по сути, сказку, а не что-то претендующее на строгую научность. И он хорошо понимал, что космические взрывы в полном безмолвии будут с точки зрения физики правильными, но совершенно не зрелищными. А вы считаете, что насовцы сняли фальшивку и выдали ее за документальные кадры. А это ведь не «Звездные войны», это совсем другое дело! Зрители кинофантастики смотрят фильм и наслаждаются зрелищем, а про ошибки в фильме знают лишь редкие придиры, не забывшие физику (или почитавшие http://www.movie-mistakes.com/). А кадры с Луны изучали (и очень внимательно изучали!) специалисты во всем мире. И будь там какие-то несуразности, уж они бы их отметили сразу же.

А вообще, не надо говорить о ляпах на съемке. Кинопленку подделать невозможно: то, как прыгают астронавты, воссоздать в земных условиях в 60-х годах было **нереально**.

– А как же сделан фильм, ну, например, «Apollo-13», с Томом Хэнксом, а? Там они вовсю рассекают по кораблю, «Голубого Дуная» не хватает!

– Да. Действительно. В самолете, летящем по параболе, возникает невесомость секунд на 15–20, за которые и снимается дубль. Это же делается, чтобы ознакомить астронавтов и космонавтов с тем, что такое невесомость. А повторить подобное с целым павильоном, и чтоб при этом не дрожали камеры — уж извините, тем более, с тогдашней техникой...

(Кстати, про «Apollo-13». Это — не кинофантастика, авторы этого фильма старались максимально точно воспроизвести реальные события. Тем не менее и в этом фильме — масса ошибок. Например, дочка Ловелла держит в руках пластинку битлов «Let It Be», которая вышла лишь в мае 1970 г., — а действие фильма происходит в апреле. Когда астронавты страдают от холода в своем корабле, пар изо рта... поднимается вверх — это в невесомости-то! И так далее. Так что голливудские киношники, как видно, даже «подделку под реальность» длительностью в пару часов не могут сделать без грубых ошибок: не потому, что они дураки, а потому, что просто невозможно учесть все без исключения детали. А вы почему-то верите, что насовские киношники сумели сделать подделку, которая тянется уже тридцать с лишним лет. Да будь в насовских кинокадрах хотя бы одна **несомненная** ошибка — вроде пара, поднимающегося вверх в невесомости, — они давно бы «сошли с экрана»...)

Ю.И. МУХИН. А они и так сошли. На экране идут только те документальные фильмы, в которых авторы над высадкой американцев на Луну издеваются. А НАСА предпочитает заказывать в Голливуде художественные фильмы.

Опыт Галилея

Хиви НАСА. Еще довод:

– Но по фильму и получается, что астронавт в «безвоздушной среде» опускается на поверхность Луны быстрее, чем это делает песчинка. На них, что, по-разному действует закон свободного падения?

– Вы не можете по фильму замерить то время, за которое падает песчинка, во всяком случае, к научному рассмотрению такие короткие промежутки времени, замеренные секундомером, не принимаются. А еще и по кинопленке. А что, подкова и лошадь на Земле **не** падают с одинаковой скоростью? Если фильм — подделка, то что, на астронавта и песчинку тоже по-разному действует закон свободного падения, хотя дело происходит на Земле? Как же они эту аномалию воспроизвели на Земле?

– А они и не воспроизводили. Это киномонтаж.

– Так что, они засняли отдельно песчинку с Луны и отдельно — космонавта???

– Такой эпизод в фильме. Олдрин с шутками и прибаутками спрыгивает с последней ступеньки лунного модуля на «Луну». Высота около 0,8 м, он руками придерживается за лестницу. Поскольку его вес в скафандре 27 кг, то есть в четыре раза легче, чем в одних трусах на Земле, то для его тренированных мускулов этот прыжок равносилен спрыгиванию на Земле с высоты 0,2 м, то есть с одной ступеньки. Попробуйте спрыгнуть с такой высоты (20 сантиметров!), даже придерживаясь за что-нибудь руками, и посмотрите на свое состояние. Олдрин при прыжке со ступеньки медленно опустился на поверхность, затем у него начали сгибаться колени, и он согнулся в пояснице, то есть он так тяжело ударился при «прилунении», что его тренированные мускулы не удержали тело в скафандре в вертикальном положении.

– Ну, спрыгнул я с такой высоты. И тоже согнулся. А вы-то сами пробовали? А, теоретики… Не, ну, можно, конечно, так это нарочно прыгать «солдатиком», но зачем?

– Астронавты повторили на Луне опыт Галилея: кинули перо и молоток, чтобы они упали одновременно, чтобы доказать, что они на Луне. Но это доказывает только то, что там также действует закон свободного падения. Они, наверное, потом это перо в задницу засунули тому умнику, который придумал этот фокус. Время падения тела с высоты h равно квадратному корню из 2h/a, где а — ускорение свободного падения. Астронавты кидают предметы с высоты примерно 1,4 метра, при лунном тяготении в 1,6 м/сек² они должны упасть на поверхность за 1,3 секунды. Я несколько раз прокрутил кусок фильма и замерил время падения секундомером. Среднее время падения получилось 0,83 сек. (Кстати, поясню оппонентам, что в технических экспериментах время замеряется секундомером, а не на глаз и не по ходикам с кукушкой.) Отсюда по формуле $a = 2h/t^2$ легко считается ускорение свободного падения. Оно составило $2 \times 1,4 / 0,83^2 = 4,1$ м/сек². А на Луне эта величина должна составлять 1,6 м/сек², значит, это не Луна! Доэкспериментировались, умники?!

– А правда, где же американцы снимали свое «лунное кино»? Если ускорение свободного падения равно 4 м/с², то это — уж точно не Луна. На Луне оно действительно равно 1,6 м/с², т.е. в два с половиной раза меньше. Но это — и не Земля: здесь оно равно 9,8 м/с², в два с половиной раза *больше* тех 4 м/с², что вы намерили по кинофильму. Из ближайших к Земле небесных тел подходит либо Меркурий, либо Марс: и там, и там ускорение свободного падения равно 3,7 м/с² — очень близко (с точностью 10%) к полученной вами величине.

Наверное, до Вас с Вашим секундомером еще никому не удавалось так ловко вывести насовцев на чистую воду. На Луну слетать у них явно не получилось, вот и пришлось провернуть вариант попроще: втихаря махнуть на Марс и там «на натуре» быстренько сляпать свои фото- и кинофальшивки. (Домерился, умник?!)

Ю.И. МУХИН. Не надо про Марс, грусть моя, в Голливуде это снималось, в Голливуде! Бросил «Армстронг» вместе с молотком свинцовое «перо», а потом эту съемку замедлили.

Хиви НАСА. Вообще-то по двумерному изображению невозможно точно определить высоту, с которой падали предметы. И, как уже говорилось, такое время секундомером не меряют. Если уж анализировать, то надо добыть кусок кинопленки, на котором запечатлено падение, и смотреть, сколько кадров падают предметы, найти соответствующий этому количеству кадров интервал времени и т. д.

Такой покадровый анализ сейчас доступен любому, имеющему доступ в Интернет. На сайте NASA имеется видеоролик www.hq.nasa.gov/office/pao/History/alsj/a15/a15v_1672206.mpg (6 мегабайт), на котором изображен этот самый пресловутый опыт Галилея на Луне. Судя по его качеству, это, скорее всего, не киносъемка, а видеозапись прямой телепередачи с Луны. Если изучить его с помощью какого-нибудь видеоредактора, то можно установить, что его частота кадров — 30 в секунду, а падение предметов на нем длится 36 кадров. Ниже приведены некоторые кадры из этого видеоролика (первый — начало процесса падения) (рис. 114).

Первый и пятый кадры отличаются очень мало, т. к. в начале падения скорость предметов незначительна, но при покадровом просмотре тот момент, когда астронавт разжимает руки, фиксируется достаточно четко. Перышко при падении видно как радужное пятно — скорее всего, из-за несовершенства портативной цветной видеотехники конца 60-х годов прошлого века.

Время падения предметов, очевидно, равно 36/30=1,2 секунды. Отсюда, если принять, что высота падения составляла 1,4 метра, найдем ускорение: $2 \times 1{,}4/1{,}2^2 = 1{,}9$ м/с^2. Это немного больше, чем 1,6 м/с^2 — истинное значение ускорения свободного падения на Луне. Однако вспомним, что хотя время падения мы определили более-менее точно, но высоту падения взяли «от фонаря», так что сравнительно небольшая (20%) ошибка не должна нас удивлять.

А перед тем, как включать секундомер, иногда полезно предварительно включить собственные мозги. У американцев наверняка была не профессиональная 35-миллиметровая камера (такие камеры слишком громоздкие и тяжелые, чтобы тащить их на Луну,

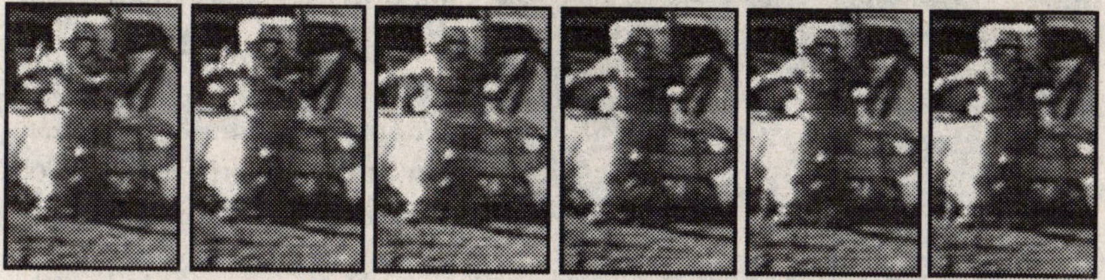

Рис. 114

да и пленки они съедают немерено), а 8- или 16- миллиметровая. Скорость съемки у таких камер, как правило, 16 кадров в секунду. Если скопировать пленку с такой камеры на 35-миллиметровую «кадр в кадр», а потом показать полученную 35-миллиметровую копию со стандартной для такой пленки скоростью 24 кадра в секунду, то, как нетрудно сообразить, временные интервалы уменьшатся при таком показе в полтора раза. Скорости тел в полтора раза *увеличатся*. А ускорения при таком «сжатии времени» в полтора раза возрастут в $1{,}5^2=2{,}25$ раза — это видно хотя бы из формулы для определения ускорения по высоте и времени падения с этой высоты $a = 2h/t^2$: если время падения уменьшится в 1,5 раза, то полученная по этой формуле величина ускорения увеличится в 2,25 раза. Таким образом, если 16-миллиметровая пленка в самом деле снималась там, где ускорение свободного падения составляет 1,6 м/с^2, то по 35-миллиметровой копии исходного фильма мы найдем, что это ускорение составляло где-то около $1{,}6 \cdot 2{,}25=3{,}6$ м/с^2. Вот как просто, оказывается, принять Луну за Марс — если не знать, с какой скоростью кино снимали и с какой показывали.

Впрочем, забудьте. Надо быть не американцем, а законченным дебилом, чтобы, снимая фальшивку, не суметь замедлить фильм в нужное количество раз. В данном случае «нужное количество» — квадратный корень из шести, т. е. примерно два с половиной. Замедлите фильм ровно в два с половиной раза — и ни один зритель не заподозрит подвоха, будь у него хоть дюжина секундомеров. Но если перо и молоток падают с одинаковой скоростью, то это доказывает не только то, что в месте съемки «также действует закон всемирного тяготения», но также и то, что дело происходит *в вакууме* (рис. 116). Чтобы снять этот эпизод с молотком и перышком на Земле, американцам пришлось бы соорудить герметичный съемочный павильон и откачать оттуда воздух. Конструкция сама по себе не сла-

Рис. 115

бая (и очень не дешевая): на каждый квадратный метр ее стенок будет действовать сила давления атмосферы в 10 тонн. Да еще и всю съемочную группу пришлось бы одеть в настоящие космические скафандры — напомню, что такой скафандр с системой жизнеобеспечения весит на Земле несколько десятков килограммов. Стоил ли этот минутный эпизод таких усилий для его съемки?

– Во-во! И я про то же! Они просто замедлили кинопленку при показе! Почем я знаю, что они там кидали? Может, они это «перо» из свинца сделали и покрасили в белый цвет. Тогда понятно, почему оно одновременно с молотком упало.

Ю.И. МУХИН. Обращаю внимание читателей на то, что насовцы воздействуют на своих дебильных сторонников различными наукообразными словами и большим количеством разных подробностей, которые к делу никак не относятся.

Вот они начинают: *«Вообще-то по двухмерному изображению невозможно точно определить высоту...»* Ой как умно! Пространство имеет три меры: высоту, длину и ширину (глубину). Высота – это одна из мер, и она всегда одномерна. Как вы определяете высоту? Ставите рядом с измеряемым объектом линейку, а она-то одномерна. Причем тут *«двухмерность изображений»*? Глупость, но на идиота действует впечатляюще...

Еще обратите внимание. Опыт Галилея был показан в прямой телепередаче «с Луны», т. е. это видеозапись. А насовцы рассусоливают про 35-мм кинопленку, про 16-мм, про количество кадров. Кому это надо? Хиви советуют взять съемку опыта Галилея на сайте НАСА в Интернете. Спасибо, но мне не требуются уже скорректированные подделки. Вы бы лучше пояснили другое. Разбирается текст моей статьи в «Дуэли» (дана в первой главе), но в ней я сделал три замера ускорения свободного падения: в опыте Галилея; камня, падающего из мешка на плече бегущего «астронавта»; и падения камня (или куска обшивки) при «старте лунного модуля с Луны». Но про два последних замера насовцы молчат, не приглашают на свой сайт посмотреть на них, не считают количество кадров. Почему?

В опыте Галилея «астронавт» стоял неподвижно, а на его фоне падали «перо» и молоток. В этом случае съемку можно замедлить, сколько угодно, добиваясь, чтобы время падения молотка и «пера» соответствовали лунному. А в двух остальных эпизодах это невозможно: если замедлить падение камня, то замедлится и бег «астронавта», если замедлить падение обшивки, то нужно замедлить и ее полет вверх, иначе стартующая кабина в фильме неестественно «дернется». Пришлось им ограничиться пером, которое я рекомендовал насовцам засунуть автору эпизода с «опытом Галилея» в то место, которым он его придумал.

А с представленной фотографией пера насовцы меня просто умилили. Ведь снимали это перо наверняка уже в этом тысячелетии, снимали после того, как «полеты на Луну» были раскритикованы вдоль и поперек. А ума – ни грамма! Сколько раз уже писалось, что «Аполлон-11», по легенде, садился тогда, когда солнце над горизонтом стояло под углом 7,5°, т. е. тогда, когда тень от предмета почти в 8 раз превышает его высоту. А вы посмотрите на тень от этого пера «на Луне». Ну что тут скажешь – кретины! Я же им давал неплохой совет, что делать с этим пером, а они взялись его фотографировать.

Хиви НАСА. А нам опять говорят:

– *При лунном-то притяжении пыль из-под колес ихнего «луномобиля» должна лететь на метры вверх, а она летит совсем невысоко, как и положено на Земле.*

– А вы попробуйте прокатиться на велосипеде по песку примерно с той же скоростью, что и американцы по Луне, километров 10 в час. (По не очень толстому слою песка, конечно, и лучше на велосипеде с широкими шинами. Песчинки — достаточно тяжелые, и сопротивление воздуха на их движении сильно не сказывается, а начальная их скорость будет примерно такой же, что и пыли, выброшенной колесами «луномобиля». Высоко ли они подлетают? Не очень, правда? На Луне при одной и той же начальной скорости песчинки и пылинки должны, конечно, подняться вшестеро выше, но «метров» все равно не получается.

Рис. 116

На рис. 116 приведен кадр из кинофильма, снятого астронавтами «Аполлона-16». Внимательно посмотрев на него, можно понять, что есть еще одна очень существенная причина, почему пыль летит сравнительно невысоко. Точнее, даже не одна, а целых четыре: *крылья*. Отлетающие от колес пылинки отрываются от нижней части шины: скорость таких пылинок невелика, т. к. скорость точек на поверхности шины в месте соприкосновения с лунной поверхностью вообще нулевая (разумеется, если колесо не проскальзывает), а вблизи этого места достаточно мала. Пылинки же, которые отрываются от шин на большей высоте от поверхности, имеют большую скорость и могли бы улететь достаточно высоко и далеко — если бы не крылья.

Главное тут в другом. Если бы это происходило в земной атмосфере, то мелкая пыль клубилась бы и долго висела в воздухе. А тут пыль вылетает из-под колес и тут же падает вниз. Так что поездки на «луномобиле» явно снимали в вакууме.

Особенно хорошо это «странное» (для землян) поведение пыли видно на кинопленке. Порой колеса «луномобиля», подпрыгивающего на ухабах, подкидывают пыль примерно на метр, но эта пыль падает вниз так же быстро, как и взлетает вверх. Фрагмент фильма, снятого астронавтами «Аполлона-16», можно посмотреть здесь: www.hq.nasa.gov/office/pao/ History/40thann/mpeg/ ap16_rover.mpg (2 Мбайт).

– А почему пыль, вылетающая из-под колес «луномобиля», клубится, а не летит ровными струями? Наверно, все-таки эти кадры снимали в атмосфере.

А при чем тут атмосфера? Когда «луномобиль» подпрыгивает на ухабе, его колеса теряют сцепление с грунтом, прокручиваются и выбрасывают сгустки пыли с большой скоростью, и эти сгустки высоко взлетают. А в атмосфере поднятая пыль, во-первых, не подлетала бы так высоко, а во-вторых, не падала бы вниз так быстро, как на этих кинокадрах.

Ю.И. МУХИН. Для того чтобы смоделировать для Луны езду на велосипеде на Земле, нужно, соответственно, в шесть раз уменьшить вес велосипеда и велосипедиста. Вы, хиви, это сумели сделать, так почему же не порадовали нас фотографией этого эксперимента?

Этот наукообразный бред уже нужно разбирать. Повторюсь. Законы физики и на Луне законы. Частичка грунта при одинаковых условиях (скорость вращения колеса, его проскальзывание по отношению к грунту, форма протекторов и т. д.) и на Земле, и на Луне получит одинаковую кинетическую энергию. Эта энергия заставит частицу подлететь вверх до точки, у которой кинетическая энергия сравняется с потенциальной, равной произведению веса на высоту подъема частицы. А поскольку вес частицы на Луне в шесть раз меньше, то и высота ее подъема будет в шесть раз больше и даже еще больше, поскольку кинетическая энергия на Луне не гасится сопротивлением воздуха. И сколько ни болтай про крылья, которые и на Земле имеются у любого автомобиля, про нулевую скорость точек и *«нижнюю часть шины»*, а на представленном хиви фото пыль от колес «луномобиля» клубится точно так же, как на Земле. А следовательно, он и едет на Земле, а не на Луне. И то, что на Земле пыль не падает *«вниз так быстро, как на этих кинокадрах»* с «Луны», и есть подтверждение тому, что это Земля, а песок просто мокрый (обеспыленный), поскольку наоборот – это на Луне этот песок должен падать вниз в два с половиной раза медленнее, а вверх лететь значительно быстрее, чем на Земле. То есть это должна быть настолько непривычная для нас картина, что мы бы сразу поняли, что это Луна, а не Голливуд.

Скафандры

Хиви НАСА. Нам говорят:

– На пленке не видно, чтобы охлаждающая скафандры вода замерзала после выпрыскивания наружу и переливалась всеми цветами радуги.

– Действительно, на пленке не видно, как выпрыскивается вода. По той простой причине, что она и на самом деле не выпрыскивается. Выбрасывать охлаждающую воду в жидком состоянии просто глупо. Куда разумнее ее предварительно испарить: при этом испаритель охлаждается. (Именно так работает холодильник.)

Система охлаждения скафандра была устроена так: в скафандр было вмонтировано много мелких гибких трубок, по которым циркулировала вода, уносящая тепло тела астронавта. Эта вода потом проходила через теплообменник, связанный с испарителем, там охлаждалась и снова направлялась в трубки. А в испаритель понемногу подавалась вода из резервуара, находящегося в ранце. Эта вода испарялась в вакууме и при этом охлаждала теплообменник. А выходящий из испарителя водяной пар, к тому же в довольно скромных количествах, невидим — как и положено газу. В вакууме он не будет конденсироваться и превращаться в туман, как дыхание на морозе, — ему есть куда расширяться, и давления насыщения он не достигнет.

– Для того чтобы охлаждать скафандры, в их комплектации должно быть 4–5 литров воды. А скафандры «Аполлонов» имели всего 1 литр воды.

– «Учите матчасть!» В американских скафандрах как раз и было 4–5 литров воды. В первых трех полетах — 8,5 фунта (3,8 кг), а в последних трех — 11,5 фунта (5,2 кг). (Имеется в виду запас воды для подачи в испаритель, а не вода в замкнутом контуре охлаждения). Это связано с тем, что для последних трех полетов скафандры немного модернизировали, чтобы увеличить время нахождения на лунной поверхности. Кроме этого, был увеличен запас кислорода (несколько увеличено давление в баллонах) и установлены электрические батареи повышенной емкости.

– Скафандры слишком обвислые, они должны быть раздутыми, если дело происходит в вакууме.

– Необязательно. Ведь мы видим только наружный слой скафандра, на котором расположены всякие лямки, карманы, аппаратура и т. п. Он негерметичный (и поэтому не раздувается), но обладает повышенной прочностью и предохраняет расположенную внутри его герметичную оболочку от повреждений. Сходным образом экипируются туристы-водники: вниз — надувной спасательный жилет, а поверх него — капроновую куртку, чтобы его ненароком не распороть. На самом деле слоев там гораздо больше — но об этом чуть ниже.

Скафандры астронавтов были совершенно не приспособлены для работы в лунных условиях: изготовлены из прорезиненной ткани без какой-либо защиты от космической радиации.

Насчет «прорезиненной ткани» вы, пожалуй, погорячились. Скафандры были многослойные. Самый внутренний слой, соприкасающийся с телом, — те самые трубки с охлаждающей водой. Потом — мягкая прокладка из нейлона, потом — герметичная оболочка из нейлона с неопреном, затем — армирующий слой из прочного нейлона, не дающий герметичному слою раздуваться, как воздушный шар, затем — несколько чередующихся слоев теплоизоляции и стеклоткани, несколько слоев из майлара и, наконец, внешние защитные слои из стеклоткани с тефлоновым покрытием. Всего в скафандре было 25 слоев, а весил он (вместе с ранцем) 80 килограммов на Земле и 13 — на Луне. Такой «бутерброд» был вполне приспособленным к лунным условиям — защищал и от вакуума, и от солнечного жара, и от микрометеоритов, и от повреждений внутренней герметичной оболочки при падениях.

12 – 31 Мухин

– Да, вообще, они не могли ничего снять из-за того, что там радиация, жара и все такое. Пленка бы просто сварилась.

– Ой, черт, действительно... Ну, наверное, они попытались как-то защитить пленку, а? (Так же, как и самих астронавтов?)

Ю.И. МУХИН. У меня складывается впечатление, что в этом вопросе, как, впрочем, и в других, насовцы сами задают себе вопросы поглупее, чтобы «профессионально» на них ответить и этим раздуть свои ответы до размера капитального труда. Никто этих скафандров, кроме насовцев, в своем распоряжение не имел, никто их не опробовал, поэтому они могут в этом вопросе резвиться, как им захочется. Хочу только заметить, что критика скафандров идет не от любителей: в США, к примеру, очень сомневались в их работоспособности бывшие работники НАСА. Но поскольку все предшествовавшее обсуждение уже не оставило сомнений, что американцев на Луне «не стояло», то нам следует этими скафандрами восхищаться – для съемок в Голливуде они были незаменимы.

Излучения

Хиви НАСА. А нам говорят:

– Во-во! А как они защитили астронавтов? По подсчетам Ральфа Рене, чтобы защитить астронавтов от солнечной радиации, нужны стены корабля и скафандра не менее 800 мм толщиной, сделанные из чистого свинца!

– Между прочим, электронике для нормального функционирования тоже нужна защита от радиации. Спутники кишат на орбитах разной высоты (от 200 до 36 000 километров), и ничего. А того, что никто не запускал и спутников, вы мне не докажете... Я сам смотрел Super Channel через «тарелку»!

Ральф Рене, вероятно, считал так: давление на земной поверхности (защищенной от солнечной радиации) составляет 100 тыс. Паскалей, что равнозначно 10 тоннам на квадратный метр. Плотность свинца — 11,34 тонны на кубометр, значит, эквивалентная толщина земной атмосферы в расчете на свинец равна 10 / 11,34 = 0,88 метра = 800 миллиметрам. НО! То, что атмосфера в некотором смысле эквивалентна слою свинца почти метровой толщины, вовсе не означает, что без такой защиты в космосе не выжить. Совсем не вся земная атмосфера участвует в защите поверхности от радиации.

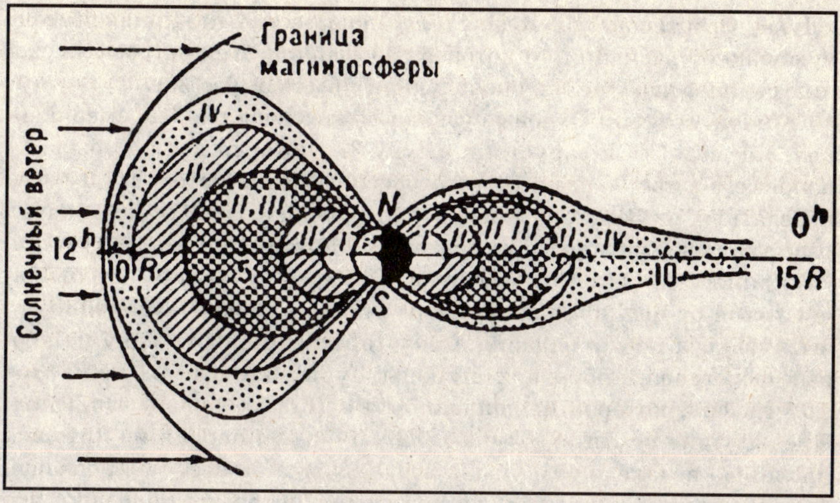

Рис. 117

Только ее (относительно) тонкая часть. Вот, например, на высоте 3 километра над уровнем моря давление атмосферы (а значит, толщина ее свинцового эквивалента) на 30% меньше — а ведь там тоже люди живут припеваючи. И на высоте 5 километров живут кое-где (в Гималаях, Андах), хотя там эффективная толщина атмосферы составляет лишь около 60% от толщины на уровне моря. А пилоты и стюардессы пассажирских самолетов проводят довольно заметную часть своей жизни на высоте около 10 км, при этом под ногами у них находится большая часть атмосферы. Что-то до сих пор мне не попадались стюардессы в противорадиационных скафандрах!

Нет, если серьезно: вы в самом деле думаете, что астронавтов отправили на Луну, не имея ни малейшего представления о том, каковы условия (в частности, радиационные) на ее поверхности и в космическом пространстве? И американцы, и русские запускали множество космических аппаратов с научной аппаратурой, в том числе и со счетчиками радиации. Задолго до полетов «Аполлонов» с помощью автоматических научных станций были открыты радиационные пояса Земли (или пояса Ван Аллена) — области с высокой концентрацией заряженных частиц высоких энергий, захваченных магнитным полем Земли (рис. 117).

Прежде чем послать к Луне людей, туда отправили добрый десяток «автоматических разведчиков»: «Рейнджеров», «Сервейеров»,

«Лунар-Орбитеров». Благодаря им стало известно, что никакой столь чудовищной радиации, от которой надо защищаться метровыми слоями свинца, на Луне и в окололунном пространстве нет.

Кстати, советские ученые узнали об этом еще раньше американцев. Когда в СССР запустили «Луну-3», которая должна была — впервые в мире — сделать фотографии обратной стороны Луны и передать их на Землю, к Королеву прибежал некий «спец» и начал размахивать листками с расчетами: «Фотографии не получатся! Радиация там слишком большая! Пленка засветится! Чтобы защититься от нее, нужно два метра бетона!» Королев спокойно его выслушал, а позже подарил этому горе-специалисту одну из первых фотографий обратной стороны Луны, написав на ней: «Вот фотография, которой не должно быть». (Королев знал, что делал. Предыдущие станции «Луна-1» и «Луна-2», первая из которых пролетела недалеко от Луны, а вторая упала на нее, были оснащены счетчиками радиации, из показаний которых следовало, что от радиации вблизи Луны пленке ничто не угрожает.)

Те, кто планировали полеты на Луну, естественно, принимали радиационный фактор во внимание. Хотя уровень радиации в поясах Ван Аллена весьма значителен, но «Аполлоны» пролетали сквозь них за несколько часов — за это время астронавты не должны были получить дозу облучения, которая заметно повлияла бы на их здоровье. Дополнительное снижение этой дозы получили соответствующим выбором траектории полета. Концентрация заряженных частиц в поясах Ван Аллена максимальна над земным экватором и сильно снижается к полюсам. Поэтому лунные траектории «Аполлонов» на начальном участке проходили к северу или к югу от плоскости экватора. На рис. 118 приведен фрагмент фотографии NASA AS17-148-22726, которую астронавты «Аполлона-17» сделали спустя пять часов после перехода на траекторию полета к Луне. На этой фотографии Земли хорошо видна почти вся Антарктида. С другой стороны, самые северные участки земной поверхности, видимые на этом снимке — северное побережье Средиземного моря. Следовательно, точка съемки находилась существенно южнее плоскости экватора. Доза радиации, которую должны были получить экипажи «Аполлонов» при пересечении радиационных поясов, согласно предварительным оценкам, была сравнительно небольшой — около одного рада.

Но только оценками дело не ограничивалось. На всех «Аполлонах» был целый арсенал разнообразных счетчиков радиации и дозиметров.

Рис. 118

Средние дозы радиации, полученные экипажами «Apollo»	
«Apollo»	**Доза, рад**
7	0,16
8	0,16
9	0,20
10	0,48
11	0,18
12	0,58
13	0,24
14	1,14
15	0,30
16	0,51
17	0,55

На основании показаний этих приборов были определены дозы радиации, полученные экипажами «Аполлонов» за время их полетов.

Не такие уж большие дозы. Для сравнения можно сказать, что американская Комиссия по атомной энергии считает допустимой (не угрожающей здоровью) ежегодную дозу в 5 рад.

Всего, разумеется, заранее не учтешь, поэтому после возвращения исследованию подверглись и сами астронавты, и их оборудование. Было обнаружено огромное количество щелей в скафандрах на молекулярном уровне, появившихся из-за альфа-излучения. Да и у самих космонавтов, извиняюсь, астронавтов, были вспышки в глазах и всякие другие глюки по возвращении на Землю — причины этих вспышек, кстати, до сих пор не вполне ясны. Так что потенциальные опасности для астронавтов вполне существовали. Но на что только не пойдут отважные люди ради изучения космоса! С другой стороны, при подготовке полетов старались предусмотреть и рассчитать все, что можно. Например, все «Аполлоны» садились недалеко от линии терминатора — то есть той линии, на которой восходит Солнце, так сказать, «лунным утром», когда солнце еще не успело слишком нагреть лунную поверхность и астронавтам не приходилось бы бегать по камням, раскаленным как сковорода. Лунный день — это примерно земной месяц*. Так что лучи должны быть очень пологими. Кроме того, скафандры тоже специально разрабатывались, подбирались их материал, покрытие (они ведь блестящие не для красоты).

Радиация в космическом пространстве — это же все-таки не радиация от атомной бомбы. Хаббл чинили в течение четырех часов,

* Половина месяца, грамотеи!

Прибор	Измерения	Местонахождение
Детектор элементарных частиц	Альфа- и протонный спектрометры (4 измерительных канала протонов, 15–150 МэВ; 3 канала альфа-частиц, 40–300 МэВ); телеметрическая передача данных	Сервисный отсек
Дозиметр радиации Ван Аллена	Дозы радиации, полученные кожей и тканями; телеметрическая передача данных	Командный отсек
Прибор радиационного контроля	Портативный ручной измеритель радиации: 4 предела измерений от 0–0.1 до 0–100 рад/ч; визуальная индикация	В командном отсеке (переносной)
Персональный дозиметр	По одному у каждого члена экипажа; измеритель накопленной дозы; показания от 0,01 до 1000 рад; визуальная индикация	Одежда астронавтов
Пассивный дозиметр	По три у каждого члена экипажа; эмульсионные и термолюминесцентные дозиметры; послеполетный анализ	Постоянно носимые астронавтами

и ничего. «Мир» сегодня чинят по шесть часов. И тоже ничего. А Армстронг прыгал по поверхности менее трех часов.

– А что все-таки насчет фотопленки? На Луне такая жара, Солнце все нагревает больше чем до сотни градусов. Почему у них пленка не расплавилась?

– Да, действительно, лунная поверхность разогревается Солнцем до 120°С. (Хотя надо заметить, что места посадок всех «Аполлонов» выбирались так, что Солнце там взошло недавно, и поверхность Луны не успела как следует прогреться.) Но, во-первых, у астронавтов была пленка на специальной термостойкой основе: она начинала размягчаться при 90°С, а плавилась только при 260°С. Во-вторых, астронавты ведь не вы-

Рис. 119

таскивали пленку из камеры и не клали на лунные камни. А внутри камеры пленка не могла сильно нагреться: она была защищена от прямых солнечных лучей (впрочем, не будь это так, она бы засветилась) и находилась в вакууме — очень неплохой теплоизолятор, кстати. (Не верите? Купите термос.) Камеру американцы тоже защитили от перегрева. В вакууме из всех известных науке способов теплопередачи (теплопроводность, конвекция и излучение) действует лишь излучение. А от него можно защититься: если предмет отражает большую часть падающего на него света, то он нагревается достаточно мало. А теперь догадайтесь — какого цвета были камеры у американцев? (рис. 119) (Правильно! Такого же, как и их скафандры.)

– Кстати, а куда подевались эти камеры?

В СССР многое, связанное с космическими полетами, можно было видеть в музеях: камеры, тюбики с питанием и прочее, прочее. В США ни в одном музее нет ни одного экземпляра камеры, с помощью которой якобы осуществлялась лунная съемка, хотя таких камер было достаточно для того, чтобы хоть одну из них поместить в музей. Не потому ли это, что взгляд на эту камеру вызовет у любого современного специалиста в фотоделе массу нездоровых подозрений? Других объяснений я не вижу. Однако эти тщедушные камеры мы можем наблюдать на снимках, представленных НАСА, — на груди астронавтов. Кроме цвета краски, они ничем не отличаются от тех, что висят на шеях американских туристов. Здесь их покрасили, чтобы внести «космический колорит». Ничем другим эту покраску не объяснить, так как в ней нет никакого другого смысла и никакой иной пользы. Это бутафория.

– Эти «тщедушные камеры», которые были у американцев, были лучшими в то время профессиональными фотоаппаратами в мире — любой специалист в фотоделе это знает. В московских комиссионных магазинах в 70-е годы камера «Хассельблад» стоила тысяч пять рублей — цена легкового автомобиля. Даже ее советская упрощенная копия (аппарат «Салют») стоила около пятисот рублей — гораздо дороже наших массовых фотоаппаратов. Фотоаппаратуру такого класса может позволить себе лишь очень редкий турист. К тому же для рядового любителя она вряд ли годится — слишком сложная и довольно тяжелая.

Какая польза в белой окраске камер — мы только что говорили.

А в музеях «лунных камер» действительно нет. По той причине, что все они остались на Луне. Перед отлетом с Луны астронавты выбрасывали из корабля все лишнее — и камеры в том числе. У них оставалась только отснятая фотопленка. В NASA справедливо считали, что вместо этих камер лучше прихватить с Луны лишний килограмм-другой грунта. В музеи попали лишь те камеры, которые были в командном отсеке (для съемок в космосе) — эти камеры вернулись на Землю.

Ю.И. МУХИН. На мой взгляд, этот раздел тоже переполнен бесполезной болтовней и данными, которые можно легко сфабриковать на Земле и которые никак не подтверждают полет на Луну.

Объяснения по фотоаппаратам даны для заведомо дебильных. К примеру, утверждение, что камеры не перегревались, поскольку *«находились в вакууме, – очень неплохой теплоизолятор, кстати»*. Да, неплохой. Но от чего вакуум теплоизолирует? От нагрева или охлаждения воздухом. В стакане чай быстро передаст свое тепло воздуху, а холодная вода им нагреется. А в термосе вакуум отделяет воду от воздуха и деталей, которые воздух нагревают или охлаждают. Фотокамеры на Луне нагревались бы солнцем, но вакуум не давал бы им охлаждаться. И если на Земле, где-нибудь на солнышке эта камера может нагреться так, что ее в руки будет трудно взять, то на Луне она нагреется гораздо быстрее и до гораздо более высокой температуры.

Если бы американцы собирались на Луну, то они эти камеры обязательно заэкранировали бы от солнечных лучей, скажем, чехлом из блестящей фольги. Это тем более было просто сделать, что астронавт все равно не мог смотреть в ее видоискатель и наводить на резкость. Но поскольку высадку на Луну НАСА заказало в Голливуде, то на термоизоляцию фотоаппаратов просто махнули рукой и насовские умельцы ограничились покраской камер в белый цвет.

Куда летел «Аполлон-13»?

Хиви НАСА. Весь мир страстно желает узнать:

– А куда летел «Аполлон-13»?

«Аполлон-13» летел к одному местечку на Луне под названием Frau-Mauro, и об этом было объявлено заранее. А годы спустя математики доказали, что эта область на Луне была в момент

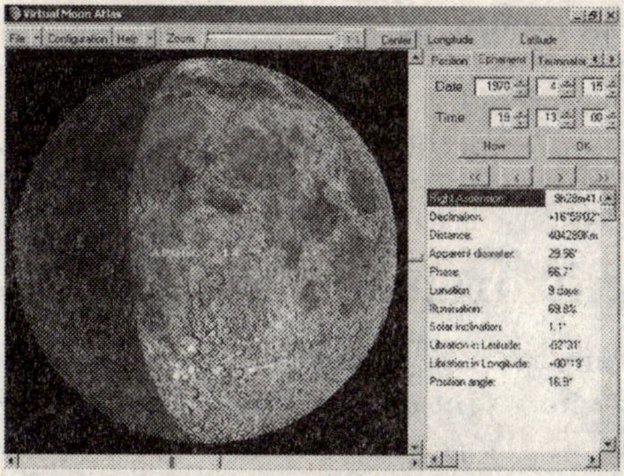

Рис. 120

запланированной прогулки в тени (лунная ночь), и астронавты там ничего не увидели бы! Кстати, у них даже прожекторов с собой не было!

– Вообще-то сейчас для того, чтобы узнать, какая область на Луне была в тени, а какая на свету, не надо математиков. Тем более — никудышных математиков.

Среди множества астрономических компьютерных программ есть немало таких, которые могут показать вид Луны на любой заданный момент времени. Например, вот отсюда — http://astrosurf.com/avl/UK_index.html — можно скачать программу «Виртуальный атлас Луны», которая для любой даты и времени показывает, где проходит граница тени. К тому же эта программа содержит базу данных с координатами большого количества объектов на Луне — в том числе и мест посадок всех «Аполлонов».

«Аполлон-13» летел не «к местечку под названием «фрау Мауро», а на место посадки к северу от кратера Фра Мауро (был такой итальянский географ в XV веке, в честь которого назван этот кратер). Так как из-за аварии астронавты «Аполлона-13» не сумели высадиться на Луну, то это место «перешло по наследству» к следующей экспедиции — на «Аполлоне-14».

«Аполлон-13» стартовал с Земли 11 апреля 1970 года в 19 часов 13 минут мирового времени. Мы не знаем точно, когда он должен был прилуниться, но для всех других «Аполлонов» с точностью до секунды известно, сколько времени проходило от взлета с Земли до посадки на Луне. Быстрее всего добрался до Луны «Аполлон-11» (за 4,3 суток), а дольше всех летел «Аполлон-17» (4,7 суток). Учитывая эти цифры, можно предположить, что вряд ли «Аполлон-13» долетел бы до Луны раньше, чем за четверо суток.

Вот как выглядела Луна в 19 часов 13 минут всемирного времени 15 апреля 1970 года — ровно через четверо суток после старта «Аполлона-13» (рис. 120).

Как видим, в месте предполагаемой посадки «Аполлона-13» (оно же — место посадки «Аполлона-14») уже взошло Солнце. Так что астронавты, пожалуй, смогли бы обойтись без прожекторов, сумей они в самом деле высадиться на Луну.

Ю.И. МУХИН. И кому это надо? Как это доказывает, что американцы на Луне были?

Компьютеры

Хиви НАСА. А еще весь мир желает узнать:

– В США в то время не было компьютеров, позволяющих исключить использование в ключевых фазах полета таких решающих факторов, как реакция пилотов. А как рассказывал Леонов, он при посадке на Луну должен был, скособочившись, смотреть в маленькое оконце на приближающуюся поверхность и в решающий момент запустить тормозные двигатели — при этом, если бы он запустил их раньше или позже на полсекунды, он бы погиб.

– In the late 1960s integrated circuits, tiny transistors and other electrical components arranged on a single chip of silicon, replaced individual transistors in computers. Integrated circuits became miniaturized, enabling more components to be designed into a single computer circuit. In the 1970s refinements in integrated circuit technology led to the development of the modern microprocessor, integrated circuits that contained thousands of transistors. Modern microprocessors contain as many as 10 million transistors. («Computer», *Microsoft Encarta 98 Encyclopedia*. (C)1993–1997 Microsoft Corporation. All rights reserved.)

Если у вас в шестьдесят девятом году не было компьютера дома, то это не значит, что их не было вообще. Компьютеры были.

Конечно, установленные на «Аполлонах» компьютеры были на несколько порядков слабее компьютера, стоящего сейчас на вашем столе, по всем параметрам (кроме цены — здесь соотношение, наверно, обратное). Компьютер, установленный на лунном корабле, имел оперативную память всего около 4 Кбайт (ферритовое ОЗУ на 2 048 15-битных слов), ферритовое ПЗУ на 36 864 15-битных слов, состоял из 5000 микросхем, весил 30 кг и стоил 150 тысяч долларов. Сейчас данные этого компьютера не слишком впечатляют (опять-таки, кроме цены), но в 60-е годы это были, пожалуй, первые портативные компьютеры, собранные с широким применением интегральных схем (рис.121).

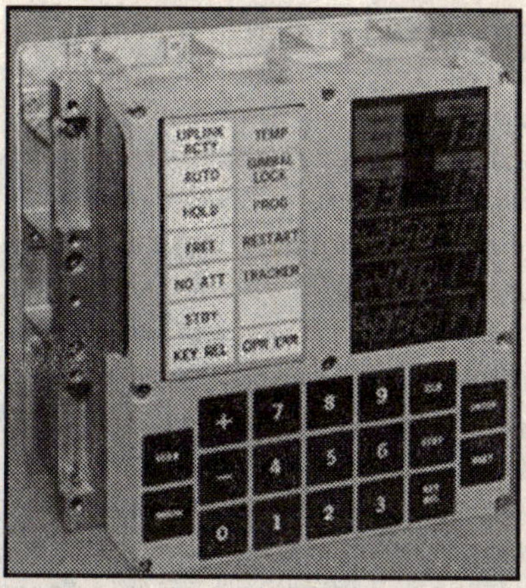

Рис. 121

Но даже маломощный компьютер способен на многое — если не загружать его навороченными пользовательскими интерфейсами. Панель управления компьютером содержала всего 19 клавиш и несколько сигнальных транспарантов и цифровых индикаторов. Поэтому компьютер занимался только прямыми обязанностями, не отвлекаясь на рисование «окон» на экране. И благодаря этому он мог осуществлять управление лунным кораблем в реальном времени. На компьютере могло выполняться параллельно несколько задач, причем управляющая программа учитывала их приоритеты: более важные задачи, такие, как управление кораблем, выполнялись в первую очередь, а, например, выдача информации на индикаторы могла и подождать десяток-другой миллисекунд.

Сложные расчеты траекторий, требующие большого объема вычислений, были проделаны на мощных компьютерах на Земле заранее, еще до полета, и их результаты были загружены в бортовой компьютер, который «пользовался готовыми ответами».

Но, может, на «Аполлонах» не все было оснащено «последними чудесами техники» и многие задачи решались не компьютером, а более простыми средствами? Такой пример: построительный прицел для бомбометания времен Второй мировой войны должен был учитывать высоту полета, скорость бомбардировщика и расстояние до цели. Сегодня такая программа для Пентиума заняла бы не меньше ста килобайт (а если делать для Виндовса — так и двести пятьдесят), а уж тогда — и подумать страшно: всего несколько линеек и перекрестье. Бомбардир выставлял значения двух параметров (скорость и высота), а перекрестье автоматически устанавливалось туда, куда попадет бомба. И все. И никаких компьютеров.

Ю.И. МУХИН. Получается, что бомбы попадали не туда, куда пилот наведет самолет, а туда, куда автоматически установится перекрестье прицела. Ну, блин, кретины! Переводчик не способен перевести технический текст, а эти хиви его воспроизводят, совершенно не соображая, что пишут.

Отставание

Хиви НАСА. Но нам говорят:

– А ведь США в то время отставали от СССР в космонавтике на десяток лет, и их прорыв в лунной программе, обеспеченный с очевидностью лишь созданием фон Брауном мощной ракеты «Сатурн-5», никак не означал прорыв во всех других направлениях космонавтики, без которого лунный проект не мог осуществиться и принципиально, технологически не мог быть выполнен. Не имея такого, как у нас, опыта пилотируемых полетов в космосе и опыта эксплуатации космических модулей (что являлось сверхсекретом), но зато имея неминуемую череду постоянных и закономерных неудач и катастроф на околоземных орбитах, американцы тем не менее без сучка и задоринки провели все (кроме 13-го «Аполло», который тоже в общем-то оказался успешным) лунные посадки «Аполло». И это, как вспоминают многие советские космические конструкторы, было непостижимой загадкой, сенсацией. А для них, специалистов в проблеме, выглядело совершенно необъяснимо, неправдоподобно. Заметим, это мнение людей, пославших в космос первый в истории Человечества искусственный спутник Земли, первых собак-космонавтов и, наконец, первого в космосе человека — Юрия Гагарина и реально видевших всю сумму технологических проблем космонавтики, неизвестных в то время американцам.

– «Неизвестных американцам»??? О каком их «отставании на десять лет» вы говорите? Отставание на десять лет в конце 60-х годов — это уровень конца 50-х: несколько спутников и пара запусков автоматических аппаратов к Луне. А на самом деле первый спутник американцы запустили на три месяца позже СССР, первого человека — на три недели позже. (Хотя американский запуск не был орбитальным, но Гагарин в своем полете, по сути, был пассажиром, который не вмешивался в работу автоматики, а Шепард за пять минут пребывания в космосе успел опробовать ручное управление ориентацией корабля.) Еще до «Apollo» (который, кстати, тоже, не первый, а только одиннадцатый совершил все «от и до») американцы проводили программу «Gemini», в которой отрабатывали ряд элементов лунной экспедиции: маневры на орбите, сближения, стыковки и расстыковки, выходы в открытый космос и т. д. При этом они не раз опережали СССР, в частности, первыми запустили корабль, способный выполнять маневры на орбите, оснащенный бортовым компьютером («Джемини»), впервые осуществили управляемое сближение двух пилотируемых кораблей.

Рис. 122

Первую в мире стыковку в космосе выполнил 16 марта 1966 года как раз «Джемини-8», которым командовал Нейл Армстронг, — да-да, тот самый! (Вторым членом экипажа «Джемини-8» был Дэвид Скотт; впоследствии он был командиром «Аполлона-15» и тоже побывал на Луне.) Фото на рис. 122 сделано незадолго до этой стыковки, когда «Джемини-8» приближался к последней ступени ракеты «Аджена», с которой он потом состыковался (эта ступень — в центре кадра). (Кстати, Армстронг в этом полете с честью вышел из весьма опасной ситуации. Когда стыковка была успешно выполнена, связка «Джемини» – «Аджена» вдруг стала вращаться. Армстронг решил, что виновата «Аджена», и быстро расстыковался с ней — но вращение лишь усилилось. Потом оказалось, что один из двигателей системы ориентации на «Джемини-8» почему-то стал постоянно работать и закручивал корабль. Армстронг полностью отключил систему ориентации — и забарахливший двигатель в том числе — и сумел погасить вращение корабля с помощью второй системы двигателей ориентации, которые предназначались для использования только на этапе входа в атмосферу.)

А в Советском Союзе первая стыковка была выполнена спутниками «Космос-186» и «Космос-188» (на самом деле это были беспилотные корабли типа «Союз») лишь на полтора года позже, 30 октября 1967 года.

«Аполлон-9» и «Аполлон-10» — стыковались и расстыковывались с лунным модулем — сначала на околоземной орбите, а потом — на окололунной. «Аполлон-10» — вообще, генеральная репетиция высадки, где было все, кроме посадки и взлета с Луны.

Рис. 123

Опыт пилотируемых полетов у американцев к концу 60-х годов был несколько больше советского. До запуска первого пилотируемого «Аполлона» у американцев было выполнено 14 орбитальных космических полетов: 4 — на одноместном корабле «Меркурий» и 10 — на двухместном «Джемини». А в СССР — 9:6 одноместных «Востоков», 2 «Восхода» (в первый раз — три космонавта, во второй — два) и «Союз-1», на котором погиб Владимир Комаров (рис. 123). В этих полетах приняли участие 18 астронавтов и 11 космонавтов. (Кстати, о «Союзе-1». Таких катастроф, как гибель космонавтов в полете, американцы не знали до «Челленджера», так что не надо говорить про якобы присущую исключительно им «череду постоянных и закономерных неудач и катастроф на околоземных орбитах».)

В чем американцы действительно поначалу отставали — так это в ракетах-носителях. Их первые носители были менее мощными, чем советские, поэтому их спутники и пилотируемые корабли были намного легче. Но с разработкой ракет «Сатурн-1», «Сатурн-1В» и «Сатурн-5» они не только ликвидировали это отставание, но и здорово вырвались вперед: ракета с мощностью «Сатурна-5» появилась в СССР лишь в 80-х годах. А наверстать это и другие упущения американцы смогли без проблем: правительство США выдало NASA 25 миллиардов долларов, в то время как в СССР на лунную программу было выделено только 4 миллиарда долларов.

И советские специалисты, «реально видевшие всю сумму технологических проблем космонавтики», прекрасно понимали, что проблемы полета к Луне очень сложны, но разрешимы при должном подходе, и считали успех NASA вполне закономерным. Так, академик Мишин, заместитель Королева, ставший после его смерти Главным Конструктором, на вопрос о том, какова была первая реакция на высадку американцев на Луну, сказал: «Да порадовались за них – и все. Для нас ведь не было неожиданностью, что они нас опередят. Мы-то это дело понимали. А руководство... Они нас до того давили, как могли, а после этого, наоборот, интерес потеряли». (Интервью с В.П. Мишиным см. ниже в списке ресурсов.)

А на вопрос, почему была прекращена советская лунная пилотируемая программа, Мишин отвечал так:

– Попробуем представить трудности этого проекта в простых числах. Допустим, запуск спутника и полет Юрия Гагарина – это «10 единиц», в таком случае полет к Луне, ее облет и возвращение на Землю – «100 единиц», а посадка на Луну и возвращение людей на Землю – уже «1000 единиц». В выведении первых спутников и полете человека в какой-то степени были заинтересованы военные, но Луна их не интересовала. Таким образом, лунный проект был чисто политическим... А денег в стране не было. Военные очень неохотно помогали нам, когда речь заходила о сугубо «мирных» программах.

И их можно понять – ведь у них совершенно иные задачи, чем освоение космического пространства. Да, они готовы его использовать в своих целях, но не осваивать в интересах науки и народного хозяйства... В Америке разделение на «гражданский» и «военный» космос произошло в самом начале, а у нас этого нет до сегодняшнего дня.

Б.В. Раушенбах, конструировавший первые советские космические аппараты и корабли, писал о соревновании в космосе между СССР и Америкой:

Уточню еще, почему я изобрел название «спортивно-романтическая эпоха». О романтике я уже сказал, а спортом называл соревнование с Америкой, которое в то время проходило особенно остро. Причем соревнование это было и политическое, но нам было не до политики, нас интересовало соревнование разработчиков. У них мыслили разработчики, и у нас они мыслили, и вот, не вступая в прямой контакт, мы изредка обменивались информацией на ученых конференциях и при этом старались — и они, и мы — все-таки обойти друг друга. Очень увлекательно. И до сих пор увлекает. Не потому, что у них одно правительство, а у нас другое, тогда и у них принимали решения, и у нас ЦК требовал «животы положить» на алтарь Отечества. То был спортивный интерес, всегда приятно кого-то обставлять. Когда мы начали отставать, я, к счастью, уже ушел из этой сферы деятельности, но от первых десяти лет у меня осталось определенное ощущение, что американцы — слабаки. В последние годы мы уже чувствовали, что они нам «дышат в затылок», но, когда они полностью нас обставили, я уже прямого отношения к космосу не имел. А насчет «дышат в затылок» есть хороший анекдот. Как-то на одном из совещаний в ЦК партии кто-то из руководителей космических программ сказал: «Да, надо нам приналечь с новыми силами, потому что они нам уже в затылок дышат». Тогда возмущенный чиновник, который вел совещание, парировал: «Как так они? Это мы им в затылок дышим!»

Так что, выражаясь красивым слогом, я ощутил горечь поражения, уже значительно отойдя от космических проблем. Тем более это не было такой уж горечью, я знал, что поражение неизбежно, потому что наши финансовые возможности несопоставимы с американскими. Первые шаги в космосе требовали сравнительно дешевых денежных затрат, а когда начались полеты в космос человека, в особенности к Луне, американцы нас не обошли, нам просто не хватило средств. У страны не оказалось денег, когда дело дошло до очень мощного развития космических разработок, и это не явилось неожиданным ударом. Если американцы могли бросить на запуск столько-то миллиардов долларов, то нам подобное не снилось, зачем было и болтать попусту! Полет на Луну человека обошелся Америке в такую астрономическую сумму, что ой-ей-ей, но они на это пошли, потому что им деваться было некуда, они должны были до нас *доплюнуть*: первый спутник наш, первый человек наш, что дальше? Первый человек на Луне. Вот здесь они взяли реванш. Доплюнули. Поставили себе задачу за десять лет осуществить эту программу, вложив в нее бешеные деньги. У нас такое задание тоже в принципе поставили, но только на словах, денег ни копейки не дали. Просто сказали, что надо, мол, полететь на Луну и так далее, но только потом стали выделять деньги, причем в малых количествах. И правильно, нечего тратиться на всякую ерунду. Американцы походили по Луне и возвратились обратно, не сделав никаких особых открытий, это была *демонстрация флага*.

И хотя спустя три десятка лет после полетов на Луну наши космические конструкторы и руководители утверждают, что туда и лететь не стоило (впрочем, небезызвестная лисица тоже говорила, что виноград, до которого она не смогла дотянуться, «зелен»), но в свое время они делали все возможное «в рамках отпущенных кредитов», чтобы все-таки побывать на Луне. Почитайте, например, недавно опубликованные дневники генерала Каманина, занимавшего в 60-х годах должность руководителя Центра подготовки космонавтов. Судя по этим дневникам, в то время к программе пилотируемых полетов на Луну отношение было очень даже серьезное.

Кроме того, Каманин, как хорошо информированный человек, отчетливо сознавал, что американцы уже в первой половине 60-х годов начали существенно опережать СССР в космосе, и откровенно писал об этом в своих дневниках: «За последний год американцы добились решающих успехов в космосе: полеты «Маринера-4», «Рейнджеров-7 и -8», «Джемини-4» и, наконец, рекордный полет «Джемини-5». Казалось бы, есть все основания забеспокоиться и задать себе вопрос: в чем дело, почему США нас обгоняют?.. Мы пять лет утверждали, что социализм — лучшая стартовая площадка для полетов в космос. И вот США доказали, что это не совсем так». (Выдержки из дневников Каманина см. ниже в списке ресурсов.)

Еще один из ведущих советских специалистов в области космонавтики, Б.Е.Черток, посвятил «лунной гонке» между США и СССР целую книгу своих мемуаров. В ней он честно пишет о причинах, по которым в СССР так и не сумели отправить человека на Луну, несмотря на бесспорное лидерство Советского Союза в освоении космоса на начальном этапе. Технически полет на Луну был возможен (и американские экспедиции это впоследствии показали), но требовал огромной концентрации сил и финансов. В США это поняли, и НАСА стало тем звеном, которого нам не хватило. А наша лунная программа началась значительно позже американской и была достаточно плохо организована. Хватало и системных ошибок в выборе схемы полета: Черток пишет, что к концу лунной гонки они пришли к выводу, что если бы не отказались от двухпусковой схемы, которую рассматривали в самом начале, то смогли бы обогнать американцев. Были технические проблемы с разрабатываемой для полетов на Луну сверхтяжелой ракетой Н-1 и с двигателями для нее. Все это произошло в основном из-за отсутствия политической воли и жесткой координации проекта. Например, уже вовсю шла разработка Н-1, а самого лунного корабля не было даже в аванпроекте. А когда начали его разрабатывать, уткнулись в жуткий дефицит массы, вызванный недостаточной грузоподъемностью носителя, и пришлось экономить на всем, что только можно. В результате садиться на Луну должен был один космонавт, переходить в посадочный модуль и возвращаться из него в основной корабль он должен был через космос. Запасы топлива для посадки, взлета и стыковки были мизерными, а фото- и видеоаппаратура — беднейшей. (К сожалению, крайне интересные мемуары Б.Е. Чертока, изданные мизерным тиражом, сейчас стали библиографической редкостью.)

Ю.И. МУХИН. Теперь понятно, что деньги надо было вкладывать не в космическую технику, а в киностудию «Мосфильм». Тогда бы мы уже и «на Луне» были, и «на Марсе», и «на Юпитере».

Но вопрос остается: почему после «высадки на Луне» в СССР перестали выделять деньги на исследования Луны? Нет, не на полет человека на Луну – это дело и сегодня не имеет смысла, — а исследования ее автоматическими станциями?

Луномобиль

Хиви НАСА. Вопросы продолжают поступать:

– *На фото, приведенном в австрийском журнале «Format», удивляет мощная конструкция луномобиля* (рис. 124). *В спускаемых на Луну аппаратах каждый грамм веса — дороже золота (обратите внимание на чертежи и фото реальных посадочных модулей, на*

Рис. 124

колеса советских «луноходов» — тонкие лапки и обод на спицах). К чему луномобилю значительного размера крылья над огромными колесами? К чему массивная конструкция: мощный швеллер на раме, толстые трубы? Будь эта махина для Луны, она выглядела бы совсем иначе и походила бы больше на четырехколесный велосипед с тонкими трубчатыми конструкциями. Но настоящую лунную конструкцию нельзя использовать на Земле: она разрушится под действием земного веса, и режиссерам «высадок» пришлось довольствоваться земными конструкциями.

– Трубы могли быть и алюминиевыми. Зачем крылья над колесами на Луне — глупый вопрос: затем же, зачем и на Земле, чтобы пыль не поднимать. На кинокадре с луномобилем в движении хорошо видно, что они очень даже не лишние. Кстати, крылья американцам не грех было бы сделать и попрочнее. Луномобили были у астронавтов трех последних экспедиций («Аполлон-15, -16 и -17»). В двух случаях из трех крылья сломались. Астронавты «Аполлона-16» кое-как смирились с тем, что на ходу их достаточно обильно посыпало пылью. А астронавты «Аполлона-17» сумели починить сломанное правое заднее крыло: прикрепили с помошью клейкой ленты вместо отломанной его части... сложенную карту района посадки. На рис. 125 фотография NASA AS17-137-20979, на которой они запечатлели результаты ремонта.

Рис. 125

Ю.И. МУХИН. Это еще анекдот. Пальцы перчаток астронавтов были настолько грубые, что они не могли работать с фотоаппаратом и его жестко крепили на груди астронавтов. Как же они такими пальцами отлепили клейкую ленту от рулона? И на хрена они брали с собой карту? Лучше бы запасное крыло. Или в Голливуде его не нашлось?

Хиви НАСА. А весила эта штука всего 209 кило на Земле, около 35 кило, соответственно, на Луне. На фотографии из журнала «Format» LRV (lunar roving vehicle) показан в нагруженном состоянии, а «голый» он выглядит так (рис. 126).

Не сказал бы, что это особо тяжелая конструкция.

Кроме того, «не следует смешивать статику с динамикой, господин профессор, — это приводит к серьезным ошибкам». Масса астронавта в полном лунном снаряжении — примерно полторы сотни килограмм, двух астронавтов — три центнера. Следовательно, на Луне пара астронавтов весит в сумме 50 кг. Если два астронавта усядутся на свой неподвижно стоящий на Луне луномобиль, то статическая нагрузка на его конструкцию будет вшестеро меньше, чем если бы они проделали это на Земле. Но, как только они покатят по лунным булыжникам и кратерам со скоростью свыше 10 км/ч (на сегодня рекорд скорости для Луны равен 17 км/ч и был показан астронавтами «Аполлона-16» на небольшом склоне), картина изменится. Когда колесо попадет на очередной ухаб, то вверх подскочит (выражаясь по-научному, «испытает направленное вверх ускорение») *масса* в полтонны (триста килограммов массы астронавтов и двести — самого луномобиля). А сила, с которой масса сопротивляется ускорению, не зависит от веса — она одинакова и на Земле, и на Луне, и в космосе, где предметы не весят вообще ничего. Поэтому *динамические* нагрузки на конструкцию луномобиля (т. е. нагрузки от ударов и толчков при его движении) будут примерно такими же, как и на Земле.

А советскому Луноходу запас прочности с учетом динамических нагрузок был ни к чему. Хоть его масса и составляла свыше 700 кг (т. е. несколько больше, чем у американского луномобиля с двумя астронавтами), но его максимальная скорость — чуть больше одного километра в час. А фактически он двигался в несколько раз медленнее: ведь управляли-то им по радио, глядя на картинку на телеэкране. Картинка эта запаздывала на секунду с лишним, и сигнал управления с Земли шел обратно к луноходу за такое же время. Поэтому оператор вел Луноход очень осторожно, не спеша.

– Стоп-стоп! Поглядите-ка снова на фотографию луномобиля — ту, где у него к крылу приклеена карта! А где колеи от колес? Следов от ног астронавтов сколько угодно, а от колеса — нет! Ни спереди, ни сзади! Как луномобиль оказался на этом месте,

не оставив следов своего прибытия? Не иначе, по воздуху прилетел. А скорее всего, это просто макет — его принесли на руках и поставили на место, как декорацию. А о следах забыли. Есть и другие фотографии, на которых следов от колес нет.

Астронавты не просто катались на луномобиле. Доехав до места очередной остановки, они сходили с него, собирали образцы грунта, делали фотографии — то-есть вовсю топали вокруг луномобиля. При этом поднятая их ногами пыль засыпала следы от колес. Не забудьте, что на Луне пыль летит в несколько раз дальше, чем на Земле.

Эта фотография сделана, когда астронавты сделали на этой стоянке все, что намечали, и собирались в дальнейший путь — один из них уже уселся на сиденье. Судя по отпечаткам ног в пыли, вокруг этого колеса они потоптались немало. Так что следов от колес в данном случае нет как раз потому, что есть много следов от ног.

Кстати, ваше предположение о том, что луномобиль могли просто принести на руках, отчасти справедливо. На Луне он весит менее 40 килограммов, поэтому один человек вполне может приподнять его за один край и развернуть на двух колесах. Порой астронавтам было проще и быстрее именно таким способом развернуть его в нужном им направлении, чем поворачивать: радиус поворота у четырехколесной тележки довольно значительный. В некоторых случаях отсутствие следов от колес может быть вызвано именно этим.

Ю.И. МУХИН. Такое впечатление, что насовцы до сих пор никак не могут придумать основные параметры используемой техники. Хиви считают, что луномобиль с двумя астронавтами весил 500 кГс, а в сборнике «Космическая техника» написано: *«Вес при полной нагрузке 725 кГс»*. При этом хиви НАСА как-то необычно рекламируют этот автомобиль – делают упор на скорость и молчат о его мощности. А ведь реально скорость – это производная от мощности двигателя, и она будет разной на разных дорогах (асфальтовых, грунтовых, с подъемом и т. д.). Поэтому давайте немного поговорим о мощности этого луномобиля, поскольку, судя по «съемкам с Луны», он очень резвый – легко трогается с места, быстро набирает скорость.

Советская энциклопедии «Космонавтика» дает о нем такие сведения: *«Американские космонавты в 1971—1972-х при трех последних лунных экспедициях на космических кораблях «Аполлон-15», «Аполлон-16» и «Аполлон-17» ис-*

пользовали для передвижения по поверхности Луны в районе посадки лунный самоходный аппарат «Ровер», доставляемый на Луну в одном из отсеков лунной кабины. Двухместный лунный самоходный аппарат — четырехколесный, рассчитан на управление космонавтами. Проектная максимальная скорость 13 км/ч, фактически была достигнута скорость 18 км/ч (при спуске со склона). Ресурс хода 65 км (фактический пробег составил: при полете корабля «Аполлон-15» — 27,2 км, «Аполлон-16» — 27,1 км, «Аполлон-17» — 35,7 км). Радиус разворота 6 м, тормозной путь ~ 3 м. Лунный самоходный аппарат рассчитан на преодоление склонов крутизной до 20°, препятствий высотой до 0,3 м и трещин шириной до 0,7 м. Максимальный, допустимый крен и дифферент 45°. Тормоза должны удерживать лунный самоходный аппарат на склоне крутизной до 35°.

Масса нагруженного лунного самоходного аппарата 725 кг (в т. ч. собственно «Ровер» — 211, космонавты с ранцевыми системами жизнеобеспечения — 364, научные приборы — 54, съемочное и связное оборудование — 69, образцы лунных пород и пр.— остальное). Длина лунного самоходного аппарата 3,1 м, ширина 2,1 м, выс. 1,1 м, ширина колеи 1,83 м, ширина каждого из четырех колес 0,23 м, диаметр колеса 0,81 м. Рама лунного самоходного аппарата и кресла космонавтов трубчатой конструкции из алюминиевого сплава, сиденья и спинки из нейлона. Полосы клейкого материала на спинке позволяют фиксировать ранцевую систему жизнеобеспечения; предусмотрены также привязные ремни из ребристого нейлона и пылезащитные крылья. Подвеска колес торсионная. Все колеса ведущие. Ободья сплетены из проволоки диаметром 0,84 мм с цинковым покрытием. К ободу приклепаны полосы из титанового сплава для защиты от истирания и улучшения сцепления с грунтом. В ступицу вмонтирован электродвигатель мощностью 183,9 Вт, связанный с одноступенчатым редуктором (передаточное число 80 : 1). Дополнительно имеются передний и задний электродвигатели (по 73,5 Вт, передаточное число редуктора 257 : 1), соединенные с колесами специальными тягами и обеспечивающие разворот. Для электропитания лунного самоходного аппарата служат две неподзаряжаемые серебряно-цинковые батареи, ресурс каждой 121 А·ч, мощ-

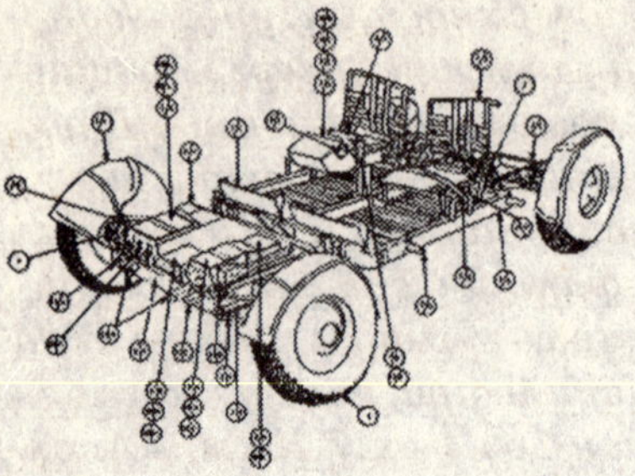

Рис. 126

ность 150 Вт, номинальное напряжение 36 В, рабочая температура 4—52 °С. В целях теплозащиты верхняя поверхность батарей, бортовой ЦВМ и пульта управления лунного самоходного аппарата облицованы зеркальными пластинами из спеченной двуокиси кремния. На пульте размещены: спидометр (градуированный от 0 до 20 км/ч); индикатор дифферента и крена (градуированный от + 25° до −25°); индикатор курса с азимутальным лимбом и цифровыми указателями азимута, пройденного пути и удаления от лунной кабины по прямой; панель аварийной системы сигнализации о выходе из строя батарей, электродвигателей и др. Для управления «Ровером» служит штурвальная колонка самолетного типа, расположенная между креслами, чтобы ею мог управлять любой космонавт. Отклонением колонки вперед – назад регулируется скорость хода, поворотом относительно оси — поворот лунного самоходного аппарата. Кнопка в основании колонки служит для переключения с переднего на задний ход. Торможение лунного самоходного аппарата производится изменением направления тока в электродвигателях. В качестве запасных средств используются тормозные колодки и барабанный тормоз. Извлечение лунного самоходного аппарата, установка его на грунт и приведение в рабочее положение обеспечиваются одним космонавтом.

На «Ровере» размещена остронаправленная антенна с параболическим отражателем диаметром 96,5 см для передачи ТВ-изображения непосредственно на Землю, а также малонаправленная антенна для голосовой связи с Землей и передачи телеметрической информации. Остронаправленная антенна используется только во время стоянки лунного самоходного аппарата и требует предварительного наведения на Землю с помощью телескопического прицела (визира). Передача ТВ во время движения не ведется. В передней части лунного самоходного аппарата смонтирована ТВ-камера, кино- и фотокамеры. Управление ТВ-камерой (включение и выклю-

чение, наведение по азимуту и углу места, панорамирование, изменение фокусного расстояния) может осуществляться космонавтами и по командам с Земли. ТВ камера «Ровера» использовалась для съемки старта взлетной ступени лунной кабины с Луны, а после отлета космонавтов — для астрономических наблюдений и регистрации взрывов сейсмических зарядов, оставленных космонавтами на Луне»[113].

Первое, что сразу бросается в глаза, – это мизерная мощность луномобиля. Все четыре двигателя на его колесах в сумме дают как раз одну лошадиную силу. Но это исполнительные двигатели, они бы такую мощность, может быть, и взяли, да кто же им даст? Ведь суммарная мощность двух батарей 300 Вт, т. е. всего 0,4 лошадиной силы. Масса этой «шайтан-арбы» как у «Запорожца» и всего на центнер меньше, чем у «Жигулей», а мощность 0,4 л. с.? Не многовато ли? Я поискал в доме бытовой прибор с мощностью, как у американского луномобиля. Дрель – 750 Вт, кстати, на рынке самая маломощная дрель – 420 Вт. Принтер – 700 Вт, мясорубка – 420 Вт, наконец, нашел в углу одного из кухонных шкафов старую кофемолку, которой редко пользовались, — 115 Вт. Вы можете себе представить «Запорожец», который ехал бы по сухому песку с двигателем не в 30 кВт, а 0,3 кВт? У меня был «Запорожец», и я себе такого представить не могу. Хиви мне скажут, что я ничего не понимаю в луномобилях, что на Луне «Ровер» быстро ездил по песку, оставляя глубокие колеи, лихо взбирался на горки и т. д. Я это тоже видел. Но это же кино! А я говорю «за жизнь».

Возьмите секундомер и рулетку и взбегите на один пролет лестничного марша как можно быстрее. Замерьте время, которое вам понадобилось, и высоту пролета. Затем свой вес (в кг) умножьте на высоту пролета (в метрах) и разделите на время (в секундах) и на 75. Уверен, что результат (ваша мощность в лошадиных силах) у вас будет больше единицы. И в этом нет ничего странного: любой человек без проблем может развить мощность в одну лошадиную силу, тренированные люди развивают мощность в несколько лошадиных сил, а спортсмен – и до десятка. Спросите себя: на хрена было тащить на Луну телегу массой в 210 кг, т. е. в полтора раза больше, чем масса обоих астронавтов, если каждый из них может длительно развивать мощность (скажем, при ходьбе) большую, чем мощность этой телеги?

Велосипедист-любитель без проблем развивает скорость 30 км/час, при скорости луномобиля (10 км/час) велосипедист тратит энергии столько же, сколько и при обычной ходьбе, при скорости 5 км/час – в 4 раза меньше. То есть если бы дело действительно шло о Луне, то американские инженеры соединили бы вместе два велосипеда и заставили бы астронавтов крутить педали, при этом тележка была бы в 10 раз легче «Ровера», а мощность ее в 10 раз больше.

Но теперь понятно, такое сооружение не впечатлило Стенли Кубрика, ему требовалось показать автомобильную мощь США. Но, чтобы придать этой телеге мощность хотя бы в 4 лошадиные силы, на нее нужно было грузить 300 кг батарей. Вот американские жулики и выкрутились: батарей загрузили 30 кг, а эфир заполнили болтовней о бешеной скорости этого агрегата.

И еще по поводу пояснений хиви, что луномобиль при скорости свыше 10 км/час наскакивает на булыжники, и если у него колеса будут как у велосипеда, то они не выдержат динамических нагрузок. Должен сказать, что у велосипедистов, в отличие от хиви НАСА, есть головы, и они им нужны и для того, чтобы не наскакивать на скорости на булыжники.

История с горючим

Хиви НАСА. А еще критики говорят:

– У них с горючим странная история. На «Аполлоне-11» горючего не хватило для спуска, еле посадили лунный модуль весом в 102 кило. При том же самом количестве горючего спускаемый аппарат на «Аполлоне-17» весил уже аж в пять раз больше, и никаких проблем не было.

– Чего? Сто два килограмма??? Да один астронавт весит больше! Это явная ошибка, которая встречается повсеместно.

– Значит, имеется в виду вес лунный, а не земной.

Вы, значит, хотите сказать, что земной вес лунного модуля «Apollo-11» был 102·6 кг (в шесть раз больше, чем на Земле), то есть 712 килограммов? «Маловато будет!»

По данным NASA, начальная **масса** лунного модуля «Аполлона-11» составляла 15,1 тон, в том числе 10,5 тонн топлива. Модуль этот состоял из двух ступеней: посадочной и взлетной. Сухая (т. е. без топлива) масса посадочной ступени — 2 тонны, топливо посадочной ступени — 8,2 тонны. Сухая масса взлетной ступени — 2,2 тонны, топливо основного двигателя взлетной ступени — 2,4 тонны. Кроме того, во взлетной ступени находилось также 0,3 тонны топлива для двигателей ориентации. (Все цифры округлены до десятых долей тонны.)

Если считать, что из 15,1 тонны массы лунного модуля к моменту посадки было израсходовано практически все топливо посадочной ступени (в полете «Аполлона-11» в общем-то так оно и было), то в момент посадки масса лунного модуля составляла 15,1–8,2=6,9 тонн, а его вес на Луне — немногим более тонны.

Этот «лунный модуль весом 102 килограмма» — очевидная ошибка во многих источниках, на которую не обращают внимания. Это лишний раз показывает, как люди смотрят только на конечные выводы, не вдаваясь в доказательства.

Лунные модули последующих «Аполлонов» на Луне действительно весили несколько больше, чем модуль «Аполлона-11». Во-первых, астронавтам «Аполлона-11» пришлось долго маневрировать над поверхностью, уводя корабль в сторону от скопления камней, сесть на которое было невозможно, поэтому они потратили практически все посадочное топливо (его у них осталось меньше чем на минуту работы посадочного двигателя). Остальным «Аполлонам» подвернулись более ровные места посадки, поэтому у них после прилунения оставался некий запас топлива, впрочем, весьма скромный: космические корабли заправляют без особых излишеств. Во-вторых, в следующих полетах увеличилось количество оборудования, которое астронавты доставляли на Луну: в частности, у них появился тот самый луномобиль, которого не было у первых экспедиций. Но то, что лунный модуль «Аполлона-17» весил в пять раз больше, чем у «Аполлона-11» — полная ерунда. Его масса была больше в лучшем случае на тонну-другую, ни о каких «разах» речи здесь идти не может.

– А как этот лунный модуль вообще летал?

В этом модуле стоят два астронавта (сесть им негде). Если кто-то из них переступит с ноги на ногу, то центр тяжести системы сместится, модуль потеряет равновесие и упадет. Такая штука должна летать, как летает воздушный шарик, если его надуть и отпустить, не завязывая — то и дело вилять в разные стороны и, в конце концов, врезаться в Луну.

– Вы правы — если равнодействующая силы тяги двигателя не проходит через центр тяжести ракеты, то ракета начинает поворачиваться. Однако перемещение астронавтов — не самое страшное, что может случиться с лунным модулем. Очень существенную часть его массы составляет жидкое топливо. И это топливо весело плещется в баках, а вместе с ним гуляет туда-сюда и центр тяжести системы. Две с лишним тонны топлива взлетной ступени — это вам не астронавт, переминающийся с ноги на ногу! Кроме того, при подъеме взлетная ступень летит не по прямой, а совершает некий маневр с разворотом. Вначале она поднимается вертикально, потом наклоняется и разгоняется по пологой траектории, чтобы выйти на орбиту вокруг Луны. Поэтому совершенно необходимо уметь управлять направлением тяги: удерживать его проходящим через центр тяжести, когда надо лететь по прямой, и намеренно смещать его от центра тяжести, когда надо изменить курс. Все сказанное, кстати, справедливо не только для взлетной ступени, но также и для любой ракеты, взлетающей с Земли. Ракету-носитель удерживать на курсе даже тяжелее — жидкое топливо при старте составляет подавляющую часть ее массы, и смещения центра тяжести из-за смещения топлива куда существеннее, чем для лунного модуля. Итак, чтобы ракета (будь то лунный модуль или мощный носитель) не упала и летела туда, куда нужно, ей необходимо управлять.

Изобретательные инженеры-ракетчики выдумали немало способов управления направлением тяги. Самый старый — газовые рули, которые применялись еще на «Фау-2». За соплом ставят небольшие графитовые плоскости, которые могут поворачиваться и частично отклонять поток газа в ту или иную сторону. (Очень похоже на руль на морском судне.) Можно отклонять газовый поток и целиком — если двигатель не жестко закрепить в корпусе, а установить в кардановом подвесе, чтобы его можно было отклонять в стороны. Так управлялась американская лунная ракета «Сатурн-5». Можно, наконец, в дополнение к основному двигателю поставить несколько маломощных поворотных рулевых двигателей или камер сгорания. Так сделано на ракете «Союз».

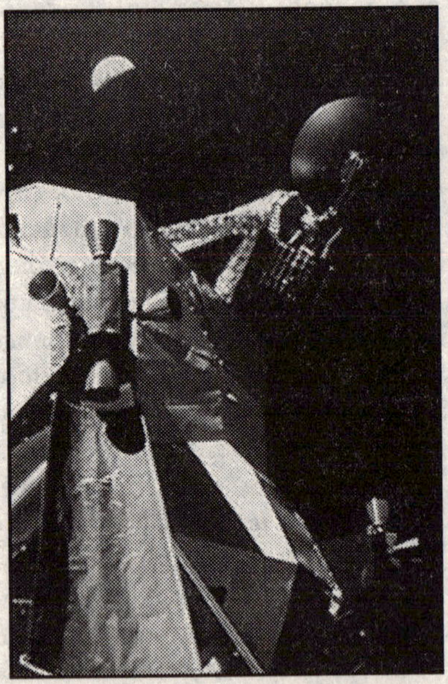

Рис. 127

Непременная часть системы управления любой ракеты — автомат

угловой стабилизации. Именно он обеспечивает устойчивость ракеты в полете. Входящие в его состав гироскопические датчики вырабатывают электрические сигналы, пропорциональные угловым отклонениям ракеты от требуемого положения. Эти сигналы усиливаются и подаются на рулевые органы ракеты (газовые рули, приводы поворота двигателей и т. п.) (рис. 127), и ракета разворачивается и занимает нужную ориентацию в пространстве. Эта задача давно отработана — как уже сказано, ее необходимо решить для любой ракеты, и ничего специфического в управлении именно лунным модулем нет.

Посадочный двигатель лунного модуля может поворачиваться и компенсировать возможные смещения центра тяжести. Кроме того, на взлетной ступени расположено 16 двигателей системы ориентации и стабилизации, собранных в 4 группы по 4 двигателя в каждой. Справа приведен фрагмент фотографии NASA AS17-134-20463, на которой хорошо видны две группы этих двигателей: одна — слева от центра кадра, другая — в его правом нижнем углу. Эти двигатели работают и при посадке, т. к., например, поворот модуля вокруг вертикальной оси возможен только с их помощью. А основной двигатель взлетной ступени закреплен жестко, поэтому при взлете с Луны ориентация взлетной ступени обеспечивается исключительно работой этих двигателей.

Натянутое под двигателями полотнище из черной материи защищает посадочную ступень от пламени того двигателя, сопло которого направлено вниз. Тяга каждого двигателя ориентации и стабилизации — всего 45 кГ, поэтому такой защиты достаточно: струя газа ее не оторвет, а материя, видимо, достаточно термостойкая.

Ю.И. МУХИН. В целом этот эпизод можно было бы считать познавательным, если бы хиви не решили украсить его фотографией «с Луны». В этом фото насовцы превзошли сами себя: модуль освещен, а тарелка антенны, находящейся на крыше модуля, – в тени, причем на ней два отсвета. Такого «солнца» узконаправленного света, они пока еще не демонстрировали.

Лунный модуль должен был упасть

Хиви НАСА. А нам говорят:

– Ну, может, автоматика и справится с управлением лунного модуля (действительно, ракеты-то летают). А человек? Ведь они перед посадкой вручную управляли. Когда американцы пробовали ис-

пытывать лунный модуль на Земле, он вел себя очень неустойчиво и довольно быстро разбился. А на Луне он почему-то шесть раз подряд сел и взлетел — и ни одной аварии! Разве так бывает?

Рис. 128

– Лунный модуль на Земле никто не испытывал. Не может он летать при земной силе тяжести — сила тяги его двигателя гораздо меньше его веса, так что он просто не оторвется от земли. Поэтому его могли испытывать — и испытывали — только в космосе. Испытаний перед первой высадкой было целых три. Сперва его опробовали в беспилотном режиме во время полета «Аполлона-5» в январе 1968 года, еще до первого пилотируемого полета «Аполлона». Потом было еще два пилотируемых испытания — на околоземной орбите во время полета «Аполлона-9» и на окололунной — при полете «Аполлона-10».

А на Земле летал специально построенный для астронавтов тренажер (рис. 128). На нем был вертикально установлен мощный реактивный двигатель, который компенсировал пять шестых веса аппарата. Так осуществлялась имитация его веса на Луне. Но имитация была неполной — если аппарат кренился, то сила тяги двигателя действовала наклонно, ее вертикальная составляющая, компенсирующая вес, уменьшалась, и появлялась горизонтальная составляющая, которая начинала двигать аппарат в сторону. Поэтому управлять этим тренажером было даже сложнее, чем настоящим лунным модулем.

Ю.И. МУХИН. Опять наукообразный бред! Если двигатель компенсировал всего пять шестых веса, то как этот аппарат мог летать? Или его на тросе поднимали и опускали? Или рядом стоял еще один двигатель, который компенсировал и оставшуюся шестую часть веса?

Хиви НАСА. Этих тренажеров было четыре или даже пять. В процессе тренировок астронавты добросовестно расколошматили три из них. Один разбил лично Армстронг — в одном из полетов тренажер стал сильно раскачиваться, Армстронг не сумел погасить колебания и был вынужден катапультироваться. Но благодаря многочисленным полетам на этих тренажерах (а также отработке навыков пилотирования на наземных нелетающих тренажерах лунного модуля, которые также были в NASA) все астронавты уверенно справились с управлением лунным модулем, несмотря на возникавшие при посадке сложные ситуации. Как мы уже говорили, Армстронгу пришлось перелетать кратер, заполненный камнями, а Конрад и Скотт сажали свои модули практически вслепую из-за поднятой двигателем пыли.

Кстати, летательные аппараты, которые используют для полета только реактивную силу тяги двигателя, не редкость и на Земле. Это — все те же самолеты с вертикальным взлетом во время взлета и посадки, а также ряд экспериментальных аппаратов. На фотографии слева — советский аппарат «Турболет». В его центре — мощный турбореактивный двигатель, поставленный вертикально, а на концах ферм — небольшие сопла для управления ориентацией. Турболет был сделан в 1956 году. В то время (за год до запуска самого первого спутника) о полетах на Луну вряд ли кто думал всерьез, его создатели имели в виду прежде всего отработку управления именно самолетами с вертикальным взлетом, над проектами которых тогда уже задумались. Летчик-испытатель Ю.А. Гарнаев выполнил на турболете всю программу летных испытаний без каких-либо серьезных происшествий. Очевидец описал эти испытания так:

Когда «этажерка» впервые неуверенно отделилась от земли и, покачиваясь, зависла на высоте одного-двух метров, трудно было отделаться от ощущения, что происходит нечто почти мистическое. Ни крыльев самолета, ни несущего винта вертолета, ни объемистого баллона аэростата — ничего того, что издавна помогало человеку, преодолевая вечно действующую силу тяжести, поднимать созданные им сооружения над землей, и — гляди-ка! — тем не менее летает!

[...] Подобно возникающей из пены морской Афродите (это поэтичное сравнение принадлежит, как легко догадаться, не мне, а одному из создателей турболета), вылезал он из густой шапки дыма и пыли, выбиваемой из грунта мощной реактивной струей.

Вскоре Гарнаев освоил созданную им же методику пилотирования турболета так, что выделывал на нем эволюции, напоминающие не столько полет нормального летательного аппарата, сколько танцы; причем танцы не бальные, а скорее так называемые эксцентрические.

(*М.Л. Галлай, «Испытано в небе».*)

Кстати, если все детали этого описания верны, то турболет тоже взлетал с грунтовых площадок и садился на них. И не проваливался в «ямы, которые рыл себе сам».

Ю.И. МУХИН. Тем не менее, в отличие от «Аполлонов» на «Луне», турболет ямы рыл.

Но я хотел бы сказать пару слов по поводу многочисленных полетов американских астронавтов на тренажерах. Поскольку их подвигом была посадка с ручным управлением спускаемого модуля на Луне (остальное – прыгать, бегать, втыкать флаг, собирать камни – могла и дрессированная обезьяна), то кинопленок о том, как астронавты на Земле тренировались в этом, должны быть километры, и эти кадры должны широко использоваться во всех кинофильмах о программе «Аполло».

Но хиви НАСА, вопреки обыкновению, не приглашают нас на сайт НАСА посмотреть их. Мне же пришлось из всего тренировочного процесса американских астронавтов видеть лишь эпизод того, как Армстронг, пытаясь управлять этим модулем, не справился с задачей и катапультировался, а тренажер взорвался. Поэтому, с одной стороны, может, астронавты в самом деле научились летать, но, с другой стороны, может, их тренировки стали для руководителей Америки лишним доводом, что лучше не надо.

Жуткие перегрузки при посадке на Луну

Хиви НАСА. Нам говорят:

– Давайте проанализируем американскую лунную программу в самой ее сложной части – пилотируемая ручная посадка 15-тонного аппарата на Луну и взлет.

Обратимся, собственно, к прилунению лунной кабины. Два космонавта находятся в кабине постоянно в скафандрах для работы на Луне. Масса скафандра – 29 кг, ранцевой системы жизнеобеспечения – 54 кг. На участках спуска и взлета космонавты находятся в подвесной системе, включающей пояс, надетый на бедра, и трос, зацепленный за пояс, переброшенный через блок и огруженный девятью кг. То есть космонавты, фиксированные тросом, находятся в положении «стоя» (под ногами даже положен противоскользящий коврик). Спуск на поверхность Луны производится в три этапа: торможение (8 мин.), выведение в район посадки (1,5 мин.), посадка (больше 1,5 мин.). Космонавты на двух первых этапах испытывают длительную перегрузку, максимальное значение которой – 5. Перегрузка направлена вдоль позвоночника (самая опасная перегрузка). Спросите у военных летчиков, можно ли устоять в самолете в течение 8 мин. при пятикратной перегрузке, да еще и управлять им. Представьте себе, что после трех дней пребывания в воде (три дня полета к Луне в невесомости) вы выбрались на сушу, вас поместили в лунную кабину, а ваш вес стал 400 кг (перегрузка 5), комбинезон на вас – 140 кг, а рюкзак за спиной – 250 кг. Чтобы вы не упали, вас держат тросом, прикрепленным к поясу, 8 минут, а затем еще 1,5 мин. (никаких кресел, ложементов нет). Не подгибайте ноги, опирайтесь на подлокотники (руки должны быть на органах управления). Кровь отлила от головы? Глаза почти не видят? Не умирайте и не падайте в обморок – вам надо очень нежно посадить не имеющий аналогов реактивный аппарат вручную, вслепую (вы в шлеме, окошко скошено так, что нижний край дальше от вас, и под собой ничего не видно, реактивная струя 5-тонного двигателя поднимает с поверхности песок), по радиовысотомеру. Где-то внизу, в пяти метрах, заканчиваются посадочные «ноги», на трех из них – железные штыри длиной 1,7 м. Когда они коснутся поверхности – двигатели автоматически выключатся. Если вы пришли на эту приблизительно ощущаемую высоту с ненулевой скоростью, то все – попытка не засчитывается. Потому что вас уже нет. И уже не важно, что под одну опору попал большой камень, раньше надо было куда-то смотреть. Хотите попробовать еще? А американские космонавты – без сучка и без задоринки шесть раз подряд «смогли». И уж не знаю, как они управляли посадкой в положении «стоя» при длительной 5-кратной перегрузке – это просто НЕВОЗМОЖНО.

– Давайте лучше проанализируем ваш «анализ».

Массу лунного корабля вы знаете — 15 тонн, т. е. 15 000 кг. И силу тяги ее двигателя — 5 тонн, или примерно 50 000 ньютонов — вы назвали почти правильно (на самом деле она чуть-чуть поменьше, около 4,5 тонны). А вот вашу пятикратную перегрузку вы взяли с потолка, хотя она элементарно вычисляется на основании известных вам данных. Про второй закон Ньютона слыхали? Согласно этому закону, сила есть произведение массы на ускорение, поэтому ускорение лунной кабины равно силе тяги ее двигателя, деленной на ее массу, т.е. 3.3 м/с^2 — *втрое меньше* ускорения свободного падения на Земле «g» (9.8 м/с^2).

Поэтому астронавты вместо пятикратной перегрузки, которой вы их так стращаете, испытывали троекратную «недогрузку». Правда, это ускорение росло со временем: масса корабля уменьшалась по мере выгорания топлива. Но даже если врубить посадочный двигатель «на всю катушку» в момент, когда сожжено практически все топливо посадочной ступени (8 тонн), ускорение лунного корабля составило бы всего-навсего 7 м/с^2 — несколько менее «g». Так что лунный корабль ни при каких обстоятельствах не способен создать для находящихся в нем астронавтов перегрузку в том смысле, в каком обычно понимают это слово — искусственную силу тяжести, превышающую вес на Земле: слишком мала его сила тяги по отношению к его массе.

Реально же максимальное ускорение лунного корабля было меньше полученных нами 7 м/с^2, т. к. через 6,5 минуты после начала торможения тяга его двигателя снижалась до 60% от максимальной, поэтому это ускорение не превышало примерно 5 м/с^2. 5 метров в секунду за секунду и 5 «g» — «две большие разницы». Если во втором случае человек действительно весит впятеро больше, чем на Земле, то в первом — в два раза *меньше*. Так что у астронавтов и кровь не отливала от головы, и ноги не подгибались.

А непосредственно перед посадкой, когда астронавты брали управление на себя, им становилось совсем легко (правда, только в самом буквальном смысле слова «легко», относящемся к весу; в других смыслах им было весьма тяжело). Лунный корабль в это время двигался без значительных вертикальных ускорений, поэтому вес астронавтов определялся лишь силой притяжения Луны и был *вшестеро меньше* земного.

Достаточно комфортные условия были и при взлете с Луны. Сухая (т. е. без топлива) масса взлетной ступени — 2,2 тонны, а сила тяги ее двигателя — 1,6 тонн. Поэтому взлетная ступень не может развивать ускорений свыше 7,3 м/с^2, а это значит, что вес находящихся в ней астронавтов опять-таки менее их земного веса. К тому же взлет с Луны проходил автоматически, и особенно активных действий от астронавтов на его этапе не требовалось.

Несколько слов относительно других аспектов вашего «анализа». Астронавты в момент посадки действительно не видели того, что находится непосредственно под лунным кораблем. Поэтому они перед посадкой двигали свой корабль вперед, смотря на поверхность перед ним и выбирая более-менее ровный участок. Когда этот участок уходил вниз, под корабль, они гасили горизонтальную скорость корабля и совершали посадку. Шофер тоже не видит дороги непосредственно под колесами своего автомобиля, но ведь выбоины как-то объезжает. (Конечно, посадка на Луну — вещь более рискованная, чем поездка на автомобиле по неровной дороге, но астронавты, наверно, недаром пользуются несколько большей славой, чем шоферы.) Да и вертолеты далеко не всегда садятся на заранее подготовленные площадки.

Вертикальную скорость корабля астронавтам помогала выдерживать автоматика: система управления получала данные о высоте над поверхностью и вертикальной скорости от радиовысотомера и регулировала тягу посадочного двигателя.

А вот двигатель астронавты при посадке выключали вручную.

Чем они там занимались?

Хиви НАСА. Задают вопрос:

– *А почему американцы не проводили на Луне серьезных экспериментов, например: не искали полезные ископаемые, не возводили построек, которые облегчат пребывание там людей, может, даже долгосрочное? А вместо этого они там катались на своем «Мерсе», тыкали флажки «с моторчиками», скакали, пели и не занимались серьезным делом!*

– Да потому, что цель первой ПИЛОТИРУЕМОЙ экспедиции на Луну — выяснить, может ли там человек, ВООБЩЕ, находиться. А все остальное — полезные ископаемые и все такое — неинтересно рядовому налогоплательщику, и для него сделана вся эта показуха (флажки, фотографии, съемки со стороны), возможно, даже на Земле. Даже сами насовцы говорят, что для образовательных целей они делают что-то на Земле, то, что недосняли там. Но такие фотографии строго **отделены** от реальных, а об этом некоторые забывают.

Ю.И. МУХИН. Да мы такого себе и представить не могли! Спасибо хиви НАСА, что открыли глаза: кто же мог подумать, что американцы пошлют к Луне шесть экспедиций подопытных морских свинок, чтобы выяснить, подохнут они там или *«могут, ВООБЩЕ, находиться»*?

Хиви НАСА. А достаточно серьезные эксперименты на Луне все-таки проводились. Уже астронавты «Аполлона-11» сделали там немало полезного для менее чем трех часов, проведенных снаружи: собрали 22 кило грунта, установили ряд научных приборов.

Об этих приборах стоит рассказать поподробнее. Каждая лунная экспедиция устанавливала на Луне комплект научной аппаратуры, передававший собранные данные на Землю по радио. Астронавты «Аполлона-11» установили более простой комплект аппаратуры EASEP — с питанием от солнечных батарей. К сожалению, он проработал недолго — всего два лунных дня (т. е. менее двух месяцев). Следующие экспедиции устанавливали более совершенные наборы приборов ALSEP, которые питались от радиоизотопных генераторов. Эти приборы добросовестно работали несколько лет и были выключены лишь 30 сентября 1977 года в связи с падением мощности питающих генераторов (а главным образом — сокращением финансирования, из-за чего пришлось сэкономить на программе приема данных с Луны).

Рис. 129

На фотографии (рис. 129) показана центральная часть комплекта ALSEP. На переднем плане — радиоизотопный электрогенератор, от которого идет кабель питания к расположенному за ним центральному блоку, покрытому золотистой теплоизоляцией. В этом блоке находится аппаратура управления научными приборами, расставленными вокруг него и соединенными с ним проводами (на снимке эти приборы не видны — они отнесены достаточно далеко от центрального блока и находятся за пределами кадра), а также радиоаппаратура для связи с Землей.

Ю.И. МУХИН. Умиляет уверенность, что в Голливуде такое фото сделать было нельзя. Можно, можно было сделать даже с правильными тенями.

Хиви НАСА. В состав комплекта ALSEP входил ряд приборов, в частности сейсмометр, магнитометр, ионный детектор, детектор лунной атмосферы и спектрометр солнечного ветра. Данные, полученные с магнитометров и сейсмометров, позволили, в частности, уточнить внутреннее строение Луны. Американцам даже удалось поставить на Луне несколько активных сейсмических экспериментов. Например, астронавты «Аполлона-14, -16 и -17» взорвали на поверхности Луны несколько небольших бомбочек (от 57 граммов до 2,7 кило взрывчатки) для измерения скорости распространения сейсмических волн. Впрочем, они устраивали и гораздо более мощные «взрывы». Начиная с полета «Аполлона-12», взлетная ступень, после того как астронавты поднялись на ней к основному блоку и перешли в него, тормозилась и сбрасывалась на поверхность Луны. А начиная с полета «Аполлона-13», на Луну направлялась и последняя ступень ракеты «Сатурн-5». Падение на Луну ступени массой 15 тонн со скоростью 2,5 км/с производило эффект, примерно равный взрыву 10 тонн тротила. При этом сейсмометры на лунной поверхности фиксировали сейсмические колебания, вызванные падением ступеней и лунных кабин. Падение последней ступени «Аполлона-13» на Луну стало для геофизиков (вернее, селенофизиков) настоящим сюрпризом: после удара Луна буквально загудела, как колокол. Сейсмические колебания продолжались целых четыре часа, на Земле же записи взрывов и землетрясений на расстоянии сотен километров от эпицентра длятся не более 1 минуты на скальных грунтах и не более 10 минут на осадочной толще. Ученые назвали это явление «сейсмозвоном». (Вот вам и сейсморазведка полезных ископаемых!)

Кстати, о полезных ископаемых. Не забывайте, что американцы привезли с Луны почти 400 кило лунного грунта как раз для его всесторонних исследований. А в одном из полетов («Аполлон-17») на Луне побывал Харрисон Шмитт — геолог-профессионал. Подробнее про лунный грунт будет ниже.

Еще об одном эксперименте, поставленном на Луне, — фотографировании небесных объектов в ультрафиолетовых лучах — мы уже говорили.

Астронавты «Аполлона-12» внесли некоторый вклад в космическое материаловедение. Место посадки «Аполлона-12» было выбрано вблизи места прилунения американского автоматического аппарата «Сервейер-3», севшего на Луну двумя годами ранее (рис. 130). Астронавты сняли с «Сервейера» несколько деталей и привезли их на Землю для исследования изменений, происшедших с материалами за два года пребывания на лунной поверхности.

Три научных прибора, установленных астронавтами на Луне, продолжают давать новые данные и сейчас. Это лазерные отражатели, установленные тремя лунными экспедициями. Ниже мы еще поговорим о них.

Ю.И. МУХИН. Но Советский Союз доставил на Луну точно такие же приборы, в частности, те же лазерные отражатели. Поэтому все эти великие достижения «Аполлонов» никак не доказывают, что американцы высаживались на Луну.

А почему туда больше не летают?

Хиви НАСА. Но нас спрашивают:

– А почему американцы больше на Луну не летают? Если они тридцать лет назад это могли — то почему сегодня не могут? После 1972 года они ни разу на Луне не были.

Цель полета на Луну была прежде всего политической: побывать на Луне раньше русских и тем самым утереть им нос. Поэтому программа «Аполлон» была мероприятием крайне дорогим, скорее разовым, чем долговременным, и — чего греха таить — весьма опасным.

Под эту конкретную цель NASA была выдана вполне конкретная сумма. А продолжать финансирование лунных экспедиций у американского правительства не было намерений. Программу даже не сумели выполнить в том объеме, который был запланирован вначале. Сперва предполагалось совершить десять полетов на Луну, в ходе программы сначала отменили два полета из десяти, а потом еще один. В итоге на Луне побывали лишь шесть экспедиций: седьмая высадка не состоялась из-за аварии корабля («Аполлон-13»).

Повторить лунные экспедиции сегодня — задача более сложная, чем может показаться. Конструкторская документация на оборудование (ракеты, лунные корабли и т. д.) сохранилась — и в бумаге, и на микрофильмах. (Часто говорят, что она уничтожена, но это не так.) Но от этого не легче: все это оборудование изготовлялось на основе технологий, материалов и компонентов чуть ли не полувековой давности. Производственные площади, где делались ракетные ступени (гигантские, 10 метров в диаметре), давно перепрофилированы под другие задачи. Электронные детали, из которых собирались системы управления ракет и бортовые компьютеры, давно не выпускаются. Наконец, стартовые комплексы «Сатурнов» давно переоборудованы под «шаттлы». Поэтому все пришлось бы делать (разрабатывать, конструировать, испытывать, строить) чуть ли не с нуля. И естественно, затратить на все это такие же средства (а с учетом инфляции — гораздо большие).

Так что новых полетов на Луну не будет, видимо, до тех пор, пока у человечества (или богатой страны) не найдется кругленькой суммы в несколько десятков миллиардов у.е., которую ее владелец согласился бы потратить на дальнейшее освоение Луны.

– Да ну? Сейчас экспедиции обойдутся куда дешевле, чем 30 лет назад! Технологии-то не стоят на месте!

Смотря какие технологии. Компьютерные, например, — да: нельзя и сравнить компьютеры 60-х годов с современными. А ракетные за эти 30 лет не слишком усовершенствовались. Более мощного топлива, чем то, которое использовалось на последних ступенях «Сатурнов» (кислород+водород), сейчас не применяется, и вряд ли его откроют: все потенциально пригодные для ракетных двигателей химические реакции давно изучены. А сами ракетные двигатели сейчас стали несколько более эффективными, чем тогда, но это «несколько более» — проценты, а не разы. Основная характеристика эффективности ракетного двигателя — это скорость истечения из его сопла продуктов сгорания. Эта скорость у двигателя J-2, который использовался на второй и третьей ступенях «Сатурна-5», составляла 4,3 км/с. А у двигателя SSME, используемого на «Шаттлах», эта скорость равна 4,52 км/с. Дальнейшему повышению скорости истечения препятствует столь фундаментальная вещь, как закон сохранения энергии: даже если энергия химической реакции кислород+водород полностью перейдет в кинетическую энергию газовой струи, то ее скорость будет составлять 4,63 км/с. Как видим, «резервов роста» для ощутимого повышения эффективности химических ракетных двигателей практически не осталось.

Двигателей на других принципах (т. е. не химических), способных поднять ракету с Земли или хотя бы с Луны, сегодня не существует. Есть либо устройства, способные работать только в космосе (слишком мала их тяга), либо проекты вроде ядерных двигателей, которые никто и не пробовал реально осуществить. (А сейчас и подавно пробовать не будут — кому нужен потенциальный «летающий Чернобыль»?) Так что построить что-то для полета на Луну заметно легче и дешевле, чем тогда, не получится.

Впрочем, о чем говорить, если до сих пор наши «Союзы» выводятся на орбиту ракетой, основная часть которой (первая и вторая ступени) разработана и испытана в 1957 году? И ничего, летает. И замену ей делать пока не спешат.

Ю.И. МУХИН. Однако повторю и буду напоминать, что прекратилось вообще исследование Луны, в том числе и в автоматическом режиме. В то же время у тех же американцев нашлись деньги на совершенно глупые по своим задачам

«Шатлы», на космическую станцию, чтобы принимать на ней туристов. Ведь за сорок лет не сделали даже такого пустяка, как крупномасштабную карту Луны. И понятно почему – начни фотографировать поверхность Луны и нафотографируешь, что в местах «посадок «Аполлонов» их и близко не было.

Разговоры

Хиви НАСА. Еще довод:

– Нет пауз между репликами в разговорах астронавтов и Хьюстона. А ведь они должны быть, учитывая расстояние между Луной и Землей.

– Правильно, их нет. Так же, как и самих разговоров. Это не разговоры, а доклады. Мы просто слышим, как докладывают о состоянии дел астронавты и Хьюстон. Им не о чем было разговаривать, они и так прекрасно знали, что им надо делать.

А в некоторых местах эти паузы просто вырезали, чтобы зрителю не было скучно. Странно еще, что вас не удивляет фоновая музыка, которую они поставили для канала Discovery.

Если посмотреть момент отрыва лунного модуля «Apollo-11», то там они вообще перебивают друг друга и при этом говорят спокойно, не перекрикивают, и вообще не просят повторить.

– В СССР не показали прямую трансляцию прилунения потому, что наши с нашим образованием сразу бы все раскололи.

– Неправильно. Видели все, кроме людей из Варшавского блока, СССР сам не захотел показывать это. Но наши специалисты по космосу (в ЦУПе, ЦНИИМАШе...) видели все это своими глазами. Невозможно, чтобы ни один ляпсус не просочился — ведь все заснято и прокручивалось потом сотни раз, по методам лейтенанта Коломбо.

– А как вам такая история, описанная в книге «Скульпторы лика земного» (М.: Мысль, 1977)?

«Представляет интерес случай, происшедший на посадочном модуле корабля «Apollo-15». В разгерметизированной кабине на пол вылилось более двухсот литров воды. По рекомендации с Земли астронавты вычерпали воду пакетами из-под пищи. Удивительно, но в полнейшем вакууме и космическом холоде вода не испарилась и даже не замерзла!»

Как видите, достаточно лишь немного подумать над подаваемой американцами информацией, как останется лишь удивляться. Видели ли вы жидкую воду зимой в 20-градусный мороз? Уже при –5°С брызги воды замерзают в воздухе. А о какой жидкой воде говорить в 200-градусный космический мороз?

– Ну, если *лишь немного* подумать, то, пожалуй, и можно удивиться. А если все-таки подумать получше?

Начнем с того, что никакого «ужасного 200-градусного космического мороза» не существует. Температура — это энергия движения молекул, а в вакууме молекул нет. Тела в вакууме остывают лишь за счет испускаемого ими теплового излучения — достаточно медленно. Например, лунная поверхность днем разогревается Солнцем до ста с лишним градусов, а ночью остывает до минус ста с лишним — но не забывайте, что лунная ночь длится две недели.

Лунный модуль стоял на лунной поверхности под лучами Солнца, поэтому и он сам, и все внутри его никак не могло остыть до таких жутких температур.

Впрочем, все это ерунда. В первую очередь следовало бы подумать о том, что удивляет вас вовсе не «подаваемая американцами информация», а то, что напечатано в прочитанной вами книжке издательства «Мысль». Американцы-то дают несколько другую информацию.

Весь запас воды в лунном модуле составлял 496 фунтов, или 225 литров. «Более двухсот литров воды», которые якобы вылились на пол — это вся вода, которая была у астронавтов. Полная потеря воды была бы катастрофой — ведь вода нужна не только для питья (по 100 с лишним литров на брата на три дня — это, согласитесь, многовато), а в основном для технических нужд — охлаждения самого модуля и скафандров и т. п.

А на самом деле случилось вот что. Когда астронавты Скотт и Ирвин вернулись в лунный корабль после первого выхода на поверхность, они закрыли люк, наполнили кабину кислородом, сняли скафандры и первым делом решили напиться. Тут-то они и заметили, что один из пластиковых штуцеров антибактериального фильтра, через который проходила питьевая вода, треснул и вода довольно сильно сочится сквозь трещину на пол. (Первая ошибка в книжке — кабина *не была* разгерметизирована, и никакого «полнейшего вакуума» там не было.)

Астронавты тут же доложили о происшедшем на Землю. После быстрой консультации с Центром управления они устранили течь: отсоединили от антибактериального фильтра шланги и соединили их друг с другом. (Фильтр был установлен на всякий случай — вдруг в баки с водой попадут и там размножатся какие-нибудь опасные микробы.) По показаниям приборов выяснилось, что потеряно около 25 фунтов воды, т. е. чуть больше 10 литров. (А книжка утверждает, что в 20 раз больше.)

Уставшие после пребывания на лунной поверхности астронавты легли спать. Но после сна им пришлось устроить «влажную уборку», а точнее, «уборку влаги»: тщательно собрать с пола воду пустыми пакетами из-под пищи. (Это, пожалуй, единственная деталь, которая в книжке изложена правильно.) Эту воду они собрали в два пустых контейнера из-под химикатов для системы жизнеобеспечения (гидроокиси лития для поглощения углекислого газа). После этого они насухо вытерли пол полотенцами. Во время второго выхода на лунную поверхность они первым делом выбросили эти контейнеры с водой из люка корабля. Из-за этой уборки второй выход на лунную поверхность начался примерно на час позже, чем планировалось.

Собрать воду требовалось потому, что в противном случае во время второго выхода на лунную поверхность, когда корабль был разгерметизирован, вода в вакууме стала бы интенсивно испаряться, а пар мог бы сконденсироваться и замерзнуть, например на раме и механизмах входного люка. Тогда астронавты не смогли бы плотно закрыть его по возвращении.

Полный запас воды в лунном корабле, как мы уже сказали, составлял 225 литров. По планам, астронавты должны были израсходовать 177 литров; 48 литров оставалось в резерве. Фактически расход составил 190 литров. Хотя астронавты беспокоились, что из-за потери воды ее может не хватить на третий выход на лунную поверхность (довольно много воды требовалось для заправки системы жизнеобеспечения скафандров), но в итоге третий выход все-таки состоялся.

Вот такие дела: на самом деле произошел не слишком-то значительный эпизод. Всякие мелкие и средние неприятности имеют место чуть не в каждом полете, и далеко не всегда они становятся широко известны. А если верить книжке, то случился какой-то «вселунный потоп»: пролилась вся вода, имевшаяся тогда на Луне (по крайней мере, вода в жидком состоянии). Как произошла такая метаморфоза — действительно, остается лишь удивляться.

Странно, что вы воспользовались информацией «из третьих рук», хотя сейчас достаточно легко проверить разные сомнительные сообщения по первоисточникам. После подобной проверки поводы для удивления, как правило, исчезают.

Ходьба

А еще нам говорят:

– При ходьбе и беге нога отрывает человека от земли и подбрасывает вверх на некую высоту h. Энергия этого броска равна нашему весу, умноженному на эту высоту. На Луне наш вес будет в 6 раз меньше, следовательно, при том же привычном мускульном усилии нога подбросит нас на высоту h — в 6 раз выше, чем на Земле.

С высоты h нас возвращает на Землю сила ее притяжения за время t, рассчитываемое по формуле

$t=v(2h\ /\ g)$,

где: g — ускорение свободного падения, равное на Земле 9,8 м/сек^2, а на Луне 1,6 м/сек^2. На землю мы опустимся за время

$v(2h\ /\ 9{,}8) = 0{,}139v\cdot(2h)$

Предположим, что Олдрин на Земле, дома, в одних трусах при ходьбе без напряжения подбрасывает свое тело на 0,1 м над Землей, тогда в воздухе он будет находиться

$0{,}319\ v(2\cdot 0{,}1) = 0{,}14$ *сек.*

На Луне в скафандре и с ранцем жизнеобеспечения он имеет массу в 1,5 раза больше, чем на Земле, следовательно, и высота его подъема над поверхностью Луны будет не в 6, а в 6 : 1,5 = 4 раза больше, чем в одних трусах на Земле. С этой высоты он опустится на поверхность за время

$t = v(2 \cdot 4 \cdot 0{,}1\ /\ 1{,}6) = 0{,}71$ *сек.*

Сила мускулов ноги придает энергию и горизонтальной составляющей ходьбы или бега, эта энергия равна половине произведения массы на квадрат скорости. При тех же затратах мускульной энергии увеличение массы одетого в скафандр Олдрина в 1,5 раза вызовет уменьшение скорости движения его над поверхностью Луны в

$1{,}5v \sim= 1{,}22$

раза (сопротивлением воздуха пренебрегаем), по сравнению с Олдрином в трусах на Земле.

Предположим, что на Земле Олдрин в одних трусах делает над поверхностью за рассчитанные нами 0,14 сек. шаг длиной в 0,9 м. На Луне в скафандре его скорость уменьшится в 1,22 раза, но время до опускания на поверхность возрастет в 0,71 : 0,14 = 5,1 раза, следовательно, ширина шага Олдрина увеличится в 5,1 : 1,22 = 4,2 раза, или до 0,9 · 4,2 = 3,8 м.

Скафандр затрудняет движение, и, положим, по этой причине его шаг уменьшится на 0,5 м на Земле. На Луне он тоже уменьшится на это расстояние и составит 3,8 — 0,5 = 3,3 м.

Следовательно, на Луне в скафандре скорость шага движения астронавтов над поверхностью должна быть чуть медленнее, чем на Земле, но высота подъема при каждом шаге должна быть ***в 4 раза выше****, чем на Земле, и ширина шага* ***в 4 раза шире.***

В фильме астронавты бегают и прыгают, но высота их прыжков и ширина их шагов значительно меньше*, чем на Земле. Это немудрено, ведь, когда их снимали в Голливуде, на них все же была хотя бы имитация скафандра и ранца жизнеобеспечения, они были изрядно нагружены и им было тяжело. И воспроизведение съемок в замедленном темпе эту тяжесть не может скрыть. Астронавты очень тяжело топают ногами при беге, из-под их ног вылетают килограммы песка, они еле поднимают ноги, носки все время гребут по поверхности. Но медленно....*

– Ну, вы и блеснули физикой и математикой. Проштудируйте-ка правила спортивной ходьбы: тот, кто отрывается от земли, дисквалифицируется. Ходьба тем и отличается от бега, что ноги НЕ ОТРЫВАЮТСЯ ОТ ОПОРЫ и тело передвигается вперед ровно на столько, на сколько будет вперед выброшена нога, так что вы ошиблись в первой же строчке своего рассуждения. Грустно, но правда.

Ю.И. МУХИН. А мне весело, поскольку, во-первых, насовцы сообщили еще одну цель полета астронавтов на Луну – оказывается, они там должны были заниматься спортивной ходьбой, а, во-вторых, это каким же надо быть придурком, чтобы записать, да еще и выделить шрифтом, что при ходьбе *«ноги НЕ ОТРЫВАЮТСЯ ОТ ОПОРЫ»*? Это ведь не катание на лыжах. Ну хиви, ну титаны мысли!

Хиви НАСА: Но в этом рассуждении это — не единственная ошибка: «Скафандр затрудняет движение и, положим, по этой причине его шаг уменьшится на 0,5 м на Земле. На Луне он тоже уменьшится на это расстояние и составит 3,8 — 0,5 = 3,3 м». Дело в том, что скафандр затрудняет движение именно тем, что уменьшает силу начального горизонтального толчка, за счет чего уменьшается начальная горизонтальная скорость! А не абстрактно «затрудняет движения», как вы говорите, безосновательно полагая уменьшение шага из-за скафандра одинаковым и на Земле, и на

Луне. Говоря языком цифр, окончательную длину шага следовало бы считать не 0,9 х 4,2 — 0,5 = 3,3, а: (0,9 — 0,5) х 4,2 = 1,7 метра. Что вдвое меньше, чем вы предлагаете, не так ли?

Ю.И. МУХИН. Сила – это то, чем обладает человек, и он ею обладает вне зависимости от того, что на нем одето, не так ли? (is not it? – это я для насовцев, вложивших этот текст в головы своих хиви). Разве надетые на ноги или руки кандалы уменьшают силу рук или ног? Нет, они сковывают их движения, и только!

Хиви НАСА: А вообще, удивляюсь, как это вы так смело измерили энергию прыжка: она считается совсем не так. Как — знают биологи.

Ю.И. МУХИН. По правде сказать, чтобы вас, хиви, удивить, много не требуется. Гораздо больше усилий требуется, чтобы хотя бы что-нибудь объяснить вам. Вот вы прочли мой текст, но так и не сумели понять элементарного: что я не «измерял энергию прыжка», а рассчитал его длину. Ну вот как вам объяснить, что «измерил» и «рассчитал», «энергия» и «длина» — это немного разные вещи?

Неуклюжесть

Хиви НАСА: И еще одно. Если человек чего-то не делает, это вовсе не означает, что он *не может* этого сделать — возможно, просто *не хочет*. (Вы ведь не тратите всю получку в один день?) Астронавтам совсем ни к чему было ставить рекорды по прыжкам — олимпийские медали на Луне выдавать было некому. А вот о собственной безопасности им думать приходилось. Действительно, сила притяжения на Луне вшестеро меньше, чем на Земле. Это значит, что ровно во столько же раз уменьшается и сила сцепления ног с грунтом («сила трения равна силе нормального давления, умноженной на коэффициент трения», помните?) А масса (и инерция) у астронавта осталась такой же, как и на Земле. Получается, что соотношение сил инерции и силы трения ног о грунт вшестеро хуже, чем на Земле. Если сила сцепления ног с поверхностью мала, то человек, которому не хочется упасть, передвигается осторожно, маленькими шажками. Астронавты вели себя точно так же — прыгали не так далеко, как могли, а настолько, насколько это им казалось безопасным. Падать-то им хотелось еще меньше, чем вам: на Земле упавший человек, как правило, отделывается ушибами, а повреждение при падении скафандра или приборов системы жизнеобеспечения (в ранце за спиной) повлекли бы несколько более серьезные последствия. И слишком высоко подпрыгивать им было ни к чему: чем выше прыжок, тем больше скорость «прилунения» (а также шансы не устоять на ногах).

Ю.И. МУХИН. Ну ума у вас нет – это понятно, иначе вы бы не были хиви НАСА. Но память-то у вас должна же оставаться?! Вы же несколько раньше сами дали фото, на котором астронавт «Джон Янг» балуется, прыгая возле американской матрасовки, и шутейно отдает ей честь! А в фильме (и я это описал в своих статьях) «астронавты» и бегают, и прыгают, и со смехом падают. Повторю, что я знаю одного человека, очень далекого от техники, который, глянув на эти кульбиты, плюнул и сказал, что он ничего не понимает в доводах спорящих, но так люди на Луне себя вести не могли. И тут же, естественно, послал великое американское достижение, сами понимаете, куда. (Послал вместе с вами.)

Хиви НАСА. А нам говорят:

– Лунное тяготение в 6 раз меньше земного. То есть, вес тела астронавтов составляет 1/6 земного, привычного для него, а инерция тела остается прежней. Соответственно, движения человека, оказавшегося после недельного пребывания в невесомости (время полета к Луне), на поверхности нашего спутника должны быть резкими и дергаными, ибо хомо сапиенс попал в непривычную для него среду обитания, где его вазомоторика подчиняется иным условиям. Адаптация не приходит за несколько минут, для этого потребовалось бы не менее 100 суток пребывания на борту космического корабля в открытом космосе, чтобы организм освоился с нужными усилиями для произведения естественных движений. Иначе (как мы не наблюдаем в фильме с Луны) человек будет постоянно совершать излишне размашистые шаги, разворачиваться вокруг своей оси от малейшего движения рукой и внешне вести себя неуклюже и смешно. На пленке всего этого нет.

– Космонавты, как-никак, — не люди с улицы, а специально подготовленные профессиональные летчики, которых сильно помучили на Земле перед тем, как пустить в космос.

Когда вы идете по горло в воде, вы же не двигаетесь так же, как и на суше, а изобретаете новые способы передвижения, «ибо хомо сапиенс попал в непривычную для него среду обитания, где его вазомоторика подчиняется иным условиям». И вам не надо проводить около ста суток под водой, чтобы научиться в ней двигаться.

– *В воде-то как раз зачастую люди и движутся неуклюже.*

– Легкость движений из-за невесомости и вакуума компенсируется жесткостью скафандра.

И, вообще, посмотрите на кадры, на которых запечатлены прыжки на Луне, например на известные кадры прыгающего астронавта, напевающего «Хиппади-хоппади» или на этот видеофрагмент: http://www.nasm.si.edu/apollo/MOVIES/a01708av.avi (1,8 Мбайт). Вот, что я там вижу: он сначала немного разгоняется, прыгает, выставляя одну ногу вперед всего на 25–30 сантиметров, потом продолжает движение вперед СО СВЕДЕННЫМИ ВМЕСТЕ НОГАМИ, при этом его свободно тянет вперед, значит, ему нужно меньше усилий, чтобы прыгать.

И еще: из-за пониженной силы тяжести сцепление ботинок астронавта с грунтом будет очень неважным, особенно если этот грунт — песок. Поэтому бегать «традиционным» образом (переставляя ноги и совершая при этом многометровые прыжки) наверняка очень затруднительно: ноги просто будут проскальзывать. И вообще, поскользнуться ничего не стоит. Потому-то астронавты и вынуждены перемещаться осторожно — либо делая маленькие шажки, как на льду, либо совершая небольшие прыжки обеими ногами.

Ю.И. МУХИН. Опять хиви употребляют слова без малейшего понимания, что они значат. «Плохое сцепление с грунтом» — это когда протекторы (а они и делаются на подошвах и шинах для улучшения сцепления) совсем не погружаются в опору, а скользят по ней, т. е. не оставляют на грунте вдавленных следов. Хиви! Ну вы же вспомните фотографии, которые дали в разделе «Следы», там же следы от «астронавтов», которые проваливаются в грунт чуть ли не по колено. Как же может быть «плохое сцепление»?

Заговоры

Хиви НАСА. А нам говорят:

– Вся программа Apollo была спонсирована и запущена президентом Кеннеди. В публичных обращениях он заявлял, что американец первым прибудет на Луну, хотя русские к этому были ближе, а американцев всегда преследовали неудачи в освоении космоса. Так и произошло. Откуда же он знал все так наверняка?!

– JFK не дурак, он ведь думал, что говорит. Ученые прогнозируют методом экстраполяции, рассчитывая на все возможные неудачи.

Ю.И. МУХИН. Вот вы, насовцы, даете сложные тексты, а ваши хиви не знают, как их перевести на русский. В русском языке не применяют аббревиатур для имен, исключением является, пожалуй, Ельцин Борис Николаевич, которого называли ЕБН из-за приятного звучания этой конкретной аббревиатуры. Насовцы написали по американскому обычаю JFK, а хиви не смогли перевести это на русский – это Джон Фицджеральд Кеннеди. Так что, насовцы, не усложняйте своим хиви жизнь – они и так уже за пределами своих умственных возможностей.

Хиви НАСА. А нам говорят:

– Наше правительство тоже много чего говорит. Ты хоть представляешь, что такое БЛЕФ?

– Блеф не блеф, чье-чье, а американское правительство держать слово умеет. Нашли сравнения, наше и их. Конечно, вы можете сказать, что они уже тогда знали, что будут мухлевать, но ведь и наши были к этому близки, значит, вполне могли быть близки и они. Десять лет — ну, согласитесь, большой срок для подготовки.

– Парниша, ты бы сначала поинтересовался историей: наши за несколько дней до полета «Apollo-11» запустили только НЕПИЛОТИРУЕМЫЙ модуль, а о людях и речи не шло.

– Зато у американцев шло. У них одновременно с Apollo шла еще двухлетняя программа Gemini, которая готовила оборудование для пилотируемого полета. Насчет этого было выше. Но, кажется, вы забыли и о советской программе «Восток».

– Кстати, ничьих космонавтов, кроме американских, на Луне не было. Это доказывает, что доставить туда людей невозможно.

– Ничего это не доказывает. Просто ни у одной страны не было таких средств (на программу «Apollo» ушло 25 400 000 000 долларов против всего лишь четырех, данных правительством советским ученым), а Советский Союз, решив, что для них Луна потеряна, переключился на другие исследования. Информацию по Луне русские ученые все равно получили, так что, кроме престижа, ничего потеряно не было. Выше мы уже говорили о том, почему американцы сумели оказаться на Луне первыми.

А вообще, мне трудно представить такую ситуацию: все знают, что на Луну людей отправить невозможно, и все равно все американцам верят.

– А, может, наши и не были близки? Может, мы тоже мухлевали?

– Наши тогда проследили за всем полетом американцев своей техникой, и, если чего было бы подозрительно, использовали бы это для пропаганды, заявили бы в ООН или куда-нибудь еще. Но ничего не произошло.

– А может, то, что летело на Луну, было, ну, скажем, надувным?

Программа Gemini была проведена с 1964-го по 1966-й год (всего там было 12 запусков!) именно для создания технологий, с помощью которых потом будет возможно доставить на Луну и обратно человека. Что же, все тринадцать лет Аполлон + Джемини были надувными?

В Хьюстоне проводится каждый год конференция по лунным материалам, доставленным программой «Аполло», если вы узнаете о том, какие средства расходовались ТОЛЬКО на эти конференции — глаза на лоб полезут. Что же, они тратили деньги просто так?

Отчеты об экспедициях — это гигантский фактический материал, его можно найти в больших библиотеках. Результаты не высосаны из пальца и не надувные.

Грунт с Луны

– А какие такие материалы американцы привезли с Луны? Говорят: лунный грунт, лунный грунт... А где доказательства, где гарантии того, что это именно лунный грунт, а не взятый из окрестностей какого-нибудь вполне земного ядерного полигона? Или специально созданный в лабораторных условиях, «приближенных к космическим»?

– Заявлять подобные глупости могут только люди, абсолютно незнакомые с (и никогда не интересовавшиеся!) исследованиями лунного вещества из коллекций «Апполонов».

Американцы привезли с Луны 380 кило лунного грунта. Около 45 кг образцов NASA раздало (кстати, абсолютно бесплатно) в ряд научно-исследовательских организаций в США и в других странах. А оставшаяся часть коллекции полностью описана и каталогизирована, и эти каталоги доступны. Сами же образцы для исследования до сих пор может получить любое научное учреждение, способное составить обоснованную заявку — разумеется, при условии гарантированного возврата.

Среди исследователей было и есть много достойнейших геохимиков с международным авторитетом. Изучали лунный грунт и наши геохимики из Института им. Вернадского.

Ю.И.МУХИН. Согласно справочнику ЦРУ «Страны мира» на 2001 год на Земле было 272 страны. Если эти 45 кг разделить между ними даже поровну, то получится по 165 граммов на страну, включая такие мощные державы, как Аруба, Гуам, Лесото и Гайана. Это почему же из этих 45 кг в СССР было послано всего 30 граммов? Неужели в СССР наука была более отсталой, нежели на Гаити?

Хиви НАСА. Кстати, вспомните, что уже после полетов «Аполлона-11» и «Аполлона-12» наши получили образцы лунного грунта не из рук американцев, а самостоятельно. Советская автоматическая станция «Луна-16» 24 сентября 1970 года доставила на Землю 100 граммов лунного грунта. Потом лунный грунт был доставлен станциями «Луна-20» и «Луна-24». И те же самые специалисты из Института им. Вернадского исследовали и доставленный нашими «Лунами» грунт, и никто из них не пришел к выводу, что американские образцы были собраны на ядерном полигоне или сделаны в лаборатории. Напротив, исследования показали, что и американский, и наш грунт имеют одно и то же происхождение — несомненно неземное.

Дело в том, что привезенные с Луны камни и пыль, благодаря пребыванию в вакууме, под космическим излучением и ударами микрометеоритов в течение миллиардов лет, обладают совершенно уникальными свойствами. Изучавшие их специалисты говорят, что получить поддельный лунный грунт на Земле невозможно — или, по крайней мере, так сложно, что привезти с Луны настоящий будет проще и дешевле.

И не зря в лексиконе геологов после того, как лунный грунт оказался на Земле, появились новые термины: «лунные анортозиты», «KREEP-породы» и т. д. Лунными анортозитами сложена преимущественно поверхность материков Луны. Они резко отличаются от земных анортозитов — составом породообразующих и акцесорных минералов, полным отсутствием водных минералов и, главное — радиологическим возрастом: лунные анортозиты образовались 3,7– 4,0 миллиарда лет назад, а самые старые земные — лишь 2,6 миллиарда. Подобных пород ранее не

Рис. 131

встречали ни на Земле, ни в метеоритах: возможно, они в Солнечной системе совершенно уникальны. Невозможно придумать и грамотно при этом описать новую горную породу — это вам любой геолог скажет.

Или вы считаете, что советским ученым, исследовавшим лунный грунт, зарплату NASA платило?

– *Наши настоящий грунт с Луны привезли, хотя туда и не летали. Может, то, что есть у американцев, тоже автоматами доставили?*

– Наши автоматы доставляли за раз грамм по 100 грунта («Луна-16» — 100 граммов, «Луна-20» — 30 и «Луна-24» — 170). Они либо зачерпывали совком пыль и мелкие камешки с поверхности, либо высверливали тонким буром на небольшую глубину в нем этакий «стакан» и загружали его внутрь возвращавшегося на Землю аппарата. А автомат, который соберет сотню кило грунта, включая камни свыше 10 кило весом, и аккуратно рассортирует его по образцам, трудно себе представить. Это кибергеолог какой-то получается. Кто его разрабатывал, когда и чем его на Луну запускали и как такой проект сохранили в полной тайне?

– *Ну, может, они летали, но не столько, сколько говорят.*

– Этот вопрос уже был. (А может, то, что летело на Луну, было, ну, скажем, надувным?) Этим вы говорите сами, что полет на Луну возможен. Тема исчерпана.

Кроме того, астронавты «Аполлона-11, -14 и -15» установили на лунной поверхности лазерные уголковые отражатели (рис. 131). Эти приборы не требуют питания. Поэтому они — единственные научные приборы, оставленные астронавтами «Аполлонов», которые используются по сей день. Можете на каком-нибудь Митино купить лазер (правда, лазерная указка не годится — здесь нужно что-то импульсное, с мощностью минимум несколько киловатт в импульсе), направить его луч на определенное место на Луне (точно то, на которое высаживались астронавты), и луч вернется. Хотя можете этого и не делать: сразу после полета об этих отражателях было открыто заявлено, и ученые ряда обсерваторий во всем мире вот уже больше трех десятков лет проводят лазерную локацию Луны, используя отражение света от них. Регулярные измерения проводятся в обсерва-

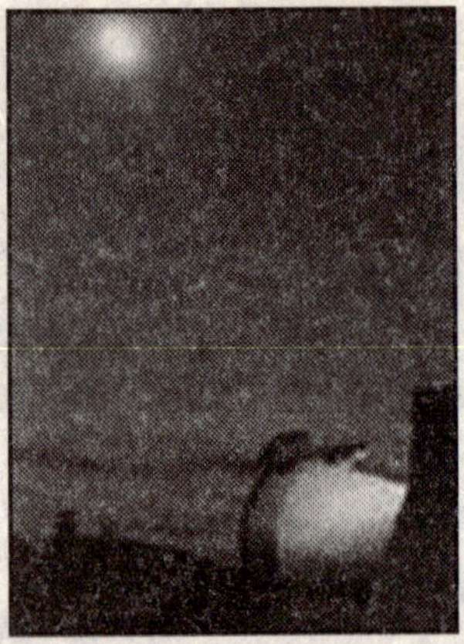

тории МакДональд (Техас) и в других обсерваториях в США, Франции, Австралии и Германии.

Расходимость лазерного луча очень мала, и его диаметр на Луне составляет всего семь километров. Поэтому луч надо очень точно нацеливать в одно из четырех мест на Луне, где установлены лазерные отражатели. Три из этих отражателей установлены астронавтами, а один находится на советском аппарате «Луноход». (Лазерный отражатель был установлен и на «Луноходе-2», но вследствие преждевременного завершения своего функционирования «Луноход-2» остался в таком положении, в котором использовать его отражатель нельзя.) Местонахождение оставленных астронавтами «Аполлонов» отражателей показано на карте (рис. 133) черными квадратиками. Благодаря этим отражателям стало возможным измерять расстояние от Земли до Луны с невиданной ранее точностью: в настоящее время она составляет два сантиметра. Кстати, обратите внимание на расположение отражателей. Оказывается, количество и размещение отражателей было выбрано не случайно: чтобы учесть так называемые либрации — небольшие покачивания Луны по широте и долготе, — и определить расстояние не только до собственно отражателей, но и до центра Луны, требуется минимум три отражателя, разнесенных на значительное расстояние как по широте, так и по долготе.

Рис. 133

Результаты измерений служат для уточнения движения Луны, вращения Земли и более глубокого изучения динамики планеты и спутника. Например, именно с помощью этих отражателей удалось непосредственно измерить величину замедления движения Луны, вызываемого приливным трением (эту величину невозможно получить расчетным путем). Оказалось, что Луна удаляется от Земли на 3,8 сантиметра за год. Сверхточные измерения расстояния «Земля–Луна» позволили также проверить ряд положений общей теории относительности, в частности принцип эквивалентности. (Кстати, именно благодаря эквивалентности «гравитационной» и «инертной» массы перо и молоток на Луне падают с одинаковой скоростью. Оказывается, астронавты поставили на Луне не один опыт Галилея, а два: один — наглядно и популярно, а другой — с рекордной точностью $2x10^{-13}$.)

– А может, они просто бросили отражатели, послали какую-нибудь непилотируемую штуку, которая собрала камешки, — и дело с концом? Все засняли заранее в Голливуде и пустили по телику заготовку.

– Послать человека в космос гораздо проще, чем беспилотный корабль. Положение ничем не отличается от автомобиля с человеком-водителем и с кибер-водителем, или самолета, управляемого пилотом (обычно даже не одним!) и кибер-пилотом (не автопилотом во время полета по геодезической или по малому кругу, а кибер-пилотом от взлета до посадки). Так что если наши луноходы ездили по Луне, то чего удивляться в сто раз более простым поездкам космонавтов на электромобилях? Восхищение пилотируемыми полетами происходит только потому, что относительно малые неисправности грозят катастрофой, поэтому приходится все системы дублировать, триплировать, n-лировать. В результате — неимоверное утяжеление «полезного» груза. Как правило, человек в космосе — сильно мешающий параметр. Все нацелено на его жизнеобеспечение. Шоферу автомобиля нередко бывает труднее: последствия часто мгновенны. А вот на «Аполлоне-13» произошла авария, и космонавты сумели с ней справиться — было достаточно времени.

Подробнее про ручное и автоматическое управление кораблем и отличие в этом американской космической программы от советской можно почитать в книге В. Пономаревой (ссылка — см. ниже в списке ресурсов).

Ю.И. МУХИН. Еще напомню, что советские космонавты не были на Луне, но два угловых отражателя (французского производства) на Луну доставили.

Утверждение НАСА, да еще и выделенное шрифтом: ***«Послать человека в космос гораздо проще, чем беспилотный корабль»*** — это уже какой-то совершенно непотребный собачий бред. Если «проще», то почему тогда СССР послал на Луну не людей, а беспилотные корабли?

Хиви НАСА. Но даже если это и так, то как им удалось удержать в тайне такую аферу при количестве работников NASA в 36 000 граждан и 376 700 контрактников?

– Просто все делалось как надо, но ПОЧТИ по программе: только на орбите в действие вступил коварный план — в капсуле остались все трое астронавтов, а лунный модуль спустился сам по себе. В это время он сам собирал камешки, установил отражатели и все такое. Потом сам (или управляемый людьми) взлетел, было совершено «рандеву» на орбите, и дальше все пошло опять как надо.

– Сильно. Но ведь есть только один центр управления полетами, а кому-то надо было управлять липой, а кому-то еще — реальным «Apollo». Ладно, будем считать, что у них есть еще один, секретный, ЦУП, но тогда, что они, по-вашему, в «официальном» ЦУПе на все приборы тоже пустили заготовку показаний всех датчиков астронавтов — количество воздуха, пульс, давление и т. п.?

– Да.

– Трудно осуществимо: весь ЦУП придется взять под контроль, все приборы, все мониторы, умы всех работников и журналистов, находящихся внутри. Кроме того, еще кто-то должен был заменить всю технику в лунном модуле на управляемую с Земли, а еще кто-то должен был ее сделать, а еще кто-то — разработать. Так что круг общения уже расширился до очень больших размеров, удержать это в тайне было бы невозможно.

– При хорошем финансировании — все возможно.

– ...в том числе и послать людей на Луну.

Все передавалось в прямом эфире, без задержки. Видели все, кроме людей из Варшавского блока. Но я уже говорил, что наши специалисты по космосу (в ЦУПе, ЦНИИМАШе...) видели все это своими глазами. К тому же даже США было не под силу вести программу по пилотируемому полету и одновременно — фальсификацию, а потом выполнять и то и другое в прямом эфире. Удержать ТАКОЕ в тайне — трудновато, даже при американском патриотизме и чувстве общности.

Ю.И. МУХИН. Я уже писал, что для осуществления этой аферы надо было ввести в курс дела очень не много работников НАСА, и повторяться не буду. Но предположим в этой афере задействовано 100 тысяч человек, ну и что это меняет? Дуракам кажется, что если тайну знают такое количество людей, то кто-нибудь обязательно проговорится, однако на самом деле это не так, и причин к их молчанию много.

Во-первых, все это не посторонние зеваки, а люди, получающие в НАСА деньги, и очень хорошие деньги. Для них рассказ об афере – это признание в собственном преступлении – в обмане народов США и мира из корыстных побуждений. Сегодня Армстронг пусть и скрывается от людей, но все же герой, а признайся он в афере – кем он станет? И точно так же все работники НАСА: сегодня они заслуженные люди, по праву получающие пенсии из казны США, а признаются – кем будут? Это ведь надо совсем потерять ориентировку в жизни, чтобы ожидать признаний от преступников просто так, без давления на них.

Во-вторых. Они все дали подписку о неразглашении гостайны. Признаются – лишатся пенсии, зарплаты, да еще и сядут. Оно им надо?

В-третьих, и это, пожалуй, самая тяжелая проблема – кому признаваться? Идти в газету, рассказать все журналистам? Но ведь они в США такие же тупые, как и у нас в России, тупые, как хиви, труды которых мы сейчас рассматриваем. Они же ничего не поймут и посему побоятся публиковать твое признание, чтобы не выставить газету в дураках. Но они тут же позвонят в НАСА, чтобы «проверить факты», и для тебя, в лучшем случае, наступит ситуация «во-вторых». А могут объявить сумасшедшим или убить.

Поэтому, пока комиссия Конгресса и прокуратура США не займутся расследованием этой аферы, ждать от НАСА признаний может только дурак.

Билл Кейзинг и другие

Хиви НАСА. А нам говорят:

– А это и так не в тайне, мы же сейчас это и обсуждаем!

– Да, но никто из энтузиастов и сторонников теории заговора в **NASA не работал.**

– А Билл Кейзинг(Bill Kaysing)? Он работал в Rocketdyne, компании, которая строила ракетные двигатели для программы «Apollo»!

– Сейчас обсудим и его. Для начала: он уволился из этой компании в 1963 году, до того как она подключилась к программе «Аполло». До этого он работал там начальником отдела технической информации: эта должность требует квалификации библиотекаря, а не инженера.

Ю.И. МУХИН. О! Так Кейзинг коллега Альберта Эйнштейна! Это меняет дело, если учесть, какой чушью является так называемая «теория относительности». Но, может быть, из этого правила есть исключение – может не все библиотекари идиоты?

Потом, насовцы, которые подготовили исследуемую нами чушь для придурков среди русских, как-то постеснялись не только назвать свои должности, но и фамилии. Они-то кем в НАСА работают?

Хиви НАСА. А вот все доводы Кейзинга:

· Теория теней. Он просто не верит в неровность Луны. Об этом было выше.

· Размер Земли на снимках маловат. Это показывает лишь то, что Кейзинг не понимает, какой размер у Земли будет на снимке, сделанном широкоугольным объективом. Размер Земли на фотографиях обсуждался выше — она примерно такая, какой должна быть.

· Насовцы убили Джима Ирвина. Наверное, он хотел сказать что-то мне, но «ненароком» умер от сердечного приступа. Предположение ничего не доказывает.

· Насовцы убили всю команду Челленджера и гражданку Кристу МакАулиффе, потому что она бы всем рассказала, что на самом деле звезды в космосе видны. «Блин, да, раз нам от нее все равно не избавиться, давайте просто кирдыкнем весь космический корабль стоимостью в миллионы долларов и несколько жизней перед камерами всего мира! Во будет потеха! И фейерверк тоже!» Очевидно. Кроме того, он просто не понимает, что в космосе звезды **действительно** видны. Об это было выше.

· Русские знали, что насовцы мухлюют, но держали это в секрете потому, что они мухлевали тоже. М-н-да, беспрецедентное кооперирование двух мировых властей в самый разгар холодной войны! А что тогда мешало нашим провернуть фальсификацию первыми? Очень мило с нашей стороны дать выиграть американцам! А если просто не получилось, то чего наши не подняли скандал?

· Меня публиковали в известных газетах, в том числе самой точной — The World Weekly News.

No comments.

· Астронавты, которые, как утверждается, были на Луне, не разговаривали со мной, бросали трубки, не отвечали на письма. Наверное, они что-то скрывают. Да-а, представьте себе такой разговор:

«Дзынь-дзынь.

Хеллоу, это Нейл Армстронг. Я — первый, кто побывал на Луне, и меня запомнят на многие века как одного из самых известных людей в истории человечества. С кем имею честь говорить?

Привет, я — Билл Кейзинг, я — абсолютно никто, пытаюсь сделать себе имя на некоторое время, назвав вас конспиратором и лжецом. Вы можете сделать так, чтобы я казался важным, уделив мне пару минут вашего времени? Я надеюсь, что хоть небольшая часть вашей славы падет и на меня, когда я выйду на выходных в эфир и расскажу о том, как вы мне соврали при личном разговоре.

Чик. Ту — ту — ту...

Ой, а чего это он повесил трубку? Скрывает чего-то, что ли?»

· Мне верят люди. В том числе и всемирно известные. Действительно, это так. Многие доказательства фальсификации с этой страницы взяты из статей известных людей. Но суть не в этом. Индустрия сенсаций и заговоров хорошо поставлена на ноги. И тут неважно, сколько миллионов в это верят.

· Американское и Британское правительства подкупили Японию, чтобы она напала на Перл-Харбор и этим втянула США во Вторую мировую войну. Не имеет отношения к Луне, но показывает, в каком мире живет Кейзинг. (Для этого достаточно одного выстрела, а бомбить целый флот совсем не обязательно.)

И еще штрих к портрету Кейзинга. Когда Джеймс Ловелл, ветеран американской астронавтики, четыре раза летавший в космос, прочел книгу Кейзинга «Мы не были на Луне», он буквально пришел в ярость и во всеуслышание заявил: «Этот парень — просто чокнутый («wacky»). Его точка зрения меня злит. Мы потратили массу времени, чтобы побывать на Луне. Мы потратили массу денег и шли на громадный риск. Я лично дважды летал к Луне, и я не из тех, кто развлекает своих слушателей выдумками. Каждому в нашей стране следует гордиться этим достижением. Его проблема в том, что он посмотрел фильм «Козерог-1» и думает, что и с лунной программой в действительности было так же». Хотя Кейзинг невысоко ценит Ловелла и считает его чуть ли не шутом (однажды он сказал, что Ловеллу «либо промыли мозги, либо загипнотизировали, либо запрограммировали, чтобы он рассказывал свои истории про полеты на Луну»), тем не менее слово «чокнутый» обидело его настолько, что он подал на Ловелла в суд, обвинив его в том, что тот опорочил его репутацию, и потребовал десять миллионов долларов в качестве компенсации. Однако судья решил, что репутация человека, который обвиняет правительство и NASA в заговоре, подделке лунных экспедиций и убийстве астронавтов «Аполлона-1» и «Челленджера», явно не стоит означенной суммы, и закрыл дело.

– А что вы все про Кейзинга? Не он один считает, что лунные высадки NASA подделаны. Наверно, в фотографиях и других материалах NASA действительно масса несуразностей, раз эти несуразности подмечены многими.

Действительно, Кейзинг не одинок. Скажем несколько слов и про других его единомышленников.

Дэвид Перси — фотограф и член британского Королевского фотографического общества. Может, он и действительно талантливый фотограф, но то, что он утверждает про фотографии с Луны, свидетельствует о том, что делать анализ фотоизображений он абсолютно не способен.

Перси не отрицает возможности того, что американцы действительно летали на Луну, но считает, что фото- и видеоматериалы лунных экспедиций по каким-то тайным причинам подделаны.

Вот некоторые интересные идеи мистера Перси:

· Тени на Луне должны быть абсолютно черными. Это утверждение особенно странно слышать от человека, который считается фотографом. Профессиональные фотографы прекрасно знают, что основным средством для подсветки теней при съемках на натуре являются отражающие свет поверхности, и в их арсенале — богатый набор всяких отражающих и рассеивающих свет экранов. То, что лунная поверхность — тоже светорассеивающий экран, мистеру Перси почему-то невдомек.

· Тени на фотографиях должны быть параллельными. Вовсе не обязательно, если поверхность, на которую отбрасываются тени, неровная. Тени и вопросы о них мы обсуждали выше.

· Несуразности на насовских фотографиях допущены намеренно, чтобы намекнуть людям, что дело с ними нечисто («теория свистунов»). Мистер Перси, видимо, считает, что лишь ему понятны эти тонкие намеки.

· Часть поверхности Марса, судя по картам, похожа на область в Англии к северу от Стоунхенджа. Перси полагает, что это отнюдь не случайно.

· Из координат объектов, общих для карты Англии и карты Марса, можно по неким формулам получить координаты «Лица на Марсе». Координаты, как известно, выражаются в градусах. Совершенно непонятно, почему марсиане у Перси делили окружность на 360 частей, как и люди.

· Из вышесказанного несомненно следует, что на Марсе жили разумные существа и древние цивилизации Земли знали об этом.

Есть совершенно очевидная связь между «Лицом на Марсе» и египетским Большим сфинксом. Уф! С меня довольно. Если же идеи мистера Перси вас заинтриговали — пожалуйста, знакомьтесь далее с ними самостоятельно на этом сайте.

Ральф Рене — один из наиболее плодовитых изобретателей доводов в пользу «насовского заговора». Мистер Рене аттестует себя как «инженера-самоучку» — однако его теории и выводы ясно показывают, что у систематического образования есть неоспоримые плюсы.

Вот кое-какие аргументы Ральфа Рене:

· Флаг на Луне должен быть абсолютно неподвижным, так как там нет воздуха. Воздух — не единственная причина, по которой флаг может качаться. Мы говорили об этом выше.

· Двигатель посадочной ступени должен вырыть в лунном грунте целый кратер. Вовсе нет — выше мы это обсуждали.

· На фотографиях, сделанных на Луне, непременно должны быть звезды. Как раз наоборот — звезд на фотографиях, сделанных на дневной стороне Луны, быть не должно (см. выше).

· Для защиты от радиации скафандры астронавтов должны быть сделаны из свинца 80-сантиметровой толщины. И о радиации мы уже говорили.

· На фотографии командного отсека «Аполлона» после приводнения ясно видна радиоантенна, которая должна была сгореть во время входа в атмосферу. А почему Рене думает, что командный отсек не мог быть оснащен антенной, которая выдвигается после того, как он затормозится в атмосфере, чтобы восстановить радиосвязь с астронавтами?

· Лунный модуль при перемещении стоящих в нем астронавтов неминуемо должен был потерять равновесие из-за смещения центра тяжести и разбиться. Рене не подвергает сомнению то, что ракеты, как правило, не падают. Он не сознает, что «смещение центра тяжести» постоянно происходит в любой жидкостной ракете (из-за смещения топлива). Устойчивость лунного модуля обсуждалась выше.

· NASA убило 11 астронавтов, чтобы сохранить в тайне фальсификацию полетов на Луну. Этой темы мы пока не касались, но обязательно о ней поговорим.

Перу Ральфа Рене также принадлежит книга «Последний скептик в науке», в которой утверждается, что сэр Исаак Ньютон и Альберт Эйнштейн ничего не смыслили в физике. Однако если идеи Рене о подделке лунных экспедиций кое-кто воспринимает всерьез, то эти его высказывания не нашли поклонников. «Я получил 200 откликов на свою книгу, — с грустью замечает Рене. — Никто не хочет поверить, что Ньютон был просто лживый сукин сын...» (Краткие авторские аннотации к этой и другим книгам Ральфа Рене можно прочитать на его сайте.)

Барт Сибрел — недавний, но энергичный сторонник «лунного заговора». Он — журналист, специализирующийся на «расследованиях». Как и многие журналисты, он не слишком отягощен специальными познаниями в предмете и в основном заимствует у других (Рене, Кейзинга и т. д.) доводы про развевающийся флаг, кратер под посадочной ступенью и т. п. Некоторые его собственные аргументы таковы:

· Программа «Аполлон» выполнялась во времена Никсона, широко известного своими скандальными махинациями. Может быть, не все его обманы раскрыты? Высадка на Луну действительно произошла тогда, когда президентом был Никсон, но основная подготовительная работа велась при его предшественниках — Кеннеди и Джонсоне. И Никсон был не очень-то искусным махинатором: опытные обманщики не попадаются.

· Высадка на Луну должна была отвлечь внимание американцев от вьетнамской войны с ее бессмысленными жертвами. Если и так, то это еще не повод фальсифицировать полеты на Луну: настоящая высадка в этом плане ничуть не хуже поддельной. Да и планы высадки на Луну были объявлены Кеннеди задолго до начала вьетнамской войны.

· NASA ретуширует свои фотографии: в новых их изданиях убраны ошибки, которые были в старых. Сибрел имеет в виду пресловутый камень с буквой «С» — см. выше.

· Нейл Армстронг не дает никому интервью. Майкл Коллинз также хранит молчание. А Эдвин Олдрин грозил подать на меня в суд, если я расскажу кому-нибудь о том, что он мне рассказал. Астронавты действительно не дают интервью тем, кто считает их конспираторами и лжецами — но ведь их можно понять, не так ли? Коллинз написал несколько очень популярных книг своих воспоминаний и часто выступает с публичными лекциями. Олдрин, несмотря на свой возраст и проблемы со здоровьем, часто появляется в телепередачах. Правда, он не очень любит тех, кто публично обвиняет его во лжи (а именно этим Сибрел и занимается). Армстронг действительно мало появляется на публике — но его скромность хорошо известна. (Кстати, Сибрел, кажется, имеет на Армстронга зуб — из-за него Сибрела выгнали с должности оператора в телестудии в городе Нэшвилл. Сибрел попросил Армстронга об интервью, в котором ему было отказано. Он все-таки попытался проникнуть в дом Армстронга, был арестован за незаконное вторжение, а затем уволен с работы.)

Джеймс Коллиер — еще один журналист-«расследователь», эксплуатировавший тему «лунного заговора» (он умер в 1998 году). Многие доводы Коллиер заимствовал у других авторов (все те же тени, отсутствие звезд, колеблющийся флаг, кратер под посадочным модулем и т. д. и т. п.), однако кое-какие аргументы принадлежат лично ему. Увы, они показывают лишь его нежелание (или неспособность) хоть чуть-чуть обдумать эти «аргументы» или получить по ним дополнительные сведения: объяснения этих мнимых противоречий вполне очевидны.

· Два полностью одетых в скафандры астронавта просто физически не могли поместиться в прилунившемся модуле да вдобавок выйти из него, потому что люк открывался вовнутрь, а не наружу. В космических кораблях действительно тесно. Если вы видели кабину «Востока», то, возможно, недоумевали, а как там мог поместиться человек. Но в таком же «шарике» однажды слетали трое (правда, без скафандров). В лунной кабине астронавты стояли по бокам пульта управления, а люк находился под этим пультом. Выходили астронавты по очереди — сперва тот, кому не мешал открытый люк, затем другой, оставшийся в лунном модуле, прикрывал люк, переходил на другую сторону кабины, вновь открывал люк и выходил наружу за своим товарищем. Впрочем, скорее не «выходил», а выползал: люк был такого размера, что в скафандре с ранцем через него можно было пролезть практически «впритирку», и другой астронавт помогал выходившему советами («Нейл, ты проходишь хорошо... Теперь твоя спина уперлась, подвинься вперед ко мне немного... О'кей, вниз... повернись влево... подвинь левую ногу вправо немного... теперь порядок, повернись налево. Ты уже на площадке».)

· Я измерил диаметр люка между командным модулем «Аполлона» и лунной кабиной. Астронавт в скафандре, с ранцем за спиной, никак не мог туда протиснуться. А это — сущая правда. Дело в том, что астронавты и не лазили в этот люк в полном облачении: ранцы лежали в лунной кабине.

· Луномобиль трехметровой длины не мог поместиться в тот отсек лунного модуля, где, по словам NASA, он находился во время полета: длина этого отсека всего полтора метра. Луномобиль был складным. В полете он был в сложенном состоянии, а после прилунения астронавты опускали его на лунную поверхность и раскладывали. Кстати, он был прикреплен к лунному модулю *снаружи*, так что запихивать его в полутораметровый отсек просто не требовалось.

· Согласно данным самого НАСА, лунный модуль разбился во время своего единственного испытания на Земле. Так почему же следующим его испытанием стала попытка прилуниться? Лунный модуль никогда не испытывали на Земле: сила тяги его двигателя была в три с лишним раза меньше его земного веса. По данным NASA, разбились три летающих *тренажера* — однако на этих тренажерах астронавты совершили десятки полетов, готовясь к высадке на Луну. Подробнее об этом говорилось выше. А сам лунный модуль перед первой высадкой испытывали в космосе трижды. Было одно непилотируемое испытание — во время полета «Аполлона-5», и два пилотируемых — во время полетов «Аполлона-9» и «Аполлона-10». Все испытания были успешными.

· На кадрах, сделанных во время полета к Луне, виден голубой свет, льющийся в иллюминаторы космического корабля. Но в космосе голубому свету взяться неоткуда. Эти съемки могли быть сделаны только на Земле — скорее всего, в грузовом отсеке самолета, вошедшего в пике для создания эффекта невесомости. Сьемки могли быть также сделаны в начале полета к Луне, когда корабль находился недалеко от Земли: голубой свет в иллюминаторе — свет, отраженный от земной поверхности.

· Земля ни разу не появляется ни на одном из снимков НАСА. Полная неправда и лишнее свидетельство того, что Коллиер обсуждал вещи, которых как следует не знал. Астронавты фотографировали Землю и из космоса, и с лунной поверхности. Выше мы приводили список (скорее всего, неполный) из трех десятков фотографий с Землей в кадре, сделанных на Луне, и обсуждали связанные с этими фотографиями вопросы.

Перечисленных пропагандистов «заговора NASA» роднит одно: их некомпетентность в физике, астрономии, ракетной технике, фотографии и т. п., а также неосведомленность о реальной лунной программе. Их «опровержения» каждый раз это подтверждают: чтобы убедиться в несостоятельности этих «опровержений», часто достаточно хорошо помнить школьные дисциплины или же познакомиться с подробностями и материалами лунных экспедиций. Но, несмотря на это, вопреки латинской поговорке «Ignorantia non est argumentum» (невежество — не аргумент), **каждый из них желает вам продать** свою книгу или видеокассету. Билл Кейзинг написал книгу «Мы не были на Луне». Дэвид Перси — соавтор книги «Темная Луна» и видеофильма «Что случилось на Луне?». Ральф Рене — автор книги «NASA «облунило» Америку». Барт Сибрел снял видеофильм «Смешной случай вышел на пути к Луне». А кассету с фильмом Джеймса Коллиера «Луна была всего лишь бумажной?» и сейчас предлагают на разных Интернет-сайтах за умеренную цену в $19.95 — Коллиер умер, но дело его живет и приносит прибыль...

В последние годы пропагандисты «лунного обмана» появились и в России. Наиболее активна здесь **газета «Дуэль»** — в ней опубликован добрый десяток статей на эту тему. Это, однако, неудивительно: в этой газете очень любят СССР и Сталина и не любят все остальное. Поэтому про Америку там готовы печатать любые гадости, даже самые глупые, и тема «поддельных лунных высадок» пришлась в «Дуэли» ко двору. Впрочем, ничего особо нового там не выдумали — авторы статей старательно пересказывают доводы Кейзинга, Рене, Коллиера и других «классиков жанра». Порой эти доводы «творчески развиваются» (применением зазубренных в школе физических формул без понимания их смысла или попытками точно измерить секундомером интервал времени около секунды). Иногда доходит до смешного: в одной из статей цитируется высказывание Коллиера «Земля ни разу не появляется ни на одном из снимков НАСА» (впрочем, ошибочное), а парой десятков строк выше напечатана фотография с Луны с Землей над горизонтом (правда, поддельная). Собственные же аргументы не идут дальше трескучих фраз вроде такой: «То, что америкосов на Луне и не стояло, как и не были они первыми на Северном полюсе, не ясно только поклонникам «энциклопедий» Readers Digest да «Росмэн». На Луне они никогда не были! И надуть весь мир смогли только благодаря тому, что СССР уже правил не Великий Сталин. Уж он-то такую дезу ни за что не пропустил бы! Впрочем, америкосы при нем даже не попытались бы «шалить», знали бы, что их фальшивку сразу разоблачит Советская АН».

Ю.И. МУХИН. Поскольку я главный редактор «Дуэли», то, полагаю, обязан это откомментировать. Как вы видели из первой главы этой книги, в «Дуэли» может напечатать свою работу любой, кто способен внятно изложить свои мысли, в том числе в «Дуэли» печатаются и статьи тех, кто считает, что американцы на Луне были. Хиви НАСА, как видите, об этом забыли упомянуть, как и о том, что «Дуэль» напечатала бы и данный бред этих хиви, если бы они оформили его в виде статей удобоваримого (газетного) размера. (Кстати, часть этого бреда была снята с их сайта и напечатана в № 22 за 2004 год.) Они могли бы сотрудничать в «Дуэли», но боятся. Они ведь привыкли талдычить о «великом научном подвиге США» среди братьев по разуму, когда их никто не критикует, поскольку никто из братьев не понимает, о чем они талдычат. Это же ведь, понимаете, в среде дураков можно авторитетно критиковать Перси за утверждение, что тени на фотографиях должны быть параллельны таким образом: *«Вовсе не обязательно, если поверхность, на которую отбрасываются тени, неровная»*. А в «Дуэли» обязательно найдутся читатели, которые пояснят остальным глупость подобных умствований. Но хиви очень хотят иметь вид умных людей. Ну очень!

Мне, признаюсь, польстил разбираемый эпизод с «Дуэлью». Судя по цитате из нее, насовцы тщательно отслеживают абсолютно все материалы по Луне, которые публикует «Дуэль», даже если статья этой проблеме не посвящена, а эпизод с Луной проскальзывает в тексте одной строчкой.

Хочу также обратить внимание читателей, что в лице насовцев и хиви мы имеем дело с подонками, и по тому, как они представляют «Дуэль», это хорошо видно. Поэтому к тем характеристикам, которые насовцы дают Кайзингу, Рене и др., нужно подходить с учетом этого обстоятельства – эти характеристики дали подонки, готовые извратить суть чего угодно.

Хиви НАСА. «Подделке лунных фотографий» была посвящена также одна из передач телевизионного цикла «Собрание заблуждений», который выпускал **Александр Гордон** — журналист, в свое время закончивший театральное училище. (По совместительству г-н Гордон, видимо, фотоэксперт, так как он смело заявляет: «Я не знаю, были ли американцы на Луне, но то, что все фотографии, все пленки, которые предоставляются как доказательства того, что они там были, подделка — в этом я не сомневаюсь».) В упомянутой передаче суть в основном свелась к пересказу «анализа фотографий» от Д. Перси. (В другой передаче этого цикла утверждалось, что Лаврентий Палыч Берия был интеллигентным, мягким и, вообще, довольно милым человеком. Похоже, Гордон — вполне органичная фигура в компании пропагандистов «лунных подделок»: все они идут ради своих «сенсаций» на откровенные подтасовки.) Впрочем, руководители телеканала, где выходило «Собрание заблуждений», в итоге отказались и от этого цикла, и от услуг Гордона. Возможно, им стало ясно, что главный заблуждающийся в этом цикле — его автор...

Странная гибель астронавтов

Хиви НАСА. А нам говорят:

– Многие астронавты после окончания лунной программы умерли при странных обстоятельствах. В течение одного года

погибло 11 человек, причастных к программе «Аполлон»! Из них 7 — в авиакатастрофах, трое сгорели в испытательной капсуле, хотя все они были профессиональными летчиками-испытателями. По мнению американских исследователей вопроса, это были «несогласные». Самая высокая смертность в стране – это смертность американских космонавтов! И это при том, что астронавты вообще-то относятся по социальному положению практически к вершине общества. Возможно, убирали тех, кто не хотел хранить тайну о лунной мистификации?

– *«Не «Волгу», а сто рублей, и не в лотерею, а в преферанс, и не выиграл, а проиграл...»* Не «после окончания лунной программы», а до первого полета «Аполлона», в течение не одного года, а четырех. В течение одного года (1967) погибли восемь человек, а не 11. Из одиннадцати погибших трое вообще не были астронавтами NASA, а непосредственное отношение к программе «Аполлон» имели лишь четверо из них. (Да и утверждение о том, что «астронавты относятся по социальному положению практически к вершине общества» — некоторый перебор. Армстронг получал в NASA 30 054 доллара в год, Олдрин — 18 623, Коллинз — 17 147. Деньги вполне приличные, но далеко не бешеные.)

Начнем с того, что все «несогласные» погибли в 1967 году или ранее. До первого полета на Луну — еще минимум полтора года, а в NASA уже вовсю идет поиск и устранение «тех, кто не умел хранить тайну о лунной мистификации». А когда программа «Аполлон» пошла полным ходом, астронавты почему-то прекратили погибать в катастрофах. Странно, не правда ли?

Теперь перечислим погибших поименно. Это — Теодор Фримен, Эллиот Си, Чарльз Бассетт, Эдвард Гивенс, Клифтон Уильямс, Вирджил Гриссом, Эдвард Уайт, Роджер Чаффи, Майкл Адамс, Роберт Лоуренс и Рассел Роджерс. Трое последних, строго говоря, не астронавты — по крайней мере, не астронавты из NASA. Майкл Адамс — летчик-испытатель, летавший на ракетном самолете «X-15». 15 ноября 1967 года Адамс отправился в свой седьмой полет на «X-15». В этом полете он достиг высоты в 81 километр и благодаря этому стал астронавтом: американцы считают космосом все, что выше 50 миль (80 километров). (В астронавтах числятся и еще несколько пилотов «X-15», побывавших выше 80 километров.) К сожалению, астронавтом Адамс пробыл совсем недолго: при возвращении в плотные слои атмосферы он потерял контроль над самолетом. Майор Адамс до последнего момента пытался спасти машину, но так и не сумел этого сделать. Адамс также участвовал в программе MOL (обитаемая орбитальная лаборатория, иными словами — орбитальная станция), но эта программа осуществлялась ВВС и не имела отношения ни к NASA, ни к Луне. К тому же программа MOL была закрыта, и никаких реальных запусков по ней сделано не было.

Майор Роберт Лоуренс был пилотом ВВС. 8 декабря 1967 года он вместе с майором ВВС Харви Ройером совершал тренировочный полет на самолете F-104B. Пилот ошибся при расчете захода на посадку, и самолет врезался в землю. Ройер катапультировался и выжил, но Лоуренс погиб. Незадолго до смерти Лоуренса выбрали для участия в программе MOL, но мы уже знаем, что эта программа была детищем ВВС, а не NASA.

Рассел Роджерс погиб 13 сентября 1967 года — его истребитель F-105 взорвался в воздухе. За пять лет до своей гибели, в 1962 году, он готовился принять участие в испытаниях сверхвысотного самолета Х-20, которые также осуществляли американские ВВС (опять-таки не NASA). Но в 1963 году эту программу закрыли, и Роджерс вернулся на летную работу. В момент своей гибели он не имел никакого отношения к космическим полетам.

Остальные погибшие действительно были астронавтами NASA, хотя никто из них, кроме Гриссома и Уайта, не успел побывать в космосе. Капитан ВВС Теодор Фримен пришел в NASA в 1963 году. 31 октября 1964 года его самолет Т-38 столкнулся с птицей, и Фримен погиб. Погиб как герой: после столкновения двигатель самолета заглох, и Фримен понял, что если он немедленно покинет самолет, то тот, скорее всего, рухнет на небольшой городок. Он сумел отвернуть самолет от домов, но спастись сам не успел...

Эллиот Си и Чарльз Бассетт были первыми кандидатами для полета на «Джемини-9», который был назначен на июнь 1966 года. 28 февраля 1966 года они вылетели на самолете Т-38 на авиационный завод фирмы Макдоннел в Сен-Луи, где собирали предназначенный для них космический корабль. Си ошибся при заходе на посадку, и самолет врезался в заводской цех — тот самый, где происходила сборка корабля. Си и Бассетт погибли, а 14 рабочих завода получили ранения.

Майор ВВС Эдвард Гивенс погиб в автокатастрофе 6 июня 1967 года. В NASA он пришел лишь за год до своей смерти.

К программе «Аполлон» имели отношение только четверо из одиннадцати погибших: Гриссом, Уайт, Чаффи и Уильямс. Майор морской авиации Клифтон Уильямс пришел в NASA в 1963 году. Он был включен в состав дублирующего экипажа третьего (испытательного) пилотируемого полета «Аполлона» и проходил предполетные тренировки. Вполне вероятно, что он в дальнейшем побывал бы на Луне — его коллеги из дублирующего экипажа Чарльз Конрад и Ричард Гордон вошли в экипаж «Аполлона-12». Но Уильямс погиб в катастрофе самолета Т-38 5 октября 1967 года — за год до первого пилотируемого полета «Аполлона».

Вирджил Гриссом, Эдвард Уайт и Роджер Чаффи погибли 27 января 1967 года. Они составляли экипаж первого из «Аполлонов», старт которого был запланирован на конец февраля. 27 января они проводили очередную тренировку в корабле. Люк был закрыт, и корабль был заполнен чистым кислородом при пониженном давлении (такая атмосфера была на всех «Аполлонах»: снижение давления позволило сделать стенки корабля более тонкими и заметно снизить его вес). Где-то в электрической схеме корабля произошло замыкание, и проскочившая между проводниками искра вызвала пожар. В кислородной атмосфере все произошло очень стремительно: астронавты успели лишь сообщить по связи: «Кажется, у нас пожар», «Огонь в кабине!» Далее были слышны лишь их неразборчивые крики — очень недолго...

(При очень похожих обстоятельствах погиб 23 марта 1961 года Валентин Бондаренко, советский «космонавт номер 0». Он был в числе первых 20 человек, набранных в отряд космонавтов, но из-за своей молодости — 23 года — не попал в «шестерку», отобранную для первых полетов. В марте 1961 года Бондаренко проходил испытание в барокамере, заполненной кислородом при пониженном давлении. Срок эксперимента подходил к концу, и 23 марта ему разрешили снять приклеенные к коже датчики. После этого Бондаренко протер кожу ватой, смоченной в спирте, и, не глядя, бросил ее в мусорное ведро. Вата попала на спираль электроплитки, и вспыхнул пожар. На Бондаренко загорелся его тренировочный шерстяной костюм. Быстро открыть люк барокамеры из-за перепада давления было невозможно. Валентина вытащили в полубессознательном состоянии. Он повторял: «Виноват я сам». Через восемь часов он скончался: слишком велика была площадь ожогов. Правительственным указом Бондаренко было посмертно присвоено звание космонавта, а его семье назначили соответствующую пенсию.)

Таковы факты. И факты эти не очень-то похожи на злой умысел. Есть масса куда более простых и надежных способов убрать нежелательных свидетелей, чем авиакатастрофы. Тем более ни к чему устранять неугодных вместе с уникальным экспериментальным самолетом или первым экземпляром нового космического корабля. Вряд ли можно было подстроить ошибки пилотов при заходе на посадку и тем более столкновение с птицей в воздухе. И совсем уж глупо вместо «несогласных» убивать непричастных: о том, что большинство погибших не имели отношения к полетам на Луну, мы уже говорили.

Описанные случаи свидетельствуют лишь о том, что профессии летчика-испытателя и космонавта — не самые безопасные из возможных. Вот еще один подтверждающий пример. В начале 1977 года в Советском Союзе для подготовки к полетам на корабле «Буран» были отобраны девять летчиков: Букреев, Волк, Кононенко, Левченко, Лысенко, Мамонтов, Станкявичюс, Туровец и Щукин. Букреев погиб в авиакатастрофе 17 мая 1977 года. 3 июня 1977 года в авиакатастрофе погиб Лысенко. Кононенко разбился на самолете с вертикальным взлетом «Як-38» при взлете с авианосца «Минск» 9 сентября 1980 года. 8 февраля 1982 года на вертолете «Ми-8» погиб Туровец. Левченко умер 6 августа 1988 года от опухоли мозга в госпитале имени Бурденко. Щукин погиб на самолете «Су-26» 18 августа 1988 года. Станкявичюс погиб 9 сентября 1990 года в Италии в результате аварии самолета «Су-27». Однако не спешите разыскивать в этом новый «космический заговор». В группу пилотов «Бурана» впоследствии не раз проводились дополнительные наборы (шесть человек в 1979 году, двое — в 1982, один — в 1984, пятеро — в 1985, один — в 1989 и шестеро — в 1991), но никто из числа последующих пополнений этой группы не погиб в авиакатастрофе.

– *А что стало с теми, кто действительно летал на «Аполлонах»?*

– Говоря вкратце, ничего особо подозрительного. Из двенадцати астронавтов, побывавших на Луне, к настоящему времени (начало 2002 года) умерли трое. Чарльз Конрад, командир «Аполлона-12», разбился на мотоцикле 9 июля 1999 года, ему было 69 лет. Командир «Аполлона-14» Алан Шепард, первый американец, побывавший в космосе, скончался от лейкемии 22 июля 1998 года в возрасте 74 лет. Джеймс Ирвин, летавший на «Аполлоне-15», умер от сердечного приступа в возрасте 61 года 8 августа 1991 года. Остальные «лунопроходцы» живы, а один из них — Джон Янг — до сих пор работает в NASA. После полета на Луну он дважды летал на шаттле, причем первый раз был командиром в самом первом испытательном полете шаттла «Колумбия» 12 апреля 1981 года.

Как известно, в экипаже каждого «Аполлона» было три человека. Поэтому было еще шестеро астронавтов, летавших к Луне, но не высаживавшихся на нее. Из них умерло двое. Стюарт Руса с «Аполлона-14» умер 12 декабря 1994 года в возрасте 61 года от вирусного гриппа с осложнениями (панкреатит). А член экипажа «Аполлона-17» Рональд Эванс скончался от сердечного приступа 17 апреля 1990 года, ему было 56 лет.

Астронавты «Аполлона-13» должны были высадиться на Луне, но не сумели сделать этого из-за аварии на корабле. Из них от рака умер Джон Суиджерт. Смерть наступила в возрасте 51 года 27 декабря 1982 года.

Еще два «Аполлона» — восьмой и десятый — выполняли облет Луны. Все участники этих полетов живы. Впрочем, о троих из них мы это уже сказали (хотя и неявно): Сернан и Янг из экипажа «Аполлона-10» впоследствии побывали на Луне, а Ловелл после «Аполлона-8» летал на «Аполлоне-13».

Наконец, еще два «Аполлона» — седьмой и девятый — совершали испытательные полеты на околоземной орбите. Одного из членов экипажей этих полетов мы опять-таки неявно упомянули: Дэвид Скотт после полета на «Аполлоне-9» был командиром «Аполлона-15» и побывал на Луне. Из остальных пятерых астронавтов скончался один: Донн Эйсел из экипажа «Аполлона-7». Он умер 1 декабря 1987 года от сердечного приступа в возрасте 57 лет.

После лунной программы корабли типа «Аполлон» совершили еще четыре полета, но это, как говорится, уже совсем другая история: три полета были экспедициями на американскую орбитальную станцию «Скайлэб», а четвертый — совместный полет с советским кораблем «Союз», и мы эти полеты считать не будем. А в ходе лунной программы было совершено 11 пилотируемых полетов «Аполлонов» с номерами от седьмого до семнадцатого. В этих полетах приняли участие 29 астронавтов, четверо из них — дважды. 22 человека из 29 в настоящее время живы.

Вряд ли можно усмотреть что-то необычное в том, что несколько человек, летавших на «Аполлонах», умерли в относительно почтенном возрасте. Такая причина смерти, как сердечный приступ, тоже неудивительна — все-таки работа у них была достаточно опасной, и нервных нагрузок на их долю выпало немало.

Ю.И. МУХИН. И дай бог им здоровья, чтобы они дожили до того момента, когда их заставят рассказать правду.

Телескопы, спутники и доказательства

Хиви НАСА. А нам говорят:

– А почему бы американцам не сфотографировать их лунные модули на Луне через какой-нибудь мощный телескоп? После этого все бы убедились, что они там действительно были.

– Что ж, как я понял, ни сотни фотографий с Луны, ни сотни часов записей разговоров астронавтов с Землей, ни сотни килограммов лунного грунта, ни лазерные отражатели и другая научная аппаратура, оставленная на Луне, для вас — не доказательства.

А заснять лунные модули, оставленные на Луне, увы, не получится. Лунные модули слишком малы (по астрономическим меркам) и находятся слишком далеко от Земли, чтобы их можно было разглядеть даже в самый мощный телескоп. Зеркало телескопа в обсерватории Маунт-Паломар имеет диаметр 5 метров. Длина волны видимого света — примерно 550×10^{-9} метра. Максимально возможное угловое разрешение (из-за дифракции световых волн) составит $1{,}4 \times 550 \times 10^{-9} / 5 = 1{,}5 \times 10^{-7}$ радиан. На расстоянии в 350 тысяч километров (минимальная дистанция до Луны) это соответствует объекту с размером примерно 50 метров. А лунный модуль гораздо меньше.

Фактическое разрешение земных телескопов в несколько раз хуже теоретического предела — изображение сильно искажается земной атмосферой. Из-за этого наземные телескопы не могут разглядеть детали лунной поверхности мельче нескольких сотен метров.

– А как же их хваленый «Хаббл»? Он запросто фотографирует всякие галактики в миллиардах световых лет от Земли, что ему стоит снять Луну, которая по сравнению с этим совсем рядом?

– Так ведь «Хаббл» — тоже проект NASA. Вот поэтому в NASA и не тратят времени на съемку «Хабблом» лунных модулей: если уж вы не верите NASA в том, что им удалось послать людей на Луну, то еще одну фотографию из NASA вы явно не сочтете доказательством.

К тому же зеркало «Хаббла» имеет диаметр 2,4 метра, а это значит, что его максимальное разрешение вдвое хуже, чем то, что мы подсчитали для паломарского телескопа. Поэтому даже «Хаббл» не увидит на Луне объект меньше чем в сотню метров.

— А спутники-шпионы, которые звездочки на погонах у военных могут сосчитать? Чего бы одним из таких спутников не снять Луну?

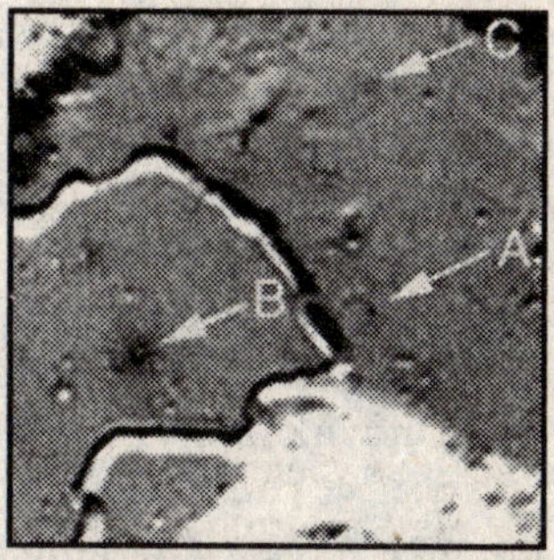

Рис. 133

— Спутники летают вокруг Земли, на растоянии где-то километров 200 от ее поверхности. А от спутника до Луны — минимум те же 350 тысяч километров. Предметы, которые спутник может «разглядеть» на Луне, во столько же раз крупнее тех, которые он фотографирует на Земле, во сколько Луна дальше от спутника, чем Земля. Вот если бы спутник летал вокруг Луны...

Впрочем, один «спутник-шпион» недавно летал вокруг Луны. Американский аппарат «Клементина» в начале 1994 года в течение двух месяцев осуществлял фотосъемку лунной поверхности. И что же? На одной из фотографий обнаружились следы посадки «Аполлона-15» — правда, не сам модуль. Астронавты «Аполлона-15» находились на лунной поверхности существенно дольше, чем предыдущие экспедиции. Поэтому они оставили на поверхности довольно много следов и колей от колес своего луномобиля. Эти следы плюс результат воздействия газовой струи ракетного двигателя на лунную поверхность видны с орбиты как небольшое темное пятнышко.

На рис. 133 — фотография, сделанная «Клементиной». Темное пятно, обозначенное буквой «А», находится точно в месте посадки «Аполлона-15». Пятна «В» и «С» — видимо, следы свежих ударов метеоритов. На фотографиях с лунной орбиты, сделанных до посадки «Аполлона-15», этих пятен не было. На рис. 134 — фотография района посадки, сделанная астронавтами «Аполлона-15» незадолго до нее (на 13-м витке вокруг Луны) с высоты около 12 км (фото NASA AS15-87-11718). Сравните и убедитесь. Более крупную фотографию AS15-87-11718 можно найти на странице www.hq.nasa.gov/office/pao/History/alsj/a15/as15-87-11718.jpg. А на странице www.hq.nasa.gov/office/pao/History/alsj/a15/a15_lpi_trvrsmap.gif есть карта района посадки с точным указанием места прилунения «Аполлона-15».

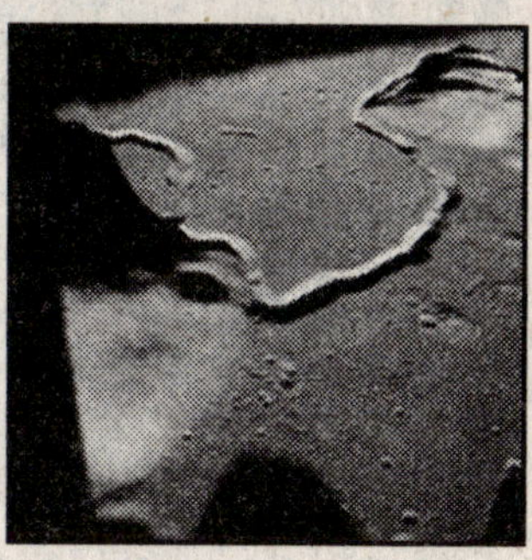

Рис. 134

В 2003 году японцы планируют запустить спутник Луны «Селена». Одна из задач полета — фотографирование поверхности Луны с разрешением, достаточным, чтобы разглядеть места посадок «Аполлонов». Впрочем, можно быть уверенным в том, что особо рьяных поклонников «теории заговора» даже такое доказательство вряд ли убедит. Можно заранее предсказать их возражения: американцы заплатили японцам или же перед запуском их спутника потихоньку доставили на Луну фанерные макеты лунных модулей и расставили в нужных местах. (Боюсь только, что спрашивать их, на какие деньги это было сделано и как они ухитрились обстряпать такое дельце в полной тайне, наверно, будет бесполезно.)

Впрочем, когда-нибудь непременно придет и такое время, когда кто-то увидит своими глазами следы на лунной пыли, оставленные первыми людьми на Луне...

Все куплено

– Вам всем платит NASA, чтобы вы развеяли теорию заговора.

– А может, ВАМ платит NASA, чтобы ВЫ раскрутили теорию заговора, а мы потом ее опровергли и очистили имя NASA? А заодно и напомнили всему миру о том, какие американцы крутые? Вам — деньги, общественное внимание и посещаемость на сайте, им — престиж и большее финансирование, нам — разминка для мозгов, людям — зрелища и жаркие споры. Все расходятся счастливые.

А NASA и без нашей помощи может провернуть все, что угодно: по-вашему, что они, совсем идиоты? «Ой, ребята, мы же забыли туда повесить звездочки! Кто все время открывал форточку на сцене? Где тот дебил, который привез еще шесть прожекторов на сцену? Почему вы, актеры, неправильно прыгали, вам что, не показывали, как надо?»

Да, говорят, что американцы тупые. Но не настолько же!

– А почему так вышло, что люди верят в эту фигню?

Не знаю, я не психолог и не социолог, но думаю, что есть несколько причин:

Люди глупы. Грустно, но правда. Повернуть факты так, чтобы из них сделать что-то совершенно невероятное — легко. Доверчивых всегда хватало. А доверчивых и глупых, а еще и с инициативой, много не надо: достаточно одного, чтобы раскрутить этот бред.

Ю.И. МУХИН. Против этого трудно что-то возразить. Как утверждать, что все люди умны, когда только что прочел разглагольствования о том, что на поверхности окислов имеется окисная пленка, не дающая окислам слипаться, или что при ходьбе люди не отрывают ноги от земли? И хотел бы похвалить некоторых людей, да не за что. Но хиви НАСА надо было бы все же не писать за всех, а только за себя. Типа: «Такие люди, как мы, глупы. Грустно, но правда. А таким доверчивым и глупым, как мы, да еще и с инициативой, много не надо: немного «зелени», и мы создадим сайт в Интернете, чтобы пропагандировать великие достижения нашего хозяина».

Что касается остальных людей, то основная их часть действует в пределах законов поведения толпы. Начал изучать эти законы французский психолог Ле Бон. Во-первых (если рассматривать его выводы применительно к теме этой книги), он констатирует, что если люди ожидают что-то увидеть, то в толпе они именно это и увидят:

«Таков всегда механизм всех коллективных галлюцинаций, о которых часто говорится в истории и достоверность которых подтверждается тысячами человек. Было бы лишнее, ввиду опровержения вышесказанного, указывать на умственные качества индивидов, входящих в состав толпы. Эти качества не имеют значения; невежда и ученый, раз уж они участвуют в толпе, одинаково лишаются способности к наблюдению. Положение это может, пожалуй, показаться парадоксальным, но, чтобы доказать его, нам пришлось бы цитировать такое множество исторических фактов, что на это понадобились бы целые тома. Не желая, однако, оставлять читателя под впечатлением бездоказательных утверждений, я приведу несколько примеров, взятых случайно среди той массы фактов, которую мне пришлось бы цитировать.

Наиболее типичный случай такой коллективной галлюцинации — причем толпа состояла из индивидов всякого рода, как самых невежественных, так и самых образованных, — рассказан лейтенантом Жюльеном Феликсом в его книге о морских течениях. Фрегат «La Belle Poule» крейсировал в море, разыскивая корвет «Berceau», с которым он был разъединен сильной бурей. Дело было днем, и солнце светило ярко. Вдруг часовой увидал покинутое судно. Экипаж направил свои взоры на указанный пункт, и все, офицеры и матросы, ясно заметили плот, нагруженный людьми, прикрепленный буксиром к лодкам, на которых виднелись сигналы бедствия. Все это было, однако, ни чем иным, как коллективной галлюцинацией. Адмирал Дефоссе тотчас же отправил лодки на помощь погибающим. Приближаясь к месту катастрофы, офицеры и матросы ясно видели кучи людей, волнующихся, протягивающих руки, и слышали глухой и смешанный шум большого количества голосов. Когда же наконец лодки подошли к этому месту, то оказалось, что там ничего не было, кроме нескольких ветвей с листьями, унесенных волнами с соседнего берега. Такие явные доказательства, конечно, заставили галлюцинацию исчезнуть»[114].

Как видите из примера, и адмирал, и остальные моряки фрегата хотели увидеть своих товарищей с корвета, который они считали погибшим в шторме. И они их увидели. А вот еще случай: у парижанки пропал сын, и она, естественно, считала его погибшим. Ле Бон цитирует парижские газеты и пишет:

«Ребенок узнал в мертвом своего товарища, но это была ошибка, вызвавшая тотчас же целый ряд подобных же ошибок, причем произошла следующая удивительная вещь: одна женщина, увидев труп ребенка, воскликнула:

«Ах, боже мой, это мой ребенок!» Посмотрев ближе, она заметила шрам на лбу и сказала: «Да, это мой бедный сынок, пропавший в июле. У меня его похитили и убили!»

Женщина эта была привратницей на улице дю-Фур и называлась Шаводрэ. Пригласили ее зятя, который без всякого колебания объявил: «Вот маленький Филибер». Несколько обитателей этой улицы также признали в мертвом ребенке Филибера Шаводрэ, и даже его собственный учитель, заметив медаль, признал в мертвеце своего прежнего ученика.

И что же? Соседи, зять, школьный учитель и мать — все ошиблись! Шесть недель спустя личность ребенка была окончательно установлена: оказалось, что это был ребенок из Бордо, там убитый и привезенный дилижансом в Париж.

Такие ошибочные распознавания, как это, уже замечено, чаще всего делаются женщинами и детьми, т. е. наиболее впечатлительными субъектами, и указывают нам в то же время, какое значение для правосудия могут иметь подобные свидетельства»[115]. (Я бы добавил к женщинам и детям наукообразных кретинов.)

А в лунной афере весь мир после многолетней рекламы этого шоу ожидал увидеть, как американцы высаживаются на Луну. Да покажи толпе в этот момент не мутные телевизионные картинки, а балет «Лебединое озеро» из Большого театра, толпа бы увидела в нем «большой шаг человечества», а в Галине Улановой – Армстронга. И тысячи красильниковых и марковых с пеной у рта доказывали бы, что Армстронг потому в белых колготках, что белый цвет хорошо отражает солнечную радиацию, а то, что Армстронг танцует на пуантах, так это потому, что ускорение свободного падения на Луне всего 0,162. А толпа, как это опять-таки заметил Ле Бон 150 лет назад, очень тяжело признает свои ошибки, поскольку люди толпы глубоко уверены, что «все не могут ошибаться»:

«В толпе может происходить накопление только глупости, а не ума. «Весь мир», как это часто принято говорить, никак не может быть умнее Вольтера, а наоборот, — Вольтер умнее, нежели «весь мир», если под этим словом надо понимать толпу»[116], – пишет Ле Бон.

И примеров коллективной тупости толпы, особенно «интеллигентной», сколько угодно. Есть легенда, что 11 сентября 2001 года в здание Пентагона в Вашингтоне врезался «Боинг-757» с пассажирами. Француз Т. Мейссан скрупулезно собрал показания полицейских, пожарных, документы и, главное, все фотографии, и в книге «11 сентября 2001 года. Чудовищная махинация» показал, что никакой «Боинг» в Пентагон не врезался, что здание повреждено ракетой, скорее всего «Томагавком»[117]. Книга Мейссана была даже отрекламирована на Западе и что? Ноль эффекта: журналисты, политики, все интеллигентствующее быдло глухо молчит, в России небольшой тираж книги Майссана не был даже распродан. «Разве Мейссан может быть умнее, чем «весь мир», который утверждает, что в Пентагон врезался «Боинг»?» — тупо думает толпа «свободных» СМИ и политиков, а за ней и вся остальная толпа.

Хиви НАСА. Людям нравится сознавать, что они знают что-то важное. Из-за этого они чувствуют себя важнее и умнее.

Люди думают, что они умные. Они начинают себя чувствовать умнее других, когда им вокруг никто не верит, и начинают чувствовать себя еще умнее, если верят.

Людям нравится думать, что они умнее других. Это делает их отличными от других. Тем более, если оказывается, что они умнее целой армии насовцев.

Ю.И. МУХИН. И здесь напомню хиви, что им следовало бы писать так: «Людям, с таким умственным развитием, как у нас, нравится сознавать, что они знают что-то важное», — и т. д. Но в данном случае я хотел бы встать на защиту насовцев от насовских ублюдков. Ублюдки давят на слабонервных толпой – *«армией насовцев»*. Но при чем здесь десятки тысяч насовцев, честно создававших ракеты-носители, лунные модули, системы связи и даже бутафорию для Голливуда? Речь идет об уме всего нескольких ублюдков, писавших и консультировавших сценарий съемок в Голливуде, разрабатывавших составы «лунных пород», которые американцы «доставили с Луны». Кто сказал, что нельзя быть умнее этих придурков, не сумевших подсказать Стенли Кубрику даже то, что тени на его «Луне» должны быть в 8–10 раз длиннее высоты предметов? И единственно, на что способных, так это нанять еще больших придурков себе в хиви?

Хиви НАСА. Хочется уличить в чем-нибудь американцев. Зависть.

Ю.И. МУХИН. Ну конечно, как же не завидовать тому, что не живешь на поле Чудес в Стране дураков? Как там Красильников, настоящая фамилия Яцкина, – случайно не Буратино?

Хиви НАСА. Хочется уличить в чем-нибудь свое правительство. В США на это горазды: там правительственные заговоры на каждом шагу.

У людей бурная фантазия. Этот пункт заслуживает отдельного внимания: что-то придумать и переплести это с реальностью, тем более с такими ее важными событиями — увлекательно как для автора, так и для читателей. Но, как говорится, заставь дурака богу молиться...

Но в любом случае быть глупым — не противозаконно, и жить так веселее!

Использованные ресурсы и ссылки по теме

Хиви НАСА. http://magika.com.ua/article. php?article=america_moon — статья «А были ли американцы на Луне?» Дмитрий Старокадомский, «Техника» № 3, 2000 г.

http://www.n-t.org/tp/it/chl.htm — статья «Человек на Луне» того же автора, практически повторяет предыдущую, но оформлена и читается существенно лучше.

http://skyzone.al.ru/space/usa_moon.html — статья. Вадим Ростов «Так были ли американцы на Луне?», СЕКРЕТНЫЕ ИССЛЕДОВАНИЯ № 2(22) 2000 г.

http://www.iss.h1.ru/nasa.htm — просто песня, какое-то ламерье с ошибками в каждом третьем слове пишет полную чушь. Из личной переписки с вебмастерами сайта брались всякие глупые ответы и аргументы.

Статьи из газеты «Дуэль». Эта газета на протяжении нескольких лет печатает статьи с «доказательствами» того, что «их там не стояло», — впрочем, в некоторых статьях есть возражения специалистов (довольно разумные):

http://www.duel.ru/199916/?16_6_1 — № 16, 1999 г.
http://www.duel.ru/199927/?27_5_1 — № 27, 1999 г.
http://www.duel.ru/199927/?27_5_3 — № 27, 1999 г.
http://www.duel.ru/199936/?36_6_1 — № 36, 1999 г.
http://www.duel.ru/199936/?36_6_2 — № 36, 1999 г.
http://www.duel.ru/199952/?52_1_1 — № 52, 1999 г.
http://www.duel.ru/200001/?1_5_1 — № 1, 2000 г.
http://www.duel.ru/200009/?09_5_1 — № 9, 2000 г.
http://www.duel.ru/200031/?31_4_1 — № 31, 2000 г.
http://www.duel.ru/200031/?31_4_2 — № 31, 2000 г.
http://www.duel.ru/200031/?31_4_3 — № 31, 2000 г.
http://www.duel.ru/200050/?50_5_1 — № 50, 2000 г.
http://www.duel.ru/200125/?25_4_2 — № 25, 2001 г.
http://www.duel.ru/200220/?20_1_2 — № 20, 2002 г.

Критика «теории заговора»: http://www.redzero.demon.co.uk/moonhoax/ — опровержения основных аргументов. На английском.

http://www.clavius.org/ — «Moon Base Clavius». Сайт специально посвящен критике «лунного заговора NASA». Анализ едва ли не всех аргументов «теории заговора». На английском.

http://www.badastronomy.com/ — «Bad astronomy». Сайт посвящен разбору астрономических несуразностей в книгах, фильмах, средствах массовой информации и т.д. На нем, в частности, есть следующие статьи про «лунный заговор» и связанные с ним темы.

http://www.badastronomy.com/bad/tv/foxapollo.html — критический анализ передачи телестудии Fox TV, посвященной «лунному обману».

http://www.badastronomy.com/bad/tv/iangoddard/moon01.htm — «Are Apollo Moon Photos Fake?» Очень наглядное доказательство абсурдности многих обвинений в подделке лунных фотографий.

http://www.badastronomy.com/bad/misc/apollohoax.html — ссылки на страницы с материалами «за» и «против».

http://www.badastronomy.com/bad/misc/sibrel.html — страница про Барта Сибрела и ссылки.

http://www.lunaranomalies.com/ — «Lunar anomalies». На сайте есть ряд статей с критикой высказываний сторонников «теории заговора»:

http://www.lunaranomalies.com/fake-moon.htm — «Who Mourns For Apollo? — Or — Was It Really Only a Paper Moon?».

http://www.lunaranomalies.com/fake-moon2.htm — «Who Mourns For Apollo? Part II».

http://www.lunaranomalies.com/rad.htm — «Who Mourns For Apollo? Part III».

http://www.lunaranomalies.com/c-rock.htm — «The Apollo «C-Rock» Revealed».

http://www.lunaranomalies.com/coffin.htm — «Another Nail in The «Moon Hoax» Coffin». (Обнаружены следы посадки на Луну одного из «Аполлонов».)

http://pirlwww.lpl.arizona.edu/~jscotti/NOT_faked/FOX.html — «Comments on the FOX Moonlanding Hoax special». Критический разбор аргументов, приведенных в передаче телестудии Fox TV «Conspiracy Theory: Did we land on the Moon?».

http://chem.tufts.edu/science/Shermer/E-Skeptic/ESkeptic2-17-01.html — еще одна рецензия на передачу телестудии Fox TV «Conspiracy Theory: Did we land on the Moon?». Автор — Майкл Шермер, директор Американского общества скептиков и издатель журнала «Скептик».

http://www.uwgb.edu/dutchs/PSEUDOSC/ConspiracyTheoryDidWeGototheMoon.htm — и еще одна рецензия на ту же телепередачу, в которой особое внимание уделено привезенным астронавтами образцам лунного грунта.

http://science.nasa.gov/headlines/y2001/ast23feb_2.htm — «The Great Moon Hoax» — страница с сайта NASA. Камни с Луны и здравый смысл доказывают — астронавты были на Луне.

http://users.commkey.net/Braeunig/space/hoax.htm — «Did we land on the Moon?». Компактный, но содержательный анализ аргументов «теории заговора», а также большое количество ссылок на сайты с доводами как «против», так и «за».

http://www.business.uab.edu/cache/debunking.htm — критика видеофильма Барта Сибрела «Смешной случай вышел на пути к Луне».

А.Марков, «Не летали? (О бедном Apollo замолвите слово)», журнал «Авиация и космонавтика вчера, сегодня, завтра» № 7 за 2002 г., стр. 7–17.

Факты: http://www.hq.nasa.gov/office/pao/History/alsj/frame.html — Apollo Lunar Surface Journal. Масса разнообразной информации о полетах «Аполлонов»: документы, стенограммы переговоров, фотографии, аудио- и видеоматериалы и т. д.

http://www.hq.nasa.gov/office/pao/History/ap15fj/index.htm — The Apollo 15 Flight Journal. Экспедиция «Аполло-15»: стенограммы переговоров, документы и другая информация.

http://www.mediarr.ru/moonrace/index.shtml — «Лунная гонка». Подробное описание американских и советских пилотируемых программ исследования Луны, хронология «лунной гонки», ссылки. На русском.

http://kuasar.narod.ru/history/ussr-moon-program/lk-700.htm — Достаточно подробное описание *советской* лунной программы. На русском.

http://www.astronautix.com/ — Encyclopedia Astronautica. Исчерпывающая информация о космических программах, кораблях и аппаратах, ракетах-носителях, космонавтах, хронология освоения космоса.

http://www.hq.nasa.gov/office/pao/History/ap11ann — «NASA Apollo 11 30th Anniversary». Страница, посвященная 30-летию полета «Аполлона-11» — весьма подробная информация об этом полете.

http://nssdc.gsfc.nasa.gov/planetary/lunar/apollo.html — «The Apollo Program (1963 — 1972)». Обширная информация о программе «Аполло», фотографии, видеофрагменты, а также большое количество ссылок на другие сайты NASA. В частности, интересны следующие страницы:

http://nssdc.gsfc.nasa.gov/nmc/tmp/1969-059C.html — лунный модуль «Apollo-11».

http://nssdc.gsfc.nasa.gov/nmc/tmp/1972-096C.html — лунный модуль «Apollo-17».

http://nssdc.gsfc.nasa.gov/planetary/lunar/apollo11info.html — описание миссии «Apollo-11», много ссылок.

http://www.nasm.si.edu/apollo/apollo.htm — информация о программе «Аполло» в Национальном музее авиации и космонавтики (США).

http://www.nasm.si.edu/apollo/lrv/lrv.htm — чертежи и информация о «Ровере».

http://www.apollosaturn.com/ — «The Apollo Saturn Reference Page». Техническая информация о ракетах «Сатурн-1» и «Сатурн-5», кораблях «Аполлон» и стартовом комплексе «39» космодрома Канаверал.

http://www.apollosaturn.com/Lmnr/gn.htm — «Lunar Module Guidance, Navigation and Control». Подробное описание систем навигации и управления лунного модуля.

http://www.abc.net.au/science/moon/computer.htm — описание бортовых компьютеров кораблей «Аполлон».

http://funphysics.jpl.nasa.gov/technical/grp/lunar-laser.html — популярная заметка о научных результатах, полученных с помощью установленных на Луне лазерных отражателей, и ссылки по этой теме.

http://www.lpi.usra.edu/expmoon/apollo_landings.html — «Apollo missions». Описания научных экспериментов, которые проводили астронавты на Луне, и ссылки на другие ресурсы. Находится на сайте Института Луны и планет в Хьюстоне.

http://www.lpi.usra.edu/expmoon/Apollo11/A11_Experiments_LRRR.html — информация об установленных на Луне лазерных отражателях.

http://www.lpi.usra.edu/expmoon/Apollo11/A11_Experiments_PSE.html — краткие сведения об установленных на Луне сейсмометрах и полученных с их помощью данных.

http://www.lpi.usra.edu/expmoon/Apollo16/A16_Experiments_ASE.html — активные сейсмические эксперименты, выполненные экипажем «Аполлон-16».

http://www.lpi.usra.edu/expmoon/Apollo16/A16_Experiments_UVC.html — сведения о камере для фотографирования небесных объектов в ультрафиолетовых лучах, установленной на Луне экипажем «Аполлон-16».

http://www.lpi.usra.edu/expmoon/Apollo11/A11_Samples_tools.html — «Collecting Moon Rocks» — страница, рассказывающая о том, как собирались образцы лунных пород и какие инструменты для этого использовались.

http://www.jsc.nasa.gov/pao/public/history/moonflag/moonflagx.html — «Where No Flag Has Gone Before» — абсолютно все о флаге США, оставленном на Луне (от политического значения до цены ткани).

http://lsda.jsc.nasa.gov/scripts/cf/apollo_toc.cfm? — отчет о медико-биологических результатах программы «Аполлон». Третья глава второй части этого отчета посвящена радиационной защите экипажей «Аполлонов» и измерению полученных ими доз радиации.

http://www.madsci.org/posts/archives/may2000/959341359.As.r.html — подробный анализ степени радиационной опасности, которую представляют собой радиационные пояса Земли для лунных экспедиций.

http://www-curator.jsc.nasa.gov/lunar/lunar.htm — «Lunar Samples» — информация о хранилище образцов лунного грунта в Хьюстоне.

http://selena.sai.msu.ru/ — сайт Отдела исследований Луны и планет Государственного астрономического института им. Штернберга. Информация об исследовании Луны советскими автоматическими аппаратами.

http://www.kosmofizika.ru/history/npi42.htm — информация об исследовании радиационной обстановки в ходе советской программы исследования Луны автоматическими аппаратами.

«Apollo Program,» Microsoft- Encarta- 98 Encyclopedia. (c) 1993–1997 Microsoft Corporation. All rights reserved.

«Space Exploration,» Microsoft- Encarta- 98 Encyclopedia. (c) 1993–1997 Microsoft Corporation. All rights reserved.

Из истории космонавтики: http://www.skeptik.net/conspir/append1.htm — приложение 1: пилотируемые полеты по американской лунной программе «Аполлон».

http://www.skeptik.net/conspir/append2.htm — приложение 2: пилотируемые космические полеты в 1961–1972 гг.

http://www.skeptik.net/conspir/append3.htm — приложение 3: исследование Луны автоматическими аппаратами в 1958–1976 гг.

http://www.skeptik.net/conspir/append4.htm — приложение 4: советские программы лунных пилотируемых полетов.

http://www.skeptik.net/conspir/ponomar.htm — отрывки из книги космонавта Валентины Пономаревой, рассказывающие про американскую космическую программу и специфику автоматических и пилотируемых полетов.

http://www.skeptik.net/conspir/mishin.htm — интервью с академиком В.П. Мишиным, преемником Королева, по случаю тридцатилетия высадки на Луну.

http://www.skeptik.net/conspir/kamanin.htm — выдержки из дневников Н.П. Каманина, руководившего подготовкой советских космонавтов в 60-х годах. В приведенных выдержках Каманин пишет о советской лунной программе и сравнивает советские и американские достижения в космосе.

Ракетно-космическая техника: http://www.skeptik.net/conspir/levantov.htm В.И. Левантовский. «Экспедиция на Луну» — выдержки из книги «Механика космического полета в элементарном изложении».

http://www.skeptik.net/conspir/feodosev.htm — В.И. Феодосьев, «Ракетно-космическая система «Сатурн-Аполлон» — выдержки из книги «Основы техники ракетного полета».

Фотографии: http://images.jsc.nasa.gov/ — JSC Digital Image Collection. Очень много фотографий, в том числе и сделанных астронавтами «Аполлонов» (их можно найти в разделе «Press Release collection»), однако качество сканирования не очень хорошее.

http://grin.hq.nasa.gov/ — Great Images in NASA. Лучшие из фотографий NASA, очень качественно отсканированные в нескольких разрешениях.

http://spaceflight.nasa.gov/gallery/images/apollo — фотографии, сделанные астронавтами лунных экспедиций.

http://www.apolloarchive.com/ — «The Project Apollo Archive». Очень много фотографий, сделанных астронавтами «Аполлонов».

Видеоматериалы: http://history.nasa.gov/40thann/videos.htm — «Fortieth Anniversary Audio and Video Clips». Ряд видеофрагментов из фильмов, снятых астронавтами «Аполлонов», а также аудиоклипы.

http://www.hq.nasa.gov/office/pao/History/alsj/frame.html — Apollo Lunar Surface Journal. В разделе «Video Library» можно найти ряд видеофрагментов.

http://www.apolloarchive.com/ — «The Project Apollo Archive». На этом сайте есть много видеофрагментов в форматах Real Video и MPEG.

http://spaceflight.nasa.gov/gallery — «Human Space Flight Gallery». Фотографии, видео- и аудиофайлы. Имеется довольно много фрагментов из фильмов, снятых астронавтами «Аполлон-9, -10 и -11». В частности, на странице http://spaceflight.nasa.gov/gallery/

video/apollo/apollo11/html/lunar_activities.html представлены видеофрагменты, снятые астронавтами «Аполлон-11» на Луне и окололунной орбите.

http://www.nasm.si.edu/apollo/apollo.htm — на страницах Национального музея авиации и космонавтики (США), посвященных программе «Аполло», имеется ряд видеороликов.

http://www.solarviews.com/ — на этом сайте (в разделе «Moon») можно найти много видеофрагментов из фильмов, снятых астронавтами на Луне, в формате AVI; размер кадра у этих фрагментов довольно небольшой (200x160).

http://lava.larc.nasa.gov/BROWSE/apollo.html — «NASA Langley Research Center — Multimedia Repository». Несколько видеофрагментов о полетах «Аполлонов» в формате QuickTime.

Сайты астронавтов: http://www.buzzaldrin.com/ — официальный сайт Эдвина Олдрина.

http://www.edmitchellapollo14.com/ — сайт Эдгара Митчелла. На сайте есть форум, и Митчелл активно участвует в нем.

Программное обеспечение: http://astrosurf.com/avl/UK_index.html — «Виртуальный атлас Луны». Программа может показывать вид Луны на любой заданный момент времени, а также содержит координаты большого количества примечательных мест на Луне (в том числе мест посадок всех «Аполлонов»). А на сайте http://moonatlas.narod.ru/ находится русифицированная версия этой программы.

...И немного юмора. Многочисленные «доказательства» того, что американцы не были на Луне, до того надоели здравомыслящим людям, что некоторые из них делают пародийные страницы на эту тему.

http://www.ews.uiuc.edu/~akapadia/moon.html — «We never landed on the moon!» Показан ряд совершенно очевидных фотоподделок.

http://brainsluice.tripod.com/moonlanding.html — «NASA Fakes Moon Landing!» Еще несколько в высшей степени сомнительных фотографий, якобы сделанных на Луне.

http://www.dc8p.com/html/moonhoax.html — «Was the moon landing a hoax?» И еще несколько просто-таки вопиющих фотоподделок.

http://www.thursdaysclassroom.com/15mar01/columbushoax.html — «Columbus did not land in the New World!» Пародийное эссе Майкла Финли. Пользуясь незамысловатыми приемами, которые популярны у «разоблачителей лунного обмана», совсем нетрудно «доказать», например, то, что Колумб никогда не был в Америке. (Русский перевод этого эссе можно прочитать здесь.)

Консультанты:

К. Холшевников

П. Тревогин

В. Пустынский

Р. Егоров

А. Милановский

П. Бодров

а также участники форумов сайта «Авиабаза»:

Варбан Пешков

Андрей Суворов

Сергей Факас

Леон Розенблюм

Создатели этой статьи:

Вячеслав Яцкин

(Профессор Кислых Щей ака Сыч) – slava@skeptik.net

Юрий Красильников – yuri@skeptik.net

Послесловие

Ю.И. МУХИН. Так что же мы имеем в сухом остатке?

Напомню. Если американцы высаживались на Луну, то у них:

— должны быть фотоматериалы по этому событию, отснятые на Луне;

— должен быть подлинный лунный грунт;

— техника должна безусловно соответствовать условиям эксплуатации на Луне.

Но исследование всех доступных материалов и обсуждение результатов исследования с добровольными помощниками НАСА показало, что:

— все американские «лунные» фотоматериалы отсняты на Земле в кинопавильоне;

— американский «лунный грунт» сфальсифицирован;

— «лунная» техника имеет особенности, которые исключают ее эксплуатацию на Луне.

При этом за 35 лет НАСА не дало ни одного официального объяснения неувязкам в своих собственных материалах, что уже само по себе является доказательством фальсификации.

Тем не менее уверен, что часть читателей, даже осиливших эту книгу, «чешет репу» и думает: а вдруг на Луне могут быть короткие тени даже тогда, когда Солнце стоит низко? А вдруг луномобиль на Луне может быстро ездить и с двигателем в 0,4 лошадиной силы? А вдруг ГЕОХИ РАН им. Вернадского все же анализировал американский лунный грунт – не могут же такие уважаемые академики так нагло брехать?

Рис. 135

Станция «Мир» на орбите и догорающая в плотных слоях атмосферы

Установить истину, понятную даже таким людям, можно было бы прямо – послать к Луне автоматическую станцию, чтобы она сняла «места высадки» американцев. И такие проекты уже работают – это собираются сделать и Китай, и Япония, и Индия, и Европа. Без проблем это могла бы сделать и Россия. Но трудность в том, что нельзя гарантировать разоблачение американской аферы от правительств этих стран – до сих пор они молчаливо поддерживали все аферы США и вряд ли начнут с разоблачения этой.

Интересно то, что в этой афере пострадавшим считается СССР, но ведь советские люди если и пострадали, то только морально. А главный пострадавший – это американский народ или, как они себя сами называют, налогоплательщики. Сегодня уже, кажется, и дураку понятно, что США – это Империя Зла и режим США цинично издевается над бедными американскими гражданами. Восстановим историю: США в те годы 9 лет вели (в конце концов, проигранную) войну во Вьетнаме, в которой, кстати, только самолетов потеряли больше, чем во Второй мировой войне. Им в те годы остро требовались для вьетнамской войны деньги на оружие и люди в армию.

И в этот тяжелейший для США момент десятки тысяч военнообязанных, под видом работы по лунной программе в НАСА, «закосили» от призыва в армию (ведь все астронавты – это военные летчики), а так остро требующиеся на оружие деньги были разворованы аферистами этого ведомства и правящим режимом Империи Зла. Ведь теперь и мы грамотные, и мы знаем, как это делается: заказали руководители НАСА у фирм вроде настоящую космическую технику, оплатили полновесным долларом, а получили взамен бутафорию и «откат» наличными, которым поделились с президентом Никсоном и его камарильей. Вот хиви плачут, что астронавты мало получили. Это они официально мало получили, а неофициально – за молчание, за согласие играть позорную роль? У налогоплательщиков США аферисты украли минимум по 250 долларов в расчете на каждого, а по тем временам это были очень большие деньги и очень нужные во время войны. Скажем, всего 12 долларов стоила винтовка с оптическим прицелом, из которой был убит американский президент Джон Кеннеди, пытавшийся подобрать в НАСА людей, действительно способных полететь на Луну.

Советский народ так сильно обворован не был, поскольку СССР отказался от лунных программ. В России, под видом того, что в области космоса Империя Зла якобы далеко впереди СССР, уничтожена станция «Мир», угроблена космическая отрасль. Но ведь это потому, что во главе России воры, и они грабят Россию вне зависимости от этой аферы. Даже если бы не было лунной аферы, они деньги в целости все равно бы не оставили. Так что советские люди если и пострадали, то во вторую очередь, а главная жертва этой аферы и главный одураченный балбес – это налогоплательщик США. И этого олуха продолжают и продолжают дурачить. А почему нет, если получается?

НАСА по-прежнему гребет деньги американских налогоплательщиков лопатой, но, с одной стороны, НАСА уже не способно людей на орбиту вывести, т. е. не способно на то, что без проблем могло сделать 20 лет назад, а, с другой стороны, демонстрирует миру картинки с Марса, Юпитера, Сатурна, снятые якобы их космическими станциями. Но если НАСА разворовало деньги, предназначенные для полета автоматических станций на Луну, то с чего мы взяли, что его руководители не поживились деньгами, предназначенными для полета на Марс? Аппетит приходит во время еды, а киносъемочная техника в Голливуде сегодня гораздо более совершенна, и наснимать там картинок «с Марса», «с Юпитера» и т. д. стоит очень недорого.

Литература

1. «Дуэль» 2001, № 39, с. 4.

2. «Дуэль» 2001, № 41, с. 4.

3. «Дуэль» 1997, № 10, с. 3.

4. Советский энциклопедический словарь. М.: Советская энциклопедия, 1987, с. 460.

5. Там же, с. 730.

6. Там же, с. 1112.

7. Человек и вселенная. — М.: Комитет по геодезии и картографии Министерства экологии и природных ресурсов Российской Федерации, 1994, с. 74.

8. «Format» (Австрия) 1999, № 28, с. 104–123.

9. Лунный грунт из Моря Изобилия. — М.: Наука, 1974, с. 38. (Далее – **Лунный грунт**).

10. Там же.

11. Там же, с. 579.

12. *К. Гэтланд*. Космическая техника. — М.: Мир, 1986, с. 144–147. (Далее – **Космическая техника**).

13. «Новости космонавтики», № 3, 1998.

14. Космическая техника, с. 154.

15. Там же.

16. Там же.

17. Там же.

18. Там же, с. 149.

19. Там же, с. 154.

20. Там же.
21. Там же, с. 154–155.
22. Там же.
23. Там же.
24. «НЛО», 2000, № 1.
25. «Чудеса и приключения», 2002, № 12, с. 24–27.
26. Космонавтика: энциклопедия. – М.: Сов. энциклопедия, 1985, с. 224–225. (Далее – **Космонавтика.**)
27. Космонавтика, с. 27.
28. Космическая техника, с. 150.
29. Там же, с. 146, 148.
30. «Авиация и космонавтика», 2002, № 7, с. 11.
31. Словарь иностранных слов. — М.: Русский язык, 1983, с. 28.
32. «Правда», 20 июля 1989, с. 4.
33. «Новый век. Открытия третьего тысячелетия», 2001, ноябрь, с. 12.
34. Лунный грунт, с. 64.
35. Там же, с. 79.
36. Лев и атом. Сб. М.: «Воскресенье», 2003, с. 244.
37. Там же, с. 248.
38. Там же, с. 243.
39. Лунный грунт, с. 563.
40. Внешняя торговля СССР в 1982 г. Стат. сб. М: Финансы и статистика, 1983, с. 60.
41. Лунный грунт, с. 181.
42. Там же, с. 5.
43. Там же, с. 130–14 и 348–355.
44. Космическая техника, с. 155–156.
45. Лунный грунт, с. 350.
46. Там же, с. 346.
47. Там же.
48. Там же, с. 420.
49. Там же, с. 134–135.
50. Там же, с. 597.
51. Там же, с. 297–298.
52. Там же, с. 496.
53. Там же, с. 503.
54. Там же, с. 506.
55. Там же, с. 508.

56. Там же.
57. Там же, с. 510.
58. Там же, с. 511.
59. Там же, с. 337.
60. Там же, с. 336–337.
61. Там же, с. 93.
62. Там же, с. 163.
63. Там же, с. 107.
64. Там же, с. 217.
65. Там же, с. 280.
66. Там же, с. 290.
67. Там же, с. 292.
68. Там же, с. 429.
69. Там же, с. 438.
70. Там же.
71. Там же, с. 440.
72. Там же, с. 312.
73. Там же, с. 403.
74. Там же, с. 427.
75. Там же, с. 429.
76. Там же, с. 469.
77. Там же, с. 478.
78. Там же, с. 444.
79. Там же, с. 311.
80. Там же, с. 522.
81. Там же, с. 523.
82. «Авиация и космонавтика», № 7, 2002, с. 17.
83. «Kurier» (Австрия), 01.04.2003.
84. Лунный грунт, с. 110.
85. Там же, с. 17–18.
86. Там же, с. 421–426.
87. Там же, с. 424.
88. Там же, с. 429.
89. Там же, с. 433.
90. Там же, с. 435.
91. Там же, с. 437.
92. Там же, с. 440.
93. Там же, с. 8.
94. Там же, с. 519.
95. Там же, с. 8.

96. Там же, с. 522.
97. Там же, с. 47.
98. Космическая техника, с. 149.
99. Там же, с. 148.
100. Лунный грунт, с. 264.
101. Там же, с. 42.
102. Там же, с. 337.
103. «Paradox», 2004, № 4, с. 14-15.
104. *С. Дробязко, А. Каращук*. Вторая мировая война 1939–1945. русская освободительная армия. – М.: ООО Фирма «Издательство АСТ», 1998, с. 5.
105. Лунный грунт, с. 38.
106. Там же.
107. Там же.
108. Там же, с. 43.
109. Там же, с. 49.
110. Космонавтика, с. 227.
111. *Д.Я. Райгодский* (редактор – составитель). Психология масс. Хрестоматия. – Самара: Издательский дом «БАХРАХ», 1998, с. 22–23.
112. Там же, с. 25.
113. Там же, с. 15.
114. Т. Мейссан. 11 сентября 2001 года. Чудовищная махинация. – М.: «Карно», 2002.

Оглавление

Ю. И. Мухин

ЛУННАЯ АФЕРА США

Издано в авторской редакции
Художественный редактор *П. Волков*
Компьютерная верстка *И. Мухин*
Корректор *Ю. Морозова*

ООО «Издатель Быстров»
109378, г. Москва, Есенинский б-р, д. 1/26, к. 1.
Для корреспонденции:
127299, Москва, ул. Клары Цеткин, 18. к. 5.
Контактный тел.: (495) 745-58-23

Подписано в печать с готовых диапозитивов 03.05.2006.
Формат 60x90 1/16. Гарнитура «SchoolBook». Печать офсетная.
Бум. тип. Печ. л. 27.
Тираж 4 000 экз. Заказ № 31.

Отпечатано в полном соответствии с качеством
предоставленных диапозитивов в ОАО "Тульская типография".
300600, г. Тула, пр. Ленина,109 .